Bernd Dollinger

Reflexive Sozialpädagogik

Bernd Dollinger

Reflexive Sozialpädagogik

Struktur und Wandel
sozialpädagogischen Wissens

VS VERLAG FÜR SOZIALWISSENSCHAFTEN

Bibliografische Information der Deutschen Nationalbibliothek
Die Deutsche Nationalbibliothek verzeichnet diese Publikation in der
Deutschen Nationalbibliografie; detaillierte bibliografische Daten sind im Internet über
<http://dnb.d-nb.de> abrufbar.

1. Auflage 2008

Alle Rechte vorbehalten
© VS Verlag für Sozialwissenschaften | GWV Fachverlage GmbH, Wiesbaden 2008

Lektorat: Stefanie Laux

VS Verlag für Sozialwissenschaften ist Teil der Fachverlagsgruppe
Springer Science+Business Media.
www.vs-verlag.de

Umschlaggestaltung: KünkelLopka Medienentwicklung, Heidelberg
Druck und buchbinderische Verarbeitung: Krips b.v., Meppel
Gedruckt auf säurefreiem und chlorfrei gebleichtem Papier
Printed in the Netherlands

ISBN 978-3-531-15975-1

Inhaltsverzeichnis

Vorwort

Die vorliegende Arbeit versteht sich als Teil eines mühevollen Unternehmens, denn es ist beabsichtigt einen Beitrag zum Verständnis dessen zu leisten, was als „Sozialpädagogik" bezeichnet wird. Die Prämisse der Ausführungen lautet: Es macht keinen Sinn anzugeben, was Sozialpädagogik „ist". Man sollte stattdessen größere Anstrengungen auf die Klärung der Frage verwenden, wie Sozialpädagogik als Wissensform „hergestellt" wird. So kann erschlossen werden, was Sozialpädagogik im Unterschied zu anderen Arten von Wissen auszeichnet, wie sie sich abgrenzt und mehr oder weniger distinkte Eigenständigkeit etabliert.

Demnach sind quer zu einzelnen Theorieentwürfen Möglichkeitsbedingungen sozialpädagogischen Wissens in den Blick zu nehmen. Kristallisiertes disziplinäres und professionstheoretisches Wissen dient im Folgenden als Ausgangspunkt, um durch es hindurchzugehen, da es nach seinen Strukturen und Legitimierungskriterien untersucht wird. Entgegen der These einer Diffusität von Sozialpädagogik werden spezifische Wissensgehalte und Wissensformen anvisiert, die Sozialpädagogik als solche markieren. Sie ist in heterogene wissenschaftliche, kulturelle und politische Diskurse eingelagert, geht aber nicht in ihnen auf, sondern kann als Wissenskontur in den Blick genommen werden.

Dieser Anspruch einer analytischen Rekonstruktion grundlegender Kennzeichen sozialpädagogischen Wissens in seiner Eigenart und seinem Wandel wird hier als „Reflexivität" bezeichnet. Dies bedeutet nicht, sie als eine übergeordnete, bevorrechtete Wissensform zu unterstellen, welche die immer wieder artikulierte Identitätskrise der Sozialpädagogik lösen könnte. Die Ambition ist bescheidener. Es geht um eine pointierte und anschlussfähige Vorstellung von Perspektiven sozialpädagogischen Wissens, die geeignet sein können, den Theoriediskurs und Versuche sozialpädagogischer Selbstvergewisserung weiter zu entwickeln.

Den Lohn dieser Mühen haben Andere bereits verdeutlicht und an entsprechenden Vorarbeiten setzen die hier unternommenen Überlegungen an. Sie leisten deshalb weniger einen genuin neuartigen Beitrag, sondern suchen vielmehr in Auseinandersetzung mit vorliegenden Projekten, die in eine vergleichbare Richtung tendieren, eine weitergehende Klärung zu erzielen. Zu nennen ist zunächst Michael Winklers „Theorie der Sozialpädagogik" (1988), deren Erkenntnisse einen unübersehbaren Bezugspunkt bilden. Auch Studien zu einer reflexiven

Professionalität, wie sie von Dewe und Otto (1996; 2001) realisiert wurden, hinterließen Spuren. Gleiches gilt für diskurstheoretische Annäherungen, wie sie Fabian Kessl (2005) leistete. Einen weiteren Hintergrund bildet eine eigene Studie zur Geschichte der sozialpädagogischen Theorie (vgl. Dollinger 2006a). Sie stellte Motivation und diskursives „Material" bereit, um in prinzipieller Hinsicht nach sozialpädagogischen Wissensmöglichkeiten zu fragen. In dieser Studie angedachte Perspektiven werden hier weiter entwickelt und grundlegend ausgeführt.

Auf diese und andere Referenzen nehmen die folgenden Kapitel Bezug, indem sie versuchen, das Projekt einer analytisch gelagerten sozialpädagogischen Reflexivität zu etablieren. Es handelt sich dabei weder um eine Entlarvung noch um eine Kritik, sondern schlicht um die rekonstruktive Analyse sozialpädagogischen Wissens, seiner Voraussetzungen und der impliziten Modi, durch die es im Zeitverlauf immer wieder neu kontextualisiert und hervorgebracht wird.

Ohne Unterstützung wäre die Arbeit nicht möglich gewesen. Für sehr hilfreiche Anmerkungen danke ich Prof. Dr. Dr. h.c. Claus Mühlfeld, Prof. Dr. Wolfgang Schröer und Prof. Dr. Michael Winkler. Für Hinweise und Hilfen bei der Fertigstellung des Manuskripts danke ich zudem Astrid Mittmann, Claudia Szagunn und Lydia Waldmann. Und schließlich bedanke ich mich bei der Lektorin des VS-Verlages, Frau Stefanie Laux, für die vertrauensvolle Zusammenarbeit, die nun ein weiteres Kapitel umfasst.

Freiburg im Juni 2008   Bernd Dollinger

1 Sozialpädagogische Reflexivitätsoptionen. Zur Einleitung

„Der Fortschritt der Erkenntnis setzt bei den Sozialwissenschaften einen Fortschritt im Erkennen der Bedingungen der Erkenntnis voraus" (Bourdieu 1987, 7).

Es dürfte kaum zu bezweifeln sein, dass die Sozialpädagogik mit grundlegenden Fragestellungen der Gesellschaft befasst ist. Ob es sich um Bildung im Jugendalter, den Umgang mit normabweichendem Verhalten, Ganztagsschulen oder familiale Erziehungsprozesse handelt: Sozialpädagogik agiert verantwortlich an zentralen Ansatzpunkten sozialen Lebens.

Es mag diesem direkten Zugang zu Mechanismen sozialer Integration und zu mitunter drängenden Problemlagen geschuldet sein, dass die sozialpädagogische Theorie teilweise sehr unmittelbare Zugänge sucht: Sie eilt auf ihre „Gegenstände" zu und sucht deren Sinnhaftigkeiten in den Blick zu bekommen; sie will erschließen, wie die Gesellschaft beschaffen ist, in der sie operiert, und verortet ihre Adressaten in den rekonstruierten Verhältnissen.

Daran ist an sich nichts auszusetzen. Sozialpädagogik muss bemüht sein, zeitgenössische Formen sozialen und subjektiven Lebens zu verstehen. Sie muss beides betrachten und sich entsprechend positionieren. Sie hat Analysen und Verstehensangebote vorzulegen, um plausibel darzustellen, dass sie Interventionsfähigkeit besitzt und legitimerweise Ansprüche der Bildung und Erziehung einzulösen beansprucht.

Will man Sozialpädagogik analysieren, so ließen sich diese allgemeinen Aussagen in verschiedener Form fortführen und präzisieren. So wäre beispielsweise auf das in der Forschung bislang wenig untersuchte, aber überaus wichtige Verhältnis von Sozialpädagogik und Öffentlichkeit einzugehen, auf den sozialpädagogischen „Kampf um Öffentlichkeit" (Hamburger 2002, 769) und die Rückwirkungen öffentlicher, medialer und politischer Diskurse auf die Sozialpädagogik und ihre Handlungs- und Wissensoptionen. Oder es wäre, was in der Theoriediskussion deutlich breiter unternommen wird, auf den Zusammenhang von sozialem Wandel und Sozialpädagogik hinzuweisen. Schließlich unterliegen soziale Verhältnisse und mit ihnen individuelle Lebensstile und Lebensformen historischen und kulturellen Veränderungen, die dauerhafte Vergewisserungen notwendig machen, will man „adäquat" auf sie reagieren.

Beides ist wichtig und bedarf permanenter Anstrengung. Dennoch weist der hier verfolgte Versuch einer Klärung sozialpädagogischer Wissensmöglichkeiten in eine andere Richtung. Er geht nicht davon aus, es könnte durch einen Blick von der Sozialpädagogik nach „Außen" verstanden werden, was Sozialpädagogik „ist". Es soll nicht, wie zumeist bisher, von einem bestimmten Verständnis von Sozialpädagogik aus auf Subjekte, sozialen Wandel oder die Öffentlichkeit geblickt werden, um von ihnen aus nach Optionen und Aufgaben von Sozialpädagogik zu fragen. Insofern dieser Perspektive ein klärungsbedürftiger Begriff von Sozialpädagogik bereits eingeschrieben ist, handelt es sich nur um Selbstbestärkung. Sie schreibt vor, was gesehen werden kann, und simuliert, das Gesehene nutzen zu können, um Sozialpädagogik zu objektivieren. Sie verweist z.b. auf „soziale Probleme" oder „Individualisierungsprozesse", unternimmt dies aber aus einer *sozialpädagogischen* Haltung heraus, die den Problem- oder Individualisierungsbegriffen einen sozialpädagogischen Aufforderungsgehalt einschreibt. Der spezifische „Sinn" ist damit vorweggenommen. Da dies nicht grundlegend weiterführt, ist der Blick umzukehren, er muss sich nach „Innen" richten: Er hat die Sozialpädagogik selbst zu betrachten und wird damit reflexiv.

Die Notwendigkeit dieser Umkehr folgt aus einer einfachen Überlegung: Bevor die Sozialpädagogik nach „Außen" sieht, muss sie klären, wie sie dies unternimmt. Sie muss untersuchen, wie sie vorgeht, um sich als Wissensform zu verankern und zu legitimieren. Dies muss sehr viel vorsichtiger geschehen, als es häufig realisiert wird, denn es verlangt ein hohes Maß an Aufmerksamkeit für oftmals unscheinbar unterstellte Wissensvoraussetzungen. Da die Sozialpädagogik – in Anbindung an machtvolle soziale Institutionen (vgl. Bettmer 2001) – mit Axiomen der Normalität und Normativität behaftet ist (vgl. Otto/Seelmeyer 2004), muss sie erschließen, was ihre historisch etablierte Normalitätserwartung, ihre Perspektivität, ist.

Nur bei äußerlicher Betrachtung macht die Sozialpädagogik neutraldistanziert auf sozialen Wandel aufmerksam, den sie in seinen negativen Erscheinungsformen in Auswirkung auf die involvierten Subjekte thematisch werden lässt. Sie zeigt zwar Konsequenzen einer Moderne, die soziale Ungleichheiten produziert, Ressourcenzuweisungen begrenzt, Lebenswege beschränkt, Subjekte diskreditiert usw. Aber dies genügt nicht, um etwas über Sozialpädagogik zu erfahren. Diese Wissensebene bleibt für eine reflexive Annäherung zu oberflächlich. Es gibt eine andere Ebene von Sozialpädagogik, die sie als solche sichtbar werden lässt, indem sie *in ihrem Sinne* eine „Moderne", „Postmoderne", „radikalisierte Moderne" oder „desintegrierte Gesellschaft" inauguriert. Indem die Sozialpädagogik diese Gesellschaftsformen anspricht, etabliert sie einen, wenn auch flüchtigen, „Ort" des Sprechens, der sie legitimiert. Wer Sozialpädagogik analysieren und – mit einem missverständlichen Wort ausgedrückt – „verstehen" will, kann nicht damit zufrieden sein, auf der Ebene ihrer expliziten Thematisierung von Gesellschaft und sozialem Wandel zu verbleiben. Er muss tiefer eindringen in das Labyrinth der Strategien und Positionierungen, von denen aus sozialpädagogisch gesprochen wird. Er hat zu dechiffrieren, was dem sozialpädagogischen (Modernisierungs-)Theoretiker die Möglichkeit und Legitimität einräumt, als Sozialpädagoge zu sprechen.

In dem damit eingenommenen Erkenntnisprogramm wird die Hoffnung aufgegeben, auf ein der Sozialpädagogik äußeres, legitimatorisches Soziales und Subjektives zugreifen zu können. Der Blick richtet sich stattdessen auf die Sozialpädagogik, um zu sehen, welche Objektivitäten sie voraussetzt und reproduziert. Diese werden freilich nicht hinfällig; sie müssen aber in Anführungszeichen gedacht werden, denn in den Mittelpunkt rückt die Frage, wie Sozialpädagogik als Wissensform in eigener Perspektive möglich wird, indem sie „ihre" Themen expliziert. Es kann nicht mehr darum gehen, Themenstellungen als sozialpädagogische zu rezipieren und die Sozialpädagogik an ihnen zu orientieren, so als gäbe es eine „sozialpädagogische Verlegenheit der Moderne" (s. Kap. 5.1). Von einer derartigen Sozialmystifizierung ist abzusehen, so lieb gewonnen sie auch sein mag. Man muss Sozialpädagogik flexibler denken, indem eine wechselseitige Dynamik des Thematisierten und des Thematisierens, also der bezeichneten sozialen und subjektiven Orte und der wissenschaftlichen Standpunkte, von denen aus sie adressiert werden, zugestanden wird (vgl. hierzu schon Fleck 1980).

Vorweggenommene Evidenzen sind in grundlegender Weise zu beschränken, soweit dies praktikabel ist. Man muss verhindern, unscheinbare und automatisierte Legitimierungsmotoren einzusetzen, die als „Modernisierung", „soziales Problem", „Bildungsbedarf" oder als andere Formel sozialpädagogisches Wissen scheinbar von sich aus begründen. Eine derartige Axiomatik ist unbefriedigend. Sie führt nur zu immer neuen Krisenrhetoriken, Zeitdiagnosen und Selbstlegitimationen, an denen die Geschichte sozialpädagogischer Theoriebildung nicht arm ist. Sie lassen es lediglich zu, jeweils eine Problemzurechnung an eine andere zu reihen, während die „Logik" der Reihung unkenntlich bleibt.

Es scheint also angezeigt, das Theorieprogramm zu wechseln und in den reflexiven Erkenntnismodus überzugehen. Er setzt sich als Ziel, weder sozialpädagogische Thematiken noch die Sozialpädagogik ihrerseits als positives, kontextfreies Wissen zu unterstellen, um durch diese Fest-Stellung Positionen legitimen Sprechens zu etablieren. Erkennt man an, dass Sozialpädagogik kein ahistorisch gegebenes Datum ist, sondern sich mit den von ihr angesprochenen und bearbeiteten Themen basal verändert, so müssen Zugangswege zu ihr gesucht werden, die von dauerhaften Modifikationen und Verschiebungen ausgehen. Sozialpädagogik kann nicht als neutrale Beobachterin und Bearbeitungsmaschinerie sozialem Wandel und gesellschaftlichem Leben gegenübergestellt werden. Sie ist keine Expertin, die objektiv und sachlich auf Sozialität und in ihr verhaftete Formen von Subjektivität blickt, sondern *sie konstituiert sich in diesem Blick selbst.*

Sozialpädagogik wird damit in ihre eigenen Beobachtungsleistungen zurückgenommen. Wird dies anerkannt, so ergibt sich die folgenreiche Konsequenz, dass es dem analytischen Zugriff auf die Sozialpädagogik nicht mehr zusteht, sie konstant zu setzen und lediglich eine ihr äußerliche Welt zu dynamisieren. Dieser Kunstgriff dominiert bislang die sozialpädagogische Theorie, aber er bleibt, wie beschrieben, unzureichend. Es sollte nicht mehr gefragt werden, ob Sozialpädagogik die soziale und subjektive Welt „richtig" erkennt und „adäquat" auf ihre Probleme reagiert (oder nicht). Vielmehr ist die wechselseitige Stabilisierung von sozialpädagogischem Wissen und von Sozial- und Subjektkonstitutionen in den Mittelpunkt zu rücken, um zu erschließen, wie Sozialpädagogik sich immer wieder als spezifische Perspektivität justiert. Um diese Justierung soll es hier unter der Referenz der *„reflexiven Sozialpädagogik"* gehen.

1.1 „Reflexive Sozialpädagogik" als Analyseprogramm

Dies führt in eine erste Schwierigkeit. Von Reflexivität wird viel gesprochen, nicht zuletzt in der Sozialpädagogik. Wer sie gegenwärtig thematisiert, wird sich kaum Hoffnungen machen dürfen, als besonders originell ausgewiesen zu sein. Sie kursiert in pädagogischen Zusammenhängen seit längerer Zeit, ohne dass annähernd konturscharf bestimmt wäre, was mit ihr gemeint ist (vgl. Oelkers/Tenorth 1991a, 17f). Wer schmückte sich nicht gern mit Reflexivität oder, umgekehrt, empfände es nicht als diskreditierend, als „unreflexiv" oder „präreflexiv" bezeichnet zu werden? So droht die Gefahr, mit dem Projekt der Reflexivität eine Sicht zu vertreten, die zwar reflexiv vorgetragen werden mag, aber letztlich partikulare Anliegen vertritt – und die deshalb ihrerseits reflexiv einzuholen wäre (vgl. Woolgar/Ashmore 1988).

Dies ist ernst zu nehmen, aber es kann nicht in Abrede gestellt werden, dass Reflexivität eine wertvolle Analysekategorie darstellen kann. „Reflexive Sozialpädagogik" wird hier als Grundlagenarbeit zum Thema der Selbstvergewisserung der Sozialpädagogik verstanden, und dieses Unterfangen bedarf nach wie vor großer Anstrengungen. Sie zielen auf die Frage, wie Sozialpädagogik als solche möglich wird und als Erfahrungs- und Interpretationsmuster kommuniziert werden kann. Diese vergleichsweise abstrakte Orientierung ist in der Sozialpädagogik unabdingbar; nur wer von Wissenschaft benutzungsfreundliche Handreichungen, wirksamkeitsoptimierte Empfehlungen oder politikfreundliche Entscheidungshilfen erwartet, wird sich von dem Attribut einer sich „reflexiv" verstehenden Sozialpädagogik abgeschreckt fühlen, und dies wohl nicht zu Unrecht. Solange aber Reflexivitätsentwürfe als sinnhafte Wissensoption und als Erweiterung des gegenwärtigen disziplinären Kenntnisstandes anzusehen sind, gibt es keinen Grund, an Reflexivität als Prinzip zu zweifeln.

Allerdings macht dies besondere Ausführungen nötig, denn es gibt keinen Konsens wissenschaftlicher Reflexivitätskonzepte (vgl. Lynch 2004). Somit kann Reflexivität in einer mittlerweile ausdifferenzierten Theorielandschaft der Sozialpädagogik – Übersichten bieten z.B. Füssenhäuser und Thiersch (2001), Füssenhäuser (2005), Thole (2002), Rauschenbach und Züchner (2002) oder May (2008) – tatsächlich als partikulare Sicht erscheinen. Thole (2002, 33) etwa nennt reflexive Ansätze als eine sozialpädagogische Theorieofferte, die neben anderen steht, wie den Systemtheorien, den ökosozialen Theorien oder den Lebensweltansätzen, die ihrerseits, so ist zu ergänzen, sicherlich den Anspruch von Reflexivität kaum abstreiten würden. Reflexivität wird demnach aus sehr unterschiedlichen Richtungen adressiert; in ihr bildet sich die komplexe sozialpädagogische Theoriediskussion erneut ab. Reflexivität ist, so konstatieren D'Cruz, Gillingham und Melendez (2007) in einem Übersichtsbeitrag, ein heterogenes Konzept mit unterschiedlichsten Verwendungsweisen, die mit je spezifischen Problemen behaftet sind. Ein Konsens in der Begriffsverwendung besteht, wie auch sie feststellen, nicht (ebd., 85).

Es ist also genaue Rechenschaft darüber abzulegen, mit welchem Recht und in welcher Diktion hier von „Reflexivität" gesprochen wird. Zur Konturierung wird im weiteren Verlauf dieser Einleitung zunächst exemplarisch auf Vorgaben verwiesen, die sich explizit „reflexiv" positionieren. Eine weitergehende Annäherung erfolgt anhand von zwei Abgrenzungen, an die eine nähere Beschreibung anschließt. Diese mit kleinen Umwegen versehene Einführung soll Hinweise vermitteln, warum es sich lohnt, sich auf eine reflexive Sozialpädagogik einzulassen, die quer zu einzelnen Theorieofferten steht und allgemeine Strukturmerkmale sozialpädagogischen Wissens zu verdeutlichen sucht. Es ist intendiert, auf Prinzipien aufmerksam zu machen, die dieses Wissen auszeichnen und ihm Geltungsmöglichkeiten verschaffen. Wissen wird nicht nur gewusst, sondern ist auf spezifische Weise aufgebaut und ermöglicht, während es seinerseits durch die Herstellung von Evidenzen Möglichkeitsbedingungen für Anschlusswissen bereitstellt. Und dies kann analysiert werden.

Was aber ist „Wissen"? Lediglich zwei Aspekte seien betont[1]: die implizite Normativität und die Vernetztheit von Wissen. Prinzipiell ist es schlicht zu bestimmen als etwas, das mit, wenn auch noch so scheinbarer, „Gewissheit" (Berger/Luckmann 1980, 1) gewusst werden kann. Wissen zeichnet sich durch den Anschein aus, sinnhaft und evident zu sein, so dass besonderer Wert auf die ihm zugeschriebene Legitimität zu legen ist, Sachverhalte adäquat zu bezeichnen und sie damit in einen Ordnungs- und Orientierungshorizont einzufügen. In seinen impliziten wie expliziten Spielarten erscheint Wissen mit gewisser Dauer als zutreffende und anerkannte Identifikationsmöglichkeit von Sachverhalten, als ein „plausibel"-Finden, wie es Plessner (1980, XIV) mit Blick auf lebensweltliches Wissen bezeichnet und im Folgenden allgemein auf sozialpädagogisches Wissen bezogen wird (s. Kap. 3). Entscheidend ist neben und mit einer kognitiven Klassifikationsfunktion von Wissen somit die ihm eingeschriebene „normative Struktur" als implizite „Wertzuweisung" (Gottschalk-Mazouz 2007, 28), denn Wissen besitzt die Qualität, als Wissen legitim zu sein.

Zu ergänzen ist die Verwobenheit von Wissen, da sie für die Sozialpädagogik von besonderer Relevanz ist. Sie gilt für Wissen insgesamt, auch im Rahmen von Wissenschaft. Wissenschaftliches Wissen ist in vielfältige Bezüge eingebunden, denn trotz aller Spezialisierung der wissenschaftlichen Tätigkeit bestehen „multi-, inter- oder transdisziplinäre Modi" (Maasen 1999, 61) der Wissensproduktion. Dies führt weiter zu multiplen außerwissenschaftlichen Bezügen, etwa zu Politik, Medien oder Wirtschaft, mit denen Wissenschaft interagiert (vgl. Weingart 2003, 89ff). Sie kann nicht für sich verstanden werden, sondern steht in Abhängigkeit von derartigen Kontexten. Bekanntlich gilt dies in hohem Maße für die Sozialpädagogik, die ohne Nachweise ihrer Wissens- und Handlungslegitimität keine dauerhafte Existenzmöglichkeit besäße. Sie ringt – auch als Disziplin – um „ihre öffentliche Anerkennung" (Kessl/Otto 2007). So verwundert es nicht, dass im Rahmen sozialpädagogischer Theoriediskussionen enge Anbindungen an öffentlich geführte Problemdiskurse verfolgt werden (vgl. Dollinger 2006a). Sozialpädagogik sucht sich aktiv in sie einzuschreiben und entwickelt ihre Positionen stets auch mit Blick auf öffentlich akzeptable Formen von Problemdeutungen. Die entsprechenden Auseinandersetzungen um Fragen von Nor-

---

1 Zur neueren, sukzessive anwachsenden Auseinandersetzung der (Sozial-)Pädagogik mit dem Thema Wissen sei exemplarisch verwiesen auf Homfeldt/Schulze-Krüdener (2000); Oelkers/Tenorth (1991b); Thiel (2007). Als Überblick zur Wissensforschung im Kontext der Wissenssoziologie seien empfohlen: Knoblauch (2005); Schützeichel (2007a); Tänzler u.a. (2006). Es sei explizit angemerkt, dass hier nicht dem in Pädagogik und Sozialpädagogik verbreiteten Trend gefolgt wird, die Reflexion von Wissen und Wissensprozessierung aus der Diagnose einer „Wissensgesellschaft" abzuleiten (s. hierzu Kap. 5.1 und Kap. 6; kritisch zum entsprechenden pädagogischen Diskurs vgl. Bittlingmayer 2005, 199ff; Rößer 2006).

malität, Abweichung, Problemverursachung und Problemlösung bilden sich in der Sozialpädagogik ab und zeigen eine Besonderheit ihres Wissens. Sozialpädagogisches Wissen, so kann gesagt werden, ist mit historisch gewachsenen und disziplinäre Referenzen übersteigenden Wissenszusammenhängen verwoben. *In ihnen* und – da sie sich distinguieren muss – *gegen* sie schält sich Sozialpädagogik als eine spezifische Wissensstruktur heraus.

Dies zu rekonstruieren, macht für eine reflexive Sozialpädagogik einen neuerlichen Umweg nötig, der in Kapitel zwei beschritten wird. Er ist notwendig, um Grundprinzipien sozialpädagogischen Wissens angeben zu können. Behandelt werden in diesem Abschnitt die in jüngerer Vergangenheit in den Sozialwissenschaften und im Besonderen in der Sozialpädagogik wieder verstärkt rezipierten Anomietheorien. Sie dienen als Beispiel, um kontrastierend die hier verfolgte Perspektive herauszuarbeiten. Die Diskussion von Anomietheorien mit ihren Hinweisen auf soziokulturelle Krisenlagen legt gleichsam die Grundlage, um Kernaspekte sozialpädagogischer Argumentation in den Mittelpunkt rücken zu können. Anhand der Relevanzsetzungen und Schwachstellen anomietheoretischer Positionen kann Sozialpädagogik verstanden werden, da sie, einem weiten Sinne nach, grundlegend durch anomietheoretische Prämissen gekennzeichnet ist. „Normalität", in diesem Fall die sozialpädagogische, ist am deutlichsten in ihren impliziten Voraussetzungen und Widersprüchen, mithin in ihren präreflexiven Evidenzen und ihren Grenzbestimmungen zu identifizieren, und dies kann eine Analyse von Anomietheorien sichtbar machen.

Die Erörterung der entsprechenden gesellschaftstheoretischen Zusammenhänge gibt Gelegenheit, tiefer in das zu erkundende Gebiet vorzudringen. Dazu bedarf es der Klärung der Hilfsmittel, durch die der Weg beschritten werden kann. In Kapitel drei wird dazu das Konzept einer „Deutungsstruktur" eingebracht. Es verdeutlicht die analytische Orientierung der folgenden Ausführungen. Die analytischen Mittel müssen im Wesentlichen die Klärung von zwei Fragen zulassen: Es ist zu erschließen, wie sozialpädagogisches Wissen dauerhaft strukturiert ist, und zudem, wie es verändert wird. Struktur und Prozesshaftigkeit des Wissens sind, in ihrer inneren Verbundenheit, in einer Weise in den Blick zu nehmen, die es erlaubt, von tatsächlich *sozialpädagogischem* Wissen zu reden, und nicht von allgemeinpädagogischem, sozialpolitischem, ordnungspolitischem oder anderem.

Kapitel vier und fünf gehen dieser Intention in unterschiedlichen Schwerpunktsetzungen nach. Abschnitt vier analysiert Strukturdimensionen, Abschnitt fünf zentrale Wege der Prozessierung sozialpädagogischen Wissens im Sinne seiner Aktualisierung. Die Trennung der beiden Kapitel erfolgt in dem Wissen, dass Strukturen keine starren Gebilde sind, sondern nur in Abhängigkeit von dynamischen Bedingungen der Strukturgenerierung Bestand haben[2]. Struktur und Prozess gehen ineinander über, können aber sinnvoll differenziert werden, indem die Frage nach Strukturen schwerpunktmäßig auf langfristige Reflexionsoperatoren sozialpädagogischen Wissens bezogen wird. Demgegenüber wird in Kapitel fünf stärker der Wandel dieses Wissens als sinnmodifizierende Struktur-Aktualisierung thematisiert, so dass die Prozesshaftigkeit des Wissens in den Vordergrund rückt.

Entscheidend ist in den beiden Abschnitten ein jeweils anders gelagerter Fokus: Wissen besitzt eine zeitlich überdauernde Ordnung, ansonten wäre es nicht mit der Legitimität ausgestattet, gewusst werden zu können, insbesondere nicht im disziplinären Rahmen. Es kann also erschlossen werden, welche besondere Strukturiertheit es als kommuniziertes und etabliertes Wissen aufweist, und es wird im Folgenden gezeigt, dass sozialpädagogisches Wissen tatsächlich regelhaft geordnet ist. Wissen besteht aber nicht lediglich aus Regeln und koordinierten Zusammenhängen, mit denen es nur partiell erschlossen wäre. Es ist weitergehend anzugeben, wie das Wissen als solches zusammengesetzt, an veränderte Kontextbedingungen angepasst und entsprechend neu ausgerichtet wird. Man muss fragen, wie es als Wissen zustande kommt, indem Strukturen als solche hergestellt werden, d.h. unter welchen Bedingungen die Strukturen prozesshaft konstituiert werden. In diesem Sinne sind die Kapitel vier und fünf zusammen zu denken.

Kapitel sechs beinhaltet schließlich ein Fazit, in dem auf das betretene Gelände zurückgeblickt wird. Es ist deutlich zu machen, welche Sichtweisen geöffnet und möglicherweise verschlossen werden, wenn die aufgezeigte Strecke begangen wird. Dies weist nun wieder auf den Anspruch der Reflexivität. Er bedarf einer näheren Klärung, die zunächst anhand einer Sichtung von Beispielen vorgenommen wird.

---

2 Die zur Verfügung stehenden Versuche, Struktur und Prozess theoretisch zusammenzudenken, seien damit nicht geleugnet (vgl. etwa Reckwitz 1997); insbesondere Bourdieus (1982) Habitus- und Feldtheorie und Giddens' (1988) Strukturierungsansatz werden in dieser Hinsicht nachgefragt. Beide Theorien legen allerdings spezifische Schwerpunkte, Bourdieu auf die feld- und klassenabhängige Habituskonstitution, Giddens auf die Intentionalität des Handelns. Es muss hier nicht diskutiert werden, ob die putative Dualität von Struktur und Prozess damit tatsächlich überwunden werden kann. Es sei lediglich konstatiert, dass es analytisch durchaus Sinn machen kann, argumentative Schwerpunkte jeweils auf Wissensstrukturen oder auf prozesshafte Wissenskonstitution zu legen, solange deren wechselseitige Abhängigkeit bedacht und respektiert wird; so ist die Angewiesenheit bestehender Strukturen von ihrer Strukturierung, d.h. von prozessualen Strukturbildungen, ernst zu nehmen und umgekehrt.

1.2 Annäherungen

1.2.1 Beispiele

Der folgende Zugang leistet den Nachweis, dass es kein einheitliches „Paradigma" einer „reflexiven Sozialpädagogik" gibt, sondern es liegen vielfach konträre Annäherungen vor. Drei von ihnen – eine kritisch-normative, eine historische und eine modernisierungstheoretische – seien im Folgenden dargestellt, um die Heterogenität zu beleuchten und den eigenen Anspruch ihnen gegenüber zu konturieren.

a) Als erstes Beispiel verdient das Postulat einer „kritisch-reflexiven Sozialpädagogik" Aufmerksamkeit, wie es von Anhorn und Bettinger (2002) bzw. Bettinger (2005) verfolgt wird. Die Autoren verbinden mit dem Attribut einer *kritischen* Reflexivität die Zurückweisung einer *„traditionellen"* Sozialpädagogik, die in rechtlich-bürokratische Handlungsvorgaben sowie in Effektivitäts- und Effizienzpostulate eingebunden sei und eine theoretische Durchdringung ihrer praktischen Handlungsgrundlagen unterlasse (vgl. Bettinger 2005, 372). Kritische Reflexivität hingegen weist auf ein regulationstheoretisches Gesellschaftsverständnis und eine lebensweltorientierte Handlungsorientierung. Kritisch und reflexiv erscheint eine Sozialpädagogik, die sich in einer als „postfordistisch" qualifizierten Gesellschaftsformation extremisierten Ausprägungen sozialer Ungleichheit und systematischen Vorenthaltungen von Zugangsoptionen zu sozialen Ressourcen entgegenstellt. Sie zielt auf der Grundlage des Wissens um strukturelle Problemursachen darauf ab, zu Mündigkeit anleitende Bildungsprozesse zu fördern.

Der Anspruch auf Reflexivität wird durch die charakteristische Verbindung mit einem Motiv der Kritik in entscheidender Hinsicht spezifiziert. Soziale Spaltungen und systematische Teilhabebeschränkungen werden als unerwünschte Gegebenheiten vorausgesetzt, so dass dem sozialpädagogischen Wissensgehalt eine normative Bezugsgröße vorgegeben ist. Es sei dabei außer acht gelassen, ob die These einer in den vergangenen Jahrzehnten grundlegend veränderten, sozial ungleicher aufgebauten Gesellschaftsform aus empirischer Sicht zu bestätigen ist oder nicht. Analytisch maßgeblich ist demgegenüber das zugrunde gelegte Reflexivitätsverständnis: Es wird von den Autoren mit ihm eine normative Argumentationsbasis implementiert. Wachsende soziale Spaltungen werden im Medium der Kritik zum sozialpädagogischen Topos. Es scheidet „traditionelle" und kritisch-reflexive Annäherungen, so dass Reflexivität mit Kritik identifiziert wird und als Übernahme einer spezifischen Zeitdiagnose auftritt: Sozialer Wandel scheint in seiner aktuellen Form ein nicht zu akzeptierendes Ausmaß von Ungleichheiten, von unterlassenen solidarischen Umverteilungen und systematisch vorenthaltenen Entfaltungsoptionen von Individualitätschancen hervorzubringen. Dies kommuniziert moralische Entrüstung und fordert eine reaktive Gegen-Positionierung der Sozialpädagogik.

Der kritische Reflexivitätsanspruch fußt folglich auf einer markanten Reflexivitätsbeschränkung, die Anschlussinterpretation und -handlungen für diejenigen ermöglicht, die entsprechende Bewertungen teilen. Als kritisch-*reflexiv* wird die Vorgaben nur anerkennen, wer neben den expliziten argumentativen Ausführungen auch ihre normative Grundierung und Zielrichtung anerkennt. Deren Ablehnung dürfte hingegen zu einer Zurückweisung des Etiketts „reflexiv" führen. Extremisierte Formen sozialer Ungleichheit würden dann, wenn sie konsensuell empirisch nachweisbar sind, entweder nicht als skandalisierbares Gesellschaftsproblem anerkannt, oder sie würden, was wahrscheinlicher wäre, nicht als genuin oder primär sozialpädagogisches Problem rezipiert. In diesem Fall würde möglicherweise auf sozialpolitische, bildungspolitische, ökonomische oder religiöse Handlungsaufforderung hingewiesen.

Das Beispiel zeigt, wie wichtig es ist, den Reflexivitätsanspruch insbesondere in seinen gesellschaftstheoretischen und normativen Voraussetzungen zu klären und sichtbar zu machen. Eine sich reflexiv verstehende Sozialpädagogik ist – um die hier verfolgte Perspektive damit anzudeuten – aufgerufen, nicht nur ihre gesellschaftstheoretische Positionierung in den Blick zu nehmen, sondern darüber hinaus ihre Standortspezifität zu reflektieren. Sie muss angeben, welche normativen Prämissen ihren Begriff von Gesellschaft kennzeichnen und ihn für sie plausibel werden lassen. Ansonsten bliebe ausgeblendet, dass die Sozialpädagogik und das als reflexiv bzw. kritisch-reflexiv attribuierte Wissen selbst Teil der Skandalisierung spezifischer Erscheinungen der Gegenwart sind. Der Skandalisierende involviert in seine Betrachtungen Vorstellungen von Sozialität und wertet sie, und dies darf dem reflexiven Zugriff nicht verschlossen bleiben, denn in die Distinktionsbestimmung von „traditionellen" und „kritisch-reflexiven" Entwürfen fließen normativ gehaltvolle Prämissen ein. Die Kombination eines kritischen und eines reflexiven Anspruchs wirft deshalb gewisse Unklarheiten auf, da eine radikalisierte analytische Sicht die scheinbare Evidenz des Kritikmotivs legitimationsbedürftig werden lässt, ohne es freilich hinfällig werden zu lassen[3].

---

3 Es sei erwähnt, dass Appellationen einer kritischen Reflexivität in der Sozialen Arbeit auch anderweitig verfolgt werden. So benennt die Redaktion der Zeitschrift „Widersprüche" anlässlich des

b) Nicht selten wird mit dem Reflexivitätsanspruch assoziiert, aktuelle Theorievarianten zu vertreten. Es ist vor diesem Hintergrund nicht uninteressant, kontrastierend auf eine Begriffsverwendung hinzuweisen, wie sie Christian Niemeyer (1999; 2003) unternimmt. Er unterscheidet eine „einfache" und eine „reflexive Sozialpädagogik", ohne sie – eingedenk der Warnung, ein Kritiker seiner Zeit könne leicht selbst im Strom der Zeit aufgehen (vgl. Niemeyer 1999, 223) – als unkritische oder kritische zu polarisieren. Vielmehr ist die Differenzierung eingebettet in die historische Spezifizierung der Sozialpädagogik: Ausgehend von dem allgemeinen Verständnis Natorps sei es zu einer engeren Begriffsverwendung zu dem der „sozialpädagogischen Bewegung" der 1920er Jahre und der geisteswissenschaftlichen Pädagogik gekommen, mithin zu einem praxis- und ausbildungsbezogenen Wissenschaftsverständnis. Dieser Tendenz gegenüber war bereits mit Natorp – und, so ist zu ergänzen, mindestens tendenziell mit Auslassungen Magers (vgl. Kronen 1980; Müller 2005) und Diesterwegs (vgl. Winkler 2004; Dollinger 2006a, 123ff) – die Erkenntnis assoziiert, dass eine sich sozial verstehende Pädagogik ihre gesellschaftlichen Handlungsvoraussetzungen und -folgen zu eruieren und nicht unmittelbar eine der Theoriebildung vorausgehende Praxisform zu fokussieren hat (vgl. Niemeyer 1999, 63ff). Reflexivität wird in diesem Sinne einer Partikularisierung des sozialpädagogischen Projekts entgegen gestellt, da nur eine allgemein ausgerichtete Sozialpädagogik, die sich ihres Standortes auf der Basis selbstreflexiver Vergewisserung bewusst wird, ein angemessenes Komplexitätsniveau zu erarbeiten weiß und nicht in die Gefahr einer praktizistischen Verkürzung gerät. Man kann dies weiterführen zu der Kritik, dass die geisteswissenschaftliche Begrenzung der Sozialpädagogik auf eine „Theorie der Jugendhilfe" (Mollenhauer 1968, 12) zumindest vorübergehend dazu führte, die Konstitutionsbedingungen der sozialen Felder, durch die und in denen sozialpädagogisches Handeln realisiert wird, aus dem Blick zu verlieren. Dies war der Fall, wo diese Felder faktisch

---

Erscheinens der 100. Ausgabe eine „alte (kritische, reflexive) Sozialpädagogik" (Redaktion Widersprüche 2006, 10). Es wird auf die Gefahr verwiesen, dass diese durch eine zunehmend technologisch ausgerichtete Soziale Arbeit verdrängt werde. Es zeigten sich Trends wie die Auflösung tradierter gesellschaftlicher, ökonomischer und sozialpolitischer Rahmenbedingungen der Sozialen Arbeit und eine institutionen- und professionsbezogene sowie disziplinäre Engführung anhand effizienz- und ökonomiebehafteter Denkmuster. Diese führten zu einer Erosion kritisch-reflexiver Perspektiven. Im Vergleich zur kritischen Reflexivität nach Anhorn und Bettinger dreht die Redaktion der „Widersprüche" (2006) die Zeitreferenz damit gleichsam um: Kritische Reflexivität scheint eingelöst gewesen zu sein und werde nun in Frage gestellt. Die Vielfalt von Kritikmotiven ist u.a. der Tatsache geschuldet, dass nicht nur der Anspruch des Kritischen (vgl. Benner u.a. 2003), sondern auch der des Reflexiven (vgl. Winkler 1999) mit Blick auf eine inflationäre Inanspruchnahme und auf eine wachsende Unklarheit konsenueller Bezugs- und Orientierungspunkte klärungsbedürftig geworden ist.

als bestehende Objektivitäten vorausgesetzt wurden, aber nicht in ihrer spezifischen Ausrichtung und ihrer interessengeleiteten Hervorbringung reflexiv eingeholt wurden, so dass dieser Art von Sozialpädagogik eine Perspektivität eingeschrieben war, die der Analyse kaum zugänglich war[4]. Reflexivität bezeugt in diesem Verständnis eine frühe Stufe sozialpädagogischer Theoriebildung, während spätere Positionen zurückfielen. Dies ist mit der Aufforderung verbunden, sich der älteren Offerten wieder verstärkt bewusst zu werden und sich vor Augen zu führen, dass die Sozialpädagogik mit der Klärung basaler Voraussetzungen ihrer Wissens- und Handlungsmöglichkeiten befasst sein muss. Eine Partikularisierung ihrer Erkenntnis- und Aktionswege – sei es z.b. als Motivation zu unmittelbar praktischer Wirksamkeit oder als effizienzfokussierte Verwertungsorientierung – kontrastiert diesen Anspruch. Dieses Verständnis muss nicht auf Kritik verzichten, aber entscheidender als die Kritikoption ist die zunächst einzulösende Forderung, Wissensvoraussetzungen bewusst zu machen und im Reflexivitätsmodus auf normative Axiomatiken, soweit möglich, zu verzichten.

c) Schließlich ist auf Thesen einer „reflexiven Modernisierung" aufmerksam zu machen, die in jüngerer Vergangenheit von der Sozialpädagogik breit nachgefragt wurden (vgl. Baader 2004, 18f; s.a. Kap. 4.1.2; 5.1). Folgt man ihnen, so besteht ein herausragendes Kennzeichen des aktuellen Lebens in einem gesellschaftlichen Schub zunehmender Reflexivität. Die Annäherung Niemeyers wird dabei, neben anderer inhaltlicher Schwerpunktsetzung, in zeitlicher Hinsicht revidiert: Reflexivität erscheint aktuell als angezeigte Wissensoption, während frühere Epochen in dieser Hinsicht zurückstünden. Sozialpädagogik werde reflexiv, aber vorrangig nicht aus sich heraus oder aufgrund einer der Reflexivität an sich eingeschriebenen Option sozialpädagogischer Selbstvergewisserung, sondern aufgrund einer fortgeschrittenen

---

4 In diesem Zusammenhang kann an Aufforderungen erinnert werden, wie sie Karl Mager (1848/1989) der Sozialpädagogik als Aufgabe mitgab, ihr Verständnis des Sozialen zu explizieren und dabei die Relationierung analytischer und normativer Aussagen bewusst zu halten. Er hatte zwar eingestanden, diese in seinen eigenen Ausführungen zu vermengen, aber gleichzeitig deren Differenzierung postuliert, um zu einer tragfähigen Aufklärung über den sozialen Standort der sozialpädagogisch bearbeiteten Institutionen – in seinem Falle: der Schule – zu gelangen. Neben deskriptiven und postulatorischen waren dazu seiner Ansicht nach historische Dimensionen zu bedenken, um die Pädagogik, die er als „ethische Wissenschaft" (Mager 1842, 302) und in ihrer konkreten kulturellen Ausformung als Sozialpädagogik betrachtete, zu komplettieren. Sozialpädagogik, so lässt sich dies pointieren, bedarf der Selbstaufklärung über ihren gesellschaftlichen und ethischen Standort und über die Herkunftsbedingungen ihrer institutionellen Kristallisation – eine Sicht, die in ihrer Wirkung auf den frühen Otto Willmann wohl zu Versuchen der Erarbeitung einer sozialwissenschaftlich aufgeklärten Pädagogik beigetragen hat (vgl. hierzu Gerner 1975).

Reflexivwerdung des gesellschaftlichen Daseins in toto. Sozialpädagogische Reflexivität wird demnach etabliert, um externe Reflexivität einzuholen und sich ihr gemäß auszurichten. Folgt man den Annahmen, so ist in den Jahrzehnten nach dem zweiten Weltkrieg ein historischer Bruch erfolgt, der aus einer „einfachen" eine „reflexive" Moderne habe werden lassen. Diese sei mit den Folgewirkungen und den nicht eingelösten Versprechungen vorausgehender Zeitabschnitte konfrontiert und behaftet (vgl. Beck 1996).

Der Sozialpädagogik scheint sich durch eine „reflexiv ausgerichtete modernisierungstheoretische Grundlegung" (Thole 2003, 46) eine übergeordnete, integrative Möglichkeit theoriebezogener Orientierung anzubieten. Ohne die Thesen hier im Einzelnen darstellen oder analysieren zu können, sei angedeutet, dass mit ihnen die Unterstellung übernommen wird, eine „erste Moderne" sei weniger reflexiv, weniger der Nebenfolgen des modernen Lebens bewusst und in ihren problematischen Lebenserscheinungen in höherem Maße sozial bzw. sozialmoralisch abgefedert gewesen als eine „zweite" bzw. „reflexive". Es handelt sich um eine weit reichende zeitdiagnostische Hypothese, die dem gegenwärtigen Leben einen umfassenden, letztlich erzwungenen Reflexivitätsgewinn attestiert. Historische Arbeit wird zur Rekonstruktion epochaler Brüche, deren Existenz vorausgesetzt wird und die überbrückt und gegengelesen werden durch die vermutete Etablierung eines Zugewinns an Reflexivität.

Was die Annahmen für die Sozialpädagogik attraktiv erscheinen lässt, ist die Tatsache, dass einerseits normativ gehaltvolle Fortschrittshoffnungen artikuliert werden können, die mit einem Zuwachs an Reflexivität assoziiert sind: Der Einzelne wird in der entsprechenden Gesellschaftsform zum reflexiven Akteur seiner selbst und seines Lebenslaufs (vgl. D'Cruz u.a. 2007, 75ff). Ihm können erweiterte Autonomiegrade zukommen. Aber dies weist andererseits als Kehrseite Verfalls- und Krisenszenarien auf, durch welche sozialpädagogisches Handeln, insbesondere in seiner personenorientierten Ausrichtung, plausibilisiert wird. Da vermittelt wird, die „reflexive Moderne" sei mit Nebenfolgen der „ersten Moderne" behaftet und es komme zu einer Extremisierung ihrer Schattenseiten, kann die Sozialpädagogik von dieser Ambivalenz profitieren. Es scheint, als werde das gegenwärtige Leben nicht nur chancenreicher, sondern auch voraussetzungsvoller, potentiell überfordernder, problembehafteter und stärker vom Scheitern bedroht als frühere Lebensformen und Lebensstile: Es bedarf deshalb einer Interventionsinstanz, die eine Problembearbeitung einlöst, durch die Menschen als Einzelne angesprochen und je nach ihrer konkreten Lebenslage sozialintegrativ unterstützt werden.

Reflexivität wird in dieser dritten Ausdeutung nicht wie in den beiden zuvor dargestellten Anschlüssen als Zugewinn genuin eigenständiger Analysepotentiale oder als Abwehr vereinseitigender Zugriffe auf Soziale Arbeit gelesen. Vielmehr wird die Sozialpädagogik in eine spezifische Relation zu gesellschaftlichen Kontexten und zu ihren Adressaten gestellt, denn ihr werden „Modernisierungsverlierer" überantwortet, die als „Reflexionsverlierer" auftreten. Diese Defizitattribution, die sich an bestimmte Gruppierungen oder an die Gesamtbevölkerung richten kann, leitet sich aus einer verbreiteten sozialwissenschaftlichen Zeitdiagnose ab, die zur Konturierung sozialpädagogischer Adressatenbilder und Handlungschancen führt.

Inwieweit diese Reflexivitätsform sozialpädagogischer Erkenntnis zuträglich ist, bleibt zu begründen. Für eine Analyse sozialpädagogischer Wissensoptionen jedenfalls wäre es unbefriedigend, eine spezifische Gegenwartsdiagnose zu favorisieren, ohne basal nach dem Stellenwert entsprechender Diagnosen im Kontext sozialpädagogischer Wissenskonstitution zu fragen (s. Kap. 5.1). Es ist für diesen Zweck erforderlich, gerade die Zeitdiagnosen in besonderem Maße zu hinterfragen, die scheinbar selbsterklärende sozialpädagogische Evidenzen transportieren. Es besteht die Gefahr, normative Konstruktionen und partikulare Weltdeutungen in Anspruch zu nehmen, die sozialpädagogischem Denken entgegen kommen, es aber implizit weltanschaulich ausrichten, d.h. der Reflexion entziehen. Nähere Analysen der Zeitdiagnosen belegen nicht selten eine komplexe gesellschaftliche Lage, in der „die Eindeutigkeit der Diagnose untergraben und infrage" (Thole u.a. 2007, 127; am Beispiel von Thesen einer „Zweiten Moderne") gestellt wird. Zeitdiagnostik bedarf aus diesen Gründen der besonderen Vorsicht, da die Sozialpädagogik zwar kaum auf sie verzichten kann, durch sie aber in ein für Reflexivitätsansprüche prekäres Gebiet geführt wird. Reflexivität und Zeitdiagnostik sind demnach sorgsam zu trennen. Reflexivität muss Zeitdiagnostik analysieren, sie kann sich nicht auf diese gründen.

1.2.2 Abgrenzungen

Die Liste der Beispiele ließe sich leicht ausbauen. Aber dies wäre unnötig, denn es wird bereits deutlich, dass die Rede von Reflexivität angesichts differenter Angebote die Sozialpädagogik nicht nur verwirren, sondern implizite Wissenstendenzen favorisieren kann, die besonderer Reflexionsarbeit bedürfen. Es ist also in hohem Maße klärungsbedürftig, von „Reflexivität" zu sprechen, und man sollte mit gewisser Vorsicht vorgehen. Zwei Abgrenzungen können hilfreich sein, um einen Schritt weiter zu gelangen; sie sollen verdeutlichen, dass die

Form von Reflexivität, an die hier appelliert wird, weder als per se gegebene Qualität sozialpädagogischer Theorien noch als beliebig zu spezifizierende Anstrengung einzelner Forscher (oder Professioneller) zu denken ist. Sie ist eine besondere, auf konkrete Wissensbestände gerichtete Anstrengung, die zur Institutionalisierung einer kollektiven Unternehmung bedarf.

a) Fokussierung versus Unspezifität. Es ließe sich mit Recht anmerken, Reflexivität sei jeglicher wissenschaftlicher, zumindest sozialwissenschaftlicher, Analyse eingeschrieben. Ansonsten handelte es sich um alltägliche und pragmatische, nicht um genuin wissenschaftliche Wissensformen. Während es für alltägliches Wissen ausreichend ist, praktikabel und ohne nähere Überprüfung evident zu sein (vgl. Berger/Luckmann 1980), verhält es sich mit wissenschaftlichem Wissen anders. Es bedarf der permanenten Hinterfragung und bewussten Begründung, ansonsten wird es ideologieverdächtig. Folglich ist in der Wissenschaft eine „reflexive und selbstkritische Haltung unentbehrlich" (Zima 2004, 4); wissenschaftliches Arbeiten ist gegen Evidenz gerichtet, insofern es seine eigene Geltungsbasis nicht dauerhaft unberührt lassen und das involvierte Wissen nicht vor skeptischen Zugriffen bewahren kann. Eine Irritierbarkeit ist ihm, wie Thiel (2007, 155) anmerkt, „quasi eingebaut". Damit ist Wissenschaft in einem allgemeinen Sinne per se reflexiv. Sie kontrolliert Wissensbestände und gibt systematisch Auskunft über Notwendigkeiten der Wissensveränderung.

Dies ist an sich richtig und dennoch verweisen diachron und synchron angelegte Vergleichsstudien auf systematische Perspektivierungen wissenschaftlichen Wissens. Sie zeigen die Notwendigkeit, in einem enger gefassten Sinne von Reflexivität zu sprechen und den Begriff nicht in der allgemeinen Tätigkeit wissenschaftlichen Arbeitens aufgehen zu lassen. Zur Verdeutlichung sei das zentrale sozialpädagogische Bezugsproblem der Differenzierung von Konformität versus Devianz, von Normalität versus Problembehaftung genannt: Diese fundamentale Zäsur sozialer und subjektiver Lebensbedingungen unterlag Veränderungen, die von der Sozialpädagogik im Zeitverlauf rezipiert wurden, z.T. ohne dass die den Zäsurbehauptungen immanenten Handlungsaufforderungen, Adressatenbilder und Gesellschaftsentwürfe reflexiv eingeholt worden wären. Diese wurden, im Gegenteil, in der Sozialpädagogik zuweilen sublim unterhalb der Schwelle bewusster Wahrnehmung übernommen und reproduziert. Prinzipiell ausgedrückt: Mit der zeitdiagnostischen Qualität sozialpädagogischen Wissens korrespondiert eine in Abhängigkeit von kulturellen Zäsurbestimmungen variierende Binarisierung von Normalitäten/Anormalitäten – und dass sich diese systematisch verändert, steht außer Frage. Neben interkulturell deutlich schwankenden Devianzkonstruktionen (vgl. Lamnek 2007, 34ff) ist von einer historischen Abfolge der Festlegung unterschiedlicher Arten von Normabweichungen auszugehen. Marschalck (2002, 108) rekonstruiert sie als differente „wissenschaftlich-politische Einschätzungen der jeweiligen ‚nationalen' Situation" von etwa 1800 bis um das Jahr 2000 mit je spezifischen Konzeptualisierungen von Fremdheit; Groenemeyer (2003; 2008) greift historisch noch weiter zurück und konstatiert einen Wandel von ständischen Gesellschaften mit theologischen oder moralistischen Devianzkonstruktionen bis hin zu aktuellen Risikogesellschaften mit Repräsentationen von Normbrüchen anhand von Kalkulationen sozialer Risiken und individueller Gefährlichkeiten. Es handelt sich um jeweils unterschiedliche Typisierungen von Devianz, in denen individuelle Verantwortlichkeiten bewertet und gesellschaftliche Umgangsweisen organisiert werden (vgl. Groenemeyer 2008, 86). Es werden vielfältige kulturelle Schwerpunkte von Devianzdeutungen sichtbar, die jeweils wissenschaftlich verarbeitet und gestützt wurden.

In der Kriminologie werden divergente Formen der Personalisierung von Normabweichungen besonders eindeutig kenntlich. Sie reichen von der „klassischen" Annahme eines rational handelnden Akteurs über die These eines „geborenen Verbrechers", weiter zum sozial deprivierten Übeltäter bis hin zum Modernisierungsverlierer (vgl. Kunz 2004, 85ff, 101ff; Schwindt 2007, 85ff). Es handelt sich dabei nicht nur um wissenschaftliche Deutungsfolien, sondern sie waren und sind „deeply embedded within the main patterns of social relationships in a given society in a given period" (Melossi 2000, 296). Die kulturelle Verankerung zeigt, dass die wissenschaftlich kommunizierten Devianzinterpretationen kontextabhängig plausibel waren. So machte das Konstrukt eines geborenen Verbrechers „Sinn" in einer Zeit, die klare Grenzziehungen sozialer Zugehörigkeiten konstituieren wollte und durch das Interesse geprägt war, „Andersartige" durch positives Wissen auszugrenzen und zu kasernieren[5]. Auf ähnliche Weise wurde es im Zuge der Entwicklung einer aufgeklärten, industrialisierten Gesellschaft akzeptabel, Verhaltens- und Erlebnisformen als „Sucht" zu interpretieren und bestimmte Konsumhandlungen zu skandalisieren, da den Einzelnen ranghohe Anforderungen an Selbstkontrolle und rationale Steuerung abverlangt wurden (vgl. Levine 1979). In diesen und weiteren Fällen nahmen sich wissenschaftliche Positionen kultureller Grenzziehungen an, die spezifische disziplinäre und professionelle Anschlüsse erlaubten.

---

5 Ein nicht nur historischer Trend (vgl. hierzu Peters 2005).

Reflexivität als allgemeine Tugend wissenschaftlichen Wissens ist folglich unbefriedigend, wenn sie der Annahme der kulturellen Unabhängigkeit wissenschaftlicher Erkenntnis verpflichtet bleibt. Gegen diese rationalistische Unterstellung ist genauer nachzufragen und der Blick auf die jeweils attraktionsfähigen Beziehungen zu richten, die zwischen unscheinbarer kultureller Plausibilität und spezifischen wissenschaftlichen Anschlussoptionen generiert werden. Es ist eine fokussierte Art von Reflexivität zu verfolgen, die nicht als allgemeine wissenschaftliche Kompetenz angelegt sein kann. Vielmehr ist im Interesse der Rekonstruktion sozialpädagogischer Wissensmöglichkeiten besondere Aufmerksamkeit denjenigen Wissensregionen zu gewähren, die für subtile Ausrichtungen von Wissen verantwortlich zeichnen. Auf welche Foki sich dies bei der Sozialpädagogik beziehen kann, wird im Laufe dieser Arbeit verdeutlicht.

b) Überindividuelle versus „narzisstische" Reflexivität. Reflexivität als Analyse basaler Wissensstrukturen ist mühsam. In dem hier geforderten Sinne vermehrt sie den ohnehin aufrecht zu erhaltenden Zweifel an eigener wissenschaftlicher Erkenntnis, denn sie postuliert gesteigerte Aufmerksamkeit und besondere Sensitivität gegenüber unscheinbaren Orientierungen von Wissens- und Praxisformen. Um Wissensvoraussetzungen zu rekonstruieren und ihre disziplinäre Funktion zu explizieren und verständlich zu machen, bedarf es einer Haltung, die Forderungen nach einer radikalen Skepsis nahe kommt (vgl. Fischer 1993). Es handelt sich um eine Skepsis, die nicht nur die Ergebnisse eigener Arbeit in Frage stellt, sondern auch die Konstitution der eigenen Position und ihrer Prämissen hinterfragt (s.u.), insofern die Fundamente einzelner Standpunkte den Forschenden in vorgeprägte Richtungen blicken lassen, ohne dass diese Aufmerksamkeitsausrichtung bewusst sein mag. Da dieser Einzelne allerdings einen möglicherweise sicheren Stand hat, auf den er angewiesen ist, wäre er als Einzelperson nicht in der Lage, die Konstitutionsbedingungen seiner grundlegenden Wissensorientierungen aufzuschließen. Es bedarf deshalb einer über ihn hinausreichenden Anstrengung.

Eine spezifisch auf systematische Wissensperspektivierungen ausgerichtete Reflexionsarbeit wäre nicht denkbar, wenn sie nicht in einer disziplinären Kultur verortet ist, die diese ermöglicht und als Option zulässt – und man kann feststellen, dass in der Sozialpädagogik diese Voraussetzung gegeben ist. Auslassungen über die unklare Identität der Sozialpädagogik sind zwar berechtigt. Aber sie provozieren „ständig neue Überlegungen zum Begriff, zu den Aufgaben, Strukturen, Bezugspunkten, allgemeiner: zu dem, was wir als Gegenstand der Sozialpädagogik bezeichnen können" (Thole

2002, 26), und folglich sind sie produktiv. Es handelt sich nicht um ein Hindernis für konstruktive Fragen nach sozialpädagogischem Wissen, sondern im Gegenteil um die Chance, suchende Zugänge zu unternehmen, wie sie Winkler der Sozialpädagogik angesichts notorisch und letztlich zwingend unklarer Gegenstandsausrichtungen anempfiehlt, z.B. in Richtung ihrer Geschichte (vgl. Winkler 1993). Dieser intendierte Erkenntnisgewinn durch tastende, sukzessive Konturbestimmungen kann nicht voraussetzen, was Sozialpädagogik „ist", sondern muss es in diskursiv verfassten Konkretisierungen aufsuchen. Klarheiten über den Gegenstand von Sozialpädagogik liegen nicht vor dieser Suche, sondern werden in ihr ausgebildet, so dass an ihrem Beginn die Klärung der Verfahrensweisen stehen muss, durch die Sozialpädagogik kontextabhängig durch stets neue Sinnverschiebungen und -relationierungen ermöglicht wird. Um diese Verfahrensweisen zur Geltung bringen zu können, werden ein Raum, an dem die Suche durchzuführen ist, und ein erkenntnisleitendes (Forschungs- und Analyse-)Programm benötigt, wie sie hier als reflexive Sozialpädagogik bezeichnet werden.

Eine nur singuläre Leistung könnte in dieser Richtung zwar durchaus erbracht werden, aber ihre Ingeltungsetzung und Institutionalisierung weisen Voraussetzungen auf, wie sie in einer gleichsam „reflexionsfreundlichen" wissenschaftlichen Orientierung zu finden sind. Ist Reflexivität nicht in einer Fachkultur rückgebunden, so droht sie, zum illusionären Prestigeprojekt zu werden, wie Bourdieu (1993a) dies mit dem Attribut der „narzisstischen Reflexivität" belegt. Gemeint ist eine Art der Auseinandersetzung, die vorrangig nicht den systematischen und objektiv zugänglich zu machenden Wissensvoraussetzungen der Tätigkeit eines Forschers nachgeht, sondern diese ausblendet und den Wissenserwerb sowie dessen Darstellung als individualistische Errungenschaft markiert, indem Reflexivität auf einen Einzelnen konzentriert wird. Diese Gefahr droht in besonderem Maße, wenn die distinktiven Qualitäten reflexiver Haltungen bedacht werden: Sie markieren Absetzungsbewegungen von – in welchem näher spezifizierten Sinne auch immer – präreflexiven, nicht-reflexiven, standortabhängigen, alltäglichen oder anderen Wissensformen. In dieser Distanzierung, die ihre eigenen Voraussetzungen negiert, kann Reflexivität zum „aparten Verkaufs-Gag" (Steinert 2007, 246) werden: Sie offeriert scheinbar neue Wissensmöglichkeiten, deren Verstrickungen unkenntlich bleiben.

Entsprechende Haltungen können durchaus Erkenntniszugewinn bereitstellen, aber zunächst distinguieren sie lediglich den sich reflexiv Gebenden, der mitteilt, sich qua Reflexivität in einer spezifischen Position zu wähnen, sei dies auf der Grundlage einer „kritischen", vom „Mainstream" distanzierten oder einer anderen Position. Deshalb ist mit Bourdieu (1993a, 365) festzuhalten, dass es nicht genügt, „die erlebte Erfahrung des wissenden Subjekts zu explizieren; man muss die sozialen Bedingungen dieser Erfahrungsmöglichkeit und, genauer gesagt, des Aktes der Objektivierung objektivieren". Es wird später am Beispiel von Professionalität auf den damit angesprochenen Feldbezug zurückzukommen sein (s. Kap. 5.2). Zunächst ist zu konstatieren, dass Reflexivität begründungsabhängig ist; sie kann nur dann glaubhaft als sinnhafte Orientierung verfolgt werden, wenn sie als produktive Option in eine selbstkritische Fachkultur eingefügt wird und dort zur Objektivierung der disziplinspezifischen Arten der Hervorbringung von Wissen beiträgt. Um dies zu realisieren, bedarf es der Auseinandersetzung mit vorliegenden Wissensbeständen. Ihr soll auch hier nicht aus dem Weg gegangen werden. Es wird mit ihrer Hilfe zu verdeutlichen gesucht, dass es sich lohnt, eine fokussierte, überindividuelle Reflexivität als disziplinäre sozialpädagogische Haltung einzufordern und sie am Problemkreis sozialpädagogischer Wissenskonstitution auszurichten.

1.3 Von Perspektiven und Wissensstrukturen

Reflexivität im hier gemeinten Sinne postuliert eine disziplinär rückgebundene, skeptische Haltung, die „nur" insofern kritisch ist, als sie den Wissensvoraussetzungen misstraut, die ihr angeboten werden. Dies verweist auf Zurückhaltung gegenüber dominanten Gegenwartsdeutungen und den ihnen innewohnenden Perspektivierungen der Wahrnehmung sozialer und subjektiver Sachverhalte – dies aber zunächst nicht, um sie zu kritisieren oder abzulehnen. Es ist nach dem sozialpädagogischen Gehalt, den involvierten Ambivalenzen, Normalitätspostulaten und Adressatenbildern zu suchen. Reflexivität erfordert eine Aufarbeitung dessen, was als normal und evident auftritt und Beziehungen zur und in der Umwelt mit sozialpädagogischer Blickrichtung herstellt.

Diese Skepsis beschreibt Soeffner (2003, 168) im Kontext sozialwissenschaftlicher Hermeneutik als „Einstellung des prinzipiellen Zweifels an sozialen Selbstverständlichkeiten". Sie führt zu Versuchen, weitestgehend unabhängig von Konventionen und Verstehensnormierungen zu einem methodisch kontrollierten Nachvollzug von Sinnbezügen zu gelangen. Angewendet auf sozialpädagogisches Wissen kommen die in ihm kommunizierten Plausibilitätsbedingungen ins Spiel, wenn spezifische Qualitäten (psycho-)sozialer Sachverhalte und Prozesse thematisch werden; das Beispiel der Anomietheorien zeigt dies sehr deutlich (s. Kap. 2): Der objektive Anspruch von Aussagen über soziale Realität („Anomie") und über mit ihr verbundene Subjektqualitäten („Überforderung") informiert darüber, welche gesellschaftlichen Kontexte sozialpädagogischen Handelns gegeben sind, ohne dass diese Behauptungen letztgültig beweisbar wären. Anomie kann nicht als soziale Tatsache belegt werden, drängt aber auf Anerkennung als gültige Beschreibung sozialpädagogischer Wirklichkeit. Um diese Anerkennung bereit zu stellen, beinhalten sozialpädagogische (Anomie-) Theorien insbesondere Krisendarstellungen und Appellationen inakzeptabler Formen von Devianz, die sozialpädagogische Gegenmaßnahmen angeraten erscheinen lassen. Die Theorien weisen somit gleichsam in sich „hermeneutische Qualitäten" auf, da sie als Anleitungen fungieren, wie soziale Sachverhalte auszudeuten sind. Die Theorien setzen Verständlichkeiten voraus, die theoretisch nicht eingelöst werden können, sondern die akzeptiert werden sollen, und ist dies der Fall, so werden Verstehensleistungen in theoriekonformem Sinne perspektiviert.

Hierauf kann sich eine reflexive Analyse einlassen, indem sie danach fragt, welche Möglichkeiten des Verstehens in sozialpädagogischen Theorieofferten implizit nahe gelegt werden und zur Verbindlichkeit drängen – was sich im Übrigen auch auf das Analyseobjekt einer hermeneutischen Sozialpädagogik beziehen kann, insofern in ihr klärungsbedürftige Sichtweisen von Welt präsent sind (vgl. Dollinger 2006a, 295ff). Im Unterschied zu einem hermeneutischen Vorgehen, das „von der grundsätzlich vertrauten, schon verstandenen Welt" (Marquard 2003, 91f) zumindest tendenziell ausgeht, zielt das reflexive Interesse nicht auf die Plausibilisierung von Fremdverstehen und die Einfügung eines Textes oder lebenswirklichen „Falles" in einen Gesamthorizont, um es in ihm einem Verstehensprozess zuzuführen. Es gibt keinen faktisch erklärenden Kontext, mit dem ein einheitlicher Sinn als Verstehensobjekt in Verbindung zu bringen wäre, sondern „Sinn" wird jeweils in heterogenen Kontexten in Differenz zu früheren Kontextualisierungen konstituiert (vgl. Derrida 1988). Es geht deshalb spezifischer darum, theoretisch vorliegende Verstehensaufforderungen zu objektivieren und sie als systematische Strukturen sozialpädagogischen Wissens sichtbar zu machen – Strukturen wohlgemerkt, die ihrerseits strukturierungsabhängig sind und tendenziell ephemeren Charakter aufweisen. Theorieimmanente hermeneutische Gehalte müssen kenntlich gemacht werden, in spezifische Kontexte – die an sich „nie absolut bestimmbar" (ebd., 293) sind – ein- und rückgebettet werden, um so zu verdeutlichen, welche Art von Beziehung sie mit diesen Kontexten in Richtung besonderer Sinnzuweisungen unterhalten, und dies insbesondere dort, wo dieser Prozess unausgesprochen bleibt. In den Vordergrund rückt somit die Beziehungsstruktur sozialpädagogischen Wissens, deren Analyse Zugänge erfordert, wie sie in Kapitel drei geöffnet werden.

In diesem Vorgehen sollen Typisierungen und Wissensperspektiven nicht kritisiert, sondern als institutionalisierte Möglichkeitsbedingungen von Sozialpädagogik erschlossen werden. Es geht darum zu klären, wie beispielsweise ein sozialpädagogischer „Fall" als solcher hervorgebracht wird, und zwar nicht als ätiologische Erklärung, als objektivierende Einbettung durch gesellschaftstheoretische Ausdeutung oder als lebensweltliche Verortung. Fokussiert wird die Erhellung der Interpretationsleistungen, die derartige Zugänge realisieren. So werden etwa bei der professionellen Fallausdeutung Ermessensspielräume virulent, die nicht inhaltsleer sind, sondern die auf spezifische, eben sozialpädagogische Weise ausgefüllt werden (s. Kap. 5.2.1). Ähnlich verhält es sich mit der disziplinären Thematisierung von Subjekten sozialpädagogischer Leistungen, da die sozialpädagogische Rede von ihnen bestimmte Arten von Subjektivität voraussetzt (s. Kap. 4.2), und gerade hierdurch kann Sozialpädagogik als Wissensstruktur identifiziert werden.

Durch diese interpretative Praxis, durch die „Gegenstände" von Sozialpädagogik konstituiert werden, macht sich Sozialpädagogik sichtbar. So werden aus sozialen Sachverhalten durch ihre perspektivische Adressierung „bearbeitungsbedürftige" *soziale Probleme*; aus als unzureichend wahrgenommenen Ergebnissen internationaler Kompetenzmessungen bei Schülern werden *Aufforderungen verstärkter Bildungsbemühungen* mit besonderem Blick auf „Risikoschüler"; aus medial inszenierten Kriminalitätsraten werden *Postulate verstärkter Kriminalitätsprävention* durch Mittel der Kinder- und Jugendhilfe usw. Die jeweils markierten Gegebenheiten treten als symbolisierte Wissensgehalte auf, die zur Identifikation einzelner sozialer Phänomene oder Personen genutzt werden – und diese Identifizierungen weisen ihrerseits auf besondere Bedeutungsemergenzen und -transfers zurück. Da es „keine in den Dingen begründete privilegierte Vorstellung darüber (gibt; B.D.), was wirklich ist" (Peters 2002, 104), kann man von einem sozialen Problem gewissermaßen „lernen", durch welches Wissen es erfolgreich als solches definiert wurde. So ist ein soziales Problem nur verständlich durch die ihm eingeschriebenen Problematisierungsweisen, der „bildungsbedürftige Risikoschüler" nur durch den ihn als solchen auszeichnenden Bildungsdiskurs und der kriminelle Jugendliche nur durch die soziale Qualifizierung von Kriminalität als Problemlage spezifischer Eigenart. In vergleichbarer Weise kann sozialpädagogisches Wissen insgesamt in seiner Qualität kenntlich gemacht werden, wenn die Wissensrelationen und in ihnen prozessierten Distinktionen bedacht werden, die es gegenüber anderen Wissensformen auszeichnet und ihm „Sinn" verleihen.

Entscheidend für eine reflexive Sozialpädagogik ist es folglich, die impliziten Regeln zu betrachten, die Sozialpädagogik als besondere Wissensform hervorheben. Dies führt zu der Schwierigkeit, dass die Kontingenz von Wissen zu

Mechanismen der Kontingenzverdeckung führt. Wer etwa ein soziales Problem definieren will, scheint gut beraten, alternative Sichtweisen gar nicht erst bekannt werden zu lassen oder sie als bloße Kontingenz im Gegensatz zu eigener Objektivität auftreten zu lassen. Die Auseinandersetzung ist also erschwert, man muss die „Vermeidung vermeiden" (Liesner/Wimmer 2003, 37), d.h. Mechanismen der systematischen Kontingenzunterdrückung analysieren, ohne der von ihnen gesetzten Spur verpflichtet zu werden. Dieses Risiko ist nicht gering zu veranschlagen, denn die qualifizierende Markierung sozialer Sachverhalte beinhaltet präjudizierte Arten der Wahrnehmung, die in spezifischer Weise ausgerichtet sind und alternative Optionen ausblenden.

In „klassisch" gewordenen Überlegungen beschreibt Garfinkel die Regelhaftigkeit dieser Prozesse, insoweit sie zu negativen Bedeutungsgehalten führen, als *„Degradierungszeremonien"*. Den Ausgangspunkt bildet das Axiom, „dass es keine Gesellschaft gibt, deren Sozialstruktur nicht routinemäßig für Identitätsdegradierung vorsorgt" (Garfinkel 1977, 32). Neben den von Garfinkel rekonstruierten Regelprozessen, die in institutionalisierten Degradierungen vollzogen werden, ist der von ihm betonte Aspekt der *Vorsorge* bedeutsam. Über Garfinkels ethnomethodologisches Programm hinaus verweist er auf die Konstitution und Bereitstellung von Wahrnehmungsstrukturen, die Erscheinungen auf eine bestimmte, eben nicht andere, Art und Weise auftreten lassen. Werden einzelne Ereignisse oder Fälle identifiziert, so kommen gleichsam präventiv ausgerichtete Wissensstrukturen ins Spiel. Institutionell gesehen wird nur, was institutionell sichtbar gemacht wurde.

Diese *Mechanismen der Kontingenzverhinderung* und *-bearbeitung* durch geordnete und gleichzeitig flexible Deutungsstrukturen und die an sie anschließenden Arten der Welterzeugung sind für die Sozialpädagogik einschlägig. Sie müssen zum zentralen Ansatzpunkt reflexiver Anstrengung werden. Sie deuten an, dass die Sozialpädagogik als gesellschaftliche Institution eine Perspektivierung sozialer Erscheinungen voraussetzt und diese in ihrer wissenschaftlichen und professionellen Praxis reproduziert. Eingebettet in kulturelle und (sozial-)politische Diskurse deutet sie gemäß ihrer institutionellen und organisatorischen Struktur Sachverhalte nicht nur als *Probleme,* sondern auch als *soziale Konstellationen* in spezifischen Qualitäten. Sie nimmt vorgeprägtes Wissen in Anspruch und setzt es mit den Wissensformen in Beziehung, die ihren Verfahrensformen eingeschrieben sind, um die bezeichneten Sachverhalte dadurch als Gegenstände sozialpädagogischen Wissens zu qualifizieren und sich auf diese Weise selbst fortzuschreiben.

Die Bestrebung, dies aufzuklären, wird hier als Reflexivität bezeichnet. Von ihr wird insofern gesprochen, als intendiert ist, basale Voraussetzungen von Sozialpädagogik auf der Ebene von Wissensstrukturen zu analysieren und einer weitergehenden Auseinandersetzung zuzuführen. Reflexivität bedeutet folglich die Rekonstruktion von Strukturen des sozialpädagogisch „Wissbaren" und der Bedingungen ihrer Fortentwicklung im kulturellen Zusammenhang, in den sie eingelassen sind. Sozialpädagogisches Wissen wird auf sich bezogen und an seinen eigenen Ansprüchen – etwa: objektive Aussagen über soziale Zustände und durch sie bedingte subjektive Bewältigungsprobleme zu treffen – gemessen. Es wird in diesem Sinne *re-flektiert*, um zu zeigen, welche sich wandelnden Evidenzen es beansprucht und voraussetzt. Aktualisierungen sozialpädagogischen Wissens können analysiert werden und sie erhellen, wie Sozialpädagogik in der Prozessierung ihres Wissens laufend verändert wird.

Es sei diesbezüglich explizit eingeräumt, dass in diesem Programm Prämissen nicht gänzlich zu entkommen ist. Ohne Objektivitätsbehauptungen und Sinnfundamente sind wissenschaftliche Aussagen nicht möglich. Es wird deshalb angestrebt, die Voraussetzungen der eigenen Argumentation möglichst wenig durch derartige Unterstellungen zu belasten, was nur annäherungsweise gelingen kann. Die entscheidende Basis des nachfolgend Gesagten – die durchaus objektivistisch ist, aber in dem minimalst möglichen Maße, das zur Argumentation unabdingbar ist – liegt in der Annahme, dass Sozialität und Subjektivität komplexe Sachverhalte darstellen. Sie werden in theoretischen Entwürfen jeweils auf besondere Art und Weise „zugeschnitten", qualitativ verändert und neu hervorgebracht, und dies gilt es zu untersuchen.

Zum Abschluss dieser Einleitung sei noch einem weiteren Vorbehalt begegnet. Es ließe sich einwenden, dass die aufgezeigten Bedingungen institutioneller Wissensarrangements und Perspektivenausrichtungen keineswegs nur für die Sozialpädagogik Gültigkeit beanspruchen können. Auch ein Richter sieht nur den rechtlich codierten und in einem hochkomplexen Selektionsverfahren konstituierten juristischen Fall (vgl. Albrecht 2005). Und ein Arzt bearbeitet einen Fall von Krankheit, der in weniger formalisierten, aber gleichfalls selektiven Prozessen als Objekt seines professionellen Blicks generiert wird (vgl. Foucault 1999).

Diese institutionellen Prägungen von Blickrichtungen und Wissensstrukturierungen sind anzuerkennen, aber die Sozialpädagogik ist in besonderem Maße von ihnen tangiert, denn sie beschäftigt sich nicht unwesentlich damit, entsprechende Perspektivitäten zu negieren. In ihrer Lebens- und Alltagsnähe ist die Sozialpädagogik mit einer hochgradigen Komplexität und Eigenwilligkeit alltäglicher Erscheinungen konfrontiert. Ihr Expertenwissen ist „complex, adaptive and flexible" (Fook u.a. 1997, 413) und sie sucht ihrem Anspruch nach mit Komplexitäten umzugehen, indem sie diese zur Geltung bringt und abbildet. Sie erscheint dabei zuweilen als bloße Anwältin im Dienste der Interessen des Subjekts. Aber wie die seit mehreren Jahrzehnten andauernde sozialwissenschaftliche Diskussion nachgewiesen hat, ist dies unrealistisch. Auch wenn die Sozialpädagogik sich Mühe gibt, als Perspektive unsichtbar zu bleiben, muss sie als solche bestimmt werden. So kann gerade das sozialpädagogische Ringen um die *partikulare* Zulassung von Komplexität und die Erfordernis, sie zu *restringieren*, Kernaspekte sozialpädagogischen Wissens verdeutlichen.

Die Konfrontation mit Komplexität und die Notwendigkeit, sie zu restringieren und gleichzeitig abzubilden, mögen für die Sozialpädagogik eine gewisse Frustration bedeuten. Klarere Wissensstrukturen und deutlichere Grenzen der Zuständigkeit könnten dem Gefühl einer sozialpädagogischen Identitätskrise abhelfen. Aber über die mit ihr assoziierte Unzufriedenheit hinaus kann festgestellt werden, dass es der sozialpädagogischen Identitätsklärung förderlich sein kann, die benannten Problemlagen reflexiv einzuholen und ihre Analyse zu nutzen, um sozialpädagogisches Wissen in seiner ambivalenten – gleichzeitig strukturierten und strukturierenden, perspektivisch ausgerichteten und mit dem Problem dieser Ausrichtung behafteten – Lage zu kennzeichnen. Dies kann fruchtbar sein, wenn es gelingt, mit dem Anspruch der Reflexivität eine Fokussierung der Aufmerksamkeit auf sozialpädagogisch bedeutsame Wissensdimensionen in Anschlag zu bringen und damit eine für theoretische und empirische Anschlüsse gehaltvolle und „brauchbare" – wie paradoxerweise zu sagen ist – *Perspektive* zu nennen.

Auf die Frage, ob es sich lohnt, die hier vorgeschlagene Art von Reflexivität zu verfolgen, lässt sich vor diesem Hintergrund antworten, dass sie einen Versuch darstellt, Sozialpädagogik im analytischen Zugang zu verstehen. Es erscheint sinnvoll für sie, sich Perspektivitäten der Reflexivität zu inkorporieren, die nicht wissenschaftstheoretisch und disziplinextern „abgelegt" werden, sondern zur Theorieentwicklung eingesetzt werden.

2 Ein (Gegen-)Beispiel: Anomie

Es wurde bislang unterstellt, dass ein Reflexionsmodus der Sozialpädagogik Erkenntnisgewinn bringen kann. Bevor die Wege geschildert werden, auf denen dies erfolgen kann, und bevor nähere inhaltliche Bezüge eingebracht werden, ist diese Behauptung zu begründen. Der Reflexionsmodus muss sich gegenüber bestehenden Angeboten sozialpädagogischer Selbstinterpretation absetzen und der Lohn der Mühe sollte deutlich sein.

Er besteht im Wesentlichen darin, bislang meist sublim wirkende Gewissheiten sozialpädagogischer Theoriebildung und -kommunikation aufzulösen und analysierbar zu machen. Nun ist die Auflösung von Evidenz nicht unbedingt etwas, das Begeisterung heraufbeschwört. Zwar wird sie in philosophischen und sozialwissenschaftlichen Zusammenhängen mitunter eifrig betrieben. Aber sie stößt auch auf grundlegende Vorbehalte und die Sozialpädagogik zehrt von langlebigen Traditionen, die gegen sie gerichtet sind. Die Sozialpädagogik macht häufig in interventionistischer Absicht auf soziale Probleme und strukturelle Ungerechtigkeiten aufmerksam, übersieht dabei aber die Möglichkeitsbedingungen ihrer eigenen Position.

Man kann dies an einem Punkt festmachen, gewissermaßen an einem „roten Faden" sozialpädagogischer Theoriegeschichte: der Anomietheorie. Sie wird hier in weitem Sinne verstanden, da nicht nur die Tradition Durkheims angesprochen ist. Sie ist wichtig und steht auch nachfolgend im Zentrum der Auseinandersetzung. Aber die sozialpädagogische Relevanz der Thematisierung von Anomie ist umfassender angelegt, denn es geht im Kern um die allgemeine Frage, wie soziale Probleme und Krisen – und letztlich soziale Ordnungsbildung überhaupt – rekonstruiert werden. Indem Anomietheorien zu dieser Frage führen, stößt ihre Analyse in Kernbereiche sozialpädagogischen Wissens vor, das darauf aufbaut, problematisch erscheinende soziale und psychosoziale Zustände zu repräsentieren. Der reflexive Analysemodus nimmt in den Blick, wie diese Repräsentation ermöglicht wird und erschließt dadurch die Verstehensaufforderungen, die sozialpädagogische Theorien beinhalten.

2.1 Anomie als sozialpädagogisches Grundproblem

Das Auftreten und die Verbreitung sozialpädagogischer Wissensformen sind untrennbar mit der historischen Entwicklung moderner Gesellschaftsformen verbunden (vgl. Winkler 1988). Ohne das Bewusstsein, dass diese potentiell beeinflussbare Strukturen aufweisen, d.h. Menschen Einfluss auf die Bedingungen des sozialen Zusammenlebens ausüben, es verbessern oder auch verschlechtern können, es durch in der Vergangenheit liegende Verhaltensmuster geprägt haben und in der Zukunft prägen werden, ist eine Sozialpädagogik im heutigen Sinne undenkbar. Auch wenn einzelne Motive sozialpädagogischen Denkens und Handelns weiter zurückverfolgt werden können, ergab sich eine eigenständige Qualität von Sozialpädagogik erst im Zuge der Konstitution der Moderne in Abhängigkeit von dem kulturellen Bewusstsein um eine komplexe Gesellschaftsordnung, die von sozial eingebetteten Individuen geschaffen wird (vgl. Dollinger 2006a).

Dies erklärt einem sehr allgemeinen Sinne nach, warum Aspirationen sozialpädagogischer Selbstvergewisserung mit Recht auf sozialwissenschaftliche Wissensbestände rekurrieren. Neben der Tatsache, dass die Lebensformen und -stile der Adressaten sozialpädagogischer Leistungen nur in Kenntnis ihrer sozialen Lebensumstände erschlossen werden können, betrifft sozialwissenschaftliches Wissen die Sozialpädagogik direkt, da sie als Wissensform selbst ein Produkt der Moderne ist, auf die Sozialwissenschaften Bezug nehmen.

Um die Genese der Sozialpädagogik aus der Konstitution der Moderne zu illustrieren, sei – lediglich aus Gründen der begriffsgeschichtlichen Plausibilisierung, man könnte ohne Weiteres andere Beispiele wählen – auf die ersten Wortschöpfungen der „Sozialpädagogik" hingewiesen. Sie sind nur zu verstehen, wenn der eben angesprochene Kontext bedacht wird. Als Karl Mager 1844 anlässlich einer Rezension den Terminus „Social-Pädagogik" verwendete, um die Antinomien einer Individual- und einer Kollektivpädagogik zu synthetisieren (vgl. Kronen 1980), kritisierte er nicht nur den christlichen Duktus der Schrift Curtmanns, die er ausführlich diskutierte, und stellte gegen sie eine säkulare Ordnungskonstruktion. Er bezog sich auch unmittelbar unter dem neu eingeführten Begriff auf den „Pöbel", also ein modernes soziales Phänomen[6], das, von

---

6 Sozial ungebundene Gruppierungen, die als Gefahr für das Projekt einer geregelten Ordnung identifiziert wurden, gab es freilich länger; in „den vorindustriellen Gesellschaften Europas kristallisierte sich diese Gefahr in der Figur des Landstreichers, das bindungslose Individuum schlechthin, das weder einen festen Wohnsitz hat noch einer geregelten Arbeit nachgeht" (Castel 2005, 14). Im Pöbel hingegen lag später die Besonderheit, dass ihm attestiert wurde, die gesellschaftliche Ordnung als arbiträr und ungerecht empfinden zu können. Es konnte für ihn nahe liegend erscheinen, die Legiti-

Mager aus betrachtet, überaus störend war. Der Pöbel war mit nichts weniger als der Gefahr assoziiert, den „schmählichen Bankerott unsrer sogen. Civilisation" (Mager 1844/1989, 171) als Potential in sich zu tragen. Er bedrohte in seiner Ungebundenheit fundamental die bürgerliche Ordnung, die Mager vor Augen hatte.

In dieser Hinsicht stand Adolph Diesterweg – nach aktuellem Wissensstand zweiter Verwender des von Mager eingeführten Begriffs – Mager nicht nach, insofern er noch direkter einen Begriff von sozialer Pädagogik und Erziehung mit der Revision der pauperistischen Elendserfahrungen kombinierte (vgl. Reulecke 1990; Dollinger 2007c). In beiden Fällen, die durch die sozialpädagogische Ahnengalerie aufzustocken wären, wird eine Motivation zur Ausarbeitung einer Sozialpädagogik deutlich, die sich aus dem Bewusstsein gesellschaftlicher Strukturveränderungen und aus der Wahrnehmung mit ihr assoziierter Krisenszenarien ergab. Die Notwendigkeit, soziale Bildungsbegriffe im pädagogischen Diskurs zu verankern und Wissen um neuartig entstandene Bedingungen des sozialen Lebens in der Pädagogik zu institutionalisieren, resultierte maßgeblich aus den Problemgehalten, die gesellschaftlichem Wandel aus zeitgenössischer Sicht eingeschrieben waren. An sie wurde appelliert, um eine sozial reformierte Pädagogik, eine Sozialpädagogik, zu legitimieren.

Bis für dieses Krisenempfinden in gesellschaftstheoretischer Hinsicht der Ausdruck „Anomie" verwendet wurde, dauerte es noch bis zum Ende des 19. Jahrhunderts. Der Terminus an sich war zwar deutlich älteren Datums, wie Orrù (1987) ausarbeitet. Zum Mahnmal moderner Gesellschaftsformen, ihrer besonderen Integrationsanforderung mit Blick auf die Einbindung und Etablierung von Individualität sowie die Anfälligkeit dieses Prozesses wurde er allerdings erst mit Émile Durkheims Dissertationsschrift über die „soziale Arbeitsteilung" im Jahr 1893. Seine Studie zum „Selbstmord", erstmals 1897 publiziert, veränderte und verbreiterte das Anomiekonzept dann zu einer pessimistisch getönten Ordnungstheorie. Mit beiden Entwürfen avancierte „Anomie" über Durkheims Theorie(-n) hinaus zur Formel, mit der sich krisenhafte Störungen sozialer Ordnungsbildung mit ihren negativen Folgen für die Einzelnen bezeichnen lassen.

In der Regel werden Anomietheorien mehr oder weniger frei an diese Traditionslinie gebunden, als deren Urvater mit Recht Durkheim angesehen wird (vgl. Lamnek 2007, 110). In der devianztheoretischen Forschung dominieren demgegenüber von Robert K. Merton vorgelegte Entwürfe zur Anomietheorie (vgl. Ortmann 2000, 240), während insgesamt vielfältige wissenschaftliche Studien und Theorien zu bemerken sind, die sich höchst unterschiedlich auf Anomie

---

mität der Ordnung angesichts ihres Anscheins der Künstlichkeit bzw. Veränderlichkeit nicht anzuerkennen (vgl. Hegel 1821/1986).

beziehen[7]. Sie fungiert gegenwärtig als „sensitizing concept" (Thome 2003, 37) einer breiten sozialwissenschaftlichen Forschungstätigkeit, durch die intendiert wird, Störungen der Sozialordnung zu rekonstruieren und sie mit (deviantem) Verhalten von Menschen auf individueller oder aggregierter Ebene in kausale Beziehung zu bringen.

In der Sozialpädagogik sind entsprechende Ansätze weit verbreitet. Ihre Theoriegebäude und ihr disziplinäres (und z.T. professionelles) Selbstverständnis wurden in besonderem Maße durch Anomietheorien geformt, so dass es sich lohnt, diese Tradition in der hier verfolgten Analyse in den Blick zu nehmen. Anomietheorien lassen sich symptomatisch für das sozialpädagogische Verständnis von sozialer Ordnungsbildung diskutieren, und aus diesem Grunde fungieren sie hier gleichsam als Tür, durch die der Raum betreten werden kann, in dem reflexive Sozialpädagogik stattfinden kann.

Zu diesem Zweck ist die sozialpädagogische Relevanz des Anomiekonzepts noch deutlicher zu erhellen. Anomie firmiert in sozialpädagogischen Diskurszusammenhängen als Orientierungskonzept für Versuche, sozialpädagogisches Handeln und Wissen zu verstehen, indem auf makrostrukturelle Integrationsprobleme aufmerksam gemacht wird. Dies erstreckt sich auf sozialpädagogisch relevante Sachverhalte wie individuelles oder kollektives (Fehl-)Verhalten, aber auch auf die Sozialpädagogik selbst als gesellschaftliche Institution. So stellt Böhnisch (2001a, 52) fest, Anomie sei nicht nur eine Devianztheorie, sondern weitergehend eine „epochale Hintergrundtheorie sozialer Desintegration" und eine Option, den gesellschaftlichen „Kontext der entsprechenden Bewältigungsprobleme jener Menschen" auszudeuten, die „Klienten der Sozialarbeit sind". Der Anomiebegriff bringe das „epochale Grundthema gelingender oder misslingender sozialer Integration im Prozess moderner Arbeitsteilung bis heute auf den sozialwissenschaftlichen Begriff" (ebd., 54). So wird Anomie bewusst „im weitesten Sinne" verstanden, und zwar als „gesellschaftlich bedingte Zustände, in denen das Individuum die soziale Orientierung und damit seine Handlungssicherheit bedroht sieht und versucht, sich trotzdem zurechtzufinden, durchzukommen, diese Situation irgendwie zu bewältigen" (Böhnisch 1997, 232). Böhnisch verweist insbesondere auf die von Lockwood und Habermas theoretisierte Entkoppelung und krisenhafte Re-Relationierung von „Sozialintegration" und „Systemintegration" bzw. von „System" und „Lebenswelt" und modifiziert durch diese (und weitere) Hinweise das Durkheimsche Thema. Es werde im

---

7 Bei Merton und Durkheim sind jeweils zwei Varianten von Anomietheorien zu bedenken (vgl. Albrecht 1981, Lamnek 2007; s.u.); die Heterogenität wurde in der an sie anschließenden Anomieforschung der vergangenen Jahrzehnte beträchtlich erhöht.

Kontext einer „neuen Entwicklungsstufe" (Böhnisch 1999, 29) der Gesellschaft weitergeführt[8].

Es wird bewusst ein umfassender Begriff von Anomie bzw. Anomietheorien zugrunde gelegt, der von „klassischen" Bezugnahmen ausgeht, sie aber merklich erweitert. Anomietheoretisches Denken wird als Aufforderung verstanden, sozialstrukturelle und soziokulturelle Prozesse der Herstellung einer gesellschaftlichen Ordnung aus sozialpädagogischer Sicht zu reflektieren und sie mit den konkreten Lebensbedingungen der Einzelnen und ihren individuellen Wegen der Bewältigung in Verbindung zu bringen. Der anomietheoretische Bezug auf Devianz wird erweitert, was einerseits in der Anomieforschung üblich ist, da sie ebenso von staatlicher Anomie (vgl. Waldmann 2002) wie von „anomischen Lebensgefühlen" (Claßen 1997) und anderem spricht und damit die Intention der Vorgaben Durkheims und Mertons längst modifiziert hat. Diese waren vorrangig bestrebt, variierende Devianzraten durch Bezugnahme auf makrostrukturelle Integrationsverhältnisse zu erklären.

Andererseits wird mit diesem weiten Begriff Anschluss an tradierte sozialpädagogische Theoriebestände gesucht. Wie die Beispiele Magers und vor allem Diesterwegs zeigen, ist der Sozialpädagogik eine anomietheoretische Position eingelagert, da sie ohne das „epochale Grundthema" gesellschaftlicher Krisen und ihrer Kristallisation in normabweichenden Verhaltensmustern, mithin der Anomie, nicht entstanden wäre. Anomietheoretische Argumentationsstrukturen treten im sozialpädagogischen Theoriediskurs immer wieder auf, um Sozialpädagogik als solche auszuweisen und um angesichts sozialer Problemlagen die Notwendigkeit sozialpädagogischer Handlungs- und Bearbeitungsweisen zu begründen[9]. Im Zeitverlauf ist von der Begriffserfindung Magers bin hin zu neueren Theorieansätzen, wie sie etwa Böhnisch artikuliert, eine anomietheoretische Kontinuität zu rekonstruieren.

Betrachten wir dies kurz anhand des in der sozialpädagogischen Historiographie bislang ausnehmend wenig beachteten Verlaufs sozialpädagogischer Diskurse nach Mager und Diesterweg. Es gilt zu zeigen, dass einem weiten Sinne nach

---

8 Charakteristischerweise wird in der Sozialpädagogik tatsächlich vorrangig Durkheims *Anomie*programm rezipiert, nicht z.B. seine wissenssoziologischen Ausführungen (vgl. hierzu Egger 2007).

9 Als Referenzpunkt sozialpädagogischen Wissens werden damit soziale Probleme bestimmt, deren Wahrnehmung als Einzelprobleme gleichsam in Nachfolge der Diskussion einer gesamtgesellschaftlichen „sozialen Frage" steht (vgl. Groenemeyer 2001). Die von der Sozialpädagogik bearbeiteten Probleme weisen im Besonderen Bezüge zu Sozialität und Subjektivität auf, wie nachfolgend näher ausgeführt wird. Grundlegend setzte „sich die Erkenntnis eines konstitutiven Bezugs Sozialer Arbeit auf soziale Problemlagen in den letzten Jahren wieder weitgehend durch" (Kessl u.a. 2007, 7), und dies ist im historischen Entstehungszusammenhang der Sozialpädagogik gut begründet.

anomietheoretische Fragestellungen avant la lettre in der Sozialpädagogik fundiert waren, bevor Durkheim ein explizites sozialwissenschaftliches Anomiekonzept vorlegte und am Beginn des 20. Jahrhunderts eine deutliche Expansion sozialtheoretischer Erörterungen in der Pädagogik auftrat[10]. Diese führten fort, was schon zuvor thematisiert war. Bevor auf Durkheims Anomiekonzepte eingegangen wird, soll deshalb, in der gebotenen Kürze, diese frühe Phase sozialpädagogischer Gesellschaftsanalyse angesprochen werden.

Zu bemerken ist zunächst, dass liberale Sozialpädagogiken wie die Magers und Diesterwegs in und nach den restaurativen 1850er Jahren auf deutliche Probleme stießen (vgl. Dollinger 2007c). So trat mit dem Herbartianer Friedrich Wilhelm Dörpfeld ein sozialpädagogischer Theoretiker auf, der zumindest in der sich langfristig durchsetzenden gegen-herbartianischen Sozialpädagogik als konservativ getönt wahrgenommen wurde (vgl. Schröer 1999, 36f). Auch Dörpfeld äußerte sich zum großen Thema der Anomie in Gestalt der sozialen Frage. Er leitete aus gesellschaftlichen und ökonomischen Strukturmodifikationen umfassend veränderte Lebensbedingungen ab. Die aus seiner Sicht essentiellen Integrationsmodi der Familie und der religiösen Orientierungen schienen zu erodieren, so dass Gegenmaßnahmen angezeigt waren. Dörpfeld dachte dabei neben einer begrenzten Staatshilfe vor allem daran, dass das soziale Leben „auf den Bildungs- und sittlichen Zuständen" (Dörpfeld 1867/1900, 46) fuße und deshalb an der Sittlichkeit der Menschen ansetzende Bearbeitungsformen die Mittel der Wahl seien. Man könnte auch sagen: Die Revision anomischer Verhältnisse bedurfte einer Analyse der sozialen und politischen Problemkonstellationen; deren religiös-ethischer Kern war jedoch vorweggenommen und die Option sozialer Erziehung entsprechend präjudiziert.

Andere herbartianische Positionen waren nicht weniger an einer Lösung der sozialen Frage unter Beteiligung einer reformierten Erziehungspraxis interessiert. Einen wichtigen Beitrag, der entsprechende Spuren im Herbartianismus rekonstruierte, legte Johannes Trüper (1890) unter dem Titel „Erziehung und Gesellschaft" im Jahrbuch des Vereins für wissenschaftliche Pädagogik vor. Nicht nur der Einzelne sei das Thema der Pädagogik, sondern sie müsse das „soziale Prinzip" (ebd., 212) ernst nehmen und auf gesellschaftliche, kollektive (Erziehungs-)Phänomene reflektieren. In einem Seitenhieb auf Pestalozzi hieß es, dieser habe in seiner Auseinandersetzung mit dem Sozialen „nur die Niederungen des Lebens" aufgegriffen und eine auf sie bezogene normative Pädagogik verfolgt, die unter der Referenz der „sozialen Frage" (ebd., 211) thematisch wurde. Für einen Herbartianer lag es nahe, im Gegenzug auf die Notwendigkeit strenger Wissenschaftlichkeit hinzuweisen und die Pädagogik aufzufordern, Tatsachenbe-

---

10 Zu Nachweisen vgl. Dollinger (2006a, 367ff).

schreibungen und Erklärungen des sozialen Lebens zu leisten. Damit, so ist zu ergänzen, musste die soziale Frage auch als Aufforderung gelesen werden, eine Deskription und Explanation sozialer Prozesse in die Pädagogik zu integrieren, um sie dadurch, im Sinne Trüpers, erst zu einer vollwertigen und öffentlich anerkannten Wissenschaft werden zu lassen.

Dieses Bewusstsein um normative und deskriptive Elemente pädagogischen Wissens hatte schon Mager (1842; 1848/1989) artikuliert und mit der Erörterung gesellschaftstheoretischer Fragestellungen in der Pädagogik bzw. Sozialpädagogik assoziiert. Trüper (1890, 216) erinnerte vor diesem Hintergrund an die Leistung Magers, der „die soziale Auffassung zuerst und prinzipiell in die Herbartische Pädagogik" eingeführt habe. An Mager orientiert führte dieses Programm insbesondere Otto Willmann (1875/1980) fort, der eine eigenständige Variante des Herbartianismus vertrat (vgl. Gerner 1974). Er postulierte zunächst eine sozialtheoretische Erziehungswissenschaft und wandte sich dann einer neoscholastischen Pädagogik zu. Zur Beantwortung der Frage, wie eine Gesellschaft trotz Generationenwandels stabile Strukturen beibehalten konnte, legte er eine Gütertheorie zugrunde. Anomische Verhältnisse ergaben sich für ihn aus einer defizitären Bindungswirkung v.a. der spirituellen, christlichen Güter. Sie wurden der krisenhaften gesellschaftlichen Entwicklung entgegengesetzt und in der Konsequenz schienen die Verbreitung kollektiver Religiosität und die Anerkennung der Familie als basaler Integrationsmotor der Gesellschaft geeignet, anomische Konstellationen zu revidieren (vgl. Willmann 1903/1912). Das Bewusstsein um die Fragilität und Dynamik sozialer Prozesse ging so in eine normative Pädagogik ein; Brezinka (2003, 38) spricht in Charakterisierung von Willmanns später Position von einem „katholischen Weltanschauungsphilosophen" mit aristotelisch-thomistischem Argumentationsduktus. Dieser fand keinen positiven Bezug zu zivilisatorischen Neuerungen – zum „Aufschwung des Verkehrs, der Industrie, der Technik, der Naturwissenschaften" (Willmann 1899/1982a, 484) – und kritisierte Ansichten über das interpersonelle Leben, die der katholischen Güterlehre widersprachen. Das Soziale war durch Menschen beeinflussbar und in seiner Entwicklungsrichtung offen; es konnte durch die zivilisatorische Entwicklung oder durch „falsche" Gesellschaftstheorien depravieren. Eine solche Lehre führte die neuere Evolutionstheorie vor Augen; nach Willmann (1899/1982b, 470) handelte es sich um eine fatale „Doktrin des so genannten Relativismus", da sie die ahistorische Gültigkeit der von Gott geschaffenen Güter ignorierte. Kulturelle Einflüsse wie diese und strukturelle Veränderungen der Gesellschaft tangierten das Leben der Menschen höchst negativ, indem sie die Grundfeste des Glaubens und die Gültigkeit der durch ihn begründeten Güter zur Disposition stellten.

Andere folgten diesen Vorgaben. Zwar blieb Willmann im deutschsprachigen Herbartianismus eine Ausnahme – als Katholik, mit seiner Gütertheorie und einem nur partiellen Anschluss an Herbart –, aber die Notwendigkeit einer ethischen Richtungsprägung der sozialen Entwicklung war konsensuell bestimmt (vgl. insbes. Lindner 1889). Das Soziale an sich war labil, in seiner zukünftigen Entwicklung kontingent und dabei von problematischen – dies bedeutete in der Regel mindestens: von darwinistischen, sozialistischen und mit wachsender Bedeutung Natorps zudem: neukantianischen – Deutungen und zivilisatorischem Fortschritt bedroht. Auch Wilhelm Rein als führender Herbartianer nach dem Tod Tuiscon Zillers mahnte vor diesem Hintergrund eine ethische Fundierung des sozialen Lebens und der sozialen und individualen Pädagogik an (vgl. Rein 1910).

Einige Herbartianer wie Ernst Barth (1886) ergingen sich diesbezüglich in relativ deutlicher Zeitkritik, in der das Neue der gesellschaftlichen Entwicklung, vor allem in der Zuspitzung in großstädtischen Lebenszusammenhängen (vgl. Henseler/Barth 2006), mitunter heftig attackiert wurde. Damit wurde nachhaltig die Erkenntnis artikuliert, dass eine Dimension des Sozialen als sozialpädagogische Bezugsgröße anzuerkennen war und angesichts eines ebenso prekären wie sozialisationsmächtigen Status der Sorge bedurfte. Erscheinungen der Modernisierung wie das um sich greifende Fabrikleben, die Veränderung von Arbeitsverhältnissen, eine Umgestaltung der innerfamilialen Beziehungen und der Familienstrukturen, eine Pluralisierung moralisch-ethischer Orientierungen, ein zunehmend von pädagogischer Aufsicht freigestelltes Jugendleben, wachsende soziale Ungleichheiten usw. wurden zu variabel kombinierbaren Elementen einer Gegenwartsanalyse, die (sozial-)pädagogische Interventionsforderungen begründete. Gesellschaftliche Integrationsverhältnisse wurden theoriespezifisch objektiviert, als anomische Krisen diagnostiziert und mit Lebensverhältnissen Heranwachsender relationiert, um eine reformierte, sozial gestaltete Erziehungspraxis zu legitimieren.

Die nachfolgende Sozialpädagogik schloss sich diesem Argumentationsprinzip an, wenn auch mit erheblich differierenden Theoriebezügen. Im Rahmen der Ablösung des Herbartianismus als vorherrschende pädagogische Theorieströmung der zweiten Hälfte des 19. und des Beginns des 20. Jahrhunderts wurde es insbesondere funktional, einen markanten historischen Bruch zu thematisieren. Er brachte, so wurde unterstellt, eine ganz eigene, neue Art gesellschaftlicher Krisen mit sich, so dass es folgerichtig einer neuen – eben: nicht-herbartianischen – Sozialpädagogik bedurfte, um sie zu lösen (vgl. Die Deutsche Schule 1902, 766ff). Der prominenteste Bezugspunkt dieser Krisendiagnosen war die zwar inhaltlich stark differenzierte, aber terminologisch-programmatisch vergleichsweise breit rezipierte Dichotomisierung von Gemeinschaft und Gesellschaft. Gemeinschaft symbolisierte Wert- und Naturhaftigkeit, emotionale Bindung, Ganzheitlichkeit, wertvolle Kulturbezüge und Tradition, Gesellschaft im Gegenteil Zweckorientierung, Sachlichkeit, Partikularität, zivilisatorische Entartung und traditionslose Neuerungen. So unterschiedliche Theoretiker wie Paul Natorp (1907), Wilhelm Rein (1910), Carl Mennicke (1937/2001) oder schon Johann Hinrich Wichern (1871/1969) argumentierten in diesbezüglicher Perspektive. Die Gemeinschaft implizierte in diesen Ansätzen eine Kontraststellung zur objektivierten Modernisierung, die der „Gesellschaft" eingeschrieben wurde. Und die Gesellschaft schien bei ihrem Werk der Zerstörung werthaft-gemeinschaftlicher, zum Zusammenhalt der Menschen essentiell nötiger Beziehungsmuster immer weiter voranzuschreiten. Herbartianer konnten bei der Bearbeitung dieser als neuartig vorgestellten Gesellschaftskrise schließlich kaum noch zustimmungsfähige Positionen besetzen. Die Versuche einer internen Modernisierung ihrer Pädagogik und einer entsprechenden Außendarstellung blieben erfolglos. Aus der Diagnose einer neuen anomischen Konstellation erwuchs die Suche nach einer neuen Pädagogik.

Beschleunigt wurde dieser Prozess durch die Beschwörung eines Handlungsdrucks, die dem Krisendiskurs am Ende des 19. Jahrhunderts eingelassen war. Er war eng mit Bildungsfragen assoziiert, denn aus „der Einsicht heraus, dass die Kultur sich nur im Medium der Bildung erhalten und weiterentwickeln kann, umschloss die Kulturkritik zugleich eine Bildungskritik" (Röhrs 2001, 25). Der Krisendiskurs führte damit, über Handlungs*optionen* hinaus, einen Handlungs*zwang* vor Augen. Man schien an einem Wendepunkt zu stehen, der auf Reaktionen drängte und die Zeitgenossen verantwortlich machte, sollten sie nicht oder falsch agieren. Seit der Einführung des Begriffes Sozialpädagogik lauteten die Alternativen, es würden entweder einschneidende Reformmaßnahmen ergriffen oder es drohe eine soziale Revolution (vgl. z.B. Diesterweg 1836/1890), oder, wie Mennicke (1937/2001, 198) in abgeschwächter Form mahnte, es komme zur „Einführung eines Zwangssystems", falls die im gesellschaftlichen Wandel ermöglichte Freiheit des Individuums nicht durch eine Kooperation von Politik, Wirtschaft und insbesondere Sozialpädagogik werthaft und gemeinschaftlich rückgebunden werde. Die kontingent gewordene Zeit wurde der Gegenwart als Aufgabe überantwortet, und dies mit der Aufforderung, möglichst bald und wirksam zu handeln. Ansonsten drohte die Gesellschaft in Anomie zu versinken.

Dieser Krisendiskurs war in der Sozialpädagogik der 1890er Jahre breit entfaltet (vgl. Schröer 1999), als in Durkheims Anomiebegriffen die Krisenstimmung kondensierte und in eine spezifische Theorieform gebracht wurde. Die Fragen, die sich mit Durkheim stellten, waren somit nicht neu. Ganz im Gegenteil: Die soziale Pädagogik musste sich mit sozialen Krisen alleine deshalb fundiert auseinander setzen, da sie unterstellte, dass das „Leben" – und keineswegs nur die Schule – erzog. Ging man davon aus, dass die gesellschaftliche Entwicklung kritisch zu betrachten war, so wirkte sich dies folglich direkt auf pädagogische Fragen aus, die nicht schulpädagogisch oder didaktisch beruhigt werden konnten. Es bedurfte einer anomietheoretisch ausgewiesenen Pädagogik. Herbart (1806/1983) hatte dies mindestens implizit als Thema anschlussfähig gemacht (vgl. Dollinger/Müller 2007), und mit Mager, der in zentralen Punkten an Herbart anschloss, wurde die Problembeziehung einer gut gemeinten schulischen und einer bestenfalls neutral wirkenden sozialisatorischen Erziehung auf lange Sicht der Sozialpädagogik eingeschrieben. Eine eigenständige, sich permanent wandelnde und von Krisen bedrängte Dimension des Sozialen wurde als pädagogische Referenz bestärkt. Sie bestimmte die folgenden Auseinandersetzungen in der Sozialpädagogik, die sich darüber im Klaren war, dass der Generationenwandel mit Hilfe einer *„ungewollten Assimilation"* (Willmann 1882/1988, 25) der Heranwachsenden vollzogen wurde und eine Erziehung durch das „Leben" mit sich brachte. Soziale Krisen, so wurde gefolgert, waren Krisen der Sozialisation und Erziehung. Durkheim betrat vor diesem Hintergrund ein von der Sozialpädagogik bereits bearbeitetes Feld, das er mit seinen Anomiekonzepten spezifizierte.

2.2 Anomietheorien und die Konstitution sozialer Krisen

Die angesprochenen historischen Theoretisierungen sozialen Wandels verdeutlichen, dass eine sich reflexiv verstehende Sozialpädagogik auf anomietheoretische Argumentationen Bezug nehmen muss. Sie hat ihr Reflexionspotential an ihnen schulen, da sie einem weiten Sinne nach in der Sozialpädagogik in basaler Weise präsent sind[11]. Sie wurden längere Zeit vor Durkheim diskutiert und bein-

---

11 Davon unbenommen gibt es Theorien der Sozialpädagogik und Sozialen Arbeit, bei denen ein anomietheoretischer Kern nicht ohne weiteres zu bestimmen ist. Etwa für neuere Entwürfe im Anschluss an die Luhmannsche Systemtheorie wäre dies in Rechung zu stellen, da sie angesichts des Primats der funktionalen Ausdifferenzierung autopoietisch geschlossener Teilsysteme keine gesellschaftsweiten Anomietrends anerkennen können. Es wirke „schlicht peinlich", so Luhmann (1998, 1118), wenn Gesellschaftskritik in ihrer Abhängigkeit von Entwürfen einer krisenfreien Gesellschaft eine „bessere Moral und bessere Einsicht für sich reklamiert." Er hält dagegen, dass der beobachtende Sozialwissenschaftler Teil der Gesellschaft ist; er kann sich nicht auf eine neutrale Position außerhalb des Sozialen berufen. Der wissenschaftliche Beobachter blickt nicht auf „die" Gesellschaft, sondern stellt Unterscheidungen an. Sie müssen reflexiv erschlossen werden, ansonsten handelte es sich um eine „naive" Beobachtung erster Ordnung, die ihre eigenen Voraussetzungen nicht erkennen kann. Der wissenschaftliche Beobachter muss reflektieren, welche Beobachtungen er selbst zugrunde legt. „Streng genommen befasst sich Systemtheorie nur noch mit den Modellen, die beim Beobachten entstehen" (Hamburger 2003, 141), und diese Beobachtung steht nicht über der Gesellschaft, sondern tritt als gesellschaftliche Perspektive neben anderen auf, was aufgrund einer fehlenden Gesamtregu-

halten zentrale Konstitutionsbedingungen sozialpädagogischen Wissens. Durkheims originärer Beitrag ist darüber allerdings nicht zu vergessen. Er zeigt pointiert, wie eine Gesellschaftskrise – und Gesellschaft als Sinnkategorie überhaupt – identifiziert werden kann und aus ihrer Wahrnehmung spezifische Interventions- und Handlungsforderungen erwachsen. Die Sozialpädagogik reproduziert dieses Prinzip bis heute.

2.2.1 Durkheim: Anomie und kollektiv geteilte Moral

Durkheims Verständnis von Anomie ist nur zu rekonstruieren, wenn ihre gesellschaftstheoretische Basis in Rechnung gestellt wird. Wer Anomie diagnostiziert, definiert gesellschaftliche Normalzustände, und Durkheim explizierte sein entsprechendes Ordnungsverständnis. Letztlich lag sein primäres Interesse nicht in der Frage, wie Anomie entsteht, sondern in der Erklärung sozialer Ordnungsbildung, woraus sich erst im Zeitverlauf und nur vorübergehend ein stärkeres Interesse an Anomie ergab. Die wiederholte Beschäftigung mit ihr führte zu einer merklichen inhaltlichen Veränderung, so dass von zwei Anomietheorien Durkheims auszugehen ist, die in ihrem Verweis auf die Krisenhaftigkeit moderner Lebensverhältnisse zu unterschiedlichen Konsequenzen führen.

a) Die Studie zur „Arbeitsteilung"

Durkheims argumentativer Ausgangspunkt konzentrierte sich in der Frage, wie eine zunehmend komplexer werdende Gesellschaftsform, die eigenständige Individualitäten zulässt und hervorbringt, stabile Integrationsverhältnisse zu etablieren in der Lage ist. Seine Antwort wird in der breiten sozialwissenschaftlichen Literatur unterschiedlich aufgenommen. Aus sozialpädagogischer Sicht interessieren insbesondere die die Krisensemantiken unterstützenden Ordnungsvorstellungen, aus denen sich Konzeptionen legitimen Verhaltens und entsprechende Interventionsforderungen ableiten lassen.

---

lierung „der" Gesellschaft nicht anders möglich wäre. Für die Sozialpädagogik ist entscheidend, dass mit dem Verzicht auf die Annahme einer moralischen Gesamtintegration auch die Möglichkeit entfällt, von Anomie als gesamtgesellschaftlicher (Moral-)Krise auszugehen. Es ist charakteristisch, dass hiergegen das Argument des Zynismus eingebracht wird, denn es erodiere u.a. die Option der Gesellschaftskritik und des Entwurfs eines besseren Lebens (vgl. May 2000). Mit Blick auf diese symptomatische Kritik kann konstatiert werden, dass Anomietheorien ein Grundkonzept der Sozialpädagogik verdeutlichen. Dies wurde oben anhand historischer Bezüge illustriert und im Folgenden werden aktuelle Theorieentwürfe eingebracht, die dies bestätigen.

Im sozialpädagogischen Diskurszusammenhang war gegen Ende des 19. Jahrhunderts, wie im Feld der Sozialwissenschaften insgesamt, die Vorstellung vorherrschend, das Soziale sei als ein organhaftes Gebilde zu betrachten, das aus relativ eigenständigen Teilbereichen aufgebaut ist, einem biologischen Organismus mehr oder weniger ähnlich. Die Organe erfüllten jeweils spezifische Funktionen, bildeten aber in ihrer gegenseitigen Angewiesenheit aufeinander eine Ganzheit. Etwa Willmann hatte sich mit dieser älteren Idee – er führte sie auf biblische und philosophische Quellen zurück (vgl. Willmann 1882/1988, 19ff) – relativ ausführlich auseinander gesetzt. Er distanzierte sich zwar, sprach aber auch von einer nützlichen Analogie. Während Willmann (1900/1912; 1901/1912) zur näheren Erklärung des Zusammenhangs der „Organe" die angesprochene Gütertheorie einbrachte und eine genuin sozial ausgerichtete Pädagogik nur als Teilbereich der gesamten Pädagogik andachte, so dass Individualität und Sozialität als pädagogische Orientierungen bei ihm nicht unmittelbar ineinander überführt wurden, war dies im Falle Durkheims anders. Er erklärte die Genese von Individualität – und letztlich die mentalen Strukturen und Erkenntnisvermögen der Einzelnen in ihrer grundlegenden Form und Möglichkeit (vgl. Egger 2007, 26f) – durch soziale Bindungen und Strukturverhältnisse[12].

In seiner Studie zur Arbeitsteilung teilte Durkheim mit, soziale Integrationsmechanismen operierten in der Regel ungestört. Der soziale Austausch zwischen den einzelnen Organen der Gesellschaft erfolge meist ausreichend und integrative soziale Kontakte, die einen Schutzfaktor vor Anomie darstellten, seien „der Normalzustand" (Durkheim 1893/1999, 15). Dies war insofern von besonderer Bedeutung, als eine hoch arbeitsteilig organisierte Gesellschaft – im Unterschied zu einer segmentären, durch ähnliche soziale und individuelle Lagen charakterisierte – auf Unterschiedlichkeit beruhe: In komplex strukturierten Gesellschaften seien die Einzelnen untereinander unähnlich, sie befänden sich in je spezifischen sozialen Situationen und seien bei der Lebensführung wechselseitig abhängig. Sie benötigen andere, um zu überleben, und dies nicht nur im Sinne der Subsistenzsicherung, sondern zum Zwecke der Anerkennung als moralische Subjekte. Man muss anderen Vertrauen entgegenbringen und sich an allgemeinen moralischen Standards orientieren, um sozial eingebunden zu sein. Soziale Bindungen verdeutlichen demnach eine wirkfähige Form moralischer Integration.

Die Ursachen des Evolutionsprozesses, der von der segmentären Ähnlichkeit zur funktionalen Unähnlichkeit führte, fasst Münch (2002a, 64ff) als Bevölkerungswachstum, zunehmendes Volumen und steigende Dichte der Gesellschaft

---

12 Die ihrerseits in modernen Gesellschaften, trotz ihres emergenten Charakters, auf Individualität angewiesen bleiben.

in einem Territorium und als hieraus erwachsende Notwendigkeit verstärkter Arbeitsteilung zusammen. Die sich zwingend auf immer spezialisiertere Tätigkeiten einlassenden Einzelnen ähnelten sich sukzessive weniger, sie würden differenter, eigenständiger und seien in höherem Maße sozial abhängig. Aus den damit assoziierten vielfältigeren interpersonellen Kontakten resultierten zwei maßgebliche Kennzeichen der modernen Gesellschaft:

Erstens ermögliche sie Individualität als Eigenständigkeit und Subjekthaftigkeit, denn der Einzelne tritt aus präjudizierten Bindungen heraus. In seiner unverwechselbaren Lage ist er ein soziales Wesen und auch sozial verletzlich, da er nicht mehr ständisch eingefasst ist. Mit dem Prozess der Individualisierung werden, zweitens, gleichzeitig Formen der moralischen Re-Integration aktiviert. Es ist von einem Steigerungsverhältnis von Individualität und fortschreitender Arbeitsteilung sowie mit ihr verbundener solidarischer Bindung auszugehen (vgl. Luhmann 1999, 31). In den Worten Durkheims (1893/1999, 286): „Die Moral arbeitsteiliger Gesellschaften entwickelt sich (...) in dem Maß, in dem sich die individuelle Persönlichkeit verstärkt. Wie sehr auch eine Funktion reglementiert ist, sie lässt der Initiative eines jeden einen breiten Raum"[13]. Moral wird dadurch feiner und differenzierter, aber nicht hinfällig. Individualität ist als soziale Kategorie stets in sie eingebunden. Wer Individualität anleiten will – sei es als politisch-bürgerliche Mündigkeit sensu Mager, als Bindung an christliche Güter nach Willmann oder in einer anderen Form – kommuniziert moralische Vorschriften, die im Erziehungsprozess verbindlich werden. Der Einzelne hat Anteil an einer moralisch konstituierten Welt, an der er – obwohl die Regelungen nicht selbst generierend – als eigenständiges Wesen teilnimmt. Durch sein Auftreten als moralisch Handelnder kann er relativ frei handeln und ist gleichzeitig sozial gebunden, da seine Handlungsvoraussetzungen sozial objektiviert sind und er ein Element umfassender moralischer Integrationsverhältnisse darstellt. Diese Verhältnisse sind der individuellen Handlungsausrichtung prinzipiell übergeordnet und verleihen ihr soziale Bedeutung im Bereich des objektiv Gültigen. Gerade dort, wo der Einzelne den von der Gesellschaft ausgeübten Druck nicht spürt, ist er in seiner Individualität sozial konstituiert (vgl. Durkheim 1895/1984, 108). Wer seinen gesellschaftlich vermittelten Rechten und Pflichten nachkommt und sich im Sinne der Allgemeinheit nicht gegen-integrativ verhält, kann Freiheit ausüben und sich als Subjekt seiner Handlungen erleben. Dabei ging Durkheim zunächst davon aus, moralische Bindung ergebe sich aus der Arbeitsteilung selbst, während er später die besonderen Anstrengungen betonte, die zur Moral-

---

13 Der Zusammenhang von Individualisierung und Differenzierung findet sich auf anderer theoretischer Basis insbesondere in Natorps „Sozialpädagogik" (1899/1974) thematisiert. Seine Hervorhebung der Gemeinschaftsorientierung tendiert dazu außer Acht geraten zu lassen, dass er eine Balancierung von Gemeinschaften mit Individualisierungsprozessen zu erreichen anstrebte.

vermittlung nötig waren (vgl. Durkheim 1902-03/1984; dazu Schroer 2000, 169ff).

Eine außer-soziale Form von Individualität war damit nicht anzustreben; wer sie annahm, gab sich „Illusionen" (Durkheim 1895/1984, 108) hin. Individualität erschien zwar als freie Entfaltung, dies aber nur im Rahmen einer möglicherweise kaum merklichen moralischen Bindung, die auf den Bestand sozialer Ordnung abzielte. „Durkheim verteidigt den Individualismus nicht aufgrund einer Vorliebe oder eines grundsätzlichen Eintretens für die Rechte des Individuums, sondern allein aufgrund seiner für eine arbeitsteilig organisierte Gesellschaft unabdingbaren *Funktion*" (Schroer 2000, 150). Sie strukturiert Individualität als Chance für Freiheitsgewinne des Einzelnen, die mit Verhaltensmaximen aber untrennbar verbunden ist.

Damit diese Steigerung von Individualität und Arbeitsteilung störungsfrei vollzogen werden kann, hielt Durkheim komplex aufgebaute Arten von Individualität für ebenso nötig wie eine kollektive Moral, die einerseits der Verschiedenheit der Menschen Entfaltungsoptionen zugesteht und sie andererseits, gegebenenfalls mit zwingendem Charakter, auf der Basis moralischer Verpflichtung koordiniert. Denn zum Zusammenhalt der Gesellschaft erschien eine funktionsfähige, auf Solidarität begründete und kollektiv geteilte Moral unabdingbar. Im Unterschied zur Moral, die auf Ähnlichkeit fußt, von Durkheim als „mechanisch" bezeichnet, muss sie den sozialen Teilbereichen in ihrer Eigenständigkeit und Unähnlichkeit gerecht werden; der Begriff des „Organischen" lag deshalb nahe. Er teilte eine innere Differenzierung der Gesellschaft mit und verwies auf die Aufgabe der Gesamtintegration, aus der der Verpflichtungscharakter der sozialen Integrationsverhältnisse abzuleiten war.

Für die Sozialpädagogik ist diese Synchronisierung von Individualität und Sozialität in der Studie der „Arbeitsteilung" folgenreich. Sie verweist gleichzeitig auf die Aufgaben der Konstitution sozialer Integration wie der Ermöglichung von Individualität. In der Annahme eines solidarmoralisch fundierten Steigerungsverhältnisses von Individualität und Gesellschaft wird eine Sozialpädagogik im formalen Argumentationssinn nach Mager denkbar, denn Individualität und Kollektivität können nicht getrennt werden. Sozialität bewirkt Individualität und umgekehrt. Im Sinne Durkheims bedeutete dies allerdings – im Unterschied zu Mager – eine substantielle Verpflichtung der Einzelnen auf Bedingungen der Ordnungsherstellung.

Solange von einer gesellschaftlichen Dauerkrise nicht auszugehen war, mochte in dieser Vorentscheidung für gesellschaftliche Strukturerhaltung der Anschein „freier" Individualität noch aufrechterhalten werden. Durkheim unterstellte, Individualität und Sozialität seien per se synthetisiert, da die Arbeitsteilung organische Solidarität generiere. Eine problemregulierende Sozialpädagogik war damit weitgehend hinfällig. Individualität werde durch die gesellschaftliche Komplexität und die Möglichkeit personal zurechenbarer Betätigung im Rahmen einer ranghohen Arbeitsteilung ermöglicht (vgl. Durkheim 1893/1999, 473ff). War dies in einer Gesellschaft nicht der Fall, so lag dies an der noch mangelnden Ausbildung der moralischen Kohäsionsstufe, die dem gesellschaftlichen Entwicklungs- und Differenzierungsniveau angemessen war. Krisen hatten primär die transitorische Form des Noch-Nicht, nicht des Nicht-Mehr. Probleme lagen nicht in der Erosion traditionaler solidarischer Bindungen, sondern in der vorübergehend fehlenden Durchsetzung neuer Sozialregulationen, so dass eine auf besondere Maßnahmen der Krisenbearbeitung fokussierte Sozialpädagogik kaum erforderlich wäre. Lediglich als Ausnahmefälle diskutierte Durkheim (ebd., 421ff) drei anormale Formen der Arbeitsteilung (in diesem Kontext sprach er von sozialer „Differenzierung"). Es gab seiner Ansicht nach anomische, erzwungene und überspezialisierte Ausprägungen. Die hier relevante anomische Differenzierung erklärte er aus unstetigem oder ungeregeltem Kontakt der sozialen Organe einer Gesellschaft. Sie seien kaum aufeinander abgestimmt, es komme zu Feindschaft anstelle von Harmonie zwischen den Akteuren und dies sei eine „ausschließliche Eigenschaft der industriellen Welt" (ebd., 424), also der „großen Industrie". Tendenzen zeigten sich auch andernorts, aber insgesamt stellte er fest: „Die funktionale Vielfalt zieht eine moralische Vielfalt nach sich, die durch nichts aufgehalten werden kann, und es ist *unvermeidlich*, dass beide gleichzeitig zunehmen" (ebd., 430; Hervorhebung B.D.). Ausnahmen symbolisierten eher eine Bestätigung der Regel denn eine Normalität von Anomie. Wie aber ändert sich die Lage bei Anomie als Dauerthema der Gesellschaft, wovon in der Sozialpädagogik regelhaft ausgegangen wird?

b) Durkheims pessimistische Wendung

1893 war die Reglementierungsfunktion sozialer Bindungen auf eine relativ einfache Ordnungskonzeption fokussiert. In der Folgezeit wurde Durkheims Integrationsverständnis pessimistischer und gleichzeitig komplexer, da er seinen „Integrationsoptimismus" (Tyrell 1985, 214) revidierte. Die Konzeptualisierung sozialer Ordnungserhaltung und das Konzept der Anomie änderten sich grundlegend, und aus dieser Modifikation können Erkenntnisse für die sozialpädagogische Diagnose von Anomie gewonnen werden.

So korrigierte Durkheim mit der Publikation der zweiten Auflage der „Arbeitsteilung" seine These, mit wachsender gesellschaftlicher Ausdifferenzierung breiteten sich von selbst solidarische Bindungen aus. Er betonte nun die besondere Relevanz einer intermediären Ebene. Im Vorwort der 1902 erschienen Neuauflage ging er zur Klärung des Ordnungsproblems auf die besondere Rolle von Berufsgruppen bzw. „professionellen Gruppierungen" (Durkheim 1893/1999, 41; s.a. 1897/1983, 449ff) ein. In ihnen sah er jetzt die „moralische Kraft, die die individuellen Egoismen zügeln, im Herzen der Arbeiter ein lebhafteres Gefühl ihrer Solidarität erhalten und das Gesetz des Stärkeren daran hindern kann, sich derart brutal auf die gewerblichen und kommerziellen Beziehungen auszuwirken" (Durkheim 1893/1999, 51).

Er machte damit auf die integrative Bedeutung von Instanzen zwischen Individuum und Gesellschaft aufmerksam, aber deutete eher eine Aufgabe an, als sie bereits gelöst zu haben; die sich zeigende Komplexität wurde von Durkheim nicht aufgearbeitet (vgl. Müller/Schmid 1999). Die eigensinnige Verfolgung von Interessen, die Professionen und ihre Vertretungen im Sinne sozialer Schließungen verfolgen (vgl. Collins 2004), die vielfachen anderen Formen sozialer Bindungen durch und in Institutionen, Organisationen oder Schichtungen, die damit assoziierten Heterogenitäten moralischer Verhaltensausrichtungen und ihrer widerstreitenden letzten Begründungen blieben letztlich unbeantwortet. Antworten wären aber gerade mit Blick auf die verschärfte Krisendiagnostik notwendig gewesen, da sich Ordnungsprobleme nun vehementer stellten. Wie etwa wäre angesichts der in Rechnung zu stellenden Komplexität von Anomie zu sprechen? In welchem gesellschaftlichen Teilsystem müssen auf welcher Ebene in welcher Intensität Veränderungen auftreten, damit „Anomie" zu bestimmen sein könnte? Wie wäre zu entscheiden, dass auftretender Wandel negativ zu werten ist und z.B. längerfristig positive Konsequenzen für bestimmte soziale Gruppen auszuschließen sind? Und auf welcher Grundlage wäre darüber Auskunft zu geben, ob Arbeiter, Fabrikherren oder andere Kreise bzw. Berufsgruppen für sich das Recht in Anspruch nehmen können, einer anderen Partei bei der Verfolgung ihrer Interessen zügelungswürdigen Egoismus vorzuhalten?

Man sieht an diesen Fragen, dass mit einer komplexen Ordnungsvorstellung zwar der Anschein erzielt werden kann, modernen Gesellschaften analytisch gerecht werden zu können. Aber es wächst die Unklarheit der Diagnostizierbarkeit von Anomie, denn die scheinbar konsensuellen Maßstäbe ihrer Identifizierung, die bereits bei Durkheims früherer Gesellschaftstheorie in besonderem Maße legitimationspflichtig waren, werden noch strittiger. Anomie erscheint als Bewertung, nicht als Tatsachenbeschreibung[14].

---

14 Dem Anspruch Durkheims (1895/1984), soziale Tatsachen in das Zentrum der Soziologie zu stellen, ist damit widersprochen. Als eigenständige Realität legitimierten die Tatsachen für Durkheim die Eigenständigkeit der Soziologie. Sie zeichneten sich von anderen Bereichen des Lebens aus „durch die drei Eigenschaften der Äußerlichkeit, des Zwangs und der Allgemeingültigkeit"; ein sozialer Tatbestand „muss *als ein Ding* untersucht werden, das Durkheims Auffassung nach objektiven Charakter hat" (Münch 2002a, 62; Hervorhebung B.D.). Neben den im Folgenden genannten

Diese Unbestimmtheiten hinderten Durkheim nicht daran, Anomie umfassender als zuvor zu unterstellen. Die Annahme einer moralischen Integrationskraft der Gesellschaft wurde nicht aufgegeben, wohl aber revidierte er die optimistische Einschätzung, die Kohäsionsaufgabe könne relativ einfach und dauerhaft gelöst werden. Die Wahrnehmung, dass die moralische Umfassung divergenter Einzelinteressen zeitgenössisch nicht auftrat, führte demnach nicht zur Revision des zugrunde gelegten Ordnungskonzeptes, sondern zur Ausweitung der Krisenrhetorik. So war Anomie in der Studie zum „Selbstmord" (Durkheim 1897/1983) kein Zustand der Ausnahme mehr, sondern die Regel. Vor allem in der Industrie bestand nun ein Dauerproblem, und von ihr strahlte es gesellschaftsweit aus. Und, noch diffiziler, Anomie konnte sich in der Industrie festsetzen, weil sie im gesamten Leben bereits angebahnt war (ebd., 293f), so dass die Krise tatsächlich basale Relevanz hatte.

Die These, moralische Integration sei funktional notwendig, blieb damit zwar unverändert, aber es war nicht darauf zu hoffen, dass dieser Zustand störungsfrei zur Realität werden konnte. Die partikularen, egoistischen Bedürfnisse, die Durkheim – in Parallelität zur Freudschen Triebtheorie (vgl. Lamnek 2007, 113) – dem Menschen unterstellte und die diesen nun zu einer dauerhaft mindestens latenten Ordnungsgefahr machten, vergegenwärtigen, wie leicht anomische Tendenzen sich ausbreiten konnten. So konnte sich ein einmal auftretendes Kontingenzbewusstsein wie ein Selbstläufer verbreiten und den Glauben an die Alternativlosigkeit gesellschaftlicher Bindungen erodieren lassen. Am Beispiel der Scheidung analysierte Durkheim (1897/1983, 310ff), wie eine Infragestellung des Verpflichtungscharakters der ehelichen Moral eine weitergehende Ent-Moralisierung des Daseins begründen konnte, wenn das Bewusstsein von Handlungsalternativen in die Gesellschaft diffundierte. So vermerkte er, dass Scheidung als Wahlalternative bei verheirateten Männern – für Frauen galten ihm zufolge andere Bedingungen, sie seien in ihren Leidenschaften stärker gezügelt – zu defizitären Verhaltensorientierungen führen könne: Die Ehe sinke von einer präreflexiven Handlungsausrichtung zu einer arbiträren Wahlmöglichkeit und verliere dadurch den Status einer zwingenden Restriktion von Bedürfnissen. Exit-Optionen machten auf diese Weise eine Orientierung an der vorherrschenden Moral legitimations- und reflexionsabhängig und das individuelle Leben werde seiner sozial funktionalen Grundausrichtung beraubt. Der Einzelne schien in seiner Individualität nicht mehr per se am gesellschaftlichen Korpus solidarischer Bindungen orientiert, sondern folge eigenen Zielen. Das Aufzeigen und um

---

Kritikpunkten verweisen kritische Auseinandersetzungen insbesondere auf die Notwendigkeit, die besondere Dynamik des Sozialen und die Eigenständigkeit individueller Akteure zu betonen (vgl. Joas 2007, 26; s.a. Tenbruck 1981).

so mehr das Zugeständnis von Handlungsalternativen als moralisch vertretbare Optionen höhle sozialmoralische Bindungen aus – ein Prozess, der, einmal in Gang gesetzt, nur schwer zu bremsen sein konnte, da bestehende Anomie als Objektivierung und sichtbare Demonstration von Kontingenz automatisch weitere Anomie generieren musste.

Mit der pessimistischen Wendung trat die unterstellte Notwendigkeit eines Kontingenzausschlusses deutlich zutage. Exit-Optionen gefährdeten den Bestand der Gesellschaft, und dies nicht lediglich aufgrund einer aktuellen Krise, sondern das Thema hatte Durkheim bereits zuvor, schon in der „Arbeitsteilung", eingebracht. Es war *prinzipiell* für die Etablierung der solidarischen Ordnung entscheidend, dass keine Möglichkeiten bestanden, einen Ausgang aus den Bedingungen der Ordnungskonstitution zu finden, am Beispiel der Arbeitsteilung etwa der wachsenden Bevölkerungsdichte und der zunehmenden Konkurrenz (vgl. Schimank 2000, 42). Wer Kontingenz realisiert, entgleitet der sozialen und moralischen Ordnung. Akteure müssen sich nach Durkheim spezialisieren und individualisieren, da sie sich gewissermaßen auf dem gleichen Feld begegnen. Wer ein anderes zu wählen in der Lage ist, unterliegt nicht der Konfrontation und vollzieht einen anderen Entwicklungsgang. Er nimmt sich aus dem Kreis der moralischen Integration aus, während „legitime" Subjektivität aus der Internalisierung der gesellschaftlich vorherrschenden Moral resultiert. Bereits die Chance, diese zu hinterfragen, kann den ersten Schritt bedeuten, ihre Bindungskraft zu schwächen. Die für den gesellschaftlichen Zusammenhang entscheidende Notwendigkeit der Einbindung in solidarische Beziehungsmuster kann auf diese Weise suspendiert werden: Wenn soziale Gruppierungen dem „Druck" (ebd., 43) der Konkurrenz entgehen, entziehen sie sich der moralischen Entwicklung. Durkheim (1893/1999, 475f) betonte vor diesem Hintergrund den umfassenden Charakter der postulierten Bindungskräfte, die auch partikulare Gruppen ergreifen mussten.

Die Konsequenzen für eine *reflexive* Sozialpädagogik liegen nahe. Durkheim konnte Reflexivität und Kritik nur partiell zulassen, und zwar auf der Basis der Anerkennung der dem gesellschaftlichen Entwicklungsniveau adäquaten Moralität. Der dem Individuum verbleibende Entfaltungsraum durfte zwar nicht eingeengt werden und ihm war die legitime Chance einzuräumen, über den Zustand der Gesellschaft zu urteilen (ebd., 478). Schließlich durfte das Kollektivbewusstsein[15] im Fortgang der gesellschaftlichen Entwicklung nicht verhärten,

---

15 Der deutsche Begriff „Kollektivbewusstsein" trifft das von Durkheim als „conscience collective" Bezeichnete nicht zur Gänze. Angesprochen ist die Erfahrung von Menschen, einer bestimmten Gesellschaft mit Blick auf gemeinsame Normen und Werte anzugehören. Die Übereinstimmung derartiger Orientierungen „kann kollektives Gewissen genannt werden. Solch ein geteiltes kollektives

sondern musste entwicklungsfähig bleiben. Dies beinhaltete die dauerhaft neu zu lösende Aufgabe, den Einzelnen durch ihm vorgegebene normative Regulierungen zu integrieren und ihm zugleich die Option von Kritik und Reflexion zu gewähren; diese „beiden hauptsächlichsten Vermittler einer jeden Veränderung" (Durkheim 1902-03/1984, 105) durften nicht zum Erliegen kommen. Sie waren somit v.a. auf eines gerichtet: die Instandhaltung bzw. Wiederherstellung moralischen Zwangs, der zur gegebenen Gesellschaftsform „passt" und von ihr ausgeübt werden kann (vgl. Kron/Redding 2003). Der Einzelne bleibt in dieser Ordnungskonstruktion moralisch restringiert, denn der „Zwang zur Moral ist nach Durkheim unter allen Umständen notwendig" (ebd., 166), auch in Zeiten sozialen und moralischen Wandels. In diesem Kontext ist zu beachten, dass Kritik und Reflexivität von Durkheim als „Vermittler", nicht als eigentliche Ursache, von Veränderung angesprochen werden, denn die kausalen Bedingungen gesellschaftlichen Fortschritts waren in den oben aufgezeigten Fakten zu finden. Als Ursache von Veränderung wären Kritik und Reflexivität risikobehaftet, da sie eine Kontingenz aufzeigen, die den Keim sozialer Dissoziation in sich trägt.

Spezifiziert man dies auf die Rolle reflexiver Wissenschaft als Arbeit an der Aufdeckung vordergründig „natürlicher" Zusammenhänge, so ist ihr Status folgerichtig prekär. Logisch betrachtet muss sie den Prozess einer „Anomisierung" der Gesellschaft vorantreiben, wenn sie Kontingenzen nachweist, wo die Gesellschaft zur Kohäsionsbildung Verpflichtungen zu benötigen scheint. Durkheim (1895/1984) verstand soziologische Analyse zwar als Bruch mit alltäglichen Selbstverständlichkeiten und widersprach der Annahme einer Bestärkung anomischer Tendenzen durch die Wissenschaft (vgl. Durkheim 1897/1983, 183), indem er wissenschaftlich hervorgebrachtes Wissen als neue Orientierungsmöglichkeit nach dem Bedeutungsverlust der Religion ins Spiel brachte. Aber dies konnte nur möglich sein, wenn wissenschaftliches Wissen – ebenso wie die von Durkheim so geschätzte soziale Funktion von Berufsgruppen – auf das Ziel der einheitlichen moralischen Integration hin konstruiert war. Dies musste Durkheim voraussetzen und in eben diesem Sinne war die Wissenschaft für ihn „eine säkularisierte Weiterführung und einseitige Vervollkommnung der Religion mit anderen Mitteln, an deren Autorität und Wahrheitsgehalt wir kollektiv glauben" (Keller 2008, 35; s.a. Tenbruck 1981, 344f). Durkheim übernahm diesen Anspruch auch in seiner Rede von Anomie, denn sie signalisierte, dass es trotz der Unübersichtlichkeit des Sozialen einen wissenschaftlichen Analysepunkt gab, der Entscheidungsmöglichkeiten über den „wahren" Zustand der Gesellschaft zur Verfügung stellte. Auf ihn erstreckten sich die sozialwissenschaftlichen Reflexi-

---

Gewissen leitet ihre übereinstimmende Bewertung des individuellen Verhaltens, und dies ist die Grundlage einer kollektiven Moralordnung" (Münch 2002a, 63).

onspotentiale nicht. Mit ihm ausgestattet, konnte es durch sozialwissenschaftliches Wissen unternommen werden, in die diagnostizierten (Moral-)Krisen der Zeit „verändernd einzugreifen" (Kurz 2007, 235).

Die Lage wurde mit der pessimistischen Wendung, die Durkheims Behandlung der Ordnungsfrage nahm, demnach komplizierter, aber Durkheim hielt an grundlegenden Postulaten einer moralisch integrierten Gesellschaft fest. Die Rolle sozialer Erziehung war auf sie hin entworfen (vgl. Durkheim 1902-03/1973), und dadurch übernahm sie gegen-anomische Integrationsfunktionen. Insbesondere auch die Berufsverbände spielten diese Rolle, so dass Bearbeitungsmöglichkeiten von Anomie zur Verfügung standen. Aber wie sie zu identifizieren war, wurde unklar – zumindest, wenn man nicht mehr mit einfachen Antworten auf komplexe Ordnungsprobleme zufrieden sein wollte. Durkheim selbst nährte diese Unzufriedenheit, indem er die unzureichende Differenziertheit seines frühen Entwurfs kenntlich machte. Zudem wies er darauf hin, dass Diagnosen von Normabweichungen stets relational zu gesellschaftlichen Wertungspunkten waren (vgl. Durkheim 1893/1999, 130). Angewendet auf die Diagnose der Anomie fordert dies dazu auf, die Standpunkte zu hinterfragen und analytisch einzuholen, von denen aus diagnostische Stellungnahmen abgegeben werden.

Durkheim führt damit implizit vor Augen, wie fraglich der Standort ist, von dem aus Anomie als putativ „objektive" Gesellschaftsdiagnose festgestellt wird. Die Diagnose setzt ein perspektivisches Sozialmodell voraus, das Reflexivität beschränkt. Nicht die Objektivität einer sozialen Tatsache garantiert die Legitimität der Perspektive des Anomiediagnostikers. Diese leitet sich vielmehr aus dem *Glauben* daran ab, objektiv gültig zu sein, mithin aus der Plausibilität von Kontingenzrestriktionen. Durkheims Behandlung des Themas von Exit-Optionen charakterisiert in dieser Weise seine eigene Position: Zweifel führt zum Zusammenbruch des Ordnungsmodells. Er kann deshalb nicht zugelassen werden, zumindest nicht im Bereich der Grundfeste, die das Theoriemodell stabilisieren.

Halten wir also fest, dass Krisendeutungen Fundamente von Sozialität kommunizieren, die nicht hinterfragbar erscheinen, die der Kontingenzdrohung enthoben bleiben. So fußt Magers Kritik am aufkommenden „Pöbel" auf den Prämissen einer bürgerlich-liberalen Gesellschaftskonzeption. Willmanns Anklage des Relativismus seiner Zeit ist nur verständlich, wenn die impliziten Vorschriften seiner Ordnungskonzeption bezüglich eines familial und christlich strukturierten Zusammenlebens bedacht werden. Und die Dichotomisierung von Gesellschaft und Gemeinschaft zum Zwecke der Diskreditierung zivilisatorischer und instrumentalistischer (Fehl-)Entwicklungen des sozialen Lebens bezog ihre Plausibilität aus der Befürwortung vermeintlich „naturgegebener" und „wesenhafter" Bindungsformen. Soziale Pädagogik macht in diesen Stellungnahmen die

Abhängigkeit der Erziehungstheorie von sozialen Ordnungsvorstellungen bewusst.

Durkheim macht dies in seiner Einschätzung moralischer Verpflichtungen deutlich. Die Freiheit, Reflexivität zu realisieren, stand für ihn überindividuellen moralischen Bindungsforderungen nicht gegenüber, sondern folgte aus ihnen: „die Freiheit ist die Frucht der Reglementierung" (Durkheim 1902-03/1984, 106). Diese war legitimiert durch ihre Fundierung im Kollektivbewusstsein. Als dem Einzelnen entzogene und über ihm liegende Integrationskraft war es ein direkter Nachfahre sakrosankter Ordnungsprämissen, wie sie z.b. Willmanns Gütertheorie formulierte. Das Steigerungsverhältnis von Individualität und Gesellschaft fand im Kollektivbewusstsein ein normatives Fundament, das, im Unterschied zu theologischen Letztbegründungen, selbst im Wandel befindlich war. Schließlich änderte sich im Verlauf gesellschaftlicher Evolution der Zustand moralischer Integration und auch Normabweichungen wurden jeweils anders wahrgenommen und interpretiert (vgl. Durkheim 1893/1999; 1895/1894). Aber dies gab dem Einzelnen kein Recht, sich außerhalb der gegebenen Moralordnung zu positionieren, denn sie war der umfassende Orientierungspunkt für das soziale Leben und die Konstitution von Individualität. Pädagogische Handlungsoptionen und Möglichkeiten, Ordnungspostulate in Frage zu stellen, waren entsprechend beschränkt.

2.2.2 Komplexitätssteigerungen

Wie das Beispiel zeigt, lassen sich Anomietheorien verwenden, um Notwendigkeit und Perspektiven einer reflexiv verfassten Sozialpädagogik zu begründen. Es könnte allerdings eingewendet werden, dass einige der beschriebenen Punkte in Abkehr von Durkheims Entwürfen korrigiert wurden, schließlich existieren derzeit zahlreiche Entwürfe und Weiterentwicklungen von Anomietheorien.

Diese Revision trat nicht auf, die Kritikpunkte können prinzipielle Gültigkeit beanspruchen und sind in eine Perspektive reflexiver Sozialpädagogik zu überführen. Zwei Beispiele veranschaulichen dies[16], einerseits die Anomiekonzepte Mertons sowie ein aktueller Versuch von Bohle und Mitarbeitern, anomietheoretische Vorgaben auf hochgradig funktional differenzierte Gesellschaften anzuwenden.

---

16 Die Spannbreite von Anomietheorien kann hier nicht wiedergegeben werden. Es sei verwiesen auf die Darstellungen in Adler/Laufer (1995); Clinard (1964); Lamnek (2007, 110ff); Oberwittler/Karstedt (2004, Abschnitt II); Ortmann (2000).

a) Mertons Relationierung von Zielen und Mitteln

Zunächst ist an Robert K. Merton zu erinnern, dessen Anomiekonzepte neben denjenigen Durkheims große wissenschaftliche Popularität erreichten. Durkheim legte Vorgaben für die Mertonschen Ausführungen, etwa indem er von einer anomietheoretisch relevanten Gleichgewichtigkeit sprach, die zwischen den Aspirationen von Menschen und den ihnen zur Verfügung stehenden Mitteln herrschen müssten, um sie zu einem zufriedenen Leben zu führen. Ein Ungleichgewicht zeige anomische Bedingungen an (vgl. Durkheim 1893/1999, 279). Entscheidend war für Durkheim dabei die Notwendigkeit überindividueller, sozialmoralischer Kohäsionskräfte, deren Funktionsfähigkeit das Gleichgewicht der Ziel- und Mittel-Relationen bestimmte. Merton hingegen ging in seinem primär rezipierten Anomieansatz davon aus, dass eine diskrepante Beziehung von kulturell vermittelten Zielen und sozialstrukturell verfügbaren Mitteln der Zielerreichung der entscheidende Ausgangspunkt der Entstehung von Anomie sei, und nicht deren Folge, wie Durkheim annahm[17].

Neben weiteren Unterschieden (vgl. im Einzelnen Besnard 1990; Orrù 1987, 129ff; Ortmann 2000, 106ff; Passas 1995) ist damit Mertons Kernthema angedeutet, ein homöostatisches Prinzip, das eine Normalform gesellschaftlicher Integration repräsentiert. Eine Disbalance der den Gesellschaftsmitgliedern offen stehenden Handlungsressourcen im Vergleich zu den von ihnen internalisierten kulturellen Zielen zeige anomische Verhältnisse an, die zu Devianz führten. Sie wird dabei verstanden als Anpassungsreaktionen, die Einzelne zeigen können, wenn sie einem durch Anomie induzierten Druck- und Stresszustand ausgesetzt sind. So schreibt Merton (1967, 134): „It is, indeed, my central hypothesis that aberrant behavior may be regarded sociologically as a symptom of dissociation between culturally prescribed aspirations and socially structured avenues for realizing these aspirations". Ausgehend von Elementen der kulturellen und sozialen Struktur der Gesellschaft werden Reaktionsformen bestimmt, die Menschen zeigen können, wenn diese Disbalance auftritt; Merton (ebd., 139ff; 176ff) beschreibt sie als Konformität, Innovation, Ritualismus, Rückzug und Rebellion.

Damit wird eine Komplexitätssteigerung der Anomietheorie erreicht. Teilbereiche der Gesellschaft werden relationiert und mit fünf theoretisch abgeleiteten und typisierten Möglichkeiten individueller Anpassung in Bezug gesetzt. Durk-

---

17 Das zweite Anomiekonzept Mertons sei nur erwähnt, es wurde in der Forschung weniger breit rezipiert. Es verweist auf Anomie innerhalb einer Kultur, als deren Elemente Merton (1967, 132f) kulturelle Ziele und Normen zur Bestimmung ihrer legitimen Erreichung ansah. Eine anomische Kultur besteht in dieser Hinsicht, wenn die Ziele und die die Zielerreichung regulierenden Normen nicht adäquat aufeinander bezogen sind (vgl. hierzu Albrecht 1981).

heims Vorgaben, die auf Anomie als eine von drei anormalen Formen der Arbeitsteilung und als gesellschaftliche Ursache von Suizidalität abstellen, werden substantiell verändert[18]. Es ist zu fragen, ob zentrale Schwachpunkte anomietheoretischer Diskussion durch Merton damit beseitigt wurden. Als solche wurden oben die Komplexität sozialer Integrationsverhältnisse und die Wertungsproblematik der Rede von Anomie angesprochen:

- Die *Komplexität* von Anomietheorien wird durch Merton extensiviert, aber sie bleibt immer noch unzureichend. Es ergeben sich Probleme der Repräsentation vielschichtiger Sozialverhältnisse, so dass die vordergründige Plausibilität in Frage zu stellen ist. Zu ergänzen wären z.B. Formen kollektiver Anpassung an anomische Konstellationen, indem die Bildung normabweichender Gruppierungen als Versuch interpretiert wird, Anpassungsprobleme an anomische Gesellschaftsverhältnisse zu bewältigen (vgl. Cohen in Lamnek 2007, 157ff). In Mertons Beiträgen findet sich dies nicht systematisiert, da er von individuellen Reaktionen ausgeht. Dies vergegenwärtigt nicht nur eine Nachlässigkeit, die durch ad hoc-Annahmen auszugleichen wäre, sondern ein ernst zu nehmendes Theorieproblem. Bedenkt man, dass soziale Gruppen längerfristig eigenständige Integrationsmöglichkeiten bereitstellen können, so wird fraglich, ob die Gruppenmitglieder überhaupt von gesellschaftlicher Anomie tangiert werden. Soziale Gruppenbildungen sind dann nicht lediglich als Anpassungsleistung an Anomie zu deuten, sondern als für sich zu betrachtendes Integrationsmoment einer Gesellschaft. Ob einzelne Gruppierungen von Anomie affiziert werden, bedürfte einer empirischen Bestimmung, was nicht nur für Gruppen, sondern für verschiedene weitere Elemente der Gesellschaft gilt. Somit wäre der „Interdependenz sozialer Systeme" (Bohle 1975, 34) mit Blick auf Diffusionsmöglichkeiten anomischer Tendenzen in gesellschaftliche Teilbereiche besonderes Augenmerk zu schenken: Es wäre auszuarbeiten, welche Chancen Anomietrends besitzen, in bestimmte Bereiche und Milieus der Gesellschaft vorzudringen und welche Gegenreaktionen dabei zu bedenken sind. Merton (1967, 145ff) unterstellt etwa eine überdurchschnittliche Delinquenzbelastung der Angehörigen unterer Schichten aufgrund ihres relativ benachteiligen Mittelzugangs. Verfolgen die Betreffenden Erfolgsmotive, die sie angesichts einer defizitären Mittel-

---

18 Dies wurde in der Rezeption kontrovers aufgenommen (vgl. Passas 1995, 92f). Eine nähere Diskussion der bis heute andauernden Auseinandersetzung, ob von Kontinuitäten oder Diskontinuitäten bei Mertons Verarbeitung der Anomieansätze Durkheims auszugehen ist, soll hier nicht erfolgen.

ausstattung nicht erreichen können, so neigten sie in besonderes hohem Maße zu Devianz. Hieran bestehen allerdings deutliche Zweifel; es ist mindestens eine delikt-, alters- und geschlechtsbezogene Differenzierung nötig und es bedarf der Berücksichtigung von Rationalitäten sozialer Kontrolle (vgl. Albrecht/Howe 1992; Brusten 1999; Ludwig-Mayerhofer 2000).

In diesem Zusammenhang wird die Frage aufgeworfen, ob von gesamtkulturell gültigen Zielen auszugehen ist, wie dies Merton bezüglich des Wunsches nach Erfolg annimmt. Er könnte in unterschiedlichen Milieus jeweils andere Bedeutung annehmen, etwa als finanzieller, kultureller, physischer, spiritueller usw. Merton (1967, 157) erkennt unterschiedliche Erfolgsmotive zwar explizit an; finanzieller Erfolg ist für ihn lediglich ein argumentatives Beispiel. Aber um einen besonderen Anomiedruck auf untere Schichten behaupten zu können, muss er allgemeine kulturelle Ziele unterstellen. Es wäre jedoch anzunehmen, dass Erfolg milieuspezifisch dekliniert wird, mit jeweils besonderen Definitionen einer legitimen Realisierung verbunden ist und relevante Mittel ebenfalls milieuspezifisch variieren. Ein Anomiedruck auf untere Schichten wäre dann hinfällig, da von relativ eigenständigen sozialen Milieus mit je spezifischen Interessen auszugehen wäre. Die Interdependenz sozialer Systeme wäre unterbrochen und es wäre sehr viel spezifischer zu argumentieren, indem milieubezogene Lebensformen in ihrer jeweils eigenen Bedeutungswelt erschlossen werden. Der gesamtgesellschaftliche Bezug und mithin das Konzept der Anomie würden hinfällig, so dass Besnard (1990, 250) folgern kann: „anomie proves to be as unnecessary as it is uncertain."[19]

Darüber hinaus ist zu bedenken, dass Devianz nicht einfach verübt werden kann, sondern Zugangsbedingungen und Anwendungstechniken in Rechnung zu stellen sind, worauf Cloward (1974) bzw. Cloward und Ohlin (1960) aufmerksam machen. Optionen zu deviantem Verhalten sind nicht gesamtgesellschaftsweit gleichartig verteilt – man denke z.B. an Möglichkeiten der Wirtschafts- oder Aktienkriminalität –, sondern wiederum milieuspezifisch. Eine ranghohe soziale Position etwa vermittelt erst die Möglichkeit zu bestimmten Delinquenzformen. Aber in diesem Fall wäre nicht von einer relativ unzureichenden Mittelausstattung auszugehen, sondern von einer hohen. Von einer Ziel-Mittel-Diskre-

---

19 Weitergehend wäre es vor dem Hintergrund der angezeigten Differenzierung nicht mehr möglich, unkritisch von Abweichung zu sprechen, denn dies setzt einen Normkonsens voraus, der nicht ohne Weiteres anzunehmen wäre. Eine konflikttheoretische Gesellschaftstheorie, die auf eigenständige soziale Milieus abstellt, widerspricht den Voraussetzungen von Mertons Anomietheorie.

panz wäre in diesem Fall nur zu sprechen, wenn besonders starke Motive finanziellen Erfolgs unterstellt werden, die dann allerdings gesellschaftlich „übliche" Aspirationen deutlich übersteigen würden. Die Annahme eines kulturweiten Ziels „Erfolg" würde bei dieser genaueren Betrachtung hinfällig. Devianz könnte schlicht durch gute Gelegenheiten und eine gewisse Bereitschaft, von ihnen Gebrauch zu machen, erklärt werden.

Diese „Bereitschaft" illustriert nicht nur eine Persönlichkeitseigenschaft. Vielmehr wird ein Ausgangspunkt der Mertonschen Anpassungstypologie hinterfragt. Merton unterstellt bei den fünf Reaktionsformen, dass Menschen kulturell definierte Ziele und strukturell verfügbare Mittel entweder akzeptieren oder zurückweisen. In der anomietheoretischen Diskussion wurde dies kritisiert (vgl. Bohle 1975, 23ff; Lamnek 2007, 129ff), denn eine derartige Dichotomisierung kann menschlichem Verhalten nicht gerecht werden. So wäre statt einer binären Logik eine Differenzierung von Geneigtheiten zu verfolgen, einzelne Ziele je nach konkreten Lebensumständen zu befürworten oder nicht, und dies wäre mit verfügbaren Handlungsoptionen zu relationieren, die jeweils wiederum spezifische Bedeutungen für Einzelne und für Personengruppen besitzen. Man sieht, wie unterkomplex die Komplexitätssteigerung Mertons bleibt.

- Auch das Problem der *Bewertung* gesellschaftlicher Zustände und Prozesse kann von Merton nicht aufgehoben werden. Es gibt keine objektiven Maßstäbe, die Auskunft darüber geben könnten, ab wann eine Gesellschaft als disbalanciert zu beschreiben ist und welche Teilgruppen bei einer bestimmten Mittelausstattung in einer anomischen Konstellation befangen sind. Die normativen Bezugspunkte derartiger Diagnosen bleiben bei Mertons Unterstellung einer im Idealfall gleichgewichtigen Beziehung von Zielen und Mitteln unklar. Das Moment einer Dis-/Balance überdeckt Mertons normativen Standpunkt, denn wann eine Disbalance und wann eine Balance auftritt, kann nur im Rahmen von Normalentwürfen gesellschaftlichen Lebens entschieden werden, die auf wissenschaftlich nicht zu entscheidenden Letztbegründungen beruhen. Offenkundig wird in einzelnen Gesellschaften soziale Ungleichheit in sehr unterschiedlichem Maße toleriert. Dies wird an differenten wohlfahrtsstaatlichen Regimes und ihren sehr unterschiedlichen Effekten des Ausgleichs marktbedingter sozialer Benachteiligungen („Dekommodifizierung") deutlich sichtbar (vgl. Esping-Andersen 1990). Was in der einen Gesellschaft als inakzeptable Diskrepanz kulturell wichtiger Ziele und zur Verfügung stehender Mittel zu ihrer Erreichung angesehen wird und zu massiven sozialpolitischen Gegenmaßnahmen führt, wird in der anderen Gesellschaft toleriert. So dürfte ein fiktiver schwedischer Sozialwissenschaftler ein bestehendes Ausmaß sozialer Ungleichheit sehr viel eher als „anomisch" qualifizieren als sein fiktiver amerikanischer Kollege. Während der eine in einem Kontext lebt und arbeitet, in dem wohlfahrtsstaatliche Leistungen auf die Etablierung e-galitärer Lebenschancen ausgerichtet sind, wurde der andere in einem Umfeld (berufs-)sozialisiert, in dem eine stärker individualistische Problemzurechnung vorherrscht und Sozialleistungsniveaus vergleichs-weise gering ausgeprägt sind. So ist es nicht verwunderlich, dass sich auch die gegen soziale Probleme unternommenen Maßnahmen in Län-dervergleichen als sehr unterschiedlich erweisen (vgl. am Beispiel Ju-gendarbeitslosigkeit Dietrich 2005; Groth/Maening 2001; Pohl/Walther 2006; grundlegend Züchner 2007), da sie u.a. auf divergenten Bewer-tungen von Problemen und unterschiedlichen Zurechnungen einer indi-viduellen Problemverantwortung beruhen.

Die Hoffnung, man könnte objektiv bestimmen, wann Anomie vor-liegt, erweist sich somit als trügerisch, da die entsprechenden Kriterien kontingent sind. Wer von Anomie spricht, generiert eine Konsensfiktion bezüglich des von ihm projektierten gesellschaftlichen Normalitätsent-wurfs und errichtet eine symbolische Ordnung. Er kann hoffen, damit auf Zustimmung zu stoßen, aber er ist nicht in der Lage, die Legitimität anders gearteter Vorgaben grundlegend auszuräumen, ohne Bewertun-gen einzubringen. So konkurrieren nicht nur divergente Anomiekonzep-te, sondern mit ihnen einzelne Gesellschaftsentwürfe mit jeweils norma-tiven Orientierungspunkten[20].

Im Falle Durkheims betrifft dies ein Konzept der moralischen Ge-samtintegration, deren Wirkfähigkeit Abweichungstendenzen in einer Gesellschaft auf einem mittleren Niveau verharren lässt. Dies steht Mer-tons Entwurf einer „ausgewogenen" Gesellschaft gegenüber, in der je-der sich mit den Mitteln bescheidet, die ihm zur Lebensführung zur Verfügung stehen. Diese sozialtheoretischen Kernkonzepte repräsentie-ren Haltungen, die wissenschaftlich ausdifferenziert und empirisch plausibilisiert werden können, die dadurch aber nur partiell zu legitimie-ren sind, da ihnen normative Bezüge eingewoben sind. Sie werden bei

---

20 Auch die Differenzierung manifester und latenter sozialer Funktionen (vgl. Merton 1967, 60ff) hilft nicht weiter. Der Nachweis latenter Funktionen, die laut Merton handelnden Akteuren unbe-wusst seien, aber von einem Sozialwissenschaftler erschlossen werden könnten, verweist auf die Perspektivität und den Deutungsanspruch des Betrachters.

der Diagnose von Anomie auf aktuelle gesellschaftliche Zustände angewendet und hieraus erwachsen spezifische Interpretationen von Normabweichungen, die sich je nach Ordnungskonzept unterscheiden. Es sei beispielhaft auf die Bewertung von Armut hingewiesen. Sie fungiere, wie Durkheim (1897/1983, 290) glaubte, als Modus der Vermittlung von Selbstzufriedenheit, da man lerne, „mit den gegeben Mitteln" zu handeln und trotz relativer Deprivation genügsam zu sein. Anders sei die Lage hingegen in oberen Schichten, die eher zu Unzufriedenheit neigten, da sie keine Begrenzung über sich fühlten und „keine Macht sie zurückhält" (ebd., 295). Merton hingegen war von besonderem anomischem Druck auf die Unterschicht überzeugt, da sie relativ arm an Mitteln zur Zielerreichung sei. Offenkundig würden sich die Maßnahmen, die gegen Armut unternommen werden, deutlich unterscheiden, wenn von Durkheim oder Merton hierüber zu entscheiden wäre, da sie – in einem Fall als Ordnungsgarant, im anderen als Ordnungsgefahr – differente Bewertungen erfährt.

Mit wachsender Komplexität der Argumentation wird demnach nicht gleichzeitig die theoretische Plausibilität erhöht. Zwar wartet Merton mit dem Anspruch einer objektiven Bestimmung von Anomie als mögliche Ursache von Normabweichungen auf. Allerdings zeigt er implizit, welch große Aufgabe dies ist und an welche Hindernisse sie stößt. Zum Abschluss der Diskussion objektivistischer Anomietheorien ist ein aktueller Vorschlag zu betrachten, um zu sehen, ob die Kritikpunkte nach wie vor zu bedenken sind.

b) Bohle u.a.: Anomie in funktional differenzierten Gesellschaften

Bohle, Heitmeyer, Kühnel und Sander (1997) unternehmen gewissermaßen eine Modernisierung der Beiträge Mertons, indem sie u.a. auf Lockwoods Unterscheidung von Sozial- und Systemintegration und neuere differenzierungstheoretische Befunde verweisen. Sie konzipieren Anomie, deutlich komplexer als Merton, als „eine Disbalance *eingespielter* Verhältnisse zwischen den *relativen Aspirationsniveaus* gesellschaftlicher Teilgruppen und den darauf *eingepassten Zugangsregelungen* und Realisierungsmöglichkeiten verschiedener gesellschaftlicher Funktionsbereiche" (ebd., 57).

Damit soll dem Umstand entsprochen werden, dass gesamte Gesellschaften charakterisierende Aussagen angesichts fortgeschrittener funktionaler Ausdifferenzierungsprozesse kaum noch möglich sind. An die Stelle einer die Gesellschaft als Ganzes betreffenden Disbalance wird lediglich von anomischen Einzel- und Teilbereichen ausgegangen. Es sei je spezifisch für einzelne Teilgruppen festzustellen, ob und wie sie in Abhängigkeit von für sie relevanten Funktionssystemen von Anomie affiziert werden.

Die oben an Merton geäußerte Kritik, er lasse divergente soziale Milieus unberücksichtigt, ist damit aufgehoben. Im Gegenzug kommen unterschiedliche Ebenen des sozialen Lebens anomietheoretisch in Betracht. Durkheim und Merton beabsichtigten lediglich eine Argumentation auf der Ebene gesellschaftlicher Zusammenhänge. In dem Modell von Bohle u.a. wird dagegen von einem theoretisch aufzuklärenden, mehrstufigen Zusammenhang zwischen Zuständen gesellschaftlicher Teilsysteme und individuellen Verhaltensmustern ausgegangen. Die Autoren unterscheiden diesbezüglich vier Ebenen (ebd., 58ff): Entwicklungen in Teilbereichen bzw. Teilsystemen der Gesellschaft (etwa die Trennung von Sozial- und Systemintegration), einzelne Integrationsmodi und Krisenbereiche (strukturelle, regulations- und kohäsionsbezogene Dimensionen), kollektives bzw. institutionelles Agieren und schließlich individuelles Verhalten. Sie beschreiben damit, welche Ebenen von Sozialität bei der Rede von Anomie relevant erscheinen. Dies bedeutet aber noch nicht zu erklären, wie die Elemente zusammenwirken. Auch hier wächst mit der bedachten Komplexität der Bedarf, weitere Komplexitäten in Rechnung zu stellen, da genau zu klären wäre, *wie* die einzelnen Bausteine der Gesellschaft sich zueinander verhalten.

Diese Aufgabe ist nicht zu unterschätzen. Um die Problemlage zu verdeutlichen, sei auf Krisen des Wirtschaftssystems eingegangen. Es erscheint plausibel, sie mit einer anomischen Situation derjenigen in Verbindung zu bringen, die wirtschaftlich tätig sind. Längere Zeit auf dem ersten Arbeitsmarkt Beschäftigte könnten ihr etabliertes Aspirationsniveau nicht mehr auf legitime Art und Weise befriedigen, wenn sie sich plötzlich vom Wirtschaftssystem exkludiert sehen. Auf den ersten Blick zeigt sich eine eindeutig anomische Konstellation. Ein zweiter Blick lässt die Evidenz aber schwinden, denn es wäre darüber Auskunft zu geben, ob tatsächlich in der generalisierenden Weise von einer Krise „des" Wirtschaftssystems gesprochen werden kann, da es intern hochgradig differenziert ist. Eine Krise in einem Wirtschaftssektor könnte z.B. durch einen Aufschwung in einem anderen aufgefangen werden. Zudem ist bekannt, dass das wirtschaftliche Leben stets dynamisch ist und konjunkturellen Schwankungen unterworfen ist. Es wäre demnach zu begründen, wann eine „normale" Veränderung auftritt und wann eine „echte" Krise. Die entsprechenden Maßstäbe wären ihrerseits klärungsbedürftig.

Noch undurchsichtiger wird die Lage, wenn andere Teilbereiche der Gesellschaft einkalkuliert werden. So könnte eine wirtschaftliche Krise durch eine funktionsfähige Sozialpolitik aufgefangen werden. Den Betroffenen stünden in der Folge ausreichende Mittel zur Verfügung. Sie müssten dann zumindest ihre finanziellen Aspirationen nicht revidieren. Außerdem könnte eine gegenkonjunkturelle staatliche Arbeitsmarktpolitik Integrationspotentiale entfalten, so dass von der Wirtschaftskrise keine weit reichenden Folgen für die Gesamtgesellschaft ausgingen. Die Fragilität einer funktional ausdifferenzierten Gesellschaft kann sich so als eine Stärke erweisen, da sich negative Entwicklungen in einzelnen Teilsystemen vergleichsweise unwahrscheinlich auf andere übertragen, was allerdings keineswegs auszuschließen wäre (vgl. Dollinger 2004). Anomiediagnosen werden dadurch erschwert.

Es kommt hinzu, dass mit der zunehmenden Ausdifferenzierung und Pluralisierung der Gesellschaft nicht nur die Annahme eines übergeordneten Standpunktes zur Beurteilung von Gesellschaftszuständen fraglich wird. Auch Maßnahmen der Krisenbekämpfung, die einen solchen Standpunkt voraussetzen müssen, verlieren ihren Bezugspunkt. Für die Sozialpädagogik besitzt die zunehmende Komplexität von Anomie- und Gesellschaftstheorien deshalb offensichtliche Nebenwirkungen, da auf ihrer Grundlage kaum noch (vor-)entschieden werden kann, dass zur Krisenbearbeitung eingesetzte Mittel nicht ihrerseits unerwartete Folgeprobleme aufwerfen. Schon Spencer (1896/1996, 22) verwies auf „die ausserordentliche Complicirtheit socialer Handlungen und die daraus entstehende übergrosse Schwierigkeit, auf specielle Resultate rechnen zu können", und gegenwärtige Anhänger von Theorien funktionaler Differenzierungen haben Grund, dem zuzustimmen.

2.3 Konsequenzen

Im Kernbereich anomietheoretischer Forschung zeigen sich Grenzen des erhobenen Anspruchs, objektive gesellschaftliche Krisen und ihren Einfluss auf einzelne soziale Teilbereiche bzw. Personen(-gruppen) nachzuweisen. Dennoch ist eine Auseinandersetzung für die Sozialpädagogik erkenntnisreich, wenn man den Problemen und Aporien im Rahmen eines reflexiven Forschungsprogramms nachgeht. Drei Aspekte seien genannt, um Konturen einer reflexiven Sozialpädagogik zu verdeutlichen:

- **Forschung als distanzierte Praxis**

Grundlegend in Rechnung zu stellen ist Durkheims Konzeption eines sozialwissenschaftlichen Blicks, der sich von alltäglichem Wissen distanziert (vgl. König 1984, 63). Abels (2001, 19) spricht diesbezüglich von einer „Kunst des Misstrauens" und einer „Lehre vom zweiten Blick", die stets bedenkt, dass Sachverhalte anders denkbar und möglich sind, als sie zunächst erscheinen. Eine entsprechende Haltung ist für reflexive Analysen unabdingbar.

Auch eine am Alltag orientierte Sozialpädagogik darf alltägliche Lebensbedingungen nicht reproduzieren, sondern muss ihre Zusammenhänge aus einer distanzierten Haltung heraus reflektieren. Im Rahmen des Konzepts einer lebensweltorientierten Sozialpädagogik heißt es entsprechend, es gelte, skeptisch „gegenüber einem naiven Bild von Lebenswelt zu sein, als sei sie, wie sie ist, selbstverständlich und gut", während zugleich gefordert wird, eine „Politik des Sozialen" (Thiersch 2002b, 36) zu betreiben, indem die politischen Bedingungen der Konstitution von lebensweltlichen Zusammenhängen hinterfragt werden.

Am Beispiel Durkheims lässt sich aber auch zeigen, wie die Auflösung von Evidenzen mitunter zwar gefordert, aber nicht konsequent genug realisiert wird. In seinem Fall war in die Distanz, die zwischen Alltagsverstand und soziologische Analyse trat, eine spezifische normative Ebene eingelagert. Es wird deshalb zu Recht auf perspektivische Vorgaben der Analyse Durkheims aufmerksam gemacht (vgl. Müller/Schmid 1999). Die gesellschaftliche Kohäsionskraft moralischer Bindungen und ihre Überlegenheit dem Einzelnen gegenüber waren präjudiziert; zudem war Devianz als Verletzung moralischer Gefühle bestimmt. Es wurde zwar festgehalten, Normbrüche seien nur in Abhängigkeit von Normierungen und den sie begründenden Moralsystemen als solche zu werten. Dies deutet eine relationale Sichtweise an, die moralische Wertungen an den Stand der gesellschaftlichen Entwicklung rückbindet. Aber das letzte Interesse Durkheims lag in der Festigung einer einheitlichen moralischen Integrationsbasis, der das Recht zukam, Reflexivitätsoptionen auszurichten.

Derartige Vorgaben, die in aktuellen Entwürfen einer modernisierten Anomie- und Desintegrationstheorie revitalisiert werden (vgl. Dollinger 2002, 94ff), müssen zu einer grundlegenden Analyse der impliziten Orientierung sozialpädagogischen Wissens führen. Die dem Ordnungswissen eingeschriebenen Normalitätsprojektionen verlangen eine Explikation und eine Aufklärung über die von ihnen mitgeführten moralischen Grenzziehungen und über die Folgen für die adressierten Personenkreise. Wird dies nicht realisiert, so kann es gefährlich sein, von einer reflexiven Distanz gegenüber dem Alltagswissen auszugehen, da eine überparteiliche Position beansprucht, aber nicht eingelöst wird. Der Alltagsverstand wird dann nicht aufgehoben, sondern verdeckt, und wirkt auf sublime Weise fort.

Um dieser Gefahr vorzubeugen, ist die Verhaftung sozialpädagogischen Wissens in Aufgaben der Ordnungskonstitution in den Blick zu nehmen, denn, wie Durkheim lehrt, die Wahrnehmung von Normabweichungen ist ohne Referenz auf eine moral- und wertbezogene Grundlage der Ordnungsherstellung nicht zu verstehen. Diese Feststellung ist als solche zunächst trivial. Gleichwohl ist sie in Erinnerung zu rufen, denn Einbindungen in normative Integrationspostulate und objektivierte Herrschaftskonstellationen begleiten die Sozialpädagogik prinzipiell und nötigen sie zu dauerhafter Selbstreflexion. Hinzuweisen ist diesbezüglich auf Durkheims – in ihrer Radikalität überzogene, aber dennoch zu bedenkende – Aussage, dass Erziehung in sich keine Option sein kann, soziale Probleme zu lösen (vgl. Durkheim 1897/1983, 440ff). So kann die Sozialpädagogik in ihrem vorrangigen Bezug auf psychosoziale und sozialraumbezogene Interventionen Problemlagen zwar in gewissem Maße abmildern. In gesellschaftlicher Blickrichtung aber kann sie relevante Lösungsmittel – seien dies familienfreundlichere Arbeitsverhältnisse, die Bereitstellung von Arbeits- oder Ausbildungsplätzen, eine liberalere Drogenpolitik, eine Reduktion von Scheidungsquoten oder den Abbau sozialer Ungleichheiten – nicht generieren, sondern übernimmt zumindest partiell palliative Funktionen der Problemregulation bzw., in systemtheoretischer Diktion, der „Exklusionsverwaltung" (Bommes/Scherr 1996).

In diesem Sinne ist die Sozialpädagogik mit der Ambivalenz einer modernen Form sozialer Ordnung konfrontiert, die in der Intention der Bestandserhaltung durch Maßnahmen der Problembearbeitung nicht nur individuelle Integrationshilfen erbringt, sondern auch Prozesse sozialer Ausgrenzung verwirklicht (vgl. Cremer-Schäfer/Steinert 1997). Diesbezüglich stellen Durkheims Ausführungen zur moralischen Ordnungskonstitution grundlegendes Wissen bereit, das bis heute anschlussfähig ist. Etwa die Erkenntnis der gesellschaftlich funktionalen Skandalisierung und Behandlung von Normbrüchen verweist auf prekäre Bedingungen der Konstitution von Individualität als soziale Größe. Die gesellschaftliche Integration des Einzelnen über Modi der Individualitätsdarstellung bezeugt seine Einbindung in Norm- und Wertrelationen, die das Risiko der Diskriminierung beinhalten (vgl. Mühlfeld 1991). So realisiert ein Kollektivbewusstsein nicht nur die Funktion sozialer Integration, sondern es bildet die Grundlage zur Anwendung ächtender Personkategorien und von sozialen Ausschlüssen. Individualität ist in ihrer Möglichkeit derartigen Bedingungen ausgeliefert und entsprechend ambivalent bleibt die Inanspruchnahme gesellschaftlich offerierter Optionen der Identitätsgestaltung. Ohne Anschluss an prinzipiell verfügbare und sozial verstehbare Artikulationsoptionen und deren Verarbeitung, also ohne die Partizipation am moralischen Integrationskosmos einer Gesellschaft, kann Individualität nicht „hergestellt" werden. Dadurch wird sie zum Element eines moralischen Diskurses, der Anerkennungszuweisungen und -entziehungen kennt.

Diese soziale Prekarität von Individualitätsoptionen zwingt die Sozialpädagogik – unabhängig von Unterstellungen einer reflexiven oder Post-Moderne – zu einer Kultur konstruktiver Selbstkritik und Selbstreflexion, die bislang noch nicht ausreichend entwickelt ist (vgl. Dewe/Otto 1996, 23). Die Weiterführung der gegebenen Ansatzpunkte ist umso dringlicher, als sozialpädagogische Theorien dazu neigen, ihre eigene Legitimationsbasis zu präjudizieren (vgl. Dollinger 2006a): Sie nehmen sozialen Wandel und gesellschaftliche Integrationsverhältnisse von einer Perspektive aus wahr, die sozialpädagogisches Handeln und Wissen als „rationale" und kulturell plausible Interventionsmöglichkeiten thematisiert, z.T. ohne die damit verbundenen Perspektivierungen ausreichend aufzuarbeiten. Dieser legitimatorische Zirkel, der zur Auswahl selbstbestärkender theoretischer Perspektiven führt, kann nur aufgebrochen werden, wenn eine Ebene der reflexiven Thematisierung sozialpädagogischen Wissens in die Theorieproduktion integriert wird.

Durkheim verdeutlicht die Gefahren, die sich ergeben, wenn dieser Weg auf halber Strecke abgebrochen wird, wenn sozialer Wandel thematisiert, aber mit Integrationspostulaten verbunden wird: Normierungen werden auf Ordnungsfunktionen hin referenziert und entsprechend als Modi der Integration und Ausschließung vor Augen geführt, wobei die Ausschließungsdimension mit dem Zusatz beruhigt wird, es handle sich um funktional notwendige Grenzziehungen im Dienst der Ordnungserhaltung. Die Kontingenzunterdrückung der Ordnungskonzeptualisierung mutiert dergestalt zur Legitimation von sozialem Ausschluss. In dieser Hinsicht sind die Vorgaben Durkheims in den Teilen revisions- und erweiterungsbedürftig, wo auf ein Ordnungsmodell rekurriert wird, in dem die Komplexität von Integrationsverhältnissen keinen angemessenen Raum findet und aus Gründen der Theoriekonstruktion und -stabilisierung auch nicht finden kann. Das analytisch-reflexive Potential muss an genau diesem Punkt basaler angelegt werden, als es Durkheims Bruch mit dem Alltagsverstand leistet.

▪ Komplexität anomietheoretischer Aussagen

Die Erweiterungen anomietheoretischer Aussagen im Zeitverlauf zeigen, mit welch komplexem „Gegenstand" sie beschäftigt sind. Schon in ihrem Ausgangsinteresse, der Frage nach der Möglichkeit sozialer Ordnung, sind sie mit einer kaum lösbaren Aufgabe betraut. Durch die Einbindung von Krisensemantiken in den Ordnungsdiskurs wird die Lage noch schwieriger, der Reflexionsbedarf steigt.

Im Durkheimschen Modell könnte Anomie nur dann zufrieden stellend identifiziert werden, wenn mindestens geklärt ist, welche „Organe" von Erscheinungen sozialen Wandels krisenhaft gestört werden, in welcher Intensität Störungen auftreten, in welcher Relation sie zu anderen gesellschaftlichen Teilbereichen stehen und welche Rolle intermediäre Instanzen wie Berufsgruppen und andere übernehmen, indem sie Anomietrends bestärken oder abschwächen. Und schließlich wäre zu fragen, welche Tragfähigkeit das unterstellte Menschenbild aufweist. Die pauschalisierende Annahme der Notwendigkeit, an sich unbegrenzte Bedürfnisse durch ein gesamtgesellschaftliches Moralsystem zu bändigen, bedarf der Revision. Selbst wenn aktuell von einer gesellschaftsweit gültigen und bindenden Moral ausgegangen wird, steht weniger eine Reglementierung des Einzelnen im Vordergrund, sondern der Prozess interaktional entwickelter moralischer Orientierungen und Handlungsausrichtungen (vgl. Nunner-Winkler 1997; s.a. Bergmann/Luckmann 1999). Damit wird an subjektive Sinnbezüge und Relevanzstrukturen angeschlossen, die moralisch adressiert werden, während Durkheims anthropologische Unterstellungen hinfällig erscheinen. Sie schließen zu schnell von einem Krisenzustand der Gesellschaft auf eine Krise der Einzelnen.

Mit welchem Recht ist also eine Krise als solche zu bezeichnen? Welche Indikatoren sind anzugeben, ab wann sie vorliegt, welche Schwellenwerte sind anzusetzen? Und welche Gewichtungen, mit welcher Zeitperspektive, sind einzubringen? Zur Illustration kann das von Durkheim genannte Paradoxon dienen, demzufolge Krisen integrativ wirken, wenn sie besondere Gegenreaktionen auslösen, wie sie Durkheim am Beispiel sinkender Selbstmordraten in Kriegszeiten zeigt. Es könne eine Reaktion einsetzen, die „wenigstens für eine Zeitlang eine größere Integration des Ganzen zuwege" (Durkheim 1897/1983, 231) bringt. Sind Kriege deshalb positiv zu bewerten, wenn sie anomische Tendenzen aufheben? Oder könnte man aus Durkheims Ausführungen zu Armut als Protektion vor der Betroffenheit von Anomie die Folgerung ziehen, man müsste langfristig wirkende Armut verbreiten, um Menschen vor dem Frustrationserlebnis unerfüllter Bedürfnisse zu schützen?

Derartige Fragestellungen mögen eindeutig zu klären sein, wenn mit Durkheim von einem moralischen Gesamtkonsens in einer Gesellschaft ausgegangen wird. Im Falle von Krieg und Armut wäre das Ergebnis offensichtlich und es scheint absurd, die Fragen überhaupt zu stellen. Bei anderen Beispielen sind die Antworten weniger leicht abzuschätzen. So dürfte etwa die Frage, ob Konsum von Cannabisprodukten oder eine hohe Zahl an Abtreibungen als Anzeichen von Anomie zu werten sind, kaum zu entscheiden sein, ohne diskutierbare Wertungen einzubringen. Ohne nähere Analyse und ohne Respektierung der vielfältigen teil- und subkulturellen moralischen Welten, die in einer Gesellschaft anzutreffen sind, sind die stets wertenden Unterstellungen von Anomie und Krisen nicht glaubwürdig. Dadurch erwächst die zu bedenkende Differenziertheit moderner Lebensformen zu einem Theorieproblem.

Durkheims Anomietheorie gewinnt Plausibilität durch den Anschein übersichtlicher Zusammenhänge, durch die Ordnungsbildung erklärt wird. Aber dieser Eindruck überzeugender Einfachheit verflüchtigt sich bei genauerer Betrachtung. Durkheims Intention, „immer nur genau eine Ursache für jede Wirkung zu identifizieren", erscheint letztlich „recht naiv" (Müller/Schmid 1999, 519). Versuche, die Naivität konstruktiv aufzubrechen, führen demgegenüber zu sehr komplexen Theoriekonstruktionen; selbst prononcierten differenzierungstheoretischen Vorgaben ist allerdings eine *„Unterkomplexität* (...) in Hinblick auf das realzeitliche Funktionieren moderner Institutionen" (Knorr Cetina 1992, 406) vorzuhalten[21]. Alleine die bereits von Durkheim angesprochenen theoretischen Bezugspunkte sind vielfältig; nach Ortmann sind – obschon er angibt, sich auf „das unmittelbar Notwendige" (Ortmann 2000, 102) zu beschränken – 25 Faktoren einzukalkulieren, die von der bedürfnistheoretischen Anthropologie über die moral-integrative Ordnungskonzeption bis zur Forderung eines gesellschaftlichen Gleichgewichts reichen. Die zutreffende Folgerung lautet: „Ersichtlich ist das von Durkheim konzipierte Bedingungsgefüge sehr komplex" (ebd.), und die Komplexität wird, wie gesehen, von den auf ihn folgenden Anomie- und Differenzierungstheoretikern deutlich erhöht, ohne dass dies zur Revision maßgeblicher theoretischer Problemlagen geführt hätte.

Es ist zudem nicht davon auszugehen, dass Anomietheorien angesichts der Vielschichtigkeit ihrer zentralen Erklärungsvariablen einer empirischen Prüfung zugänglich sind. Die vielfältigen aktuell vorliegenden Versuche in dieser Richtung können zwar plausibel machen, dass die Entwicklung devianten Verhaltens mit sozialen Rahmenbindungen von Normabweichungen zusammenhängt. Aber als gesamtgesellschaftliche Zustandsbeschreibung und globaler Kausalfaktor bleibt Anomie vage und die empirischen Befunde sind bislang unklar (vgl. Albrecht 1997, 531, 544)[22].

Stellt man eine differenzierte Gesellschaft in Rechnung, so ist aus dem Gesagten abzuleiten, dass objektivistische[23] Krisendiagnosen überfordert sein müssen. Durkheim (1897/1983, 430) erkannte selbst an, dass es soziale Bereiche gibt, in die das Kollektivbewusstsein nur vermittelt eindringt und in seiner Stärke vermindert oder ausgedehnt wird. Von einer gesamtgesellschaftlich wirksamen

---

21 Erwähnenswert im hier verfolgten Zusammenhang ist Knorr Cetinas Hinweis auf „das größte Problem" der (Luhmannschen) Differenzierungstheorie, das „in deren mangelnder theoretischer Reflexivität (liegt; B.D.) – z.B. in der fehlenden Einsicht, dass das theoretische Instrumentarium, das diese Theorie zur Anwendung bringt, selbst historischen und lokalen Kontingenzen unterworfen ist" (Knorr Cetina 1992, 407).

22 Hierzu die divergenten, in der Gesamtheit keine Hinweise auf zufrieden stellende empirische Bestätigungen liefernden Ausführungen z.B. von Bohle (1975); Lamnek (2007, 283ff); Ortmann (2000).

23 „Objektivistisch" adressiert die sozialwissenschaftliche Tradition Durkheims und die Hoffnung, soziale Krisen bzw. Anomie als objektiven Tatbestand nachweisen zu können. Es wird im Folgenden ausgeführt, dass mit dieser Intention entscheidende Verengungen und Ausblendungen verbunden sind.

Krise zu sprechen, wird damit hinfällig. Eine sozialpädagogische Theorie, die derartige Unklarheiten und selbst mit deutlicher Komplexitätserhöhung fortbestehende Unterkomplexitäten nicht in Rechnung stellt, bleibt unbefriedigend. Sie könnte im Anschluss an Durkheim die implizite Plausibilität von Krisendiagnosen für sich in Anspruch nehmen, würde damit aber eine Haltung übernehmen, die gegenüber dem erreichten Erkenntnisstand bezüglich der Vielschichtigkeit der Prozesse und Strukturen sozialer Ordnungsbildung zurückbleibt.

- **Wissenssoziologische Fundierung**

Man kann das eben Dargestellte als Empfehlung lesen, das Theorieprogramm gegenüber Durkheim und insgesamt gegenüber objektivistischen Anomietheorien zu wechseln. Relevante Fragen sind theoretisch und empirisch nicht ausreichend beantwortbar. Anstatt weiterhin nach objektiv gültigen Nachweisen einer „wirklich" anomischen Gesellschaftskrise zu forschen, scheint es ertragreich zu klären, weshalb die entsprechenden Theorien trotz fortbestehender Aporien Attraktivität entfalten. Seit einigen Jahren ist dies, u.a. geschuldet den innerdeutschen Transformationsprozessen (vgl. z.B. Heins 1994), sogar verstärkt der Fall. Kron und Redding (2003, 165) konstatieren, Durkheims Krisendiagnosen seien „wieder hochaktuell"; moralische „Orientierungslosigkeit oder – noch schlimmer – moralischer Verfall wird überall gewittert." Nicht zuletzt in der Sozialpädagogik. In ihr wurden bisher kaum Versuche unternommen, die Probleme objektivistischer Krisentheorien nachhaltig aufzunehmen, wie im Verlauf dieser Arbeit anhand verschiedener Beispiele gezeigt wird. Auch alternative Theoriezugänge etwa phänomenologischer, symbolisch-interaktionistischer, ethnomethodologischer oder anderer Art haben dies nicht grundlegend geändert. Es ist zwar von einem breiten Spektrum theoretischer Orientierungen auszugehen; hierin übernehmen aber objektivistische Annahmen einer Gesellschaftskrise, von der ausgehend auf den institutionellen und professionellen Status der Sozialpädagogik und auf Lebensumstände ihrer Adressaten geschlossen wird, eine tragende Rolle.

Barlösius (2001, 76) verweist am Beispiel der Armutsforschung auf eine „„objektivierende Zentralperspektive' (…), worunter verstanden werden soll, dass mittels des Bezugs auf die ‚Allgemeinheit', exakter auf einen behaupteten gesellschaftlichen Common-Sense, ein Standpunkt generiert wird, der als autonom akzeptiert wird." Er beansprucht, im hier betrachteten Fall einer objektivistischen Gesellschaftsdiagnose, als Referenz verwendbar zu sein, um soziale Prozesse und Strukturen erörtern zu können. Es wird eine Position eingenommen, die eine legitime Deutungsmacht bezüglich der Beschaffenheit „des" Sozialen und der Lebensformen einzelner Milieus und Gruppierungen zu etablieren sucht. Die zugrunde gelegte „Objektivierungsmethode" (ebd., 78) konstituiert Wissenschancen und Anschlusshandlungen, die sich aus dem Anschein ergeben, eine Form sozialer Ordnung abzubilden, die vermeintlich wertfrei registriert, was beachtenswert ist. Die sich in diesem Vorgehen auswirkenden Bewertungen, Selektionen und Ausblendungen bleiben unscheinbar, obwohl gerade sie es sind, die einen Anspruch auf Unterstützung begründen oder ausblenden, die aus der Deutungs- eine selektiv organisierte Gestaltungsmacht werden lassen.

Diese voraussetzungsvolle und folgenreiche Konstruktion einer „Zentralperspektive" ist ohne weiteres erfolgreich möglich. Aber angesichts der aufgezeigten Probleme entsprechender Haltungen erscheint es lohnend, die Kritik an ihnen ernst zu nehmen und sie konstruktiv zu wenden, indem nicht etwa ein Irrtum der Theoriebildung konstatiert wird. Stattdessen ist zu fragen, welche Funktion und Bedeutung entsprechende Annahmen und Zeitdiagnosen in der Sozialpädagogik leisten. Das Gemeinte kann wiederum an Durkheim illustriert werden. Mit Blick auf die Studie zum „Selbstmord" weist Dörner (1973, XI) auf die „depressive Grundstimmung" hin, die das Werk durchzieht[24]. Das gesamte soziologische Anliegen Durkheims, so Schroer (2000, 137), resultiere aus „der Erfahrung eines Vakuums, das durch den Verlust der traditionalen Ordnung und den Mangel einer neuen gekennzeichnet ist".

Diese Erfahrung mag einerseits dazu beigetragen haben, dass Durkheim mit den Berufsverbänden letztlich eine Therapie gegen die modernen Krisen favorisierte, die sich aus der Vergangenheit speiste: Er setzte seine Hoffnungen auf Korporationen und tendierte „manchmal zu wahren Apotheosen des Gemeinschaftslebens, wie man sie sonst nur noch bei Tönnies und den Kommunitaristen unserer Tage (…) vorfinden kann" (ebd., 182). Aber andererseits war nicht nur die von Durkheim vorgeschlagene Therapie, sondern bereits die diagnostische Analyse seiner Gegenwart durch kulturelle Rahmenbedingungen inhaltlich beeinflusst. Anomietheorien ist in ihrem sozialwissenschaftlichen Ursprung eine kulturelle Krisensemantik eingeschrieben. Kann grundlegend gelten, dass gesellschaftstheoretische Entwürfe und Begriffe „nicht zufällig" entstehen, „sondern aus jeweils zeitgenössischen, oft positional spezifischen Erfahrungen von Gesellschaft" (Steinert 2004, 195f) hervorgehen, so ist dies im Falle von Krisendarstellungen in besonderem Maße zu bedenken. Die jeweiligen Kontexte bestimmen Theorieinhalte sublim, aber nachhaltig, und so können Durkheims Theoriegerüst und die pessimistische Verschiebung seiner Argumentation nur verstanden werden, wenn Umstände ihrer Artikulation rezipiert werden.

---

24 Besnard (1988, 91) weist darauf hin, dass der Ausbau des Anomiethemas in der Studie zum „Selbstmord" auch mit einer persönlichen intellektuellen Krise Durkheims verbunden gewesen sei.

Daraus ergibt sich eine zentrale Problematik, die den Kern des hier verfolgten Reflexionsansatzes berührt: Die Bemerkung, Durkheims Vorgaben entstammten zumindest im Ansatz dem kulturellen Zusammenhang, in dem sie formuliert wurden, widerspricht dem Anspruch einer objektiven Darstellung gesellschaftlicher Problemzustände. Im Sinne Durkheims wären sie als „soziale Tatsachen" anzusehen und der sozialwissenschaftlichen Analyse zuzuführen. Wenn aber die Identifikation von Anomie auf ein mehr oder weniger diffuses, kulturell vermitteltes Krisengefühl zurückgeht und die sozialwissenschaftliche Sicht durch subtile Perspektivenausrichtungen gekennzeichnet ist, dann steht dies dem objektivistischen Selbstverständnis von Anomietheorien entgegen.

Es konfligieren wissenschaftstheoretische Prinzipien; auf der einen Seite findet sich ein positivistisches, das auf der Objektivität von Anomiediagnosen besteht und mit den Diagnosen spezifische Bilder von Gesellschaftszuständen kommuniziert. In diesen Gesellschaften leben Individuen, die von den Anforderungen der sozialen Lebensverhältnisse und ihrem Wandel überfordert und zu unterschiedlichen Arten von Devianz vorherbestimmt sind. Dörners Hinweis auf eine depressive kulturelle Stimmungslage als Kontext, der in Anomiebehauptungen zum Ausdruck kommt, folgt einer anderen Sicht. Wissenschaftliche Theorien werden ihr zufolge durch außerwissenschaftliche Faktoren beeinflusst, und dies nicht nur in der Wahl von Themen, sondern durch inhaltliche Färbungen; die Urheber der Theorien sind durch ihren Standpunkt geprägt und folgen kulturellen Semantiken und Normierungen, die ihnen mehr oder weniger unbewusst sind (vgl. grundlegend Mannheim 1995). Gestützt wird dies durch wissenschaftstheoretische Erkenntnisse, denen zufolge wissenschaftliches Wissen „Kontinuitäten" gegenüber wissenschaftsexternen Wissensformen aufweist, „die die (...) unterstellte Separierung der Wissenschaft in einen getrennten Rationalitätsbereich in Frage stellen" (Knorr Cetina 1992, 408).

Für den Status sozialpädagogischen Wissens bedeutet dieser Befund, dass es ebenso wenig aus praktischen Handlungszusammenhängen wie aus „rein" theoretischen Überlegungen stammt, die auf objektive Krisen der Gesellschaft antworten. Vielmehr muss der jeweilige Startpunkt der Argumentation, durch die Sozialpädagogik als solche bestimmt wird, zunächst in kommunikativ übermittelten Zusammenhängen aufgesucht werden[25]. Durch die Teilnahme an ihnen

---

25 Als Indiz mag dienen, dass auch die frühen sozialpädagogischen Ausdeutungen der sozialen Frage nicht aus „realen" – wie auch immer bestimmbaren – Positivitäten zu deduzieren waren, sondern als diffuse Ängste und Sorgen um sich verändernde Formen gesellschaftlicher Integrationswege auftraten. Über einen Zeitraum, der von der Magerschen Begriffsschöpfung bis zum Aufkommen der „sozialpädagogischen Bewegung" reichte und der immerhin mehr als ein dreiviertel Jahrhundert umfasste, entfaltete sich eine zwar nicht kontinuierliche, aber anwachsende theoretisch und weltanschaulich vielfältige Diskussionslandschaft über eine Sozialpädagogik (zur Rekonstruktion vgl.

vermittelt die Sozialpädagogik Deutungsangebote sozialer Realität, die verbindlich gemacht werden sollen. Diese Realitätskonstruktionen verweisen auf Problemorientierungen, die von Wertungen und Normalitätsprojektionen gesellschaftlicher Prozesse abhängen. Ohne sie gibt es keine soziale Krise, weder im Fall der für die Sozialpädagogik so bedeutsamen „sozialen Frage" noch bezüglich neuerer Identifizierungen von Modernisierungsvorgängen. Diese sind als soziale Prozesse in der Sozialpädagogik als Ergebnis besonderer Interpretationen präsent. Gegen Durkheims Theorieanlage ist demnach zu fragen, wie entsprechende Diagnosen als faktisch stets nur perspektivische „Tatsachen"-Behauptungen positioniert werden, um sozialpädagogisches Wissen zu bedingen und es mit dem Anschein des Plausiblen auszustatten.

In diesem Sinne wird hier von einer wissenssoziologischen Sichtweise ausgegangen, die auf die Prägung spezifischer Wissensgehalte an Grenzlinien kultureller, politischer und wissenschaftlicher Diskurse zu antworten sucht[26]. Die Annäherung ist von einer objektivistischen zu unterscheiden, da nicht angestrebt wird, Anomie objektiv nachzuweisen und zu diagnostizieren. In der hier vertretenen Sicht kann es nicht darum gehen, das Programm einer objektiven Zeitdiagnose durch verbesserte methodische und theoretische Werkzeuge weiter zu verfolgen. An die Stelle der Ambition, Anomie „richtig" zu identifizieren, ist zu analysieren, warum die Suche nach ihr attraktiv ist und spezifische Fest-Stellungen von Anomie akzeptabel erscheinen. Denn an der Tatsache, dass sie als sozialpädagogisch zentrale Kategorie zur Erhellung psychosozialer Lebensumstände fungiert, kann kein Zweifel bestehen. Ihr kommt eine im sozialpädagogischen Theoriediskurs dominierende Stellung zu und deshalb ist es erkenntnisreich, gleichsam quer zu der bisher üblichen Sichtweise Anomie nicht als soziale Tatsache, sondern als diskursive Behauptung und als Möglichkeit der Erfahrung sozialen Lebens zu erörtern.

Bamberger 1906; Gottschalk 2004; Gritschneder 1921; Schröer 1999; Winkler 2004). In diesem Zeitrahmen und über ihn hinaus standen Versuche einer Reform pädagogischer Wissensgehalte und an sie anschließender Handlungsoptionen angesichts soziokultureller Krisenerfahrungen im Vordergrund. Die entsprechenden Krisensemantiken repräsentieren Deutungen sozialer Strukturveränderungen, und so stellten bereits Zeitgenossen der ersten Industrialisierungsprozesse in Deutschland fest, dass deren Nebenfolgen weniger eine genuin neue objektive Konstellation verkörperten, sondern von einem veränderten Wertungspunkt aus identifiziert wurden (vgl. Hoffmann 1845/1965). Anomieängste gingen demnach dem Einsetzen einer umfassenden Industrialisierung voraus (vgl. Pankoke 1970, 49), anstatt ihr nachzufolgen. Auch später, als die Sozialpädagogik unmittelbarer auf soziale Randgruppen bezogen wurde, blieb es bei ihrer Abhängigkeit von besonderen Problemdeutungen.

26 Es wird damit ein weiter Begriff von Wissenssoziologie zugrunde gelegt, der die „klassischen" Annäherungen durch Scheler und Mannheim übersteigt und sich kultur- und sprachtheoretischen Positionen gegenüber öffnet (zu einer ausführlichen Diskussion kulturtheoretischer Sozialwissenschaft unter Referenz auf die Wissenssoziologie vgl. Reckwitz 2000). Dieser Zugang wird nachfolgend in Kapitel drei näher bestimmt.

Anomie wird wahrgenommen und theoretisiert, und dies kann als Anhaltspunkt für Versuche einer Selbstvergewisserung auf wissenssoziologischer Basis dienen: Es kann „verstanden" werden, von einer Krise zu sprechen, und sie kann in wissenschaftlicher Terminologie formuliert werden, indem durch Krisenrhetoriken normative Positionen besetzt und institutionell verwertbare Interventionsaufforderungen strukturiert werden. An dieser Stelle scheint Potential vorhanden, sozialpädagogisches Wissen reflexiv zu durchdringen, indem danach gefragt wird, wie es der Sozialpädagogik gelingt, an den anomietheoretisch „blinden Stellen" – d.h. an den Orten anomietheoretisch nicht objektivierbarer Objektivitätsbehauptungen – sozialpädagogische Anschlussinterinterpretationen einzubringen. Oder konkreter ausgedrückt: Man kann analysieren, an welchen Stellen der sozialpädagogische Theorieimport zum Zwecke seiner Selbstlegitimation Relevanzen in Diskursen über soziale Ordnung markiert. Damit stößt man in das konstitutive Zentrum sozialpädagogischer Wissenskonstitution vor, da die Sozialpädagogik in ihrer Referenz auf soziale Problemlagen davon abhängig ist, auf institutionalisierte Plausibilität zu stoßen, wie sie in objektivistischen Anomietheorien latent vorausgesetzt wird. Gelingt es, die Frage nach der Herstellung von Plausibilität in den Fokus sozialpädagogischer Selbstreflexion zu stellen, dann sind, so kann gehofft werden, die Orte zu finden, an denen Kristallisationen sozialpädagogischen Wissens aufzusuchen sind.

In den Blickpunkt der reflexiven Betrachtung rückt damit Kontingenz. Durkheim ging in seiner Befürchtung, ein wachsendes Kontingenzbewusstsein könne das substantielle Korsett moralischer Bindungen aushöhlen, in dieser Richtung nicht weit genug. Seine Argumentationsstruktur wird in den sozialpädagogischen Ausführungen zu Anomie geteilt, wenn angestrebt wird zu beschreiben, wie die Krise der Gesellschaft und damit die Gesellschaft insgesamt beschaffen ist, um zu erfahren, was gegen Problemlagen zu unternehmen sein kann. Diagnose und Therapie fließen ineinander bzw. *eine Therapieoption lenkt den gesellschaftsdiagnostischen Blick.*

Der Ausgang von Kontingenz legt etwas anderes nahe. Sie ist als Bedingung der Möglichkeit „des Wissens und Handelns, nicht als deren Negation" (Liesner/Wimmer 2003, 37), zu betrachten. Sie fungiert als Grundlage sozialpädagogischen Wissens und es ist zu analysieren, wie stets gegen sie Plausibilitäten spezifischer Art, Sozialität zu denken, institutionalisiert werden[27]. Die von Durkheim sukzessive in Rechnung gestellte Komplexität des sozialen Lebens ist in

---

27 Etwas emphatischer ließe sich das Gemeinte mit Foucaults Wort der „Wahrheitsspiele" illustrieren (vgl. Foucault 2005, 895ff), die u.a. plausible Arten, Sozialität zu denken, hervorbringen. Zu Kontingenz im Rahmen der Selbstvergewisserung der „Moderne" vgl. darüber hinaus Reckwitz (2006, 76ff) und Luhmann (2001).

der Form zu verarbeiten, nicht theoretische (und praktische) Mechanismen der Kontingenzreduktion einzuführen bzw. zu fordern, sondern es sind Konstruktionen zu verfolgen, die Alternativen und offene Entwicklungen zulassen. Deren Schließung ist als analysebedürftig, nicht als funktional notwendig zu interpretieren.

Damit werden die zuvor genannten Aspekte, Forschung als distanzierte Praxis zu begreifen und Komplexitäten sozialer Ordnungsbildung in Rechnung zu stellen, aufeinander bezogen. Es wird von Ordnungsentwürfen Abstand genommen, welche die Vielfalt individueller und sozialer Lebensformen auf wenige Kernaspekte reduzieren, denen attestiert wird, zur Erhaltung gesellschaftlicher Stabilität erforderlich zu sein. Diese normativen Präskriptionen, wie sie etwa dem Konzept des „Kollektivbewusstseins" innewohnen[28], spezifizieren Aspekte gelingender Sozialisation, so dass Luhmann (1999, 27) Durkheim mit Recht eine „Wertungslust" unterstellt, die „theorieintern schlecht kontrolliert werden kann". Grenzen der Legitimität und Illegitimität – von Subjektqualitäten wie auch von Zuständen sozialer Ordnungsbildung – können nur wertend eingebracht werden und sie symbolisieren Trennlinien, die in der Theoriearchitektur reproduziert, aber nicht objektiv analysiert werden.

Eine reflexive Analyse muss dem gerecht werden. Sie kann in Rechnung stellen, dass Anomietheorien entsprechende Grenzbestimmungen vornehmen und von ihnen ausgehend verstanden werden können. Die Theorien identifizieren gesellschaftliche Krisen und assoziieren mit ihnen Formen von Individualität als Symptome sozial produzierter Devianz[29]. Menschen, die sozial auffällig werden, werden dadurch zu Symptomträgern gestörter sozialer Integrationsverhältnisse. Sozialität und Individualität werden zusammen gedacht und für sich sowie in ihrer Interaktion sozialpädagogisch qualifiziert. Die sozialpädagogische Attraktivität von Anomietheorien scheint hier einen Ankerpunkt zu besitzen: Sozialpä-

---

28 Gleiches gilt für neuere Desintegrationstheorien, die von einer kriminogenen Auflösung moralischer Orientierungen und institutionalisierter Bindungen ausgehen. Stellt man die Argumentation gleichsam vom Kopf auf die Füße, so wird als Normalitätsprojektion eine geordnete, nicht-kriminogene Gesellschaft hypostasiert, deren einheitliche und stabile Moralsysteme integrativ wirkten. Dies scheint gegenüber Durkheims Vorgaben keinen substantiellen theoretischen Erkenntnisfortschritt zu beinhalten.

29 Das in der Sozialpädagogik in dieser Hinsicht vorrangig verwendete Verbindungsglied zwischen gesellschaftlicher Makro- und individueller Mikroebene ist *Stress*. Er scheint durch Anomie hervorgerufen zu werden und affiziert Individuen, indem er sie zu devianten Anpassungsleistungen tendieren lässt. Diese Argumentationskette ist durch die Stressforschung zwar nicht ausreichend gedeckt, denn diese belegt große interindividuelle Unterschiede des Stressempfindens und der Bewältigung eventuell auftretenden Stresses bei Einzelnen. Es kann demnach nicht vorhergesagt werden, ob – und falls ja, welche – Einzelpersonen durch externe Ereignisse und Prozesse tatsächlich Stress erleben und erleiden (vgl. grundlegend Lazarus/Folkman 1984; Lazarus 1990). Die Plausibilität anomietheoretischer Aussagen erlaubt es dennoch, derartige Zusammenhänge diskursiv herzustellen.

dagogik ist an Menschen in sozialen Lebenszusammenhängen orientiert und Anomietheorien stellen entsprechend verwertbare Verbindungen von Sozialität, Individualität und Problemkonstruktionen her. Es handelt sich um symbolisierte Verweisungszusammenhänge (vgl. hierzu Soeffner 1991, 66), um die systematische Bezugnahme von Interpretationen sozialen und individuellen Lebens.

Diese Verweisungen werden wissenschaftlich und kulturell kommuniziert, aber auch individuell erfahren, da Menschen versuchen, ihr Dasein und ihre Geschichte zu verstehen. Während eine in objektivistischem Sinne nachweisbare Synchronisierung gesellschaftlicher und individueller Lebensbedingungen an Grenzen stößt, werden entsprechende Relationen unter Involvierung von Problemzurechnungen auf verschiedenen Ebenen des Lebens immer wieder hergestellt. Im Falle der Sozialpädagogik handelt es sich um symbolisierte Prozesse der kontextualisierenden Einbindung des Einzelnen, der nicht für sich verstanden werden kann, sondern der seine Individualität durch gesellschaftliche und nahräumliche Einbettungen gewinnt und zugesprochen erhält. Die Aufgabe einer reflexiven Analyse sozialpädagogischen Wissens muss es sein, derartige Verweisungszusammenhänge zu rekonstruieren und zu erhellen, welche spezifisch sozialpädagogische Qualität ihnen zukommt. Anomietheorien zeigen diese Verbindungslinien exemplarisch und so kann aus ihnen gelernt werden, wobei behauptet werden kann, dass vergleichbare Zusammenhänge sozialpädagogisches Wissen insgesamt auszeichnen. Bevor hierauf inhaltlich näher eingegangen wird, ist zunächst die Frage der analytischen Orientierung zu klären. Es ist zu untersuchen, wie entsprechende Relationen von Deutungen verstanden und erschlossen werden können. Im folgenden Abschnitt wird deshalb auf den Ansatz sozialer Deutungsmuster Bezug genommen, um zu erläutern, ob und wie mit seiner Hilfe sozialpädagogische Verweisungszusammenhänge zu untersuchen sein können.

3 Deutungsstrukturen sozialpädagogischen Wissens

„Katzen gibt es nur, weil Nicht-Katzen möglich sind" (Belliger/Krieger 2006, 28).

Zur Analyse sozialpädagogischen Wissens wurde bisher ein bewusster Umweg beschritten. Er zeigte auf, dass anomietheoretische Interpretationen einen Kernbereich dieses Wissens darstellen, der Besonderheiten und Probleme mit sich bringt. Theoretisierungen sozialer und sozial bedingter individueller Krisen setzen eine Ebene der Plausibilität voraus, die in objektivistischen Theorieansätzen nicht aufgearbeitet werden kann. Sie kann allerdings wissenssoziologisch rekonstruiert werden. Diese Rekonstruktion hat die Aufgabe, Verweisungszusammenhänge, d.h. Relationierungen, zu bestimmen. Sie werden im Folgenden als Deutungsstrukturen ausgearbeitet, um die analytische Basis für eine Erschließung inhaltlicher Spezifika sozialpädagogischen Wissens in den Blick nehmen zu können.

3.1 Die diskursive Verfasstheit sozialpädagogischen Wissens

Zunächst kann festgehalten werden, dass Sozialpädagogik nicht einfach gegeben ist. Ebenso wie „Erziehung" oder „Sozialität" handelt es bei ihr nicht um ein Datum, das objektiv gegeben ist. Man muss deshalb analysieren, welche Bahnen eingeschlagen werden, damit Sozialpädagogik zustande kommt[30]. Insofern lediglich die Beachtung dieser Wege und ihrer Verzweigungen Schlüsse auf sozialpädagogisches Wissen erlaubt, muss eine reflexive Haltung eingenommen werden,

---

30 Geht man von der diskursiven Verfasstheit und Einlagerung sozialpädagogischen Wissens aus, so scheiden offenkundig Annäherungen aus, die einen substantialistischen, bedürfnistheoretischen, universalistisch-menschenrechtsorientierten oder anderen Zugang wählen, insoweit sie in diesem einen spezifischen, positiven Gegenstand sozialpädagogischer Reflexion vorwegnehmen. Er fungiert als Referenzpunkt und Garant sozialpädagogischer Wissensgehalte, ist als solcher also der Reflexionsarbeit entzogen und operiert als Auszeichnung einer per se gegebenen Qualität des Sozialpädagogischen – ein Umstand, der angesichts der zeitlich und kontextuell variierenden Qualifizierungen von Sozialpädagogik unbefriedigend bleiben muss: Man vergisst die Signifikanten. Nicht die Qualität, sondern die Qualifizierung sozialpädagogischen Wissens innerhalb spezifischer Kontexte ist bei einer Analyse dieses Wissens von Interesse, um erst auf dieser Basis zu sehen, welche Qualität es erhält.

die als Erhellung der „Produktionsbedingungen" sozialpädagogischen Wissens eine Erfolg versprechende Aussicht bietet, Konturen des Projekts Sozialpädagogik sichtbar zu machen. Scheinbare Evidenzen – eine spezifische Qualität des Sozialen, ihm eingeschriebene „Aufforderungen" zu sozialpädagogischem Handeln oder anthropologische Unterstellungen eines Menschseins, das aus sich heraus sozialpädagogischer Unterstützung bedarf – sind zurückzuweisen. Es kann allenfalls gefragt werden, woher diese Evidenzen stammen und in welche Rahmungen sie eingebettet sind.

An die Stelle der Rekonstruktion eines unhintergehbaren Gegenstandes tritt somit der Diskurs über Sozialpädagogik (vgl. Winkler 1988, 24), in dem sie als Wissensform entsteht, aktualisiert und „verstanden" wird. Sie *entsteht* dort, insofern nicht auf ein außerdiskursives Objekt Bezug zu nehmen ist. Nicht in ihm, sondern in einem „sozialpädagogischen Blick" ist die diskursive Hervorbringung von Sozialpädagogik zu identifizieren. So wäre es nicht sinnhaft auszusagen, es liege etwa in einer bestimmten Form von Bildungsbenachteiligung, von Drogenkonsum, von Sozialisationsstörung oder anderem ein genuin sozialpädagogischer Handlungsaufruf begründet; historisch bzw. interkulturell vergleichende Studien können ein derartiges Ansinnen widerlegen. Vielmehr wird Sozialpädagogik diskursiv jeweils kontextabhängig auf spezifische Weise hergestellt, so dass die Konstitution des Wissens von seiner *Aktualisierung* und Veränderung nicht zu trennen ist. Wissenshervorbringung geschieht in Anbindung an vorliegende Wissensbestände und beinhaltet in der Auseinandersetzung mit ihnen eine Aktualisierung, die den „Sinn" in dem Moment seiner Identifikation schon immer verschiebt und neu kontextualisiert.

Sozialpädagogik ergibt sich demnach aus der Tatsache, dass es Sozialpädagogik gibt und über sie gesprochen wird, wobei sich die Qualifizierungen von „Sozialpädagogik" permanent ändern und kaum Einigkeit über ihren semantischen Gehalt besteht. Somit ist zu erschließen, wie Sozialpädagogik jeweils konstituiert wird. Dies verweist auf multiple Kontextbedingungen und Sinnzusammenhänge, die darüber mitentscheiden, wie Sozialpädagogik als konkrete Wissensoption akzeptabel gemacht werden kann. Diese vielfältigen Rahmungen sind historisch geworden und kulturell spezifisch, von sozialen Umgebungen beeinflusst und durch organisatorische Bedingungen geprägt, durch Machtrelationen ausgezeichnet und mit unterschiedlichen praktischen Anschlussmöglichkeiten assoziiert. Sie bestimmen, ohne zu determinieren, wie Sozialpädagogik zu bestimmten Zeitpunkten auftritt und „verstanden" wird. Dabei ist mit „Verstehen" kein hermeneutisches Einfühlen oder eine empathische Zuwendung gemeint, sondern es wird angesprochen, dass im sozialpädagogischen Diskurs Welt- und Gegenwartsdiagnosen kommuniziert werden, die sowohl innerhalb sozialpädagogischer „communities" wie auch außerhalb ihrer Grenzen akzeptabel sind, da die betreffenden Deutungen an Weltsichten appellieren. Dieser Zusammenhang wurde oben am Beispiel von Anomietheorien illustriert: Von einer spezifischen Krise in der Gegenwart auszugehen, kann für Sozialpädagogen unmittelbar zutreffend erscheinen. Etwa die Aussage, ein hohes Niveau an Arbeitslosigkeit führe in einer Gesellschaft zu Gerechtigkeitslücken, erfordere ein ranghohes Maß an staatlich-sozialpolitischer Unterstützung der Betroffenen und psychosoziale Hilfen, ist zweifelsohne über die Sozialpädagogik hinaus zustimmungsfähig. Wie die sozialpolitischen Reformen der vergangenen Jahre gezeigt haben (vgl. kritisch z.b. Dahme/Wohlfahrt 2002; 2005), wurden aus der Wahrnehmung hoher Raten von Arbeitslosigkeit allerdings auch gegenteilige Schlüsse gezogen, da das Ausmaß sozialpolitisch gewährter Unterstützung zumindest für relevante Gruppen reduziert wurde und Hilfen nun verstärkt im Rahmen sanktionsbehafteter, konditionalisierter Arrangements zugestanden werden. Der Sachverhalt „Arbeitslosigkeit" kann folglich divergent repräsentiert und bearbeitet werden: sozialpädagogisch, materiell, durch konditionalisierte Hilfsprogramme und eine Rhetorik der (Zwangs-)Aktivierung, therapeutisch-individualpathologisch oder durch Indifferenz. Wie in Kapitel 2.2.2 bezüglich Jugendarbeitslosigkeit bereits angeführt, registrieren international vergleichende Studien tatsächlich sehr unterschiedliche Umgangsformen. Für jüngere Reformen besitzt das angloamerikanische „workfare"-Modell mit seinen Charakteristika einer ökonomisch motivierten, möglichst kurzfristigen Unterstützung, des Arbeitszwanges und der Sanktionsbehaftung gewisse Modellwirkung (vgl. Ludwig-Mayerhofer 2005; Völker 2005), allerdings werden Reformen pfadabhängig realisiert (vgl. Werle 2007).

Es bedarf aus sozialpädagogischer Sicht also der Auseinandersetzung, um Reformtendenzen zu implementieren und zu stützen, die Sozialpädagogik ermöglichen, denn sozialpädagogische Zeitdiagnosen und Krisenartikulationen repräsentieren Deutungen, die weder international noch national bzw. gesellschaftsweit per se geteilt werden, die aber doch – zumindest in Teilbereichen – kulturell verhaftet sind. So kann z.B. (Jugend-)Arbeitslosigkeit *auch* als sozialpädagogisches Problem verstanden werden, wenn entsprechende Problem- und Krisenzurechnungen plausibilisiert sind. Derartige Deutungen sozialer Sachverhalte symbolisieren Grenzlinien, die einen spezifischen Diskurs markieren und ihn gleichzeitig in gesellschaftlichen Diskurshorizonten verorten: Sozialpädagogisches Wissen ist nie nur sozialpädagogisch, sondern es ist darauf angelegt, wenigstens in Grundzügen auch außerhalb sozialpädagogischer Diskursgemeinschaften vermittelbar zu sein. Die Sozialpädagogik muss ihre Akzeptabilität immer neu herstellen und gewährleisten, wie das Beispiel (Jugend-)Arbeitslosigkeit angesichts der rezenten aktivierungspolitischen Reformen verdeutlicht, und hierzu werden Positionen besetzt, die weltanschaulich anschlussfähig sind.

Mit dieser diskursorientierten Annäherung werden Vorannahmen transportiert, die zu explizieren sind. Sozialpädagogisches Wissen wird in seinem Aufbau als variable Struktur von Deutungen verstanden, die in Auseinandersetzung mit Kontextbedingungen, im Sinne einer Strukturierung von Anschluss- und Erfahrungsmöglichkeiten, unterschiedliche Kristallisationen findet. Die Grundlage dieser Aussage besteht in der Unterstellung, dass dieses Wissen als eine Relationierung von Aussagen verstanden werden muss, die eine gewisse Dauerhaftigkeit aufweist, da ansonsten nicht von einem Diskurs als Strukturierung von Wissensmöglichkeiten zu sprechen wäre. Diskurse verweisen in ihrer Funktion der Ermöglichung und Kontrolle von Aussagen, ihrer „Qualifizierung und Disqualifizierung" (Foucault 2003, 165), auf überdauernde Optionszuweisungen, Sachverhalte als spezifisch erfahrbare auszuzeichnen und damit – beispielsweise – sozialpädagogisches Wissen hervorzubringen[31].

Auf abstrakter Ebene folgt hieraus eine erste, basale Möglichkeit der Konturierung sozialpädagogischen Wissens, indem konstatiert wird: *Sozialpädagogik wird konstituiert durch Relationierungen von Aussagen. Aus ihrer diskursiver Persistenz entstehen Deutungsstrukturen, die sozialpädagogisches Wissen ermöglichen und etablieren.* So können Merkmale angegeben werden, die erläutern, wie die Grammatik des sozialpädagogischen Diskurses operiert: Sie stellt Verbindungen her, die auf relative Dauer gestellt werden und Anschlussinterpretationen ermöglichen, indem spezifische Deutungsstrukturen (s.u.) etabliert werden. Sie fungieren als Bedingung der Möglichkeit sozialpädagogischen Wissens in der Referenz auf soziale Prozesse und Beziehungsmuster (und in sie eingewobene Optionen und Wege subjektiver Lebensgestaltung).

Bei der Analyse entsprechender Wissensformen kann es nicht um eine „objektive" Erfassung gesellschaftlicher Zustände, also „des" Sozialen, gehen; diese werden in der Sozialpädagogik nur perspektivisch, in der Regel auf der Basis von Krisensemantiken identifiziert. Entscheidend ist vielmehr die Frage, wie Sozialität und das in ihr auftretende Erleben und Handeln von Individuen diskursiv als sozialpädagogische Themen aufgebracht werden. Nicht eine gegebene Form des Sozialen, sondern seine veränderbaren Gestaltungen werden dadurch angesprochen (vgl. Kessl/Krasmann 2005).

---

31 Der Begriff „Diskurs" ist ohne Zweifel mittlerweile „ein Allerwelts- und Modewort" (Landwehr 2004, 66). Das hier verfolgte Verständnis wird im Folgenden thematisiert. Zu einem Überblick zur neueren Diskursforschung vgl. Landwehr (2004); Keller (2004); Keller u.a. (2001; 2003).

Bei der Referenz auf soziale Probleme, die der Krisendiskurs nahe legt, stehen folgerichtig analytisch nicht Probleme als Tatsachen im Vordergrund, sondern eine „spezifische Wahrnehmung dieser sozialen Probleme als eben solche" (Kessl 2005, 29), d.h. Wahrnehmungs- und Deutungsstrukturen, aus denen Probleme emergieren. Erst die Problematisierung eines Sachverhalts konstituiert ein Problem als soziales (Diskurs-)Ereignis.

Insofern die Sozialpädagogik sich dadurch auszeichnet, neben ihrem Bezug auf soziale Orte Subjektivität zu thematisieren und zu ermöglichen (vgl. Winkler 1988; 2003b), ist die sozialpädagogische Rede von Sozialität darauf zu beziehen, wie soziale Probleme ausgedeutet werden, indem auf Formen von Subjektivität aufmerksam gemacht wird, die durch soziale Lebensumstände beeinträchtigt werden. Soziales Leben wird vorrangig als Krise thematisch, die sich auf negative Bildung-, Erziehungs- oder Sozialisationsleistungen erstreckt. So wird etwa Jugendarbeitslosigkeit nicht vorrangig als arbeitsmarkt- oder volkswirtschaftliches Problem zum Thema der Sozialpädagogik, sondern durch Appelle an stigmatisierende, sozial ausschließende und Selbstwert beschädigende Folgen für die Identität der Betroffenen. Als soziales Problem gefährdet es die Integration Jugendlicher und ihre (Selbst-)Anerkennung als vollwertige Mitglieder der Gesellschaft und in *diesem* Sinne wird es zur Aufforderung an sozialpädagogisches Handeln – eine Aufforderung, die nach, nicht vor der Problematisierung steht.

Sozialpädagogik wird demnach, einem sehr allgemeinen und theoretisch hinlänglich bekannten Sinne nach, in Diskursen ermöglicht, in denen über Problemqualitäten verhandelt wird. Es ergeben sich Regelmäßigkeiten und Strukturen von Aussagen, die der Sozialpädagogik mehr oder weniger dienlich sein können und in die sie zum Zwecke der Wissensprozessierung eingreift. Um eine Spezifizierung dieser Perspektive wird es im Folgenden gehen. Der Diskursansatz steckt gleichsam den Rahmen ab, in dem sich eine Analyse sozialpädagogischen Wissens bewegen kann. Man könnte z.B. feststellen, dass Diskurse über Jugendarbeitslosigkeit bestimmten Regeln folgen und spezifische Definitionen und Bewertungen des Phänomens mitteilen. Aber man muss konkreter werden, um die Qualität einzelner Wissensformen auszuweisen, und dies kann im Falle der Sozialpädagogik mit Hilfe des Deutungsmusteransatzes realisiert werden.

Betrachten wir dazu, wie sich Diskurse mit Bezug auf die Deutung von Sachverhalten verstehen lassen. Keller (1997, 317) beschreibt Diskurse als „Arrangements von (Be-)Deutungen". Sie gewähren Möglichkeiten der Interpretation und Erfahrung (psycho-)sozialer Zusammenhänge, die ohne diskursive Vermittlungen sozial nicht existenzfähig wären (vgl. Dollinger 2006a, 44ff). Der Diskurs-Ansatz bleibt allerdings vergleichsweise abstrakt. Er blendet insbesondere Formen subjektiver Erfahrung weitgehend aus[32], was in verschiedenen Forschungszusammenhängen sinnvoll ist. Im hier relevanten Kontext geht es allerdings um Wissen, das diskursiv ermöglicht und zugleich von Subjekten bearbeitet sowie zur Subjektgestaltung eingesetzt wird[33]. Soziale und psychosoziale Erscheinungen werden in spezifischer Qualität hervorgebracht, als disziplinäre und professionelle Wissensinhalte konstituiert und subjektiv verarbeitet. Gegenüber Diskursanalysen kann man deshalb eine Spezifizierung vornehmen und explizit auf die in Diskursen erfolgende Prozessierung von Deutungsmustern Wert legen.

Keller (2001; 2004; 2008) sucht in diesem Sinne durch den Entwurf einer wissenssoziologischen Diskursanalyse Momente der Erfahrung von Akteuren in den Diskursansatz einzuführen, denn: „Unser Weltwissen ist nicht auf ein angeborenes, kognitives Kategoriensystem rückführbar, sondern auf gesellschaftlich hergestellte symbolische Systeme oder Ordnungen, die in und durch Diskurse produziert werden. (...) *Akteure* formulieren die kommunizierten Beiträge, aus denen sich Diskurse aufbauen; sie orientieren sich dabei in ihren *(diskursiven) Praktiken* an den verfügbaren Ressourcen sowie den Regeln der jeweiligen Diskursfelder" (Keller 2004, 57). Aufgabe einer entsprechenden Analyse ist es zu untersuchen, wie Erfahrungsformen ermöglicht und perspektivisch ausgerichtet werden, indem Kontingenzen in strukturabhängige Erfahrungs- und Erlebnisformen überführt und entsprechend kanalisiert werden. Das Medium, in dem dies realisiert wird, sind Deutungsmuster, die als interpersonell abhängige und anschlussfähige Interpretationen von Gesellschafts- und Individualitätsformen fungieren und spezifische Erfahrungsmöglichkeiten offerieren (vgl. hierzu Keller 2001, 208ff; 2008, 240ff)[34].

Besondere Deutungsmuster strukturieren sozialpädagogische Theoriebildung und liegen sozialpädagogisch-professionellem Handeln zugrunde, wenn auch in je spezifischer Qualität und Wirkung. Sozialpädagogik besteht als disziplinäre Theorie und professionelles Handeln aus regelhaft geordneten Deutungs-

---

32 Natürlich aber nicht völlig. Entscheidend ist diesbezüglich die diskurstheoretische Kanalisierung von Subjektivität und subjektiver Erfahrung (vgl. Sarasin 2007, 210f). Die nachfolgende Spezifizierung betont dieses Erfahrungsmoment und konkretisiert in der Referenz auf den Deutungsmusteransatz die Relationierung einzelner Erfahrungsermöglichungen.

33 Aus problemsoziologischer Sicht verweisen Holstein und Miller in dem Ansatz der „social problems work" auf diesen Aspekt. Diskursive Problematisierungen generieren ihnen zufolge „candidate ‚reality structures'" (Holstein/Miller 2003, 74), die in konkrete problembezogene Erfahrungen und Praxisformen einmünden.

34 Dem Ansatz wird in dem Maße nicht gefolgt, in dem Keller (2008) beansprucht, eine diskursanalytische Herangehensweise in eine Hermeneutische Wissenssoziologie zu integrieren. Dies ist umzudrehen, da Verstehensleistungen auf diskursiv geöffnete Optionen von Verstehensperspektiven verweisen.

strukturen, die sie von anderen Wissensformen abgrenzt. Dies soll die Differenz zwischen Disziplin und Praxis nicht negieren, sondern es wird bewusst von sozialpädagogischer Theorie – im Sinne eines akademischen Theoriediskurses – und von ebenfalls theoriehaltiger sozialpädagogischer Professionalität gesprochen, die mit sozialpädagogischer Praxis nicht identisch ist (vgl. Thole 2002, 15). Es herrscht eine deutliche Diskrepanz zwischen Theorie und Praxis, die prinzipiell nicht übergangen werden kann, auch nicht in emphatischen Forderungen einer anwendungsorientierten Forschung oder einer theoriegeleiteten Praxis. An dem „*Rationalitätsbruch*" (Lüders 1991, 424) von praktischem gegenüber wissenschaftlichem Wissen und einer eigensinnigen praktischen Verwendung wissenschaftlichen Wissens, „die im Begriff der Neukonstruktion sehr viel zutreffender beschrieben wird als mit dem sozialtechnologisch konnotierten Begriff der Nutzung" (Thiel 2007, 159), können sie nichts ändern[35].

Insofern hier von Professionalität gesprochen wird, wird ihre (disziplinbezogene) Wissensabhängigkeit adressiert (vgl. Dewe/Otto 2001a; Dollinger 2007b; Wimmer 1996; s. Kap. 5.2). Disziplinäres Wissen bezieht sich auf den Anspruch der Wahrheit unter den im Feld der Wissenschaft herrschenden Bedingungen, Professionswissen dagegen auf die Referenz der Angemessenheit des Handelns in einer spezifischen Situation auf der Grundlage disziplinären Wissens (vgl. Dewe/Otto 2001b, 1966f). Beides, disziplinäres und professionelles Wissen, kann deshalb auf spezifische Deutungsmuster hin analysiert werden, wobei die Differenz nicht zu vernachlässigen ist. Sie resultiert vor allem aus sehr unterschiedlichen Kontexten und Zeitstrukturen, in denen Wissen prozessiert wird und zur Anwendung kommt. Gleichwohl können beide Wissensformen in Abhängigkeit von kulturell vermittelten Deutungen als besondere Art der Wahrnehmung (psycho-)sozialer Sachverhalte identifiziert werden. Sozialpädagogisches Wissen ist auf systematische Art und Weise perspektiviert und durch den Rückgriff auf das Konzept sozialer Deutungsmuster ist zu erschließen, wie diese Ausrichtungen von Wissensoptionen ausgeformt sein müssen, damit etwas sichtbar wird, das als „Sozialpädagogik" bezeichnet werden kann. Die folgenden Ausführungen beschreiben eine Möglichkeit, dieses zu erkennen und in seinem Aufbau zu erschließen, indem der Deutungsmusteransatz zugrunde gelegt und spezifiziert wird. So kann erörtert werden, wie sozialpädagogisches Wissen diachron etabliert und synchron positioniert wird.

Dies führt zwar zuletzt nicht zu einer exakten Rekonstruktion „des" Sozialpädagogischen, das sich stets verändert und kontextabhängig variiert wird. Aber

---

35 In dem Wissen um diesen Bruch ist auf der eigenständigen Legitimität von Theoriearbeit zu insistieren, denn „über Theorie kann nur dann sinnvoll gesprochen und gestritten werden, wenn ihr eine eigene Legitimität von vornherein zugestanden wird" (Winkler 2003a, 9).

man kann die Deutungsrichtungen erschließen, die Hinweise auf Markierungen und Strukturierungen von Wissen enthalten, das als sozialpädagogisches qualifiziert wird. Winkler (1988, 23) weist dieser Art der Reflexionsarbeit die Aufgabe zu, eine „implizite Grammatik" zu rekonstruieren, welche die Wege sichtbar macht, deren Begehung Sozialpädagogik deutlich werden lässt. Es ist zu fragen, in welche Richtungen sozialpädagogische Wissensmöglichkeiten weisen und wie sie aufgebaut sind, um „gewusst" werden zu können. Dies bedarf der Rekonstruktion sozialpädagogischer Deutungen des sozialen Lebens.

Der erste Zugang erfolgt dabei nicht über die Erfahrungen Einzelner. Manche Wissenssoziologien tendieren zu diesem Fehlschluss, wenn Deutungen der Welt zu einem Einzelakteur oder zu kollektiven Gruppierungen zurückgeführt werden, ohne dass die Frage aufgeworfen würde, wie ihnen Optionen sozial spezifischer Erfahrungen geöffnet werden[36]. Diese hängen von Erfahrungs*bedingungen* ab und sind darauf angewiesen, als Elemente sozialer Kommunikation sichtbar werden zu können. In grundlegender Weise sind sie also diskursiv konstituiert. Sozialpädagogisches Wissen muss als „legitimer" Bestandteil des Diskurses der Sozialpädagogik auftreten können und seinen Regeln gehorchen, ansonsten hätte es keine Existenzgrundlage.

Zu bedenken ist hierbei, was oben am Beispiel von Anomietheorien ausgesagt wurde: Momente kulturell bedingter Stimmungslagen finden Eingang in wissenschaftliche Aussagenzusammenhänge. Erfahrungen Einzelner, etwa sozialpädagogischer Autoren, können nicht geleugnet werden, sondern sind bei der Rekonstruktion der interessierenden Wissensformen zu bedenken. Reflexionstheoretisch wird dies durch Befunde der Wissenschaftstheorie bestärkt, die postulieren, dass „die Konstruktionen der Konstrukteure (…) in die Betrachtung einbezogen werden müssen" (Knorr Cetina 1992, 418, Fn. 26). Knorr Cetina bezieht dies nicht nur auf Einzelakteure als Wissensmedien, sondern auch auf arbeitsfeldabhängige Wissenskonstruktionen, so dass subjektive Konstitutionsleistungen von Wissen entsprechend eingebettet werden. Der Deutungsmusteransatz erlaubt es, dem zu entsprechen[37], da er in die Prozessierung von Diskursen unmittelbar einbezogen werden kann und in sie Momente der regelhaften Erfahrungsgestaltung sozial verorteter Subjekte integriert. Damit aber wird ein spezifi-

---

36 Kessl kritisiert in dieser Hinsicht etwa den Ansatz von Berger und Luckmann (1980), da sie in der Erörterung von Prozessen der Internalisierung von Welt und ihrer externalisierenden Hervorbringung „Akteure und Aktionsräume als Ausgangs- und Endpunkt dieser Prozesse in ihrer Statik" (Kessl 2005, 103) belassen. Prozessuale Analysen führen demgegenüber die Voraussetzungen von Welterfahrungen als Explanandum in die Analyse ein.

37 Er erlaubt es zudem, den Aktualisierungsbedarf diskursiver Strukturen zu verdeutlichen. Diskurse würden ohne die stetige Erneuerung und Bekräftigung ihrer Strukturen die Fähigkeit verlieren, Auseinandersetzungen und Erfahrungen zu strukturieren. Sie würden gewissermaßen ihre „Gültigkeit" einbüßen, auch wenn sie potentiell anschlussfähig blieben.

sches Verständnis nicht nur von Diskursen, sondern auch von Deutungsmustern vorausgesetzt. Es sind weniger einzelne, in sich strukturierte Muster zu bedenken, als vielmehr systematische Zusammenhänge verschiedener Muster. Um dies zu betonen, wird der weiteren Arbeit das analytische Konzept einer *Deutungsstruktur* vorgegeben. Man kann sie auf einer mittleren Abstraktionsebene zwischen Diskursen und Deutungsmustern verorten. Sie ist weniger abstrakt als ein Diskurs und kann unmittelbarer auf Erkenntnis-„Objekte" sozialpädagogischen Wissens bezogen werden. Zugleich ist sie abstrakter angelegt als einzelne Deutungsmuster, da sie die Möglichkeit ihrer nicht-zufälligen Relationierung betont. Um das Gemeinte deutlicher herauszuarbeiten, ist es erforderlich, näher auf den Ansatz sozialer Deutungsmuster einzugehen.

3.2 Deutungsstrukturen

3.2.1 Vom Deutungsmuster zur Deutungsstruktur

Das Konzept sozialer Deutungsmuster erfreut sich in den Sozialwissenschaften großer Beliebtheit. Dies geht erwartungsgemäß nicht unbedingt mit einer Erhöhung der Trennschärfe der Begriffsverwendung einher. Lüders und Meuser (1997, 57) konstatieren eine „bemerkenswert verstreute und unsystematische Diskussion sowohl des theoretischen Gehalts des Deutungsmusterkonzepts als auch der angemessenen methodischen Verfahren" zu ihrer Analyse.

Das Konzept gewann im deutschen Sprachraum rapide Anerkennung, nachdem Ulrich Oevermann im Jahre 1973 ein ihm gewidmetes und später publiziertes Manuskript vorlegte. Seit diesen frühen Auslassungen zum Thema wurden nach Lüders und Meuser (ebd., 58) „nur wenige entscheidende Fortschritte in der begrifflichen Differenzierung des Konzepts" erreicht. Es lohnt sich also, sich mit dem frühen Entwurf sowie mit einer Aktualisierung durch Oevermann aus dem Jahre 2001 näher zu befassen. Oevermann orientierte sich inhaltlich an zwei Aspekten, die an das bisher Gesagte anknüpfen. Zum einen bezog er sich, neben Rekursen etwa auf Max Weber, Noam Chomsky oder Claude Lévi-Strauss, auf Vorgaben Durkheims und dessen methodologische Ausführungen zu „sozialen Tatsachen". Zum anderen rekurrierte er auf eine krisentheoretische Basisannahme, mit der er sich ebenfalls an Durkheim anschloss, und zwar an dessen Anomiekonzepte.

- Den *ersten* Aspekt betreffend ist auf ein Kernprinzip des Deutungsmusteransatzes einzugehen. Es besteht in dem Versuch, eine in sozialwissenschaftlichen Theorien angemahnte Lücke zwischen materialistischen und idealistischen, zwischen struktur- und subjektorientierten Ansätzen auszufüllen. Deutungsmuster erhielten ihre theoriearchitektonische Legitimation zunächst aus dem Versuch einer vermittelnden Integration dieser antinomischen Ausrichtungen sozialwissenschaftlicher Theorien, da sie in synthetisierender Absicht die Regelgeleitetheit sozialen Handelns fokussieren (vgl. Oevermann 2001, 36). In diesem Sinne werden sie als innerer Zusammenhang „von Wissensbeständen, Normen, Wertorientierungen und Interpretationsmustern" (Oevermann 1973/2001, 9) verstanden, der einen gesellschaftlichen Entwicklungsabschnitt oder ein soziales Segment prägt und durch interne Konsistenzregeln gekennzeichnet ist. Deutungsmuster sind demnach regelgeleitete Arten der Welterfahrung und der perspektivischen Vermittlung von Wissensoptionen. Die hierbei zur Anwendung kommenden Konsistenzregeln beinhalten „Entscheidungskriterien für die Akzeptabilität oder Angemessenheit von Interpretationen auch bisher unbekannter Ereignisse" (ebd., 9f). Die Kriterien werden individuell unterschiedlich verarbeitet und kontextualisiert, aber als solche sind sie nicht verständlich, wenn ihre Herkunft aus allgemeineren Strukturzusammenhängen nicht bedacht wird. Deren längerfristige Existenz und Wirkmächtigkeit erlauben es, an Traditionen anschließende und interpersonell „verständliche" Wissensformen zu transportieren und Deutungsmöglichkeiten zu Erfahrungen werden zu lassen.

- Die in Deutungsmustern enthaltenen Regelhaftigkeiten sind für das Konzept maßgeblich, da sie dazu führen, die Muster als eigenständige generative Strukturen in den Blick zu nehmen. Deutungsmuster bilden eine eigene Realität ab, ohne aus anderen gesellschaftlichen Bedingungen, etwa ökonomischen Strukturen, ableitbar zu sein (vgl. Dewe/Ferchhoff 1984, 78). Oevermann (1973/2001, 8) spricht von „Weltinterpretationen mit generativem Status", die aus kollektiven Wissensbeständen hervorgehen, historischem Wandel unterliegen, dem Einzelnen in der Regel unbewusst sind und vorrangig implizit Handeln anleiten. Es mag auch den Reminiszenzen an Durkheim geschuldet sein, dass Oevermann diesbezüglich attestiert wird, „einem strikten *strukturalen* Verständnis von Deutungsmustern" (Lüders/Meuser 1997, 61) zu folgen, denn im Vordergrund steht der Ausgang von sozialen Tatsachen. Zwar wird anerkannt, dass „objektive Handlungsprobleme immer schon als kulturell interpretierte, also als in Begriffen von Deutungsmustern interpretierte Probleme, in das Handlungsfeld des Subjekts" (Oevermann 1973/2001, 5) eintreten. Aber den primären Referenzpunkt und den entscheidenden Beitrag zur Auflösung der Verknüpfungsaufgabe von Objektivität und Subjektivität findet Oevermann (ebd.; Hervorhebung B.D.) darin, „willkürlich zu einem bestimmten historischen Zeitpunkt *objektive Handlungsprobleme* als Anfangsbedingungen für die soziale Konstruktion von Deutungsmustern" anzugeben und von dort aus die Etablierung der Muster zu erschließen[38].

• Dies deckt sich mit Hinweisen Oevermanns, wonach Deutungsmuster entstehen, da Lösungen für Handlungsprobleme, verstanden als objektiv krisenhafte Gegebenheiten, benötigt werden. Zwar werden Problemgenesen auf Deutungsmuster bezogen (vgl. Reckwitz 2000, 257). Dies bezieht sich z.b. auf mögliche Inkonsistenzen zwischen ihnen. Es bleibt im Kern des Deutungsmusteransatzes aber bei der Unterstellung „objektiver" Problemlagen und Krisensituationen. Damit gerät der zweite Aspekt, der Anschluss an die anomietheoretische Tradition, in den Blick. Mit ihm werden Deutungsmuster als „krisenbewältigende Routinen, die sich in langer Bewährung eingeschliffen haben und wie implizite Theorien selbständig operieren" (Oevermann 2001, 38), beschrieben.

Es scheinen objektive Problemlagen zu existieren, die aufgrund ihrer „Krisenhaftigkeit eine Deutungsbedürftigkeit" (ebd., 37) aufweisen. Dies entspricht dem Argumentationsduktus Durkheims, soziale Krisen als objektive Sachverhalte zu beschreiben, mit denen Individuen in ihrer Lebensführung konfrontiert sind. Wurde oben festgestellt, dass objektivistische Krisentheorien, gemessen an ihrem eigenen Anspruch, zum Scheitern verurteilt sind, da sie Wertungen voraussetzen und Normalitäten präjudizieren, die theoretisch erst eingeholt werden müssen, so gilt dieser Einwand folglich auch hier. Es kann nur vordergründig keine Schwierigkeiten bereiten, Ereignisse wie die Geburt, die Adoleszenz oder Aufgaben der Sozialisation (ebd., 46) als Krisen zu bestimmen und durch ihren krisenhaften Charakter die Genese und Etablierung sozialer Deutungsmuster zu erklären, um festzustellen: „Wissen besteht grundsätzlich aus mehr oder weniger gut bewährten Routinen, die als solche nie ‚zur Welt gekommen sind', sondern immer aus Krisenlösungen her-

---

38 Vor diesem Hintergrund kann Oevermann (1973/2001, 22) davon ausgehen, die Rekonstruktion der Inhalte von Deutungsmustern und ihre Integration in eine Struktur könne mit gesellschaftlichen Struktur- und tatsächlichen Handlungsproblemen konfrontiert werden. So könnte möglicherweise bewertet werden, ob die Muster als Antworten auf reale Problemlagen geeignet sind oder nicht. Im hier verfolgten Konzept einer Deutungsstruktur ist dies nicht denkbar; die Unterstellung einer deutungsfrei zugänglichen Ebene des gesellschaftlichen Lebens und faktischer Handlungsprobleme scheint gewagt.

vorgegangen sind" (ebd., 55). Auf diese Weise werden Krisenphänomene und Wissen polarisiert: Krisen werden als inkonsistent mit wissensbasierten Verfahrensformen beschrieben, sie scheinen diese objektiv zu kontrastieren und es wird die Notwendigkeit reklamiert, neuartige Routinen zu entwickeln, wenn Krisen entsprechenden Bedarf anzuzeigen scheinen. Hieraus entwickle sich dann eine Routinisierung, die den Deutungsmustern den Status impliziter Wissensgehalte („tacid knowledge"; vgl. Oevermann 2001, 39ff) gewährt. Insofern Deutungsmuster als kollektive Wissensformen vorgestellt werden, weist dieser Vorgang auf (gesamt-)gesellschaftliche Konstellationen zurück, so dass die Nähe zu Anomiekonzepten in der Tradition Durkheims deutlich wird.

Es bleibt zu fragen, wie eine Krise zu bestimmen sein könnte, aus deren Existenz die Routinisierung sozialer Deutungsmuster folgt. Wie in Kapitel zwei erörtert, ist sie nur auf der Basis der Deutung sozialer Prozesse identifizierbar. Es ist demnach nicht zu unterstellen, soziale Probleme oder Krisen wiesen bestimmte Qualitäten auf, die in die Etablierung von Deutungsmustern münden[39], denn es ist von einer grundlegenden „Vielgestaltigkeit der jedem sozialen Problem innewohnenden Bedeutungen" (Edelman 1988, 177) auszugehen, mithin auch der Unterstellung gesellschaftlicher Krisen. Ob beispielsweise bestimmte Scheidungsziffern, eine überdurchschnittlich hohe nationale Staatsquote, veränderte ökonomische Produktionsbedingungen oder eine Geburt eine Krise sind, ist den Ereignissen nicht per se eingeschrieben. Vielmehr ist, „was für manche ein Problem ist, (…) für andere ein Vorteil" (ebd., 176), oder, wie zu ergänzen ist, schlicht irrelevant.

Nur indem Ereignisse sozial problematisiert werden, werden sie als Problem erfahrbar. Sie werden zu Problemen, die auf der Grundlage als unproblematisch erscheinender Wissensbezüge als besondere Sachverhalte auftreten. Problematisierung definiert demnach ein Problem und gleichzeitig eine nichtproblematische Wissensbasis, die als „vollkommen unverdächtig" (Callon 2006, 61) mitgeführt wird. Muster der Problembewältigung und mithin soziale Deutungsmuster durch die objektive Existenz von Problemen zu erklären, führt folglich an der Erkenntnis vorbei, dass jede Problemerklärung in ihrer Akzeptabilität

---

39 Es ist deshalb ambivalent festzustellen, für eine empirische Deutungsmusteranalyse eigneten „sich gesellschaftliche Umbruch- und Krisensituationen als günstige Forschungsgelegenheiten" (Meuser 2006, 32). Dies ist nur dann zutreffend, wenn Krisenbehauptungen ihrerseits als Deutungen ernst genommen und an ihnen die Relevanz und Konflikthaftigkeit von Deutungsmustern rekonstruiert wird. Krisen aber vorauszusetzen und zu fragen, wie sie – und eventuell ob sie angemessen – gedeutet werden, wäre unzureichend.

„von der Annehmbarkeit der ideologischen Prämisse, die ihr innewohnt" (Edelman 1988, 179), abhängt.

Wenn Wissenschaftler von Problemen sprechen, sind es gerade die *impliziten* Wissensanteile von Problematisierungen, die Zustimmung über den engeren wissenschaftlichen Diskurs hinaus mobilisieren[40], und zwar bei den Gruppierungen, die neben der expliziten Problemdeutung die jeweils involvierte Weltsicht teilen. Auf diese Weise werden soziale Grenzziehungen und Gruppenzugehörigkeiten reproduziert, die in der Kommunikation über Probleme deren distinkte „Objektivitäten" aufrechterhalten und als Verbindlichkeiten festschreiben. Insbesondere dort, wo scheinbar unparteiisch, etwa mit Hilfe „objektiver" Indikatoren, Krisen beschrieben werden sollen, zeigt sich eindrücklich die wertende Basis der einschlägigen Begrifflichkeit (vgl. Narr 1973, 224). Objektive Grenzwerte, deren Überschreiten ein soziales Problem anzeigt, existieren nicht, und so transportieren Stellungnahmen, die auf nicht zu tolerierende soziale Tatbestände hinweisen, moralische Implikationen mit zielgruppenspezifischer Plausibilität.

Während Oevermann in seinem Deutungsmusteransatz von der Annahme objektiver Problemlagen auf die Etablierung und Prozessierung von Deutungsmustern schließt, ist die Denkrichtung umzukehren: Es sind nicht objektive Aufgaben und Probleme, die zur überdauernden Konstitution „bewährter" Deutungsmuster führen. Vielmehr können Deutungsmuster die Anerkennung spezifischer Problemlagen bedingen. Abgesehen von dem berechtigten Einwand gegen den Oevermannschen Ansatz, dass es einer Engführung gleichkommt, Deutungsmuster lediglich als verselbständigte Antworten auf strukturelle Probleme anzuerkennen, da damit problemunabhängige Wissensformen vernachlässigt werden (vgl. Plaß/Schetsche 2001, 518f), ist im Falle eines Problembezuges eine inverse Argumentation zu bevorzugen. Selbst wenn Problemqualitäten kulturell unstrittig anerkannt sein sollten, kann dies in wissenschaftlicher Analyse nicht dazu führen, einen objektiven Problemgehalt zuzugestehen. Dieser wird in einer zwingend perspektivenabhängigen Ausdeutung als solcher konstituiert[41], denn

---

40 Selbst wenn akademische Ausführungen zu Problemlagen im Einzelnen überaus differenziert sind und sich von allgemeineren kulturellen Diskursen deutlich unterscheiden, schließen problembezogene akademische Theorien teilweise an basalen Argumentationspunkten an, die auch im Alltag verbreitet sind und „verstanden" werden können (vgl. am Beispiel von Suchtmittelabhängigkeit Furnham/Lowick 1984; Furnham/Thomson 1996). Dies spricht für eine differentielle kulturelle Plausibilität einzelner Theoretisierungen und mit ihnen verbundener Interventionsformen.

41 Objektivitäten sozialen Lebens werden damit natürlich nicht negiert. Deutungen gerinnen zu intersubjektiv als mehr oder weniger gültig erachteten Realitäten und an ihnen orientieren sich wiederum subjektive Deutungen. Aber gerade im Falle der sozial besonders auffälligen Markierungen von Sachverhalten als Probleme oder Krisen gilt es anzuerkennen, dass sie lediglich von perspektivischen Positionen aus als solche interpretiert werden können und in der Regel keine oder kaum Einigkeit über die Existenz und/oder den Gehalt besteht.

eine Diskrepanz von Realität und Sollensforderung „wird von kollektiven Akteuren erst diskursiv hergestellt" (Schetsche 2000, 32). Schetsche (ebd., 109ff) legt dabei Wert auf die Bedeutung problem*konstitutiver* Deutungs- bzw. Problemmuster[42].

Bezieht man Probleme und Deutungsmuster aufeinander, so geben diese Auskunft darüber, warum jene ihren Status als „Probleme" erhalten[43] und wie sie im Einzelnen zu verstehen sind. Aus einem Problem geht nicht eine Lösung und eine auf ihr aufbauende, routinisierte Deutungs- und Bewältigungspraxis hervor. Vielmehr schafft sich eine denkbare Lösung ein Problem (vgl., in professionstheoretischer Sicht, Pfadenhauer 2005). Es muss akzeptabel sein, Sachverhalte als spezifische Probleme auszudeuten, um an diese (erfolgreiche) Definition anschließend weitere soziale Deutungen und auf sie gerichtete Interventionsformen einzubringen.

Dies führt zu einer zentralen Problemstellung: Auf der Grundlage einer objektivistischen Problemtheorie[44] können Deutungsmuster auf Problemgehalte hin

---

42 Problemmuster sind als Sonderformen von Deutungsmustern zu verstehen, und zwar als solche, die auf soziale Probleme Bezug nehmen.

43 Die Anerkennung eines Problems, die ihm dauerhafte Existenzmöglichkeiten verschafft, verweist vor allem auf den Staat als zentralen Akteur der langfristigen Durchsetzung einzelner, oft massenmedial vermittelter Probleminterpretationen (vgl. Schetsche 1996, 125ff). Er übt teilweise auch direkten Einfluss auf die Förderung bzw. Finanzierung problembezogener wissenschaftlicher Studien aus und leitet damit wissenschaftliche Konstruktionen von Problembestätigungen an (vgl. O'Neill 2005, 18). Darüber hinaus prägt er durch sozialpolitische und -rechtliche Vorgaben sozialpädagogisches Handeln und entsprechende Wissensformen – was freilich nicht bedeutet, es würde direkt sozialpädagogisches Wissen generiert; dieses folgt einer Eigenlogik, die nachfolgend beschrieben wird.

44 Oevermanns Deutungsmusteransatz wird aus den genannten Gründen, im Rahmen seiner strukturalistischen Ausrichtung, hierunter subsumiert. Es sei damit nicht in Abrede gestellt, dass Oevermann in seinem Werk auch andere Schwerpunkte setzt. Etwa bezüglich der Erklärung kultureller Dynamik „begibt sich Oevermann", so Reckwitz (2000, 258), „konsequent auf die Ebene einer Analyse der Mikrosituationen, in denen der Akteur in seinem lebenspraktischen Handlungsprozess vor die Notwendigkeit gestellt wird, seine bisher verwendeten Deutungsmuster zu transformieren, und lehnt sich dabei eng an das pragmatische Vokabular von George Herbert Mead an". Ein Wandel der Sinnorientierung eines Akteurs verweise auf dessen Interpretationen, so dass es nicht genüge, „die ‚Krise', in die die bisher routinisiert verlaufende Regelproduktion gerät, aus der Perspektive des sozialwissenschaftlichen Beobachters als ‚objektiv' vorhanden anzunehmen, sie muss vielmehr vom Akteur selbst als eine solche perzipiert werden" (ebd., 259). Zu bedenken ist dabei, dass der Interpret die Erfahrung einer Krise, indem er sie als solche wahrnimmt, in Abhängigkeit von verfügbaren Deutungen realisiert. Die folgenden Ausführungen gehen dieser Spur und den betreffenden Hinweisen auf die Re- und Neu-Kombination einzelner Deutungsmuster nach und stellen diesbezüglich die „Vereinseitigung" (Keller 2008, 241) in Rechnung, die der Oevermannsche Deutungsmusterbegriff durch seinen Bezug auf objektive Problemlagen erfährt. So wird auch von Autoren, die Oevermanns Gesamtwerk attestieren, eine Vermittlung der Rekonstruktion subjektiver Lebenspraxis und objektiver Strukturgesetzlichkeit realisiert zu haben, ein „strukturaler" (Wagner 2003, 6) Zugang in den Mittelpunkt gestellt.

referenziert werden und sie besitzen damit eine eindeutige Ausgangsorientierung. Durch sie werden Deutungsmuster als subjektiv und objektiv sinnhafte Handlungsausrichtungen legitimiert. Die hier vorgestellte wissenssoziologische Annäherung kann nicht derart verfahren; die Existenz von Deutungsmustern ist auf andere Weise zu begründen. Ansonsten würde ignoriert, dass Sozialwissenschaftler sich in der Regel mit sozialen Problemen auseinandersetzen, die sie nicht selbst definiert haben, denen demnach Deutungen eingeschrieben sind, die erst wissenschaftlich zu erschließen sind (vgl. Humphreys/Rappaport 1993; O'Neill 2005). Problemgehalte sind nicht zu präsumieren, sondern als Deutungen zu identifizieren.

Im Kontext der Bearbeitung und Definition von sozialen Problemen antworten Deutungsmuster auf Deutungsmuster. Dies ist kein arbiträrer Prozess, in dem es letztlich beliebig wäre, welche Definitionen und Interventionsmaßnahmen sich durchsetzen. Vielmehr ist von einer diskursiv vermittelten Strukturiertheit möglicher Deutungen auszugehen, so dass Richtungen und Perspektiven „legitimer", d.h. kulturell und wissenschaftlich anerkennungsfähiger, Deutungen sozialer Sachverhalte stets beschränkt sind (vgl. entsprechend Peters 2002, 65ff). Wer ein Problem als solches ausweisen will, muss auf bereits bestehende Interpretationen des sozialen Lebens rekurrieren und in Abhängigkeit von differentiell verfügbarer Definitions- und Artikulationsmacht seine Sicht in diesen Interpretationen und ihnen gegenüber positionieren. Auf diese Weise bilden und reproduzieren sich Zusammenhänge einzelner Deutungsmuster, die zuletzt aus dispersen Diskurszusammenhängen emergieren.

Zur analytischen Aufarbeitung der Relationierung von Deutungsmustern wird hier der Terminus *Deutungsstruktur* vorgeschlagen. Der Begriff wirkt im Rahmen einer wissenssoziologischen Annäherung zunächst widersprüchlich. Es scheint, als würde mit der Rede von Deutungs*strukturen* eine besondere Affinität zu einem strukturalistischen Konzept von Deutungsmustern artikuliert, so dass die Kennzeichnung „wissenssoziologisch" eine contradictio in adjecto formulieren könnte. Schließlich spricht auch Oevermann (1973/2001, 20) in seinem strukturtheoretischen Zugang ausdrücklich von einer „Struktur sozialer Deutungsmuster" und einer „Deutungsstruktur" (ebd., 21), um die Verbindung einzelner Muster zu betonen, die mehr oder weniger kompatibel seien. Aber auch hier ist der Rückbezug auf objektive Strukturprobleme und aus ihnen ableitbare Handlungsprobleme prägend (ebd., 22)[45].

In Kenntnis der deutlich werdenden Differenz zu den strukturalistischen Elementen des Oevermannschen Entwurfs und gleichzeitig, um anknüpfend an ihn

---

45 Zu einem Vergleich des Oevermannschen Ansatzes und wissenssoziologischen Annäherungen an das Konzept sozialer Deutungsmuster vgl. Kassner (2003) und Lüders/Meuser (1997).

die Strukturbildungsprozesse und Kombinationen einzelner Deutungsmuster zu betonen, wird hier von Deutungsstrukturen als zentralem Bezugspunkt sozialpädagogischen Wissens gesprochen. Damit werden die Verbindung einzelner Deutungsmuster und der Prozess der Institutionalisierung der Verknüpfung im Sinne einer Strukturbildung thematisiert. Neben den in Deutungsmustern enthaltenen Wahrnehmungs- und Erfahrungsstrukturen steht die wechselseitige Bezugnahme der Muster in Richtung einer Strukturierung im Vordergrund. Deutungsstrukturen werden gebildet, indem Interpretationen (psycho-)sozialer Sachverhalte im Rahmen diskursiv gegebener Möglichkeiten relationiert, als plausibles, anerkennungsfähiges und vernetztes Wissen präsentiert werden und so – beispielsweise – die überdauernde Kommunikation sozialpädagogischen Wissens ermöglichen. Einzelne Deutungsmuster kristallisieren zu Verbindungen, die als Strukturen von Deutungen etabliert werden und disziplinäre oder professionelle Wissensformen institutionalisieren[46].

Eingang in Deutungsstrukturen finden sowohl Angaben darüber, um welche Sachverhalte es sich handelt, als auch darüber, wie sie zu bewerten sind. Wird beispielsweise Jugendarbeitslosigkeit aus sozialpädagogischer Sicht thematisch, so wird mit dem Begriff zunächst scheinbar objektiv diagnostiziert, welche Tatsache vorliegt, eben Arbeitslosigkeit, die bei Jugendlichen auftritt (s. hierzu Kap. 4.2.3). Zudem werden mögliche Beschädigungen jugendlicher Identität und Integrationsfähigkeit mitgeteilt, so dass diese beiden Deutungen – Arbeitslosigkeit bei Jugendlichen und beschädigte oder gefährdete Identität – relationiert werden. Diese Koppelung kann bei einer erfolgreichen Etablierung dieser Sichtweise eine längerfristige Deutungsstruktur repräsentieren. In sie ist nicht nur die klassifikatorische Identifizierbarkeit des Sachverhalts eingelassen, sondern auch seine Bewertung als inakzeptables Phänomen, das spezifischer Gegenmaßnahmen bedarf.

Deutungsstrukturen beinhalten demnach kognitive und evaluative Orientierungen (vgl. Schimank 2007, 177). Schimanks akteurtheoretischer Sichtweise wird hier zwar nicht gefolgt. Es wird gleichwohl zutreffend darauf verwiesen, dass Deutungsstrukturen kognitive Identifizierungs- und Repräsentationsmöglichkeiten von Sachverhalten und Zuständen beinhalten, die nicht wertungsfern

---

46 Die damit angesprochenen Verbindungen von Problematisierungen werden in der Problemsoziologie erörtert, indem auf die Assoziierung bereits etablierter Problemsichten mit einer intendierten neuen Problemkonstruktion aufmerksam gemacht wird. So kann etwa der Konsum einer bestimmten „Droge" als Problem zu markieren gesucht werden, indem er mit einer diskreditierten Personengruppe assoziiert wird. Die Stigmatisierung, die diese Gruppe erfährt, wird auf die von ihr verwendete Substanz übertragen; Reinarman und Levine illustrieren dies am Beispiel des US-amerikanischen Diskurses über den Konsum von Crack (im Überblick vgl. Reinarman/Levine 1997; grundlegend Selling 1989).

sind, da sie zugleich Regelungen ihrer Evaluation implizieren. Deutungsstrukturen geben an, wie Erscheinungen auf jeweils als gültig betrachtete Art und Weise wahrgenommen und kategorisiert werden können. Ihre regelhafte, fortgesetzte Anwendung und Anerkennung verweist auf Strukturen als „etablierte Sichtweisen dessen, was der Fall ist" (ebd.). Wissenschaftliche Theorien oder z.B. auch berufliche Orientierungen werden von Schimank explizit als Deutungsstrukturen bezeichnet, da sie mitteilen, wie Erscheinungen des sozialen Lebens zu interpretieren sind. Deren Thematisierung unterstellt konsensuelle Bewertungen, die auf (Selbst-)Replikation abzielen. Wer etwa von Anomie spricht, postuliert inakzeptable oder zumindest kritikwürdige Zustände der Gesellschaft und artikuliert damit Haltungen, die auf eine kollektive Wertungsbasis Bezug nehmen. Indem dies geleistet wird, werden Anschlussmöglichkeiten der entsprechenden Deutungsstruktur generiert. Dieser Prozess folgt Regeln, deren Beachtung es erlaubt, sich dem Inneren eines spezifischen, z.B. wissenschaftlichen, Diskurses zugehörig zu fühlen und „Neuigkeiten" formulieren zu können, die in den Diskurs eingebracht werden können. Es handelt sich allerdings nicht um eine bewusste Beachtung von Regeln, sondern um eine Ausrichtung dessen, was gesehen werden kann, auf eine spezifische Art, wie es zu sehen ist. In die Identifizierung fließen vorgegebene Relevanzmarkierungen ein, die festlegen, was warum beispielsweise für einen Sozialpädagogen wichtig ist und der Aufmerksamkeit bedarf. In diesem Sinne ist von Deutungsstrukturen zu sprechen.

Sie vergegenwärtigen Zusammenhänge einzelner Deutungsmuster und repräsentierten variable Relationen, die durch inhaltliche Arrangements und Bezugnahmen Positionen innerhalb von Diskursen zu besetzen erlauben. Hierbei antworten sie nicht auf funktionale Notwendigkeiten, sondern auf Problemwahrnehmungen vorgelagerte, diskursiv vermittelte Deutungsoptionen, die Akzeptanzmöglichkeiten für entsprechende Identifizierungen von Problemen und Krisen bereitstellen und die in ihrer überdauernden Thematisierung zu „Relevanzstrukturen" (Winkler 1988, 37) gerinnen. Der analytische Ausgangspunkt liegt damit nicht in der Anerkennung von Problemen und institutionalisierten Handlungsaufforderungen als Anreizpunkten von Deutungen. Er zeigt sich in Deutungsoptionen, die diskursiv zur Verfügung stehen und im Zeitverlauf zu Strukturen von Interpretationsmustern gerinnen, sich die betreffende Problemsicht inkorporieren und auf diese Weise eine Veränderung zuvor bestehender Deutungsstrukturen vollziehen.

Das generative Moment sozialpädagogischen Wissens wird damit auf die Verknüpfung von Deutungsmustern bezogen. Man kann zwar nach Strukturmomenten sozialpädagogischen Wissens suchen (s. Kap. 4), muss aber gleichzeitig den Prozess einer jeweils kontextabhängigen Strukturierung bedenken und diesbezüglich fragen, wie einzelne und evtl. neue Deutungsmuster in bestehende

Strukturen integriert werden (s. Kap. 5.). Ihre Analyse muss von bereits beste-henden Deutungsstrukturen ausgehen und hat gleichzeitig Wissensgehalte in den Blick zu nehmen, die dauernd verändert und neu herausgebildet werden[47].

3.2.2 Deutungsstrukturen sozialpädagogischen Wissens: Ein Beispiel

Das Konzept der Deutungsstrukturen ist anhand eines Beispiels zu verdeutlichen. Wissenschaftliches Wissen bietet diesbezüglich den Vorteil einer sehr guten empirischen Zugänglichkeit, da relevante Verknüpfungen offen kommuniziert werden. Insbesondere wenn sozialpädagogische Handlungsoptionen begründet werden sollen – eine Funktion, die sozialpädagogisches Wissen nicht zwingend übernimmt, zumindest nicht explizit –, wird häufig vergleichsweise programma-tisch argumentiert, so dass Problemgehalte offen artikuliert und Deutungsstruk-turen relativ gut sichtbar werden. Es wird deshalb nachfolgend ein entsprechen-des Beispiel gewählt. In ihm wird auf kulturell plausible Deutungsoptionen „in-terventionsbedürftiger" Sachverhalte Bezug genommen und in der Problemaus-deutung auf Referenzen verwiesen, die es glaubhaft erscheinen lassen, dass es sich um Probleme handelt, die von der Sozialpädagogik sinnhaft zu thematisie-ren und zu bearbeiten sind. Als disziplinäres Wissen rekurriert die Sozialpädago-gik damit auf Vernetzungen von Deutungsmustern, die auch außerhalb des aka-demischen Feldes „verstanden" werden können. Sie ist zur Interventionsbegrün-dung von der öffentlichen Akzeptabilität der betreffenden Deutungen sozialer Sachverhalte abhängig, um persönlichkeitsbezogene Interventionen[48] im Rah-men einer spezifischen soziokulturellen Gegenwart plausibel vermitteln zu kön-nen. In der Sozialpädagogik sind die prozessierten Deutungsstrukturen deshalb mitunter in ausgeprägter Weise legitimatorisch ausgerichtet.

Auch wenn keine explizite Interventionslegitimierung beabsichtigt ist, wer-den defizitäre Erscheinungen dargestellt, die mit sozialpädagogischem Hand-lungspotential zumindest koppelbar sind. Die bezeichneten, problematisierten Sachverhalte sollen weder toleriert und damit als soziale Probleme delegitimiert werden, noch sollen sie als psychiatrische, strafrechtliche, medizinische oder andere Problemlagen objektiviert werden. Ersteres ließe sozialpädagogische

---

47 Dies dürfte begründen, warum es müßig ist, nach einem „wirklichen" Ursprung von Sozialpäda-gogik zu suchen.

48 Der Fokus auf Personen gilt für fall- wie auch für feldorientierte Herangehensweisen. Sozial-raumorientierte Maßnahmen legitimieren sich zwar durch einen Bezug auf soziale Kontexte statt auf einzelne Personen. Dennoch heben sie nicht zuletzt den Einfluss hervor, den sie auf Individuen ausüben, und so geht es „letztlich immer um die Organisation einer aktiven Unterstützung und ge-planten Beeinflussung von Subjektivierungsweisen" (Kessl/Maurer 2005, 122; s. Kap. 4).

Handlungsoptionen gar nicht, letzteres höchstens als ergänzende, aber nicht primäre, Maßnahmen zu. So könnte sozialpädagogisches Handeln als Versuch aufscheinen, einen psychiatrischen „Fall" *auch* lebensweltnah zu betreuen, einen strafrechtlichen „Fall" *auch* im Rahmen von Bewährungshilfe oder Jugendgerichtshilfe zu resozialisieren oder einem in erster Linie medizinischen Gesundheitsproblem auch durch psychosoziale Hilfe zu begegnen. Aber dies würde lediglich stützende oder nachsorgende Maßnahmen begründen, wohingegen eine sozialpädagogischem Handeln entsprechende Problemdeutung nicht direkt legitimiert würde. Sozialpädagogische Kompetenzen können vor allem dann „rational" nachgefragt werden, wenn mit Blick auf einen als problematisch erachteten Sachverhalt soziale Konstellationen als relevante Einflussfaktoren geltend gemacht werden und gleichzeitig auf die (sozial verortete) Subjektivität des Einzelnen mit dem Ziel eingewirkt werden soll, unter Wahrung von Optionen der Selbsthilfe Handlungs- und Selbstführungsmöglichkeiten zu bestärken.

Die folgende Passage sei zur Illustration verwendet und mit Blick auf das Gesagte interpretiert, wobei nicht die genauere inhaltlich-theoretische Ausformung der dargestellten Zusammenhänge von Bedeutung ist. Entscheidend ist die formale Argumentation, um die Relevanz von Deutungsstrukturen als Basis sozialpädagogischer Wissensmöglichkeiten zu verdeutlichen:

> „Mit der verstärkten Individualisierung der Lebensverhältnisse sind die Einzelnen als Akteure ihrer Biographie auch in den Bereichen der Devianz und Delinquenz wieder in den Vordergrund gerückt. Nirgends geschah dies so abrupt und überwältigend wie in Ostdeutschland nach der Wende. Die persönlich-biographische Verstrickung und die eigene Bewältigungsleistung fordern nun ihre Anerkennung, treten neben die gesellschaftlichen und sozialen Bedingungen. Pädagogische Zugänge und Hilfen werden gebraucht und gesucht" (Böhnisch 1999, 5).

Die Aussage ist dem Vorwort eines sozialpädagogischen Einführungsbandes zum Thema „Abweichendes Verhalten" entnommen. Sie richtet sich als Einführung vor allem an Studierende und an der sozialpädagogischen Perspektive besteht kein Zweifel. Es wird in konzentrierter und programmatischer Form veranschaulicht, welche Perspektive auf Devianz als sozialpädagogisch gilt und welche Deutungen Studierende inkorporieren sollen, wenn sie das „Geschäft" der Sozialpädagogik erlernen. Das Gesagte kann somit auf die Ebene einer als verbindlich betrachteten disziplinären Deutungsstruktur und eine mit ihr verbundene professionsbezogene Handlungslegitimierung bezogen werden.

Der Autor argumentiert in einem sozialpädagogischen Diskurs, in dessen Traditionsbestand – ebenso wie in dem der Sozialwissenschaften insgesamt (vgl. Ebers 1995; Kippele 1998) – die Thematisierung von Prozessen der Individualisierung verhaftet ist (vgl. entsprechend Winkler 1988, 121ff). So setzte sich, um ein Beispiel zu nennen, Paul Natorp (1899/1974, 165ff) in seiner „Sozialpädagogik" mit der Frage auseinander, wie Individualisierung und gesellschaftliche Modernisierung durch soziale, gemeinschaftliche Bildung derart vermittelt werden könnten, dass eine übergreifende Tendenz des Ausgleichs zwischen beiden zu erreichen war. Die Interpellation von Individualisierungsprozessen ist demnach unmittelbar anschlussfähig, um aus dem historischen Traditionsbestand heraus sozialpädagogische Positionen auszuweisen. Individualisierung wird nicht nur als Faktum angeführt, sondern als Tatsache, die sozialpädagogisch anerkennungsfähig ist und „verstanden" werden kann, zumal sie mit einer Krisenkonnotation versehen ist. Ebenso wie Natorp am Ende des 19. Jahrhunderts kritisch eine Dissoziierung der Gesellschaftsmitglieder wahrnahm und mit seiner Sozialpädagogik einen bildungssozialistischen, gemeinschaftsorientierten Weg der Gegenwehr begründen wollte, wird auch in dem Neuansatz von Individualisierungsprozessen in der Sozialpädagogik vor allem deren Schattenseite thematisch (vgl. z.B. Rauschenbach 1999, 229ff). Die gesellschaftstheoretische Thematisierung von Individualisierung verdeutlicht also, dass sich der Autor im Bereich des Sozialpädagogischen bewegen und sozialpädagogisch relevante Sachverhalte mitteilen kann. Er aktualisiert einen Sachverhalt aus dem sozialpädagogischen Wissenskanon, zu dem er eine Beziehung aufbaut.

Aber er wiederholt das historisch Gegebene nicht. Es ist für die Plausibilisierung sozialpädagogischer Wissensoptionen unabdingbar auszuleuchten, warum ein Thema nicht nur im sozialpädagogischen Diskurs verhaftet und damit diachron anschlussfähig, sondern darüber hinaus zeitgenössisch bedeutsam ist. Die diskursive Rückkoppelung garantiert die Verortung im sozialpädagogischen Diskurs, aber noch nicht die Aktualität für gegenwärtige – und möglicherweise drängende – Probleme. Sozialpädagogische Deutungen sozialen Lebens, die auf Krisenzustände aufmerksam machen, sind gezwungen zu belegen, dass die von ihnen kommunizierten Optionen einer Krisenbewältigung nicht den historisch bereits realisierten Verfahrensweisen gleichen. Würden keine Neuartigkeit beanspruchenden Interventionsformen plausibilisiert, so wäre der entsprechende Entwurf dem Verdacht ausgesetzt, veraltete Maßnahmen zu favorisieren. Dies zöge unmittelbar die Frage nach sich, warum eine Interventionsrationalität, die in der Geschichte nicht zur Problemlösung in der Lage war, nun adäquater sein sollte. Es wäre unglaubwürdig, ein diskursiv seit längerer Zeit behandeltes Thema lediglich erneut zu präsentieren, um tradierte Interventionen einzubringen; schließlich waren Individualisierungsprozesse bereits bei Natorp – und schon vor ihm – ein Argument, um die Sozialpädagogik als Bearbeitungsform zu begründen.

Die Deutungsstruktur muss folglich verändert werden, um weiterhin Gültigkeitschancen zu besitzen. In dem Zitat lässt sich die Rede von einer „verstärk-

ten" Individualisierung in dieser Hinsicht verstehen, da sie nicht nur eine diachrone Referenz herstellt, sondern über sie hinausgeht und eine historisch neue Situation postuliert. Ein Versuch der Plausibilisierung sozialpädagogischen Wissens als Option zur Regulierung oder Lösung aktuell wichtiger Problemkreise ergibt sich vorrangig erst aus dem Insistieren auf einer besonderen, verschärften Art von Individualisierung, die auf eine zwar bekannte, aber veränderte Form von Sozialität hinweist. Das tradierte Wissen um Individualisierungsprozesse wird damit aktualisiert und kann Anwendung finden, um neue *sozialpädagogische* Positionen zu ermöglichen und mit ihnen koordinierte Forderungen einzubringen.

Es handelt sich bei der implementierten Deutungsstruktur demnach um eine Integration historischer und zeitgenössischer Deutungen, die in eine Balance gebracht werden sollen – eine Balance freilich, die auf spezifische Weise ausgerichtet ist. Sie ist dergestalt ausgeformt, dass bereits vorliegende Interpretationen sozialer Sachverhalte und spezifische neue Wissensangebote – wie die umfassende Diskussion von Individualisierungstendenzen in den 1990er Jahren – relationiert werden und auf diese Weise eine theoretisch fundierte Zeitdiagnose konstituiert wird. Sie sucht nicht nur sozialpädagogisches Wissen zu kommunizieren, sondern auch sozialpädagogisches Handeln unmittelbar akzeptabel zu machen. Es wird eine soziale Krisensituation theoretisiert, die sozialisationsbedingt mit negativen Folgen für die individuelle Subjektkonstitution assoziiert ist. Im Zentrum steht die Bedeutung des Menschen in einer von radikalen Individualisierungsprozessen veränderten Moderne als Frage nach der Möglichkeit von Subjektivität. Dass diese problematisch geworden ist, wird zusätzlich begründet durch eine fundamentale Erfahrung gesellschaftlichen Wandels, der verdächtigt wird, anomische Konstellationen geschaffen zu haben. Offenkundig wurden in Ostdeutschland eingespielte Lebensformen durch die deutsche Wiedervereinigung deutlichen Veränderungen ausgesetzt. Sie als Krise zu deuten, kann deshalb plausibel erscheinen, und v.a. in Verbindung mit der Anspielung auf eine „persönlich-biographische Verstrickung" des Einzelnen wird eine Deutungsstruktur sichtbar, die sozialpädagogisch gerichtet ist und die glaubhaft machen kann, dass (sozial-)pädagogische Maßnahmen gegen die scheinbar objektiv bestehende Problematik nicht nur optional sind, sondern „gebraucht" werden.

Im Einzelnen ergeben sich die folgenden Deutungen, die relationiert und in eine sozialpädagogische Deutungsstruktur integriert werden. Sie „funktionieren" argumentativ in formeller Hinsicht, indem, wie gezeigt, diachrone Deutungen (eines historischen Individualisierungsprozesses) und synchrone Stellungnahmen (eine soziale Verursachung von Normabweichungen durch radikalisierte Individualisierung, eine anomische „Sonderbedingung" wie die Wiedervereinigung Deutschlands und deren negative Auswirkung auf die Biographie und Handlungsoptionen des Einzelnen als Ursache biographisch begründeter Devianz) in Beziehung gesetzt werden. Als inhaltliche Kristallisationspunkte fungieren:

a) *Die Konstruktion eines krisenbehafteten sozialen Ortes:* Die Thematisierung von Individualisierung stellt einen sozialen Ort her. Gesellschaftliches Leben wird unter einer Perspektive der krisenhaften Auflösung tradierter Bindungen verhandelt, wobei explizit auf Durkheim und das Anomiekonzept als prinzipiell bis heute gültige Darstellung von Gesellschaft eingegangen wird (vgl. Böhnisch 1999, 27ff). Diese Vorgabe wird als Referenz ausgeführt, in die neben Mertons Anomietheorien auch Becks Individualisierungsthesen und das nach Lockwood und Habermas verfolgte Theorem einer Ausdifferenzierung von „System" und „Lebenswelt" eingehen, wobei letzteres als das „gestörte Verhältnis von Systemintegration und Sozialintegration als spätmoderne Anomiekonstellation" (ebd., 34) identifiziert wird. Im Verbund mit der Annahme gesellschaftlicher Komplexität und sozialen Wandels wird ein krisenhaftes Bild wiedergegeben, das eine spezifische Objektivierung des Sozialen im Sinne einer Pathologie sozialen Lebens beschreibt. Zwar scheint es entscheidend zu sein, für eine kausale Erklärung von Devianz im Einzelfall auf ihre biographischen und sozialisatorischen Hintergründe einzugehen. Aber die objektive Krise konfrontiert den Einzelnen mit unhintergehbaren Problemlagen und fordert seine Auseinandersetzung mit ihnen. In einer „anomischen Konstellation der Biografisierung" (ebd., 35) visiere der Einzelne eine Lebensführung nach individuellen Vorstellungen; dies werde jedoch durch Imperative der Systemintegration beschränkt und verhindert. Er werde auf sich selbst zurückgeworfen und mutiere zum egoistischen, antisozialen Wesen. Der soziale Ort fungiert, in dieser krisentheoretischen Fixierung, als Explanans individueller Devianz. Der pathologische Einzelne ist die Folge einer sozialen Krankheit, auch wenn die Art ihrer Verarbeitung individuell variiert.

b) *Die Spezifizierung einzelner sozialer Orte:* Gesellschaft und Subjekt können nicht unmittelbar synchronisiert werden, aus sozialen Makrobedingungen kann individuelles Verhalten nicht einfach abgeleitet werden, auch nicht im Falle von Krisentheorien (vgl. Diedrich u.a. 1999). Eine Überbrückung erfolgt in Anomietheorien in der Regel über zwei, teilweise verbundene, Aspekte: eine stresstheoretische und eine sozialisationstheoretische Brückenannahme. Stress- und Coping-Thesen sind ein mögliches Mittel, um individuelle Devianz mit gesellschaftlichen Krisen kausal in Verbindung zu bringen, indem argumentiert wird, Anomie setze den Einzelnen einer zu bewältigenden Überforderung aus (vgl. entsprechend Böhnisch 1999, 39f). Allerdings wurde in Kapitel zwei auf die Problematik dieser Argumentation hingewiesen, da in der Stressforschung ausgearbeitet wurde, dass Stress auf höchst unterschiedliche Art wahrgenommen und verarbeitet wird, also nicht aus überindividuellen Bedingungen auf individuelles Stresserleben geschlossen werden kann. Vor diesem Hintergrund ist die zweite Variante attraktiv, nämlich die sozialisationstheoretische Verbindung von gesellschaftlicher Anomie und individueller Anomia. Normabweichungen Einzelner werden zu erklären gesucht, indem soziale Krisen diagnostiziert werden, aus denen problematische Sozialisationsorte deduziert werden. Diese sollen dann ihrerseits eine nähere Begründung der Individualpathologie bzw. -devianz erlauben. Im Falle Böhnischs (ebd., 41) wird die Perspektive einer „psychoanalytisch rückgebundenen Sozialisationsforschung" eingenommen. In entsprechenden Ausführungen dominiert die Familie als Sozialisationsort, der aufgrund gesellschaftlicher Prozesse in einer grundlegenden Krise begriffen sei und Devianz bedinge. Thematisierungen von Familienkrisen leisten in dieser Hinsicht eine für die Sozialpädagogik maßgebliche Spezifizierung von Sozialkrisen, indem sie als sozialisatorisches Bindeglied zwischen Makrokrisen und individueller Devianz eingebracht werden. Die Sozialpädagogik wird entsprechend als Institution legitimiert, die kompensierende, Devianz verhindernde Sozialisationsleistungen erbringt (vgl. Mühlfeld 1995; 2004; Dollinger 2006a, 164ff). Die „anomische Familie" (Böhnisch 1999, 106) infiltriert individuelles Bewältigungsverhalten und gibt ihm eine besondere, problematische Richtung, wobei ihre Sozialisationsleistung aus Makrokrisen abgeleitet wird. Die Familie scheint durch gesellschaftliche Verhältnisse „strukturell überfordert" (ebd., 112) zu sein. Gesellschaftskrisen bedingen demnach Familien- und Erziehungskrisen. Diese These beansprucht auch dann Gültigkeit, wenn Jugendliche sich von der Familie abwenden, um Handlungssicherheit in devianten Gruppen von Peers zu suchen, da sie dann scheinbar Bedürfniserfüllungen suchen, die ihnen die Familie nicht gewähren kann. Die Objektivierung eines übergreifenden sozialen Ortes – der Gesellschaft in der Krise – führt damit zur Spezifizierung einzelner, sozialisatorisch negativ wirkender Orte, in erster Linie der Familie, aber auch Schule, Peer-Kontexte, Gemeinde, Straße usw.

c) *Subjektivität als Problem:* Das bislang Rekonstruierte begründet noch nicht eine (sozial-)pädagogische Interventionsform gegen die angesprochenen Erscheinungen des sozialen Lebens. Es wäre denkbar, gesellschaftliche Makrokrisen und mesosoziale Sozialisationsprobleme durch strukturelle Interventionen zu adressieren. Man könnte argumentieren, dass erweiterte politische Teilhabechancen, familienpolitische Reformen, familienfreundlichere

Arbeitsstrukturen, finanzielle Zuwendungen an bestimmte Gruppen und andere nicht direkt sozialpädagogische Maßnahmen entscheidende Beiträge zu einer Verminderung von Problemlagen leisten könnten. Armut, Gewalt, Drogenkonsum, Krankheit u.a.m. können subjektbezogen bearbeitet werden, sie müssen es aber nicht. Entscheidend ist deshalb der Fokus auf die psychosoziale Lebensführung und ihre Fundierung im Subjektstatus des Einzelnen. Es wird im sozialpädagogischen Kontext besonderer Wert auf die Rolle des Individuums bei „seiner" Devianz gelegt. Verweise auf die sozialen Bedingungen von Delinquenz bezeugen demnach in der Sozialpädagogik regelhaft kein Absehen von der Involviertheit des Einzelnen in sie. Es ist nicht intendiert, ihn von persönlicher Verantwortung bzw. biographischer „Verstrickung" freizusprechen. So wird den Etikettierungstheorien, die Devianzfeststellungen als eine externe soziale Zuschreibung und selektive Normanwendung verstehen, vorgehalten:

> „Denn mit der Entschuldung des Subjekts, wie sie die Etikettierungstheorien kompromisslos vorangetrieben haben, wurde die Frage nach dem Anteil der Einzelnen und ihrer familialen und biographischen Herkunft am Zustandekommen von Devianz unversehens zum Tabu. Die Persönlichkeit, die Selbstverstrickung der Betroffenen wurde unkenntlich, die Pädagogik hatte es fortan schwer, sich ins kriminologische Spiel zu bringen" (Böhnisch 1999, 5).

Diese Zurückweisung von Etikettierungstheorien führt bezüglich der Verantwortung des Einzelnen nicht in das Extrem, ihm primäre kausale Schuldhaftigkeit am Auftreten von Normabweichungen zuzurechnen; die Objektivierung kriminogener „sozialer Orte" ließe dies kaum zu. Aber seine Rolle wird explizit betont und es wird deutlich, dass gerade die problembehaftete Subjektivität in ihrer sozialen Genese die Sozialpädagogik zum relevanten Kommunikationspartner werden lässt, wenn über Devianz gesprochen wird. Durch Subjektivität und individuelle Verantwortung kommt die Sozialpädagogik ins „Spiel". Der Einzelne *muss* in seiner Subjektivität beeinträchtigt sein und diese Beeinträchtigung *muss* auf soziale Bedingungen bzw. auf mögliche soziale Einflussnahmen zurückverweisen, ansonsten könnte der Diskurs über Abweichung ohne die Sozialpädagogik geführt werden. Eine Theorie, die bei der Thematisierung von Devianz ohne diese Prinzipien auskommt, könnte keine sozialpädagogische sein, und umgekehrt wäre ein entsprechender Diskurs nicht sozialpädagogisch anschlussfähig.

d) *Interventionspostulate:* Mit der bislang gezeigten Deutungsstruktur werden grundlegende sozialpädagogische Wissensformen dargestellt. Einzubeziehen ist der argumentative Ausweis der Option, durch sozialpädagogische Handlungsmöglichkeiten gegen Problemlagen vorzugehen. Die Hinweise auf die sozialen Orte und die beschädigte Subjektivität begründen unmittelbar plausibel wirkende Aufforderungen sozialpädagogischen Handelns. Das gezeichnete Bild der Gegenwart, der Sozialisationsbedingungen und der sich durch sie ergebenden Lage des Einzelnen führt zwar einerseits zu einer Objektivierung des sozialen Lebens, das sozialpädagogisches Handeln als nur begrenzt wirksam erscheinen lässt. Radikale Individualisierung oder eine Entkoppelung von System und Lebenswelt können durch die Sozialpädagogik nicht aufgehoben werden. Sie kann weder umfassend gesellschaftliche Traditionen re-etablieren noch Prozesse der Verrechtlichung und Rationalisierung revidieren. Ihr fehlen wichtige Mittel zur Lösung der Krise, die sie selbst zeichnet. Aber andererseits wird sie als Institution durch die Krise legitimiert, da diese auf Dauer angelegt ist und ein Zugang über das gefährdete Subjekt gewählt wird. Es wird angeführt, dass „nur der pädagogische Zugang das Abweichende Verhalten von den Subjekten her aufschließen kann und deshalb unverzichtbarer ‚Programmteil' des gesellschaftlichen Umgangs mit Abweichendem Verhalten ist" (Böhnisch 1999, 179). Die subjektbezogene und auf Bewältigungsprozesse gerichtete Qualität von Devianz gewährleistet eine (sozial-)pädagogische Bearbeitbarkeit selbst dann, wenn der Sozialpädagogik grundlegende Handlungsmöglichkeiten nicht zur Verfügung stehen. So könne durch die Arbeit mit Subjekten und durch die Förderung und Stärkung von Selbstwert Devianz sinnhaft angegangen werden (ebd., 182f).

Auf ähnliche Weise, aber auf anderer theoretischer Basis, hatte Herman Nohl (1926/1927) festgestellt, die Sozialpädagogik sei aufgerufen, im Falle von Devianz den ganzen Menschen wieder zur Geltung zu bringen und ihn dabei grundlegend als Person zu akzeptieren. Böhnisch (1999, 183) hält unter explizitem Rekurs auf Nohls Konzept des pädagogischen Bezuges fest, es gelte zwar nicht, die Tat zu billigen, aber den Jugendlichen „Integrität und Akzeptanz als *Menschen* spüren" zu lassen. Devianz solle als Ausdruck sinnhafter Bewältigungsversuche ernst genommen werden, so dass neben einer Abgrenzung von den destruktiven Verhaltensanteilen eine akzeptierende Grundhaltung der Person gegenüber gefordert wird. In der Konsequenz ist die Sozialpädagogik als subjektorientierte Instanz programmatisch in der Lage, Devianz zumindest in dem aufgezeigten, durch die Gesellschaftsdiagnose bestimmten Rahmen zu bearbeiten. Die Rationalität dieser Forderung wird unterstrichen, indem Delinquenz als antisoziale Tendenz gedeutet wird; Risikoverhalten sei „jugendsubkulturell enthemmtes und rücksichtsloses Bewältigungsverhalten" (ebd., 135), so dass es ausgeschlossen scheint, es zu ignorieren. Aus bloßen Gründen des Selbstschutzes wird der Gesellschaft angeraten, auf sozialpädagogische Interventionsstrategien zurückzugreifen, um gegen Normverletzungen Jugendlicher vorzugehen. Aspirationen sozialer Verteidigung und die sozialpädagogische Ermöglichung von Subjektivität sollen vor dem drohenden Hintergrund der Anomie zur Deckung gebracht werden.

e) *Diskursive Außenanbindungen:* Mit dieser Relationierung von Deutungen sozialen und subjektiven Lebens werden sozialpädagogische Wissensbestände strukturiert und konstituiert. Gleichzeitig werden Verbindungen zu einem „Außen" des sozialpädagogischen Diskurses kommuniziert, denn die Krisensemantiken sind kulturell anschlussfähig. Bezüglich der Interventionspostulate wird deutlich, dass die Empfehlung an politische und öffentliche Entscheidungsträger lautet, nachhaltig die Sozialpädagogik mit der Aufgabe des Umgangs mit Devianz zu betrauen. Andere Interventionsformen werden nicht überflüssig, da die Sozialpädagogik nur Teilbereiche des Devianzgeschehens als Handlungsfeld für sich beanspruchen kann. Dennoch ist sie ein wichtiges Segment der Devianzbekämpfung.

Zur kulturellen Legitimierung sozialpädagogischen Wissens ist aber größerer argumentativer Aufwand nötig als der Nachweis von Interventionskompetenz durch ein Methodenarsenal. Methoden selbst sind theoriehaltig und von einer Erörterung von Zielfragen nicht zu trennen (vgl. Galuske 2003, 23ff). Demgemäß ist die sozialpädagogische Begründung von Devianz ebenso in Rechnung zu stellen wie sie fundierende Bilder von Sozialität und Subjektivität, mit denen Beziehungen zu kulturellen Diskursen aufrechterhalten werden. Sozialpädagogische Deutungsstrukturen müssen in diesen Bezügen, wenigstens in relevanten Teilen, „akzeptiert" werden. Würde Devianz nicht in der spezifischen sozialpädagogischen Rahmung „verstanden", so wäre es unwahrscheinlich, dass die Sozialpädagogik ihre Interventionskompetenzen einbringen könnte.

In diesem Sinne wird mit der Krisendiagnostik durch die Konstitution sozialer Orte und die Identifizierung beschädigter Subjektivitätsformen auf kulturell anschlussfähige Semantiken rekurriert. Etwa Individualisierungsprozesse wurden in den 1990er Jahren nicht nur im sozialwissenschaftlichen Rahmen sehr breit diskutiert, sondern sie avancierten zum öffentlichen Schlagwort. Schroer (2000, 9) stellt in der Einleitung einer differenzierten Analyse sozialwissenschaftlicher Individualisierungstheorien fest: „Individualisierung ist auch aus der öffentlichen Debatte nicht mehr wegzudenken.

Ob in Parteien, Gewerkschaften, Kirchen, Eheberatungsstellen oder Familienministerien, überall grassiert die Rede von der Individualisierung. Der Verweis auf zunehmende Individualisierung muss herhalten, um wachsende Scheidungsraten und Parteienverdrossenheit, Mitgliederschwund in Kirchen und Gewerkschaften, den Anstieg von Singlehaushalten und jugendlichen Rechtsextremismus zu erklären". Individualisierung fungiert demnach aus sozialwissenschaftlicher Sicht als Türöffner, der es erlaubt, durch die Verwendung dieser allgemeinen und zunächst an sich tendenziell inhaltsleeren Formel spezifische Inhalte zu transportieren, beispielsweise die einer sozialpädagogischen Devianztheorie. Wer von Individualisierung spricht, kann auch außerhalb des Kreises derjenigen, die den wissenschaftlichen Gehalt einschlägiger Theorien kennen, „verstanden" werden, da allgemein anerkannt ist, dass es derartige Prozesse in der zeitgenössischen Gesellschaft gibt. Individualisierung kann als krisenbehaftete Zeitdiagnose eingesetzt werden, um spezielle Krisenlösungen auszuweisen. Durch die Kommunikation über sie wird sozialpädagogisches Wissen kulturell verhandelt, wobei dieses Wissen selbst einem kulturell verbreiteten Zeitgeist entnommen zu sein scheint. Es wurde von der Sozialpädagogik in Anspruch genommen, und zwar relativ unabhängig davon, ob es in Einzelaspekten empirisch gehaltvoll war oder nicht (vgl. Dollinger 2007a).

Die Punkte verdeutlichen die Komplexität einer sozialpädagogischen Deutungsstruktur. Das Konzept der Deutungsstruktur erlaubt es, ihr gerecht zu werden, indem das Zusammenwirken einzelner Deutungsmuster erschlossen wird, um Einblicke in die Konstitution spezifisch sozialpädagogischer Positionen zu gewinnen und ihre Komposition sowie ihre Möglichkeitsbedingungen zu analysieren. Wie oben erwähnt, ist diesbezüglich zu bedenken, dass neben den synchronen auch diachrone Prozesse der Strukturbildung in Rechnung zu stellen sind. Dies kann anhand des angeführten Beispiels lediglich angedeutet werden und ist durch die Hinweise auf die sozialpädagogische Tradition der Auseinandersetzung mit Individualisierungsthesen zu verdeutlichen. Es wurden in der Geschichte der Sozialpädagogik vielfältige auf Individualisierung bezogene Deutungsrelationierungen hergestellt, die durch diejenige von Böhnisch um eine weitere ergänzt werden. Sozialpädagogisches Wissen wird damit durch eine prästrukturierte Diskursfortsetzung im aktuellen kulturellen Rahmen verortet und bringt mit ihm assoziierte Interventionsmöglichkeiten ein.

Als inhaltlicher Kernpunkt sticht die Konstitution von sozialen Orten und von Subjektivitäten hervor. Wie auch in Winklers Theorie der Sozialpädagogik erscheinen sie als herausragende Kristallisationspunkte sozialpädagogischen Wissens. Winkler (1988, 267) spricht von „grundlegenden ‚Reflexionsoperatoren', die im sozialpädagogischen Diskurs zur Verfügung gestellt und von den Beteiligten eingeübt werden, um einerseits – kognitiv – eine spezifische sozialpädagogische Wahrnehmung zu ermöglichen, andererseits als Maßstab für die Beurteilung des jeweiligen Geschehens zu dienen". Diese Dimensionen einer kognitiven und einer evaluativen Orientierung wurden oben, im Rekurs auf Schimank, als Dimensionen einer Deutungsstruktur benannt. Sie können nun auf die Referenzen „sozialer Ort" und „Subjektivität" hin spezifiziert werden und weitergehend analysiert werden.

Zwar wird hier ein anderes Verständnis von sozialen Orten und von Subjektivität zugrunde gelegt als in der Theorie Winklers; es wird in Kapitel vier dieser Arbeit erläutert. Aber prinzipiell kann die Erkenntnis nicht hintergangen werden, dass sozialpädagogisches Wissen im Kern aus der Prozessierung und Relationierung dieser beiden „Operatoren" von Deutungsstrukturen besteht. Sie ermöglichen die Etablierung sozialpädagogischen Wissens in jeweils neuen Diskurshorizonten, in die sich die Sozialpädagogik einlagern kann, indem sie Konkretisierungen von Ort- und Subjektkonstruktionen leistet und hierbei Handlungsaufforderungen implementiert.

4 Sozial- und Subjektstrukturen

„Keine Wissenschaft stellt einfach Wirklichkeit fest" (Tenbruck 1981, 336).

Man kann das einleitende Zitat von Tenbruck auf zwei Arten lesen. In der einen Diktion weist es darauf hin, Wissenschaft sei nicht mit sozialen Tatsachen konfrontiert, die sie zur abbildlichen Repräsentation gelangen lässt. Der Charakter ihres Wissens ist konstruktiv, nicht deskriptiv – ganz in dem Sinne, wie in Kapitel zwei gegen Anomietheorien eingebracht wurde. Man kann den Satz aber auch anders lesen, indem nicht von einer Feststellung, sondern einer Fest-Stellung ausgegangen wird, d.h. von der Produktion von Evidenzen als „wirkliches", „gültiges" Wissen. Diesbezüglich stellt die Wissenschaft durchaus Wirklichkeit fest, indem sie zu ihrer Kristallisierung beiträgt. Zuzustimmen wäre Tenbruck auch in dieser Hinsicht, denn dieser Vorgang ist keineswegs „einfach". Wissenschaft folgt hierbei besonderen Vorschriften und Traditionen und ist in eine Reihe von Kontexten eingelagert, welche die Wissensfest-stellung – als Etablierung scheinbar unbestreitbarer Tatsachen, als „black boxing" (vgl. Belliger/Krieger 2006, 43f; Schützeichel 2007b, 320) – beeinflussen.

Möglichkeiten, diesen Prozess in der Sozialpädagogik zu analysieren, wurden im vorhergehenden Kapitel aufgezeigt. Es gilt nun, dies einzubringen und auf sozialpädagogische Wissensformen anzuwenden, indem Deutungsstrukturen rekonstruiert werden, die sozialpädagogisches Wissen charakterisieren. Es soll deutlich gemacht werden, wie Sozialpädagogik fest-gestellt wird, wie ihr Wissen plausibel gemacht und gegen Zweifel abgesichert wird, ohne dabei seine Anpassungsfähigkeit gegenüber variablen Kontextbedingungen zu verlieren.

Diesbezüglich wurde oben auf die beiden „Reflexionsoperatoren" des *sozialen Ortes* und der *Subjektivität* aufmerksam gemacht. Man kann sie als ineinander verschlungene Wege betrachten, die beschritten werden müssen, um sozialpädagogische Wissensgehalte diskursfähig zu halten und zu machen. Allerdings ist zu bedenken, dass das Bild der „Wege" missverständlich ist: Sie bleiben nicht unverändert, sondern werden in der Nutzung ihrerseits dauerhaft neu konzipiert. In ihrem diskursiven Gebrauch richten sie sozialpädagogisches Wissen aus, ohne ihm seine Dynamik zu nehmen. Sie machen es identifizierbar und sichern ihm Anschlussmöglichkeiten. Man könnte folglich von regelhaft neu strukturierten Strukturbedingungen sozialpädagogischen Wissens sprechen.

In Winklers (1988) „Theorie der Sozialpädagogik" gelten sie zu Recht als besondere Fokusse sozialpädagogischer Reflexion. In jüngster Vergangenheit wurde dieses Bewusstsein bestärkt, allerdings zumindest teilweise in eher getrennten Zugängen. So wurde der Bezug auf soziale Orte nachhaltig auf der Basis sozialpolitischer Reformen in einer sozialraumorientierten Sozialen Arbeit verankert bzw. wieder entdeckt (vgl. z.B. Merten 2002a)[49]. Rekurse auf Subjektivität wurden demgegenüber mit den Diskussionen um radikalisierte Individualisierungsprozesse in den 1990er Jahren unabweisbarer; unmittelbar aufgenommen wurden die entsprechenden Ausführungen insbesondere dort, wo die Sozialpädagogik auf eine Lebensweltorientierung und/oder eine Differenzierung von System versus Lebenswelt abgestellt hatte (vgl. z.B. Rauschenbach 1994). Der Bildungsdiskurs, der darauf folgend die Hegemonie aktueller Themen wesentlich bestimmte (vgl. Scherr 2006), stellte Subjektivität als sozialpädagogisches Problem nicht weniger in den Mittelpunkt. Trotz dieser Aktualität handelt es sich um „klassische" Themen, da sozialpädagogisches Wissen grundlegend durch eine Ausrichtung auf diese beiden Referenzen konstituiert wird.

Wenn dabei nachfolgend – ebenso wie in einigen aktuellen Diskurslinien – eine eher getrennte Thematisierung erfolgt, so ist dies eine analytische Differenzierung. Sie kann nicht darüber hinwegtäuschen, dass es gerade eine spezifische Verbindung von Sozial- und Subjektbezügen ist, die sozialpädagogisches Wissen auszeichnet. So war es lediglich ein Missverständnis, als Herman Nohl (1933-35/1963, 137) ausführte, der „Veränderungswille, der im Pädagogischen" herrsche, richte sich auf Menschen, während derjenige der Politik sich auf Verhältnisse beziehe. Dies meinte zwar keine rein individualistische Pädagogik, denn sie war auf die Konstitution einer neuen Kultur und kulturellen Einheit hin konzipiert. Aber Nohl nahm vor diesem Hintergrund soziale und sozialtheoretische Fragestellungen vergleichsweise peripher und vorrangig implizit auf. Eine soziale Pädagogik war ihm zufolge nur eine partikulare Orientierung, die Methoden suche, um die „elementaren Kräfte zum Gemeinschaftsleben (zu; B.D.) entfalten" (ebd., 108). Neben ihr gab es andere Perspektiven und so konnte eine Sozialpädagogik keine allgemeine pädagogische Perspektive vertreten.

Wie in Kapitel zwei angesprochen, hatten zuvor beispielsweise bereits Herbartianer versucht, eine auf soziale Verhältnisse gerichtete Dimension in die Pädagogik einzubringen und sie als soziales Prinzip in der Erziehung bewusst zu machen (vgl. z.B. Trüper 1890; Lindner 1889; Willmann 1875/1980)[50]; dominie-

---

49 Zur Tradition im Rahmen gemeinwesenorientierter Sozialarbeit vgl. im Überblick Oelschlägel (2001); Hinte (2002).
50 Symptomatisch für die in dieser Hinsicht nicht unproblematischen Vorgaben Herbarts war Willmanns (1874-75/1971) Rekurs auf *Herbart und Schleiermacher*, denn dieser hatte bekanntlich unmittelbar an die gesellschaftliche Referenz der Pädagogik angeschlossen. Gleichwohl war selbst bei

rend blieb bei ihnen allerdings eine Differenzbestimmung zwischen einer sozialen und einer individualbezogenen Pädagogik (vgl. Dollinger 2006a, 194ff). Weiter ging insbesondere Paul Natorp, der Individualität und Sozialität zu vermitteln suchte und dabei von einem Primat des Sozialen ausging. Es sei, wie er meinte, eine nur analytische „Abstraktion" (Natorp 1899/1974, 90), von einem einzelnen Menschen zu sprechen.

Gegen diese und weitere theoretische Gegner positionierte Nohl (1933-35/1963) eine Pädagogik, die nicht vorrangig oder gleichberechtigt auf soziale Verhältnisse und ihre pädagogische Beeinflussung abstellte, sondern ein dyadisches Erziehungsverhältnis in ihrem Zentrum verortete (vgl. zur Diskussion Giesecke 1997). In der späteren Sozialpädagogik bildeten dann seit den 1970er Jahren, im Kontext einer fundamentalen Kritik der an Nohl anschließenden Positionen, Verschränkungen von Sozialität und Subjektivität wieder den entscheidenden argumentativen Begründungsanker, um Wissens- und Handlungsmöglichkeiten einbringen und auf Dauer stellen zu können. Charakteristischerweise wird in diesem Zusammenhang eine „disziplinäre Engführung des Sozialpädagogikbegriffs im Zuge des Jugendwohlfahrtsdiskurses der Weimarer Epoche" (Niemeyer 1997) registriert, da die an Nohl orientierte Sozialpädagogik das breitere sozialwissenschaftliche Programm etwa der Sozialpädagogik Natorps kaum rezipiert hatte.

Dies beinhaltet, dass sozialpädagogische Positionen in der Regel durch subjekt- und sozialbezogene Schwerpunktsetzungen gekennzeichnet sind. Wo dies nicht explizit der Fall ist, sind mindestens implizite Bezugnahmen in Rechnung zu stellen. Nur subjektbezogene Erörterungen können möglicherweise in Strafjustiz, Psychiatrie, Psychologie, Pädagogik u.a. einen Ort finden, aber nicht primär in der Sozialpädagogik. Vergleichbares gilt für eine nur sozialbezogene Diskussion aktuellen Lebens, das vorrangig ein Thema von Soziologie, Politik, Stadtplanung u.a. sein kann, aber wiederum nicht der Sozialpädagogik, die sich vordringlich durch eine Gleichzeitigkeit auszeichnet: Subjektivität wird als sozial verortete zum Thema, soziale Orte in ihrer (Bildungs-)Qualität der Beeinflussung von Subjekten bzw. als von Subjekten beeinflusste, um das prominente Diktum Pestalozzis einzubringen. Er hatte angemahnt, nicht nur die Umstände veränderten den Menschen, sondern auch der Mensch die Umstände, so dass „er selbst Antheil an der Bildung seiner selbst, und an dem Einfluß der Umstände, die auf ihn wirken" (Pestalozzi 1797/1938, 57), übe. Entgegen dem „Jammer der Rechtlosigkeit" und dem „Elend innerer Entwürdigung", in dem Pestalozzi

---

Herbartianern, die häufig als reine Individualpädagogen wahrgenommen werden, anerkannt, dass die Pädagogik Herbarts sozialtheoretisch ergänzt werden müsse. So berichtet Willmann (1918, 105) von Gesprächen mit Ziller, der dies einräumte, aber anders als Willmann hierfür „aus Herbart selbst die Materien beschaffen" wollte.

„mein Geschlecht" (ebd.) wähnte, gab es demnach Handlungsraum und es wurden der späteren Sozialpädagogik zentrale Legitimierungsoptionen eröffnet. Es wurde angesprochen, dass Sozialisation nicht eine unidirektionale Richtung nimmt, da sie von sich bildenden Menschen geprägt werde. Wer von sozialen Krisen ausgeht, teilt auf diese Weise eine Betroffenheit der Einzelnen mit, aber auch, dass die Krisen von ihnen durch angeleitete Selbsthilfe zu modifizieren und eventuell zu lösen sind. Eine gegen soziale Probleme gerichtete Sozialpädagogik kann in diesem Argumentationskontext plausibel sein, da Gesellschaft eine von Menschen beeinflussbare Größe darstellt und soziale Orte in ihrer Bildungsqualität verändert werden können.

Trotz der nachfolgend notwendigerweise relativ gesonderten Darstellung ist aus sozialpädagogischer Sicht eine wirkliche Trennung des Bezuges auf soziale Orte und auf Subjektivität folglich nicht angezeigt. Im Gegenteil ist es gerade für die Sozialpädagogik konstitutiv, beides zu thematisieren: Die Pädagogik fokussiert Subjektivität als „ihre Basislegitimation" (Hamburger 2003, 123), indem sie die Notwendigkeit von Erziehung als deren Ermöglichung anführt; die Sozialpädagogik wiederum zeichnet sich durch eine zusätzliche Fokussierung auf *„das Soziale"* aus, trotz „aller Diffusität in der Verwendung des Begriffs" (ebd., 112). Sozialpädagogisches Wissen besteht, in anderen Worten, aus Deutungsstrukturen, die soziale Orte und Optionen der Gestaltung von Subjektivität umfassen und beides in einen Zusammenhang bringen, der im zeitgenössischen und disziplinären Kontext plausibel erscheint.

4.1 Soziale Orte

An erster Stelle thematisieren sozialpädagogische Deutungsstrukturen soziale Orte, deren Relevanz nun genauer in den Blick zu nehmen ist. Winkler (1988) weist für die Sozialpädagogik nach, dass der Bezug auf sie – neben dem auf Subjektivität – von entscheidender Bedeutung für die Konstitution sozialpädagogischer Diskurse ist. Allerdings verband er dies 1988 mit dem Zusatz, es sei „ungebräuchlich" und erscheine „nahezu untauglich" (ebd., 264), in der Sozialpädagogik von sozialen Orten zu sprechen. Dies hat sich zwischenzeitlich geändert; die Rede von sozialen Räumen expandierte in der Sozialen Arbeit. In verschiedensten Zusammenhängen scheint es derzeit kaum Auswege aus der (All-)Gegenwärtigkeit der Adressierung von Räumen zu geben, in denen Nutzer sozialpädagogischer Leistungen ihr Leben führen (vgl. Kessl/Maurer 2005). Um zu betonen, dass hier ein spezifischer Zugang unternommen wird, wird als Oberbegriff für die sozialpädagogische Thematisierung von Räumen und Kontexten des sozialen Lebens von „sozialen Orten" gesprochen. Die aktuelle

„„Modebewegung' der Sozialraumorientierung" (Reutlinger 2004, 400) ist unter diese Referenz als ein Teilbereich des entsprechenden sozialpädagogischen Interesses zu subsumieren. Dieses Interesse ist zweifach ausgerichtet:

1. Wenn in der Sozialpädagogik von Orten des Sozialen die Rede ist, so werden damit meist Räume angesprochen, in denen Adressaten leben und sich aufhalten, in denen sie aus sozialpädagogischer Sicht konstruktiv angesprochen werden können. Die Sozialpädagogik sucht Orte „zur Verfügung zu stellen" (Winkler 1988, 260), in denen trotz gesellschaftlicher Problemlagen Möglichkeiten geschaffen werden, damit Subjekte ihr Leben in geschütztem Rahmen führen und entwickeln können. Bildungsprozesse benötigen Kontexte, in denen sie vom Einzelnen geleistet werden können, und wenn Grund zu der Annahme besteht, dass äußere Bedingungen dies in Frage stellen, bedarf es besonderer Einflussnahmen auf die Kontextfaktoren.

   In aktuellen sozialpädagogischen Diskussionen kommt der Raumorientierung besondere Bedeutung zu, da sozialpolitische Maßnahmen zunehmend sozialraumorientiert angelegt werden und durch die Territorialisierung von Hilfeleistungen Einfluss auf Personengruppen in einem Sozialraum ausgeübt werden soll (vgl. Reutlinger u.a. 2005). Dies verdeutlicht neben der prinzipiellen Relevanz den gegenwärtigen Bedarf, sozialräumliches Denken und Handeln aus sozialpädagogischer Sicht zu analysieren.

2. In den vorausgehenden Darstellungen dieses Buches wurde in einem anderen Sinne von sozialen Orten gesprochen. Es wurde auf Objektivierungen des sozialen Lebens als Bezugspunkte der Sozialpädagogik aufmerksam gemacht. Die Etablierung sozialpädagogischer Deutungsstrukturen ist über die Konstitution dieser sozialen Orte vermittelt. Sie erlaubt immer neue Positionsbestimmungen von Sozialpädagogik, indem veränderte Zustandsformen von Sozialität in den Blick geraten. Sozialpädagogisches Wissen stellt durch Objektivierungen sozialer Orte plausible Interpretationen modernen Lebens vor und wird im Zuge veränderter Ort-Konstruktionen selbst modifiziert. Diese Orte sind nicht vorrangig konkrete proximale Lebensräume. Sie resultieren aus abstrakteren zeitdiagnostischen Entwürfen, die sozialen Wandel indizieren und ihn durch spezifische Formeln festzumachen suchen, sei dies die „soziale Frage", eine „Atomisierung" von Existenzweisen, ein Schub der „Individualisierung" oder anderes.

Der erstgenannte Punkt thematisiert Nahräume, der zweitgenannte vergleichsweise abstrakte Gesellschaftsbezüge. Die beiden Raumkonstruktionen sind deshalb als unterschiedliche Richtungen sozialpädagogischen Denkens in ihrer jeweiligen Konkretisierungsstufe zu unterscheiden. Faktisch fließen sie jedoch als sozialpädagogische Sozialobjektivierungen ineinander und letztlich ist eine Trennung schon deshalb nicht sinnvoll aufrecht zu erhalten, weil Nahräume nur als Produkte von und in Auseinandersetzungen mit theoretisch und zeitdiagnostisch identifizierten sozialen Ordnungsmustern als solche identifiziert werden können (vgl. Kessl/Reutlinger 2007). Die Rede von „sozialen Orten" muss also beides umfassen. Die Herstellung eines Schon- und Bildungsraums kann nur verstanden werden, wenn er als Gegenprinzip zu und damit in Abhängigkeit von gesellschaftlichen (Krisen-)Orten verstanden wird; beides verweist auf Deutungen und Konstruktionsleistungen von spezifischen Punkten aus. Der eine „Ort" verweist in seiner Existenz jeweils direkt auf den anderen. In dieser Hinsicht konstatiert Hamburger (2003, 128; Hervorhebung B.D.):

> „Der Ort (der Selbstbildung des Individuums; B.D.) ist ein Lebensfeld, an dem die gesellschaftliche Determination unterbrochen ist, und insoweit ‚Schonraum', zugleich enthält er jene An- und Herausforderungen, die das Individuum als ‚Aneignungsmaterial' zu seiner Weiterentwicklung benötigt."

Aus dem Bruch mit den als krisenhaft wahrgenommenen Sozialisationsbedingungen geht die Plausibilität der geschützten Räume hervor und somit hängt die Thematisierung eines sozialen Nahraumes von allgemeinen Interpretationen des Sozialen ab. Der Nahraum entfaltet seine Schutzfunktion nur vor dem Hintergrund einer Zäsur, die ihm gegenüber der Anomie attestiert wird. Er benötigt die außer ihm liegende Krise, um sich konstituieren zu können.

Dies bedeutet nicht, soziale Nahräume würden in jedem Fall von Krisen freigesprochen. Sie können im Gegenteil als überdurchschnittlich problembehaftet ausgelegt werden, wie häufig in aktuellen sozialraumorientierten Ausführungen. Etwa anhand statistischer Befunde zu lokalen Problemanhäufungen (z.B. Kriminalitätsbelastung oder Armut) werden einzelne Räume abgegrenzt, denen ein eigenständiger Einfluss auf die in ihnen lebenden Personen zugeschrieben wird. Es scheint sich um meso- oder mikrosoziale Umwelten mit eigenständiger Anomiequalität zu handeln. Umfassendere Bezüge bleiben mitunter ausgeblendet, was der Legitimierung von Interventionsanstrengungen, die spezifisch auf diese Räume gerichtet werden, förderlich sein kann. Hiergegen wird allerdings eingebracht, dass die Autonomisierung von Nahräumen erklärungsbedürftig ist, denn „eine solche Schlussfolgerung gerät allzu leicht in die Gefahr, einem folgenschweren ökologischen Fehlschluss aufzusitzen: Aus der Tatsache, dass Problemlagen räumlich identifiziert werden können, wird geschlossen, der Raum sei der zentrale Grund für ihre Entstehung und damit auch die angemessene Bearbeitungsebene" (Kessl u.a. 2006, 201; s.a. Wolff 2002, 48f). Sozialräume wie

Stadtteile oder andere lokale Orte können demnach nicht für sich betrachtet werden, da mindestens implizit weitergehende Bezüge kommuniziert werden. Bei dem Fehlschluss handelt es sich nicht um ein tatsächliches Absehen von Gesellschaftstheorien, sondern um ihre nur implizite Thematisierung, die reflexiv bewusst gemacht werden kann.

Lokale Lebensräume bestehen demnach nicht aus sich heraus, sondern sie sind in abstraktere soziale Orte eingelagert. Dies macht bei der Auseinandersetzung mit Sozialräumen eine relationale Annäherung, die auf derartige Einbettungen und Beziehungsmuster Wert legt, unverzichtbar (vgl. Kessl/Reutlinger 2007). In sie muss die Frage eingehen, mit welchen Interessen Sozialität von einem wissenschaftlichen Beobachter rekonstruiert wird, denn schon der Begriff „Gesellschaft" ist „vorstrukturiert. Es wird unter der Hand bereits ein Konzept eingeführt, das ein Ziel vorschreibt. Unvermerkt bestehen inhaltliche Maßstäbe, welche insgeheim Anstrengung und Urteil führen. Es handelt sich um stille Voraussetzungen, welche, weil sie still sind, nicht Bestandteil der Theorie werden können" (Tenbruck 1981, 335). Sie müssen aber nicht still bleiben, sondern können, um Spezifika disziplinären Wissens preiszugeben, bewusst gemacht werden. Da Gesellschaften als soziale Orte nur perspektivisch erschlossen werden können, kann z.B. die Sozialpädagogik gemäß „ihrer" charakteristischen Sozialorientierungen in den Blick genommen werden. So wurde oben deutlich, dass sie in einschlägigen Theorievarianten auf krisenbezogene, allgemeine soziale Bezüge aufmerksam macht und Raumorientierungen hinterfragt, die auf geringerer Abstraktionsebene verbleiben. Sie ist sich bewusst, Anomie zu benötigen.

4.1.1 Struktur und Kontingenz „des" Sozialen

Die Perspektivität des Betrachters bedeutet im Falle der Sozialpädagogik regelhaft ein Insistieren auf gesellschaftlichen bzw. soziokulturellen Krisenlagen, die mit der Erziehungs- und Bildungsqualität nahräumlicher Kontexte relationiert werden. Im Zuge einer in den vergangenen Jahren bzw. Jahrzehnten vollzogenen Schwerpunktverlagerung sozialwissenschaftlicher Theoriebildung gewinnt dies eine besondere Dimension, die man als „halbierte Entdinglichung" des Sozialen bezeichnen kann.

Das Gemeinte kann unter Referenz auf einen Überblicksbeitrag von Fritz Sack (2003) verdeutlicht werden. Sack rekonstruiert den sozialwissenschaftlichen Trend einer diskursiven Entdinglichung von Theorien des Sozialen. Es werde immer seltener der Versuch unternommen, durch „Großtheorien" Ansprüche einer Beschreibung von allgemeingültigen gesellschaftlichen Gesetzmäßigkeiten einzulösen. Unter Rekurs auf Giddens und dessen strukturierungstheoretisches Plädoyer für eine Analyse sozialer Prozesse unter Berücksichtigung der Handlungsebene stellt er für die entsprechenden, aktuell besonders attraktiven Theorietypen fest:

> „Diese stellen ‚Vokabulare' und ‚Beschreibungsformen' des Sozialen bereit, deren Angemessenheit und ‚Überlegenheit' sich an Kriterien bemisst, die pragmatischer Natur sind und keineswegs wissenschaftsimmanenter Alleinzuständigkeit überantwortet sind. Einübung und Akzeptanz sozialtheoretischer Vokabulare vollzieht sich nicht in den Foren und nach den Kriterien der Wissenschaft und ihren Methoden, was umgekehrt auch bedeutet, dass die Wissenschaft nicht den Status einer neutralen Instanz der Registrierung und Erklärung sozialer Phänomene beanspruchen kann. Vielmehr sind Sozialtheorien aktive und ‚intervenierende', nicht nur ‚registrierende' Einrichtungen moderner Gesellschaften" (Sack 2003, 110).

Die kulturelle Einbettung sozialpädagogischen Wissens bestätigt diesen Befund. Die Aktivität sozialpädagogischen Wissens korrespondiert mit dem Interesse, das in der Sozialpädagogik an spezifischen Arten der Deutung sozialer Phänomene besteht.

In permanenten Auseinandersetzungen um Optionen der Konstitution und Repräsentation von Sozialität wird kulturell, politisch und disziplinär ausgehandelt, welche Chancen „legitimen" Wissens und Handelns für die Sozialpädagogik bestehen[51]. Es kann nicht sinnhaft angenommen werden, die Sozialpädagogik würde dem nicht von sich aus gerecht; sie sucht Deutungsstrukturen zu institutionalisieren, die ihre eigene Ermöglichung fortführen. Beispielsweise erlauben es Thematisierungen sozialer Brüche (einer *radikalisierten* Individualisierung, einer *verschärften* Ökonomisierung, eines *Schubes* der Desintegration usw.), psychosozial relevante Krisen anzumahnen, die sozialpädagogische Gegenwirkung zu verlangen scheinen. Es wird von Anomie ausgegangen, die durch gegenanomische (Bildungs-)Orte beantwortet werden kann. Um diese Argumentation mit Plausibilität zu versehen, muss die entsprechende Sozialobjektivierung den Anschein vermeiden, auf kontingenter Basis zu beruhen. Sie muss die Bedingungen ihrer Objektivierung unkenntlich machen und auf bloßer Objektivität bestehen. Die „black box" muss geschlossen und möglichst dunkel bleiben, d.h.

---

51 Das zugrunde liegende Verständnis von Sozialität bringen Laclau und Mouffe (2006, 130) in ihrer artikulationstheoretischen Reformulierung von Sozialität auf den Punkt: „Wir müssen folglich die Offenheit des Sozialen als konstitutiven Grund beziehungsweise als ‚negative Essenz' des Existierenden ansehen sowie die verschiedenen ‚sozialen Ordnungen' als prekäre und letztlich verfehlte Versuche, das Feld der Differenzen zu zähmen. Demnach kann die Vielgestaltigkeit des Sozialen weder als ein System von Vermittlungen noch die ‚soziale Ordnung' als ein zugrunde liegendes Prinzip begriffen werden. Es gibt keinen ‚der Gesellschaft' eigentümlichen genähten Raum, weil das Soziale selbst kein Wesen hat."

Anomie muss als soziale Tatsache feststehen, um zu begründen, dass gegen sie vorzugehen ist und protektive (Nah-)Räume mit sozialpädagogischen Handlungsmöglichkeiten dauerhaft einzurichten sind.

In diesem Sinne ist von einer nur halbierten Entdinglichung zu sprechen. Ein umfassender Verzicht auf verdinglichende Theoretisierungen von Sozialität – gemäß einem Trend von positivistischen zu relativistischen Theorievarianten, wie ihn für die internationale „social work" Peile und McCouat (1997) diagnostizieren – widerspricht dem (bisherigen) Grundprinzip sozialpädagogischer Problembearbeitung. Dieses setzt eine objektivistische Ausdeutung der adressierten Probleme voraus. Es mag somit nicht falsch sein, bezogen auf Theorien der Sozialen Arbeit einen Trend der Entdinglichung festzustellen, wie er die Sozialwissenschaften insgesamt charakterisiert. In der Sozialpädagogik wird vielfach von Grenzverflüssigungen, Relationen „des" Sozialen, Normalitätsverschiebungen und sozialer Regierungskunst gesprochen. Dies sind untrügliche Kennzeichen eines Trends zur Entdinglichung. Aber er stößt an charakteristische Grenzen, wo in dieser Rede „das" Soziale als positives Wissen dingfest gemacht wird, wo es als Krise essentialisiert und zu einer Handlungsaufforderung transformiert wird.

Kurzum: Indem die Sozialpädagogik sich als Reaktion auf Probleme des gesellschaftlichen und soziokulturellen Lebens darstellt, konstituiert sie eine soziale Konstellation, die sie als ihre Existenzgrundlage objektiviert: Gesellschaft als Problem, und zwar als sich jeweils neu herstellendes. Es scheint sich um eine Art dauerhafter Wiederkehr zu handeln: Durch zeitdiagnostische Deutungen inkorporiert sich die Sozialpädagogik Objektivierungen des Sozialen, in die sie Lücken für eigene Handlungsoptionen einlässt.

Die Sozialkrisen repräsentieren eine *Iterabilität*, wie sie Derrida (1988) für die Prozessierung von Zeichen beschreibt. Sie bezieht sich auf eine Wiederholbarkeit unter Abstrahierung von einem konkreten Kontext: Zeichen treten immer wieder auf, aber sie bleiben damit nicht identisch, sondern integrieren Differenzen. Es handelt sich „um die Ausbeutung jener Logik (...), welche die Wiederholung mit der Andersheit verbindet" (ebd., 298). Es stellen sich Verschiebungen von Sinnzusammenhängen ein, die mehr oder weniger deutlich und explizit sein können und die jeweils neuartige Kontextualisierungen vornehmen: Sozialpädagogik wird an modifizierten Kontextbedingungen ausgerichtet und sie etabliert mit ihnen vereinbare Evidenzen, so dass im Zeitverlauf eine Struktur sozialpädagogischen Wissens reproduziert wird, die in sich dynamisch aufgebaut ist. Reckwitz (2006, 47) spricht in dieser Hinsicht von einer Reproduktionslogik, die nicht vorherbestimmt, was in Zukunft gewusst werden kann, sondern Möglichkeiten einräumt und kontrolliert: Die Signifikanten der Sinnzuweisung – er spricht von kulturellen „Codes" – „sind selbst mit Polysemien durchsetzt, so dass sich potentiell ständig neue Sinnbezüge herzustellen vermögen". Dies kann trotz eines gewissen Spielraums kein beliebiger Prozess sein, sondern eine Anknüpfung an vorausgehende Wissensbestände, in die Sinndifferenzen und veränderte Sinnzusammenhänge involviert werden, um Wissensstrukturen als Plausibilitätsbedingungen festzuschreiben.

Die Spannbreite der entsprechenden Bemühungen ist groß und es ist umkämpft, welche Differenzen „legitim" erscheinen und welche nicht. Man muss ausweisen, welche Form von Gesellschaft „wirklich" ist, wie ihre Krise „faktisch" beschaffen ist, worunter die Adressaten der Sozialpädagogik „in Wahrheit" leiden – und in diesen Interpellationen von Sozialobjektivierungen (und Subjektqualitäten) wird letztlich in einer Wiederholung und Verschiebung historisch aufgeschichteter Thematisierungsformen bestimmt, was Sozialpädagogik „ist". Sie erhält ihren „Sinn" in iterablen Sinnanschlüssen und Sinnunterscheidungen, in die kulturelle und sozialpolitische Plausibilitätsvorgaben eingehen.

In *dieser* Hinsicht erscheint Sozialpädagogik als „ein Antworten auf Probleme dieser Gesellschaft, die der Sozialpädagoge zu Erziehungsaufgaben umformulierte" (Mollenhauer 1968, 19). Probleme treten als soziale Tatsachen auf und der Sozialpädagogik kommt es zu, mehr oder weniger kreative Optionen für Erziehungs- oder Bildungsmaßnahmen als Lösungsmittel einzubringen. Diese Optionen sollen als sozialpädagogische Interventionsräume etabliert werden, als „Sozialräume" im Sinne sozialpädagogischer Praxis. Während diese flexibel und gestaltbar erscheinen müssen, um der Sozialpädagogik als Handlungsfeld dienen zu können, wäre Gleiches für die umfassenderen Sozialobjektivierungen problematisch; sie bilden die Grundlage der gestaltbaren Räume. Dass Probleme der Gesellschaft vorliegen und von der Sozialpädagogik „nur" artikuliert werden, wird nicht angezweifelt. Die Konstitution von Problemen als interpretativer Prozess, in dem diese erst *entstehen*, liegt dagegen weitgehend außerhalb des sozialpädagogischen Theoriehorizontes.

Eine reflexive Herangehensweise muss die Problemkonstitution in die Theorie der Sozialpädagogik zurückholen. Sie hat nachzuweisen, wie die Sozialpädagogik sich darstellt, um die Kontingenz des sozialpädagogischen Standpunktes zu verdecken, indem dieser Prozess umgekehrt und sichtbar gemacht wird. In dieser Hinsicht ist vor allem ein Mittel relevant, das in der Sozialpädagogik Verwendung fand, um sich reaktiv gegen Anomie positionieren zu können: die rhetorische Unterbindung jeglichen Anscheins, Kontingenz könnte existieren und soziales Leben könnte anders als in der dargestellten Form verstanden werden. In diese Richtung weist Mollenhauers Hinweis, die Sozialpädagogik realisiere „Antworten" auf soziale Probleme. Auch wenn diese unterschiedlich artikuliert werden könnten, so dass der Sozialpädagoge nach Mollenhauer Umformulierungen vornehmen kann, steht die gesellschaftliche Tatsächlichkeit der Probleme fest. Die Sozialpädagogik tritt als Antwort auf eine Frage auf, die sie nicht selbst gestellt hat. So nimmt sie in ihrer Perspektive zwar faktisch die Art der Antwort auf die soziale Krise vorweg, macht ihren Anteil an der Fragestellung aber kaum kenntlich.

Eine vergleichbare Argumentationsstruktur verfolgte Mennicke (1924, 395), dessen Anmerkung, Maßnahmen gegen die Krise der Gesellschaft würden den „Charakter des unmittelbar Reaktiven an sich" tragen, den objektivistischen Charakter seiner Anomiediagnose unterstreicht. Wie Mennicke ausführt, gebe es keine Alternative zu einer sozialpädagogischen Intervention. Zwar erkannte er, dass de facto durchaus andere Optionen bestanden bis hin zu Gewalt- und Zwangssystemen, wie sie das nationalsozialistische Regime unmittelbar vor Augen führte. Demnach gab es „wichtige Voraussetzungen" (Mennicke 1937/2001, 197) für die sozialpädagogische Gemeinschaftserziehung; Mennicke dachte an eine ökonomische Basissicherung der Bevölkerung und eine Kooperation der Träger und Vermittler kultureller und geistiger Werte. Auf dieser Basis postulierte er eine werthafte, gemeinschaftlich ausgerichtete Sozialpädagogik. Kontingenz bestand demnach, aber nicht als von Mennicke ernsthaft angedachte Möglichkeit, denn der „wahre", „eigentliche" Charakter der Krise der Gesellschaft war die Erosion sozialmoralischer Bindungen und Wertorientierungen, die sozialpädagogisches Handeln legitimierte.

Ohne dass theoretische Affinität zu Mennicke bestanden hätte, argumentierte auch Nohl durch Kontingenzausschluss. Er teilte mit, seine Ausführungen seien ihm von der aktuellen Lage unmittelbar abgefordert worden. Eine Option, anders zu denken, schien nicht gegeben zu sein. In einem für die Entwicklung der späteren Sozialpädagogik wichtigen Vortrag stellte er unter Referenz auf die Jugendwohlfahrtsarbeit fest, diese sei reaktiv in einer kulturellen Not fundiert. Diese Not generiere aus sich heraus die Art der notwendigen Gegenwehr; sie „diktiert auch die Züge der geistigen Gegenwirkung, die sie überwinden soll" (Nohl 1926/1927, 1). Diese Eigenlogik negiert Alternativen. Sozialpädagogische Problemlösung ist aus sich heraus sinnvoll; sie ist dies nicht nur als bestehende Praxis angesichts einer der Theorie vorgelagerten Erziehungswirklichkeit (vgl. König/Zedler 2002, 96f). Vielmehr ist sie es, da Nohl seiner kulturellen Krisendarstellung Qualitäten einschrieb, die andere Denk- und Handlungsoptionen ausgrenzten. Insbesondere die These einer Vernachlässigung des „Menschen im Menschen" (Nohl 1926/1927, 11) und der irrationalistischen Anteile des menschlichen Wesens ist auf diese Weise zu verstehen (vgl. hierzu Nohl 1970). Während andere Zugriffe auf den Einzelnen bestimmte Zwecke verfolgten, scheint die (Sozial-)Pädagogik nur an ihm interessiert zu sein; pädagogisch motivierte Hilfe sei nicht Werbung für eine partikulare Angelegenheit, sondern „diese Hilfe gilt zunächst und vor allem dir, deinem einsamen Ich, deinem verschütteten, hilferufenden Menschentum" (Nohl 1926/1927, 13).

Abgesehen von der Darstellung fehlenden Eigeninteresses ist es entscheidend zu sehen, wie Nohl auf diese Weise Konkurrenten um das Feld der Jugendwohlfahrtsarbeit – insbesondere die Fürsorgetheorie, medizinische Professionen, die Familienfürsorge, die konfessionelle Fürsorgeerziehung – diskreditierte, indem er eine spezifische Notlage theoretisierte, als deren unmittelbaren Ausdruck er eine pädagogische Gegenmaßnahme behauptete. Eine Sozialpädagogik im Nohlschen Sinne war notwendig, da sie unmittelbar auf eine bestimmte Krisenqualität antwortete. Sozialpädagogik bringt sich dadurch systematisch in eine Lage der Reaktivität, indem sie soziale bzw. soziokulturelle Orte konstituiert, denen gegenüber sie zwar an sich (mehr oder weniger) wehrlos zu sein scheint, die es ihr aber erlauben, in begrenzten Sozialräumen sozialpädagogische Handlungsmöglichkeiten zu entfalten, im Falle Nohls etwa durch dyadische Interventionsformen. Die Sozialpädagogik konturiert so die Möglichkeit, konkrete und relativ flexible Raumkonstruktionen als Orte gestützter Selbsthilfe in umfassendere Sozialobjektivierungen zu integrieren. Fällt die Gesellschaft in ihren konkreten Lebensbezügen krisenbedingt „als fördernde Umwelt aus" (Böhnisch 1999, 190), dann bedarf es sozialpädagogischer Arrangements, um eine – wie Böhnisch (ebd.) unterstellt – „lebensalterstypische antisoziale Rücksichtslosigkeit der Jugend" abzuarbeiten.

Sozialpädagogik erscheint folglich als Instanz der Ermöglichung subjektbildender Gegen-Orte, deren prekäre und fragile Existenz aus der Übermacht struktureller Krisenorte abgeleitet wird. Sozialpädagogik habe, wie Müller (1992, 781) feststellt, „systematisch den Umstand zu bedenken, dass sie immer mit Kräften zurechtkommen muss, die stärker sind als sie selbst". Müller spielt damit auf Bernfelds Konstruktion eines sozialen Ortes an. Bernfeld strich einerseits die Relevanz sozialer Lebensorte für die Sozialpädagogik heraus (vgl. Niemeyer 2005, 199ff) und wies gleichzeitig, andererseits, auf die beträchtliche Problematik der damit angedeuteten Aufgabe hin: Die von ihm der Erziehung attestierte konservative Ausrichtung (vgl. Bernfeld 1925/2000) verdankte sich wesentlich der Tatsache, dass die Erzieher in ihrem Einfluss auf die Orte beschränkt waren. Auch wenn Müller (1992) auf Bernfelds Interesse insistiert, den Heranwachsenden durch die Bereitstellung sozialpädagogischer Orte Differenzerfahrungen zu einer deprivierenden Umwelt zu ermöglichen, bleibt diese prinzipielle Beschränkung bestehen[52]. Der Erzieher nimmt nach Bernfeld den Heranwachsenden in

---

52 Sie bezieht sich nicht nur auf die Ebene der Intervention, sondern prinzipiell auf die Wahrnehmung von Normabweichungen. Bernfelds Konzept des sozialen Ortes fordert dazu auf, nicht nur ätiologisch soziale Verursachungen von Problemen aufzusuchen, sondern deren Diagnose selbst als ortsgebunden zu denken (vgl. Bernfeld 1929/1971, 199f). Ein Sachverhalt kann je nach dem Ort, an dem er auftritt, unterschiedlich gewertet werden, auch vom Betroffenen selbst. Wird von Kritikern interaktionistischer Etikettierungstheorien argumentiert, dass Zuschreibungen von Devianz aufgrund

Abhängigkeit von gesellschaftlichen Perspektiven als Person wahr und er-schließt, was er für ihn anstreben kann und darf. Als Erzieher, der diese Rolle nicht als autonome Praxis im Dienste des Zöglings einnimmt, sondern der sozial als solcher konstituiert ist, muss er wollen, was vorgegeben ist (vgl. Bernfeld 1929/1971, 204). Erziehung bedeutete für Bernfeld (1925/2000, 51; Hervorhe-bung B.D.) nicht die Reaktion eines oder mehrer Erzieher auf die als Tatsache vorgestellte Entwicklung Heranwachsender, sondern „die Summe der Reaktio-nen *einer Gesellschaft* auf die Entwicklungstatsache". Entsprechend vergebens wäre die Hoffnung, die Gesellschaft durch Erziehung, zumindest durch Erzie-hung im vorherrschenden Sinne, ändern zu wollen. Denn die „konventionelle" Erziehung schien durch die Krise der Gesellschaft geformt zu sein und wirkte als ein Teil der Mechanismen, welche die Missstände reproduzierten. Dies veran-schaulicht, dass auch Bernfeld in die Reihe der Sozialpädagogen eingeht, die in das Zentrum der Begründung und spezifischen Ausformulierung sozialpädagogi-schen Handelns die Objektivität eines übergeordneten gesellschaftlichen Ortes stellen. Auf dessen problematische Qualität reagiert die Sozialpädagogik auch dann, wenn sie Räume der Gegenwehr zur Verfügung stellt.

Die Argumentationen Mollenhauers, Mennickes, Nohls und Bernfelds zeigen, wie aus sehr unterschiedlichen theoretischen Lagen – einem geisteswissenschaft-lich-emanzipatorischen, einem religiös-sozialistischen, einem geisteswissen-schaftlich-kulturtheoretischen und einem psychoanalytisch-marxistischen – sozi-alpädagogisches Wissen konstituiert wird, und Vergleichbares zeigen Ausfüh-rungen neueren Datums. Eine aktuelle sozialpädagogische Stellungnahme ver-mag dies zu illustrieren. Bei dem gewählten Beispiel handelt es sich um einen Entwurf, der „Wege zu einer Neubestimmung" (Böhnisch u.a. 2005) sozialpäda-gogischen Denkens aufzuzeigen beansprucht. Im Anschluss an historische Vor-aussetzungen und Vorgängerdiskurse werden unterschiedliche Kristallisationen sozialpädagogischen Wissens und gegenwärtige Handlungsoptionen aufgezeigt. Im Sinne einer *„reflexiven Sozialpädagogik"* (ebd., 17) wird von den Autoren ein vermittelnder Zugang zur aktuellen Beschaffenheit von Sozialpädagogik sowohl über disziplinäre und professionelle Aspekte als auch über deren gesell-

---

struktureller Faktoren nicht beliebig erfolgen können (vgl. Boogaart/Seus 1991, 25f), so war bereits für Bernfeld die Möglichkeit, Devianz zuzuschreiben, systematisch vorherbestimmt, und zwar insbe-sondere durch den Ort, an dem Erziehung bzw. Sozialpädagogik stattfindet. Er führt zu spezifischen Bewertungen von Sachverhalten in Abhängigkeit von den konkreten Bezügen, in denen sie auftreten. So mag im einen Kontext als Verwahrlosung interpretiert werden, was im anderen kaum auffällt. Um diese Deutungen zu verstehen, ist jeweils in Rechnung zu stellen, in welchem gesamtgesellschaftli-chen Zusammenhang, insbesondere mit Blick auf Positionen im Gefüge sozialer Ungleichheit, sie auftreten.

schaftliche Einlagerung gesucht. Sozialpädagogik wird kontextualisiert, da soziale und sozialpolitische Rahmenbedingungen in ihrer jeweiligen Verfasstheit die sozialpädagogischen Diskurse prägten. Aufgrund des Versuchs einer aktuellen und historisch begründeten, kontextualisierenden und reflexiven Herangehensweise ist das Beispiel besonders aussagekräftig. Es ist dies auch insofern, als die an den historischen Exempeln nachgewiesene Deutungsstruktur – im Rekurs u.a. auf die genannten Positionen – wiederholt wird. Es wird zwar eine gänzlich andere gesellschaftliche Situation rekonstruiert, die eine Neubestimmung von sozialpädagogischem Denken erforderlich mache. Aber die basale Struktur des Notwendigkeitsnachweises sozialpädagogischen Handelns folgt der historisch etablierten Deutungsstruktur und aktualisiert sie im Rahmen einer spezifischen Zeitdiagnose. So heißt es:

> „Sozialpädagogische Hilfen lassen sich als gesellschaftlich institutionalisierte, lebensweltlich orientierte Reaktion auf psychosoziale Bewältigungsprobleme in der Folge gesellschaftlichen Wandels und darin enthaltener sozialer Desintegrationstendenzen verstehen. Zu einer solchen Reaktion ist die moderne Industriegesellschaft strukturell gezwungen. Da die gesellschaftliche Dauerkrise auf Grund ihrer strukturellen Anlage nicht aufhebbar ist, muss sie in ihren Folgen für den und am Einzelnen angegangen, also pädagogisch transformiert werden. Gleichzeitig enthalten die psychosozialen Bewältigungskonstellationen selbst einen pädagogischen Aufforderungscharakter, d.h. sie folgen nicht der Rationalität der ökonomisch-technischen Arbeitsteilung, sondern dem sozialtechnisch nur bedingt kalkulierbaren Eigensinn der Menschen" (Böhnisch u.a. 2005, 103).

Im Zentrum der Argumentation steht, soweit sie auf die Replikation sozialpädagogischer Deutungsstrukturen abstellt, die Theoretisierung einer gesellschaftlichen „Dauerkrise". Sie tritt als objektives Faktum in der Funktion auf, einen sozialen Ort bereit zu stellen, von dem aus nach Interventionsformen gefragt werden kann. Sie sind reaktiv positioniert, da sie auf die festgestellte Krise antworten. Ihre Aufgabe liegt darin, die Krisensymptome nicht nur temporär, sondern permanent zu konterkarieren, da es sich um ein strukturelles, unaufhebbares Basisproblem der Gesellschaft handelt.

Es ist gerade die relative Machtlosigkeit der Sozialpädagogik, die sie legitimiert, denn eine Krisen*lösung* scheint ausgeschlossen – woraus folgt, dass es wenig Sinn mache, durch strukturelle Maßnahmen zu agieren. Sozialpädagogik wird, in Referenz auf Siegfried Bernfeld (1925/2000), zur Sisyphos-Arbeit, die ebenso notwendig wie beschwerlich ist[53].

---

53 Im gleichen Jahr bestätigte aus gänzlich anderer theoretischer Perspektive Aloys Fischer (1925/1954), dass der Glaube, Krisenlösungen seien durch ein verberuflichtes System sozialer Hilfen

Andere Sozialpädagogen teilen nicht den gesellschaftstheoretischen Hintergrund Bernfelds, aber sie erschließen gleichfalls eine gesellschaftliche Dauerkrise, d.h. Anomie. So unterschiedlich die einzelnen Theorien auch argumentieren und wie different auch ihr Begriff von Sozialpädagogik ist, die Gesellschaftskrise erscheint, mit wenigen Ausnahmen, als conditio sine qua non sozialpädagogischer Theoriebildung. Wie Böhnisch, Schröer und Thiersch in dieser Richtung unterstellen, kann auf eine strukturelle Überwindung der insbesondere ökonomisch bedingten Krisen nicht gehofft werden. Die Sozialkrise wirkt dauerhaft, sie ist prinzipiell unüberwindbar und die Sozialpädagogik permanent mit ihr behaftet, und gerade deswegen sei diese als gesellschaftliche Institution nötig. Es bedürfe einer sozialpädagogischen Intervention, die zwar auf gesellschaftlicher Ebene angesichts der Persistenz der Faktoren, welche die Krise verursachen, nicht erfolgreich sein kann, die aber immerhin die sozial induzierten Probleme der Menschen zu erleichtern vermag. Nicht im Großen, aber im Kleinen operiert die Sozialpädagogik problemlösend.

In Übereinstimmung mit den oben angeführten historischen Beispielen wird von Böhnisch u.a. festgestellt, das Bewältigungshandeln der Einzelnen impliziere die Notwendigkeit einer sozialpädagogischen Gegenmaßnahme. Als lebensweltorientiert und sozialintegrativ ausgerichtete Institution scheint in erster Linie die Sozialpädagogik in der Lage zu sein, die gesellschaftlichen Probleme zu handhaben. Der Spezifik modernen Lebens ist die Sozialpädagogik als Aufforderung eingeschrieben und es kann auf dieser argumentativen Basis gefragt werden, ob sie die Bedeutung erhält, die ihr gemäß der aktuellen Ausprägung lebensweltlich verhafteter Problemlagen zukommt. Die Krise der Moderne, ihre gegenwärtige Erscheinungsform, das hierdurch bedingte Problemhandeln der Einzelnen wie auch das Handlungspotential der Sozialpädagogik werden als objektiv bestehende Sachverhalte identifiziert und in die beschriebene Relation gebracht. Es wird eine Deutungsstruktur aufgebaut, in der sich die involvierten Interpretationen sozialer Prozesse, psychosozialer Handlungsformen und sozialpädagogischer Interventionsmöglichkeiten gegenseitig stützen, um die strukturelle und zeitgenössische Unentbehrlichkeit der Sozialpädagogik nachzuweisen. Kontingenzen, die auf grundlegend anders mögliche Bearbeitungsformen der Krise oder auf alternative Sichtweisen sozialer Zusammenhänge – und eventuell

---

erreichbar, eher unrealistisch war. Zwar legte er Hoffnungen auf ein Projekt sozialpädagogischer, präventiver Volkserziehung als „Schulungsstätte des sozialen Bewusstseins für jedermann" (ebd., 334). Aber im Rahmen der gegebenen Gesellschaft tendierte man durch ein System staatlich-öffentlicher Sicherung in die Gefahr einer „Steigerung der Übel" (ebd., 336), gegen die man antrat. Eine einmal in Gang gesetzte Fürsorgemaschinerie, so warnte er, folge eher ihrer Eigenlogik der Klientelisierung und Defizitzuschreibung bei gleichzeitiger De-Motivierung der (potentiellen) Adressaten, als problemlösend zu wirken.

einen Zustand der nicht-krisenhaften „Normalität" – hinweisen, bleiben ausgeblendet.

Der bei der Erörterung von Anomietheorien hervortretende Kontingenzaspekt wird erneut augenfällig, indem seine Unterdrückung im Rahmen sozialpädagogischer Deutungsstrukturen hervorsticht. Sozialpädagogische Sozialkonstruktionen bleiben in deutlichem Maße kontingenzreduziert; intendiert ist der Nachweis der Alternativlosigkeit sozialpädagogischen Wissens und Handelns. Berücksichtigt wird Kontingenz hingegen dort, wo im Rahmen der sozialpädagogischen Deutungsstruktur auf Krisen*symptome* hingewiesen wird. Die beiden Bezüge sind demnach genau zu unterscheiden:

a) Charakteristisch für eine sozialpädagogische Deutungsstruktur verfolgen Böhnisch u.a. eine ätiologisch-objektivistische Theoretisierung von sozialen Integrationsverhältnissen: Gesellschaftskrisen bestehen als soziale Tatsachen und aus ihnen ergeben sich deviante Orientierungen bzw. defizitäre Bewältigungspotentiale mit unmittelbarem sozialpädagogischem Interventionsgehalt. Als Beobachter der bezeichneten sozialen und individuellen Sachverhalte stellt die Sozialpädagogik die Ausschließlichkeit dieser Sichtweise fest.

Es steht im Kontrast hierzu, dass ein Konsens in den Sozialwissenschaften bezüglich der Rekonstruktion sozialer Integrationsverhältnisse und der Beteiligung der Subjekte bei der Konstitution einer sozialen Ordnung nicht besteht. Symptomatisch hierfür ist die Herausgabe eines Sonderheftes der „Kölner Zeitschrift für Soziologie und Sozialpsychologie" mit dem Titel „Soziale Integration" zu betrachten (vgl. Friedrichs/Jagodzinski 1999a): Die einzelnen Beiträge unterscheiden sich erheblich darin, wie sie soziale Integration verstehen; es werden z.B. ebenso systemtheoretische Entwürfe wie Theorien der rationalen Wahl diskutiert; die Frage nach der Integration durch Moral wird gestellt und konflikttheoretische Aspekte werden erörtert. Selbst die beiden Herausgeber gestehen ein, sich in grundlegenden Aspekten genauso wenig einig zu sein wie die Autoren (vgl. Friedrichs/Jagodzinski 1999b, 38). Überblicksarbeiten zur soziologischen Theoriebildung unterstreichen diesen Eindruck eines grundlegenden sozialwissenschaftlichen Dissenses in dieser Hinsicht (vgl. z.B. Morel u.a. 2001; Münch 2002a/b; 2004; Stark/Lahusen 2002; zu Krisendarstellungen Bieling 2000). Auch in der Sozialpädagogik wird die Frage der Theoretisierbarkeit sozialer Integrationsverhältnisse kontrovers behandelt (vgl. die Beiträge in Treptow/Hörster 1999). So kann bei der Beobachtung sozialpädagogischer Theoriebildung konstatiert werden: „Dass andere Perspektiven denkbar und möglich sind, ist selbstverständlich" (Gängler 1995, 28). Dieser in Anlehnung an Luhmanns

Systemtheorie formulierte Satz ist angesichts des sozialwissenschaftlichen Kenntnisstandes unstrittig, aber er ist aufgrund seines diametralen Gegensatzes zu den Inhalten sozialpädagogischer Theorien bezeichnend.

Es muss auf einen ersten Blick verwundern, wenn zwar – wie mit Blick auf Sack (2003) dargestellt – in den Sozialwissenschaften eine Abkehr von objektivistischen Sozialtheorien Einzug gehalten hat und damit der Perspektivität der Betrachtung „des" Sozialen Rechnung getragen wird, dies aber in der Sozialpädagogik im gezeigten Ausmaß an Grenzen stößt. Dort wird in hohem Maße auf objektivistischen Theorietypen insistiert.

Erst ein zweiter Blick erlaubt es zu verstehen, dass es nicht sinnvoll wäre, dies als Theoriedefizit zu betrachten, sondern es ist eine Funktion von Sozialobjektivierungen im Rahmen sozialpädagogischer Deutungsstrukturen zu bedenken: Die zentrale Stellung von Krisenobjektivierungen sozialen Lebens in der sozialpädagogischen Theoriearchitektur lässt es zu, Legitimationspotentiale für entsprechende Wissensmöglichkeiten zu gewinnen. Sie identifizieren soziale Krisen und Probleme, „erklären" dadurch Problemlagen auf individueller Ebene und mobilisieren spezifische Interventionsforderungen, die durch sozialpädagogische Gesellschaftsentwürfe und Menschenbilder eingerahmt werden. In ihren zeitdiagnostischen Implikationen schließen die Objektivitätsbehauptungen an Haltungen an, in denen die Krisenqualitäten „verstanden" werden, d.h. in denen die impliziten wertenden Stellungnahmen als plausibel gelten und als gültige Interpretationen des zeitgenössischen Lebens anerkannt werden. In wissenschaftlichen und kulturellen Auseinandersetzungen um „legitime" Gegenwartsdiagnosen und Beeinflussungsmöglichkeiten sozialer Verhältnisse werden damit sozialpädagogische Positionen etabliert.

b) Die Kontingenz der eigenen sozial- und problemtheoretischen Argumentationsbasis wird demnach außer Acht gelassen. Explizit beachtet werden Kontingenzen hingegen, insoweit sie im Bereich von Problembearbeitungen in Rechnung gestellt und *ihrerseits* als Symptom einer Gesellschaftskrise wahrgenommen werden. Sie werden als Anzeichen dafür gewertet, dass *notwendige* sozialpädagogische Interventionen zur Disposition gestellt sind und möglicherweise nicht realisiert werden. So konstatieren Böhnisch u.a. (2005, 11ff), es sei im Zuge der 1960er und 1970er Jahre in Abhängigkeit von einer Expansion der Sozialpolitik zu einer Institutionalisierung der Sozialpädagogik gekommen. Sie habe zwar nicht den Status einer gänzlich eigenständigen Wissenschaft und Profession erreicht, sei aber immerhin trotz bzw. wegen ihrer Abhängigkeit von sozialpolitischen Vorgaben als reflexive Wissens- und Praxisform etabliert worden. Dieses Arrangement sei allerdings fragil, denn „die neuen sozialpädagogischen Herausforderungen, die der gegenwärtige Strukturwandel der Arbeitsgesellschaft freisetzt, reichen so weit in die Gesellschaft hinein, dass die endlich erreichte professionelle Zuständigkeit der Sozialpädagogik wieder in Frage gestellt wird. Die Sozialpädagogik und Sozialarbeit sieht sich gegenwärtig einem entgrenzten Problemszenario gegenüber" (ebd., 13). Die aktuelle Lage der Gesellschaft gebe Anlass zu der Sorge, dass bei der Bearbeitung sozialer Probleme konkurrierende Professionen die Sozialpädagogik verdrängen könnten. Diese sei „nur noch ein Mittel der Wahl" (ebd.; Hervorhebung B.D.).

In der zurückliegenden Professionsdebatte wurde eingebracht, Sozialpädagogik bzw. Sozialarbeit wiesen im Vergleich zu anderen Professionen einen defizitären Status auf, sie seien nicht zu einer eigenständigen Gegenstandsbestimmung in der Lage und zeigten einen eher diffusen Zuständigkeitsbereich (vgl. Bohle/Grunow 1981; Stichweh 1996). Die Fähigkeit der Profession, ihren Handlungsbereich (relativ) selbständig zu definieren, wird in Fortführung dieser Perspektive als „gering" (Hanses 2007, 312) eingeschätzt.

Interessanterweise wird die Unterstellung einer lediglich diffusen Zuständigkeitsbestimmung durch Böhnisch u.a. umgekehrt, indem die Zeit, in der ein „Boom sozialpädagogischer Berufe" (Dewe/Otto 2001a, 1399) auftrat, als Phase relativ klar konturierter praktischer Verantwortlichkeiten aufscheint. Gegenwärtig unklare Legitimationen für sozialpädagogisches Handeln werden dadurch zu einem erklärungsbedürftigen Phänomen und können mit diagnostizierten sozialen Krisen in kausale Beziehung gesetzt werden. Es scheint nicht an der prinzipiellen Qualität sozialer Problemkonstitutionen und der vergleichsweise geringen Definitionsmacht der Sozialpädagogik zu liegen, dass sie um „ihren" Zuständigkeitsbereich mit anderen Professionen und Institutionen konkurrieren muss, sondern an einer besonderen Problemlage der Gesellschaft. Die Sozialpädagogik sei überfordert, weil sie besonders erfolgreich bei der personenbezogenen Problembekämpfung sei und nun die Arten von Problemen gehäuft aufträten, die eigentlich von ihr zu bearbeiten seien. Fehlende Konturen sozialpädagogischer Zuständigkeiten werden auf diese Weise zu Anzeichen der gesellschaftlichen Krise, die die Sozialpädagogik als solche nötig werden lässt. Eine Gesellschaft, die alternative, nicht sozialpädagogische Arten des Umgangs mit sozialen Problemen zulässt, reagiert auf die Missstände inadäquat, da sie die auf die Sozialpädagogik verweisende Problemqualität vernachlässigt oder fehldeutet.

Die Kontingenz, die auf diese Weise thematisiert wird, ist trügerisch, da sie auf der These *eigentlich* geklärter Zuständigkeiten aufruht. Es handelt sich um eine aus sozialpädagogischer Sicht konsequente Weiterführung einer objektivistischen Problemtheorie, die nur bei oberflächlicher Betrachtung mit einem prinzipiellen Ausgang von Kontingenz zu verwechseln wäre. Zeitdiagnostisch identifizierte Veränderungen – v.a. ein Wandel der Arbeitsgesellschaft – werden aus der Perspektive der Sozialpädagogik als übermächtige Krise perzipiert, die als soziale Tatsache eine personale, lebensweltlich ausgerichtete und auf die Förderung von Optionen der Lebensbewältigung abzielende Abfederung verlangt. Eine sozialpädagogische Deutungsstruktur wird damit im akademischen Theoriediskurs verortet, zeitdiagnostisch und professionstheoretisch aktualisiert und bis zur Ausformung nahräumlicher Bezüge, die von der Sozialpädagogik zu bearbeiten sind, verlängert. Dies wird legitimiert durch die krisentheoretische, retrospektive Diagnose eines (Kontur-)Verlustes geklärter Handlungszuständigkeiten, wobei die Diagnose verleugnet, dass sie diesen Verlust erst in der Diagnostik konstituiert.

Eingangs dieses Kapitels wurde festgestellt, dass die von der Sozialpädagogik thematisierten Nahräume im Rahmen abstrakter angelegter Sozialkonstruktionen zu verorten sind. An dem Beispiel kann dies bestätigt werden. Es zeigt, dass die flexiblen Orte, die von der Sozialpädagogik als Bildungs- und Bewältigungsräume zur Verfügung gestellt werden, nicht unstrukturiert sind. Die Bearbeitbarkeit dieser Räume ist durch die abstrakteren Anomie-Objektivierungen konstituiert, so dass sie spezifische Perspektiven aufweisen. An der Argumentation von Böhnisch u.a. wird dies durch die These deutlich, eine nicht-sozialpädagogische Krisenintervention sei als Symptom der Gesellschaftskrise zu betrachten. Der Raum, der für erweiterte Bildungsmöglichkeiten oder für eine Vergrößerung der Optionen eigenständiger Lebensbewältigung zugestanden wird, muss demnach sozialpädagogisch konstituiert sein. In ihn müssen sozialpädagogische Arten der Thematisierung von Sozial- und Subjektzuständen einfließen und die ihm gewährte Flexibilität ausfüllen, ansonsten erscheint er seinerseits als anomischer Ort.

Die Kontingenzwahrnehmung der lebensweltlichen Bezüge des Einzelnen ist folglich perspektivisch ausgerichtet. Sie können von der Sozialpädagogik, aber nicht von einer anderen Institution oder Profession adressiert werden. Und anders als die strukturell „verhärteten" abstrakteren gesellschaftlichen Orte können sie auch modifiziert werden. Es gibt eine klare Strukturlogik der veränderbaren Räume, die eben nur als sozialpädagogische flexibel und kontingent erscheinen. Kommt es zu einer nicht-sozialpädagogischen Raumbearbeitung, so erscheint dies als Symptom der Gesellschaftskrise; im Falle einer sozialpädagogischen Interventionsberechtigung hingegen öffnet die Anomie Handlungschancen.

In beiden Fällen wird von einer anomietheoretischen Gegenwartsdeutung auf konkrete Lebenskontexte der Adressaten der Sozialpädagogik geschlossen. Zeitdiagnosen (s. Kap. 5.1) bzw. zeitdiagnostisch gehaltvolle Sozialtheorien stehen demnach im Kern der Selbst-Legitimierungsstrategien sozialpädagogischen Wissens. Diese Diagnosen können, etwa wenn sie einen Wandel von Arbeitsstrukturen mitteilen, öffentlich und politisch plausibel erscheinen. Häufig ist die empirische Basis entsprechender Stellungnahmen nicht unproblematisch, da ein basaler Wandel behauptet wird, während tief greifende ökonomische Umgestaltungen ohne Zweifel auch in der Vergangenheit aufgetreten sind. In dieser Hinsicht „kann sicher nicht behauptet werden, dass die Veränderungen der Beschäftigungsverhältnisse in Gestalt der Ergänzung des Normalarbeitsvertrages durch flexiblere Formen der Beschäftigung – um mehr handelt es sich de facto nicht – ein neues Zeitalter der Moderne einläuten, zumal es all diese Formen schon früher gegeben hat und sie in anderen Gesellschaften schon immer zur Normalität gehören" (Münch 2004, 531). Aber es ist von Kontinuität und Wandel sozialen Lebens auszugehen, und so sind auch Veränderungen nicht zu leugnen. Im Bereich von Beschäftigungsverhältnissen werden sie medial besonders deutlich repräsentiert (vgl. Erlinghagen/Knuth 2003, 508), so dass es öffentlich anschlussfähig ist, wenn die Sozialpädagogik den Versuch unternimmt, auf dieser argumentativen Grundlage eine veränderte gesellschaftliche Situation darzustellen. Schließlich sind insbesondere die Adressaten der Sozialpädagogik von modifizierten Strukturbedingungen des Arbeitsmarktes negativ betroffen, deutlich werdend beispielsweise in Arbeitsfeldern wie der Jugendberufshilfe (vgl. Galuske 2005), aber auch darüber hinaus. Gering Qualifizierte, die in den vergangenen Jahrzehnten zunehmend von sozialen Randgruppen gestellt wurden, sind besonders häufig von Ausbildungs- oder Arbeitslosigkeit betroffen (vgl. Allmendinger/Aisenbrey 2005; Solga 2005, 241ff). Es kann deshalb plausibel wirken, eine gänzlich veränderte Arbeitsgesellschaft oder sogar deren Ende zu unterstellen, um die aktuelle Notwendigkeit sozialpädagogischen Handelns zu unterstreichen. Fehlende Rückgriffe auf dieses Interventionspotential werden zu einem (weiteren) Krisensymptom und die Sozialpädagogik wird im Gegenzug als zuständige Instanz der Probleminterpretation und -abarbeitung qualifiziert.

Eine reflexive Annäherung, wie sie hier unternommen wird, muss demgegenüber auf der grundlegenden Kontingenz der Argumentation beharren und rekonstruieren, wie Evidenzen hergestellt werden. Sie nimmt in den Blick, wie sozialpädagogisches Wissen durch die Ausblendung und gleichzeitig partikulare Wiedereinführung von Kontingenz ermöglicht wird, so dass der *prinzipielle* Kampf der

Sozialpädagogik um öffentliche und (sozial-)politische Anerkennung sichtbar wird. So werden Problemkreise analysierbar, die einer objektivistischen Annäherung nur schwer zugänglich sind. Drei Aspekte, die bezüglich der Konstitution sozialer Orte relevant sind und sozialpädagogische Sozialobjektivierungen charakterisieren, seien angesprochen. Die ersten beiden Punkte konnten bereits bei der Erörterung von Anomietheorien eingebracht werden und sind nun allgemeiner zu fassen. Es handelt sich erstens um das Mehrebenenproblem, dessen reflexive Erschließung es erlaubt, die gesellschaftliche Positionierung der Sozialpädagogik als Institution in den Blick zu nehmen; zweitens um das Wertungsproblem, das die sozialmoralische Basis sozialpädagogischer Handlungsmöglichkeiten dechiffriert; drittens um Originalitätsbehauptungen, die in mehrfacher Hinsicht die sozialpädagogischen Darstellungen sozialer Lebensverhältnisse prägen.

- *Die Problematik unterschiedlicher Abstraktionsstufen des sozialen Lebens:* Es ist eine nach wie vor zu lösende Aufgabe, Aussagen, die sich auf die abstrakte (Makro-)Ebene der Gesellschaft, zwischengelagerten (Meso-)Dimensionen und die (Mikro-)Welt des Individuums beziehen, in einen konsistenten Zusammenhang zu bringen. Auch prominente Vermittlungsversuche wie das Mikro-Makro-Modell Colemans (1991, 1ff) stoßen auf Kritik und können nicht als konsensuelle Lösung der Mehrebenenproblematik gelten (vgl. z.B. Balog 2001, 164ff; Haller 1999, 329ff; im Überblick Alexander u.a. 1987). Dies soll hier nicht inhaltlich erörtert werden, aber es gilt festzuhalten, dass dieses für die Sozialpädagogik relevante Theorieproblem nicht ausreichend diskutiert, sondern zuweilen durch Plausibilitätsunterstellungen abgehandelt wird.

In Kapitel zwei wurde am Beispiel von Anomietheorien nachgewiesen, dass sie dem derzeitigen sozialwissenschaftlichen Wissensstand nicht gerecht werden (können), was die Notwendigkeit betrifft, das Wissen um komplexe, eigenständige Lebensbereiche theoriearchitektonisch zu integrieren. Es ist lediglich eine mehr oder weniger spekulative Überbrückung einzelner Dimensionen gesellschaftlicher Ordnungsbildung möglich, wie sie durch Krisenappellationen geleistet wird. In ihrem Zentrum steht eine „Dauerkrise", von der ausgehend Spezifizierungen einzelner Ebenen sozialen Lebens unternommen werden. Sozialpädagogische Deutungsstrukturen überbrücken unterschiedliche Abstraktionsniveaus ihrer Sozialobjektivierungen demnach durch krisentheoretische Brückennahmen: Es wird von gesellschaftlicher Anomie ausgegangen, die ihren Niederschlag in problematischen Formen der Lebensbewältigung findet; auf intermediärer Ebene werden defizitäre Bedingungen der Sozialisation durch Familie, Schule, Peer-Group, Massenmedien u.a. eingeführt. Das Auftreten normverletzender Verhaltensweisen Einzelner wird dann mitunter, durchaus zirkulär, eingebracht, um Theoretisierungen sozialer Krisen zu „begründen".

Eine reflexive Analyse kann veranschaulichen, dass dies mit Blick auf theoretische Konsistenz unbefriedigend sein mag, es aber für die Etablierung sozialpädagogischer Deutungsstrukturen funktional ist, auf diese Weise zu argumentieren, um Handlungs- und Wissensbedarf auszuweisen. Unter Ausblendung anders möglicher Erklärungen wird die Sichtbarkeit individueller Devianz sozial kontextualisiert. Ebenso wie die Sozialpädagogik als Institution insgesamt werden Normabweichungen reaktiv repräsentiert, indem sie als Antworten auf spezifische soziale Missstände behandelt werden. Pestalozzis Diktum, wonach der Mensch stets auch die Umstände beeinflusse und ihnen nicht ausgeliefert sei, bezieht sich in der Folge nur auf einen Teilbereich des sozialen Lebens, der sich von einer objektivierenden Sozialkonstruktion eingerahmt findet, aber in dieser partiellen Flexibilität dazu dienen kann, personenbezogenes sozialpädagogisches Handeln auszuweisen. Dadurch wird es möglich, eine Anleitung zu – aus sozialpädagogischer Sicht – „gelingender" Lebensführung auf der Mikroebene zu realisieren, während weitergehende Veränderungen gemäß der objektivistischen Diagnose sozialen Lebens ausgeschlossen scheinen.

- *Wertungsfragen:* Eine besondere Rolle bei der Darstellung von Sozialobjektivierungen spielen Bewertungen einzelner Lebensformen und -stile. Wenn es zutrifft, dass gesellschaftliche Krisen nicht objektiv diagnostiziert und in ihren Folgewirkungen angesichts des Mehrebenenproblems nicht direkt auf individuelle Bewältigungsoptionen bezogen werden können, so handelt es sich bei der Darstellung entsprechender Relationen um Bezugnahmen auf der Basis von Bewertungen: Gesellschaftliche Aspekte – eine Zunahme befristeter Arbeitsverträge, wachsende Arbeitslosigkeit, eine konditionalisierte Sozialpolitik, Dimensionen sozialer Ungleichheit o.a. – werden als Krise interpretiert. Mit ihr werden andere Erscheinungen in Verbindung gebracht, etwa aggressives oder kriminelles Verhalten Jugendlicher, die gleichfalls negative Bewertungen enthalten. So wirkt es plausibel, beides zu verbinden und z.B. individuelle Orientierungsschwierigkeiten mit makrostruktureller Enttraditionalisierung oder anderem zu „erklären", denn in den beiden Fällen fundieren vergleichbare Grenzbestimmungen von Legitimität und Illegitimität die jeweilige Identifizierung. Es liegt eine Konstruktion sozialer Normalität zugrunde, die verletzt zu sein scheint. Diedrich, Meyer und Rössner (1999) sprechen in diesem Zusammenhang von einem „Kampf um den Limes der Gesellschaft", der sich durch permanente Bestimmungsversuche auszeichnet, welche Personen sich aus bestimmten Gründen jenseits oder diesseits der Normalitätszonen befinden.

In der sozialpädagogischen Ausdeutung von gesellschaftlichen Makrokonstellationen und von Formen individuellen (Fehl-)Verhaltens ist die Intention vorherrschend, eine Erweiterung individueller Handlungsoptionen trotz sozialer Krisen zu erreichen. Diese Gegen-Positionierung beinhaltet als Basis wertende Markierungen von Sachverhalten und Subjektqualitäten und so kann die Rolle des Helfers, gegen die ursprüngliche Absicht, in die des Unterstützers sozialen Ausschlusses transformiert werden (vgl., am Beispiel von Flüchtlingsarbeit, Bauman 2005, 109). Wenn eine gesellschaftliche „Dauerkrise" tatsächlich nicht gelöst werden kann, so könnte es nahe liegen, die von ihr mit defizitären Handlungsmöglichkeiten Ausgestatteten nicht sozialpädagogisch zu stützen, sondern gesellschaftlich auszuschließen. Diskussionen um eine wachsende „Punitivität" in Gesellschaft und Kriminalpolitik zeigen, dass scheinbar in wachsendem Maße weniger Rehabilitation anstatt Bestrafung gefordert wird, wenn Menschen durch Normbrüche auffallen (vgl. zu insgesamt kontroversen Befunden Kury/Obergfell-Fuchs 2006; Lautmann u.a. 2004)[54].

Die Sozialpädagogik ist vor diesem Hintergrund darauf angewiesen, Standards sozialer Gerechtigkeit und sozialpolitischer Unterstützung zu mobilisieren, um entsprechende Tendenzen zu verhindern. Böhnisch u.a. (2005, 248) sprechen diesbezüglich von einem „Projekt sozialer Gerechtigkeit", an dem Sozialpädagogik und Sozialarbeit partizipieren. Sie artikulieren ihr Wissen und entfalten ihre Handlungsausrichtungen in einem kulturellen und politischen „Klima", das individuelle Formen der Lebensführung mit einem Ächtungsrisiko konfrontiert. Da die von der Sozialpädagogik artikulierte Missbilligung bestimmter Formen sozialer Verhältnisse in sozialpolitisch gestützte Gegenmaßnahmen transformiert werden soll, muss sie darauf insistieren, dass die Missbilligung zwar geteilt, aber mit den Mitteln der Sozialpädagogik im Sinne einer intendierten Erweiterung von Optionen der Lebensführung auf Seiten der Adressaten beantwortet wird.

Reflexivität bedeutet in diesem Zusammenhang zu analysieren, wie durch die Institutionalisierung spezifischer Deutungsstrukturen eine Verankerung von sozialpädagogischen Handlungsvoraussetzungen in der Wahrnehmung sozialer und individueller Lebensverhältnisse geleistet wird. Die

---

54 Zur Förderung von sozialem Ausschluss können beispielsweise auch hilfsorientierte Sozialraumlogiken beitragen. Wenn Verhalten nur innerhalb begrenzter Kontexte akzeptiert, in anderen aber negativ sanktioniert wird, kann sich sozialräumliche Segregation bzw. Ausgrenzung ergeben. Ein instruktives Beispiel zeigt die „akzeptierende Drogenarbeit". Schmidt-Semisch und Wehrheim (2005) verweisen treffend auf eine „exkludierende Toleranz".

Kommunikation von Wertungen spielt dabei eine herausragende Rolle und es ist zu beachten, wie die Sozialpädagogik – etwa in Auseinandersetzung mit (neo-)liberalen oder (neo-)konservativen Angriffen auf den Wohlfahrtsstaat und seine Integrationsleistungen – darauf besteht, Krisendeutungen nicht nur zu objektivieren, sondern sie als nicht tolerierbare Missstände besonderer Art im kulturellen Bewusstsein zu befestigen. Personengruppen werden mit ihnen assoziiert, so dass eine Balance erforderlich wird: Probleme sollen durch psychosoziale Unterstützung und erweiterte Bildungs- bzw. Lebensbewältigungsmöglichkeiten, nicht durch Ordnungspolitik abgearbeitet werden.

- *Originalitätsbehauptungen:* Aus offensichtlichen Gründen spielt die Zurückweisung von Kontingenzoptionen bei der sozialpädagogischen Selbstlegitimation eine besondere Rolle. Sie soll ausschließen, dass andere Formen sozialen Lebens und andere Bewertungen plausibilisiert werden. Die reaktive Selbstpositionierung der Sozialpädagogik gegenüber ihrer gesellschaftlichen Einbettung leistet dies. Die Sozialpädagogik scheint die „richtige" Antwort auf Krisenerscheinungen zu sein. Muss man von einer „Dauerkrise" ausgehen, so wird die Sozialpädagogik als Institution langfristig legitimiert, aber dies setzt sie dem Verdacht aus, ihre Deutungs- und Handlungspotentiale könnten veralten.

Auf dieser Grundlage werden Zäsurbehauptungen verständlich, die sozialpädagogisches Wissen in verschiedener Hinsicht auf markante Weise prägen. Sozialität wird durch sie (putativ) jeweils neu hervorgebracht und als Wissensgehalt aktualisiert, so dass begründungsfähig wird, warum aktuell sozialpädagogisches – und nicht anderes problembearbeitendes – Handeln zur Krisenminderung notwendig zu sein scheint. Drei Dimensionen von Zäsurbestimmungen lassen sich unterscheiden, eine historische, eine subjekt- und schließlich eine sozialbezogene. Die letztgenannte ist bei einer Darstellung von sozialen Objektivierungen entscheidend, sie bleibt aber ohne die beiden anderen unvollständig.

Erstens werden mit Hilfe von Anomie- und Zeitdiagnosen *historische Brüche* thematisiert. Sie generieren stets neuartige gesellschaftliche Situationen, die Individualitäten beschädigen und personenbezogene Interventionen einfordern (s. Kap. 5.1)[55]. Dies führt zwar zu einem Nachweis sozialpädagogi-

---

55 In der Konstitution einer spezifischen Gegenwart und Zukunftsoption wird auch eine besondere Vergangenheit konstituiert. Die sozialpädagogische Identifizierung aktueller Sozialität gründet nicht

schen Handlungsbedarfs. Es ist aber nicht zu vernachlässigen, dass dadurch mitkommuniziert wird, das etablierte System sozialer Sicherung müsse zumindest teilweise ebenfalls neu justiert werden. Ebenso wie das sozialpädagogische Handlungsspektrum steht es in Veraltungsverdacht, und so wird die Vermutung geäußert, dass „die bisherige problemlösende Leistungsfähigkeit des sozialstaatlichen Arrangements auf Voraussetzungen beruht, welche im Zuge weiterer wirtschaftlicher und sozialer Veränderungen brüchig geworden sind" (Kaufmann 2005, 252; s.a. Kaufmann 1997). Die Zeitdiagnostik, die sozialpädagogisches Handeln legitimiert, muss bzw. müsste demnach Sorge dafür tragen, dass auch dessen Voraussetzungen plausibilisiert werden. Dies kann im Falle zeitdiagnostischer Ausführungen, die sich durch Tendenzen einer Simplifizierung gesellschaftlicher Fragestellungen auszeichnen, ein komplexer und verantwortungsvoller Auftrag sein.

Zweitens können Diagnosen neuartiger gesellschaftlicher Problemlagen das Missverständnis nahe legen, es wäre möglich, auf *Subjekte* durch planbare und effiziente Maßnahmen einzuwirken, um gegen soziale Probleme vorzugehen. Dies ist v.a. denkbar, da die Diagnosen in der Regel Hinweise auf scheinbar eindeutig identifizierbare Ursachen sozialen Wandels enthalten, um glaubwürdig eine neuartige Gesellschaftsform unterstellen zu können. Schematisierte, unmittelbar ursachenbezogene Interventionen können deshalb als Mittel der Wahl erscheinen, die z.B. sozialpädagogisch strukturierte Ermessensspielräume der Fallbearbeitung nicht zuließen. Sozialpolitische Steuerungsformen, die vorrangig auf ökonomische oder rechtliche Mittel rekurrieren, tendieren in diese Richtung, wenn Sozialbudgets oder begrenzte rechtliche Anspruchsniveaus vorgegeben werden. Sozialökologische und auch pädagogische Maßnahmen bieten hier größere Spielräume, allerdings benötigen sie ihrerseits rechtliche und finanzielle Basissicherheiten, um operationsfähig zu sein[56]. Wie Kaufmann (2005, 103) zu Recht betont, zeichnen sich pädagogische bzw. sozialpädagogische Interventionen durch ihre Abhängigkeit von der Mitwirkung bzw. Koproduktion der Adressaten aus, um erfolgreich sein zu können. Sie sind, neben weiteren Gründen, *deshalb*

---

auf „objektiv" Vergangenem. Sie aktualisiert Wissensoptionen über historisch gewordene Formen sozialen Lebens, denen damit der Anschein des Objektiven zugewiesen wird.
56 Zugrunde gelegt wird die Unterscheidung Kaufmanns (2005, 69ff, 107ff), der eine Typologie rechtlicher, ökonomischer, ökologischer und pädagogischer Interventionsformen der Sozialpolitik aufstellt. Kaufmann beschreibt dabei pädagogische Maßnahmen, soweit sie auf Partizipationsfähigkeiten abstellen, als Grundlage der anderen Formen, da „gesellschaftliche Teilhabe stets Handlungsfähigkeit, aber auch Handlungsbereitschaft" (ebd., 101), voraussetzt. Es trifft auch umgekehrt zu, dass pädagogische Interventionen rechtlicher und ökonomischer Garantien bedürfen.

grundsätzlich nicht eindeutig planbar bezüglich der Erreichung von Zielen, die vor der Leistungserbringung operationalisiert und mit festgelegtem Mitteleinsatz angestrebt werden. Diese Steuerungsunsicherheit erhöht aus staatlicher Sicht den Kontroll- und Evaluationsbedarf. Es wurden in den vergangenen Jahren im Zuge sozialpolitischer Reformen in dieser Richtung beachtliche Anstrengungen unternommen (vgl. Flösser/Otto 1996; Messmer 2007; Schönig 2006). Die Sozialpädagogik muss einer schematisierten Fallbearbeitung allerdings Kritik entgegen bringen. Sie insistiert auf der Eigensinnigkeit der Subjekte, die stets gegen heteronome Verhaltenserwartungen gerichtet sein kann und innovative Handlungsformen erforderlich macht (s. Kap. 4.2). Als Beispiel aus dem Bereich der Kinder- und Jugendhilfe seien die „Hilfen zur Erziehung" genannt; es werden in den §§ 28 bis 35 SGB VIII zwar konkrete Hilfen angesprochen, aber diese sind nicht erschöpfend: „Die Hilfe soll dem Einzelfall gerecht werden. Ein *fantasievoller Einsatz anderer Hilfsmöglichkeiten* ist gewünscht" (Möller/Nix 2006, 136; s.a. Jordan 2005, 166). Es handelt sich um eine sozialpädagogischem Wissen eingeschriebene Grundorientierung, der Komplexität von Einzelfällen weitestgehend gerecht werden zu müssen. Sie wird gerade dann konturiert, wenn empirische Erfahrungen diesbezüglich auf Probleme hinweisen und mit kritischem Unterton eine fehlende Einzelfallorientierung angemahnt wird (vgl. Merten 2002b, 12). Insbesondere bezüglich diagnostischer und organisationaler Verfahrensformen wird in dieser Hinsicht auf Einschränkungen aufmerksam gemacht (vgl. Klatetzki 2005, 265; s. Kap. 4.2.3; 5.2). Charakteristisch ist hierbei die sozialpädagogische Kritik an einer schematisierenden Praxis, indem sie auf die Einhaltung fachlicher Standards Wert legt und fehlende Flexibilitäten der Hilfeplanung und -durchführung beklagt. Es wird gefordert, Subjektivität nicht zu standardisieren, so dass sie in ihrer empirischen Realität als Zäsur gegenüber externen Subjektivierungsvorgaben erscheint. Gleichwohl können sozialpädagogische Krisendarstellungen ihrerseits von schematisierenden Subjektkategorien kaum frei sein: Subjektivität wird als sozial beschädigte thematisiert, indem aus gesellschaftlichen bzw. nahräumlichen Bedingungen auf individuelles (Fehl-)Verhalten geschlossen wird.

Drittens steht in enger Verbindung mit dem historischen und subjektbezogenen Originalitätsbedarf eine Tendenz, auch Flexibilitäten einzukalkulieren. Dass sie durch die sozialpädagogischen *sozialtheoretisch* Deutungsstrukturen eingeschränkt sind, wurde bereits erwähnt. Sie sind deshalb aber nicht zu negieren. Heterogene Erscheinungsformen sozialen Lebens, die sich typisierenden Sozialobjektivierungen gegenüber sperren, können insbesondere mit der Eigensinnigkeit der Subjekte assoziiert werden. So ist bei den „Hilfen zur Erziehung", um bei diesem Beispiel zu bleiben, „das engere soziale Umfeld des Kindes oder des Jugendlichen" einzubeziehen, wie in § 27 (2) SGB VIII gefordert wird. Dieses Umfeld ist offenkundig je nach Einzelfall sehr unterschiedlich. Ist Subjektivität in der Sozialpädagogik nicht standardisierbar, so gilt dies auch für das soziale Nahfeld. Sozialpolitische Versuche einer Standardisierung – etwa durch die sozialkartographische Erfassung sozialer Räume anhand ihrer „Problembelastung" und durch Versuche einer zielgruppenspezifischen, nahräumlichen Intervention – können demnach eventuell gewisse Anerkennung in der Sozialpädagogik finden (vgl. Kessl 2005, 182ff). Aber ebenso deutlich und charakteristisch ist die Kritik an ihnen (vgl. Kessl u.a. 2006), denn die Sozialpädagogik beharrt in der Regel auf der Berücksichtigung von Freiräumen, um Veränderungen sozial situierter Subjektivität ermöglichen zu können. Dies gilt für einzelne Arbeitsfelder in besonderem Maße, etwa für die Offene Kinder- und Jugendarbeit und die Frage, wie sie „flexible Strukturen schaffen (kann; B.D.), die von jungen Menschen auf vielfältige Art in Besitz genommen werden können" (Kühn 2005, 407). Wie Winkler (1988) nachweist, handelt es sich allerdings um eine sozialpädagogische Grundfrage: Subjektivität kann nur in sozialen Zusammenhängen realisiert werden und sie bedarf zu ihrer Entfaltung gewisser Freiräume. Zeichnet sich der sozialpädagogische Diskurs dadurch aus, auf soziale Orte und Subjektivität zu verweisen, so verlangt beides ein Mindestmaß der Darstellung von Flexibilität und Originalität, das durch die Sozialpädagogik einzulösen ist.

In der reflexiven Rekonstruktion wird dies geradezu als eine Existenzbedingung von sozialpädagogischem Wissen sichtbar. Die Konstitution sozialer Orte erfolgt einerseits durch Objektivierungen und damit durch die systematische Einschränkung und Verschleierung von Kontingenzen. Andererseits werden innerhalb der damit abgesteckten Räume auch wieder Optionen geöffnet, die Veränderungen zulassen. Gemäß der sozialpädagogischen Deutung stehen sie der Sozialpädagogik als Handlungsfeld zu, während sozialpolitische oder ökonomistische Standardisierungen einer Missachtung von Entwicklungs- und Entfaltungspotentialen angeklagt werden. Die Anerkennung des Individuums, seiner Ressourcen zu Selbsthilfe und Bildung sowie seiner Entwicklungsoptionen (vgl. z.B. Schaarschuch 1999; Sting/Sturzenhecker 2005) verdeutlicht die sozialpädagogische Gewährleistung einer sozial kontextualisierten Subjektivität, die nicht grundlegend standardisierbar ist. Sie ist zwar an Kriterien der Legitimität gebunden und damit stets beschränkt. Aber trotz ihrer Perspektivität sollen die entsprechenden (relativen) Freiräume Möglichkeiten gewähren, den „Autonomiespielraum" (Sting/Sturzenhecker 2005, 237) des Einzelnen zu vergrößern. Damit müssen sie gegenüber starren Strukturen „des" Sozialen stets auf Änderungsmöglichkeiten des Status quo, zumindest im lebensweltlichen Bezug des Einzelnen, insistieren.

Die Mehrebenenproblematik, die Wertungsfragen und die Originalitätsbehauptungen verdeutlichen die Art und Weise, wie durch sozialpädagogische Deutungsstrukturen Sozialität konstituiert wird. Sozialpädagogische Stellungnahmen weisen in diese Richtungen zielende Voraussetzungen und Implikationen auf, die reflexiv erschlossen werden können und Auskunft über ihre kulturellen und politischen „Außenanbindungen" geben. Die Sozialpädagogik erweist sich als Instanz, die in dem ihr zur Verfügung stehenden Rahmen spezifische Formen von Sozialität repräsentiert und Handlungsmöglichkeiten für die Entfaltung subjektiver Bildungsprozesse auszuloten und auszufüllen bestrebt ist.

Die Erkenntnis, dass die Sozialpädagogik dies leistet, indem sie auf gesellschaftliche Krisen hinweist, führte Mollenhauer (1968, 21) zu der Aussage, die Gesellschaft produziere „im Sozialpädagogen einen ihrer heftigsten Kritiker. Durch die immer wieder neu auftretenden Schäden gibt sie der Kritik immer neue Nahrung." Zwar ist die Art der Kritik nach Mollenhauer ideologisch gefärbt, aber sie weist auf faktisch bestehende Probleme hin, wie sie fortlaufend von der Gesellschaft generiert würden. Der sozialpädagogischen Theorie komme es zu, „die Realität und die Art dieser Gesellschaft nachdrücklich in ihre Theorie und ihre Maßnahmen" (ebd.) einzubeziehen. Es ist entscheidend, als Ausgang und Grundlage dieser Legitimation sozialpädagogischer Verfahrensweisen die Objektivierung gesellschaftlicher Krisen anzuerkennen.

Man kann dies umformulieren: Die Gesellschaft muss in einer Krise befindlich sein, sonst bräuchte sie keine Sozialpädagogik. Zutreffender, als den Sozialpädagogen als gesellschaftlich hervorgebrachten Kritiker der Gesellschaft zu beschreiben, wäre es demnach, ihn als Interpreten sozialer Verhältnisse zu verstehen und nach den Deutungen zu fragen, die er hierbei in Abhängigkeit von seiner gesellschaftlichen (und disziplinären) Lage implementiert. Dadurch wird sichtbar, dass es sich um eine besondere Art der Kritik handelt. Sie thematisiert personale Problemzurechnungen und soziale Kontextfaktoren, die bei der Problemverursachung und Problembearbeitung zu berücksichtigen sind. Von diesem voraussetzungsvollen Startpunkt aus blickt der Sozialpädagoge auf die Gesellschaft und legt dabei Interpretationsraster zugrunde, die ihn als Kritiker erst in Geltung setzen. In seinen Blick fallen problematische Sozialisationsbedingungen in Familien, deviante Peergruppen, Armut als Erschwernis individueller Teilhabe und anderes. Es erscheint rational, die Gesellschaft für diese Bedingungen anzuklagen, mit denen sie die Einzelnen konfrontiert. Der Sozialpädagoge dürfte aber kaum auf die Idee kommen, Armut als strukturelles Problem zu identifizieren, das durch ausschließlich ökonomische Mittel zu lösen ist. Ebenso wenig dürfte er z.B. sozial auffällige Peergruppen als Frage der Ordnungspolitik wahrnehmen und auf ein „hartes Durchgreifen" der Polizei hoffen. Auch wäre es zumindest heutzutage ungewöhnlich, würde er zur Restitution der Sozialisationsleistungen von Familien auf eine Wiedereinführung des patriarchalen christlichen Familienbildes setzen und den Betreffenden den Besuch von Gottesdienst und Beichte anempfehlen. Und nicht zuletzt würde er kaum die Probleme ignorieren und Spontanremission erwarten. Er wirft statt dessen in seiner Problematisierung spezifische Blicke auf einzelne Sachverhalte, wertet sie in seinem Sinne und zeichnet damit Bilder einer Gesellschaft, deren Probleme er sinnvoll zu bearbeiten in der Lage ist, zumindest was die personalen Auswirkungen der referenzierten Lebensverhältnisse betrifft.

Dies meint nicht Beobachtungen gemäß einer eigenlogischen Art der Konstitution von Welt anhand binärer Codierungen im Sinne Luhmanns (1998, 766ff)[57]. Kennzeichnend ist vielmehr eine in Abhängigkeit von historisch etablierten Deutungsstrukturen flexible Art der Welterfahrung, in die jeweils interdisziplinär und kulturell verfügbare Informationen einfließen; sie werden so verarbeitet und relationiert, dass eine spezifische Gesellschaft in eigener sozialpädagogischer Qualität emergiert. Erfolgt dies in plausibel erscheinender Art und Weise unter ausgewiesenem Einsatz sozialpädagogischer Deutungsstrukturen, so kann sich der Sozialpädagoge als fundierter Gesellschaftskritiker geben. Er partizipiert dadurch an kulturellen Krisenkonstruktionen und an dem Glauben an eine objektiv gegebene Gesellschaft, der er besondere Eigenarten zurechnet, um sie kritisieren zu können. Damit artikuliert er nicht nur Gesellschaftskritik, sondern konstituiert unter Rekurs auf aktuell verfügbare und aus sozialpädagogischer Sicht anschlussfähige Sozialobjektivierungen eine Form von Gesellschaft mit, von der er sich distanziert. Die artikulierte Kritik entspricht dem Rahmen, in dem er handlungsfähig ist, was nicht ausschließt, dass er sich mitunter als Sisyphos fühlen mag, da er primär die personal zuschreibbaren Folgen strukturell verursachter Krisen bearbeitet. Dies kann umso mehr der Fall sein, als der produktive „Fortschritt", den Mollenhauers (1968, 27) Problemtheorie durch die Abarbeitung sozialer Missstände noch für möglich halten konnte, aktuell wenig plausibel erscheint: Optionen der Problemlösung führen zu der Frage, worauf sie ange-

---

57 Die Frage, ob es einen solchen Code im Falle der Sozialpädagogik gibt oder nicht, und wenn ja, wie man ihn dann beschaffen ist, ist hier irrelevant. Luhmann selbst war bekanntlich skeptisch, dass soziale Hilfe sich als eigenständiges soziales Subsystem ausdifferenziert habe; er konstatierte allerdings, man könne eventuell „ein Funktionssystem im Entstehen beobachten" (Luhmann 1998, 634). Dies muss an dieser Stelle ebenso wenig wie die hierauf bezogenen Auseinandersetzungen in den Theoriedebatten von Sozialpädagogik/Sozialarbeit weiter verfolgt werden.

wendet werden können. So etablieren sie stets neue Probleme, die sie zu bearbeiten vermögen.

4.1.2 „Entgrenzung" als aktuelles Deutungsangebot

Strukturen sozialpädagogischen Wissens werden u.a. durch wechselnde Zeitdiagnosen kulturell situiert und aktualisiert. Sie erschließen Formen sozialen Lebens in einer tastenden, generalisierenden Interpretation und machen diese für sozialpädagogische Anschlussinterpretationen fruchtbar. Seit der „sozialen Frage" liegen vielfältige Angebote vor, die mitunter längere, mitunter kürzere Konjunktur hatten. Sie müssen hier nicht rekapituliert werden. Statt dessen soll mit der These einer „Entgrenzung" eine Wahrnehmung gesellschaftlicher Prozesse erörtert werden, die sich derzeit anschickt, dominierende Bedeutung als sozialpädagogische Perspektive der Hervorbringung von Sozialität zu erlangen – ob dies erfolgreich ist oder nicht und wie lange sich diese Deutung etablieren kann, wird erst im Zeitverlauf zu sehen sein. Sie interessiert hier ohnehin nicht als Zeitdiagnose, sondern als Versuch, einen spezifischen sozialen Ort zu konstituieren. Dies erfolgt zwar über den Weg der Zeitdiagnose, aber in Referenz auf die Herstellung und Konturierung einer – paradoxerweise als relativ konturlos unterstellten – Sozialität, in deren Rahmen Sozialpädagogik stattfindet und Nahräume zur Selbsthilfe des Einzelnen einrichten kann.

Die Entgrenzungsthese ist hier von ranghoher Relevanz, da sie den Kern der sozialpädagogischen Existenz berührt: Wie gleich näher begründet wird, kann Sozialität aus Sicht der Sozialpädagogik nicht ohne die Wahrnehmung von Tendenzen einer Entgrenzung thematisiert werden. Es ist deshalb für eine reflexive Analyse besonders aussagekräftig, wenn eine Zunahme entgrenzter Zustände als allgemeiner Trend gesellschaftlicher Ordnungskonstitution angenommen wird. Um dies in den Blick zu nehmen, ist zunächst der argumentative Ausgangspunkt zu erschließen, um dann, vor einer der Klärung der sozialpädagogischen Sozialobjektivierung, die pädagogischen Implikationen der These zu benennen.

a) Ausgangspunkt

Was die diskursive Einbettung aktueller Diagnosen der „Entgrenzung" betrifft, so sind sie eng mit der These einer radikalisierten Modernisierung bzw. einer „Zweiten Moderne" assoziiert. In kritischer Auseinandersetzung verweist Münch (2004, 530ff) auf „Entgrenzung" als „Ursache des Epochenwandels", den entsprechende Diagnostiker unterstellen (vgl. z.B. Beck 1986; 1996; Beck/Lau

2004). Mit der Dichotomisierung einer „Ersten" gegenüber einer „Zweiten Moderne" wird unterstellt, jene sei eine „Zeit der Homogenität und klaren Grenzziehungen" (Münch 2004, 529) gewesen, während die neuere Art von Gesellschaft pluralisiert, offen und heterogen erscheint.

In einem Versuch der Erläuterung heißt es, es zeige sich „eine Radikalisierung der Moderne, welche die Prämissen und Konturen der Industriegesellschaft auflöst und Wege in andere Modernen – oder Gegenmodernen – eröffnet" (Beck 1996, 29). Normalitäten – etwa Entwürfe von „Normalbiographien", „Normalarbeitsverhältnisse" oder „Normalfamilien" – lösten sich in unterschiedliche Formen auf, deren Kern im Wesentlichen darin bestünde, vom Einzelnen gewählt und nach seinen Interessen und Präferenzen entworfen zu sein. Als Protagonist entsprechender Thesen im deutschen Sprachraum weist Beck (1986) darauf hin, es sei seit den Jahrzehnten nach dem Zweiten Weltkrieg zu einer Erosion sozialer Makrostrukturen gekommen, die den Einzelnen gleichsam in Normalitätsentwürfe „einbetteten" und ihn in kollektive Muster der Lebensführung integrierten. Im Zuge einer grundlegenden Enttraditionalisierung müsse der Einzelne nun selbst sein Leben entwerfen und interpersonelle Beziehungen planen. Dadurch komme es neben der Enttraditionalisierung und Auflösung von Klassenstrukturen zu einer personenbezogenen Re-Integration der Menschen. Im Zentrum der Gesellschaft stehe der Einzelne: Er *„ wird zur lebensweltlichen Reproduktionseinheit des Sozialen"* (Beck 1995, 189).

Anschaulich gemacht werden kann die These durch den ihr zugrunde liegenden Rekurs auf naturwissenschaftliche Risiken. Die Betroffenheit von ihnen – etwa am Beispiel radioaktiver Strahlungen (vgl. Beck 1986) – beziehe sich auf alle Menschen, unabhängig von ihrer Klassenlage. Sie werden als Einzelne affiziert und müssen mit der Verantwortung für einen sinnvollen Umgang mit den Risiken leben. Gesellschaftliche Strukturen erscheinen, wie der Analogieschluss nahe legt, diffus und nicht mehr unmittelbar handlungsleitend.

Es genügt, hier relativ kurz auf diese Thesen zu verweisen; sie wurden in der Literatur überaus breit dargestellt und mit der angezeigten Kritik versehen (vgl. Burkart 1994; Friedrichs 1998; Geißler 1996; Széll 2006; für die (Sozial-)Pädagogik vgl. Baader 2004; Dollinger 2007a; Fischer 2007). Bedeutsam ist hier die Annahme einer Entgrenzung sozialer und strukturell vorgegebener Bindungen. Sie stellt das Individuum in den Fokus der Aufmerksamkeit und relativiert institutionalisierte Entscheidungsvorgaben und strukturelle Handlungsbeschränkungen. Gesellschaft wird als Konglomerat flexibler Bindungen und Beziehungen repräsentiert, die den Einzelnen zwar durchaus mit Anforderungen und Erwartungen konfrontierten, v.a. mit der Notwendigkeit einer Eigen-Flexibilisierung. Aber Richtung und Inhalt der Lebensplanung und der individuellen

Entwicklung scheinen zunehmend vom Einzelnen gesteuert und verantwortet werden zu müssen[58].

b) Pädagogische Inanspruchnahme

Die Thesen wurden sehr unterschiedlich weiter entwickelt und rezipiert (vgl. am Beispiel von Arbeitsverhältnissen Gottschall/Voß 2005a). In der Pädagogik wurde breit diskutiert, welche Folgen und Aufforderungen sich aus den dargestellten Prozessen ergeben (vgl. Dollinger 2007a, 76f). Aus der Komplexität der Schlussfolgerungen leitet sich eine entsprechend heterogene Bezugnahme ab. So sind die in Pädagogik und Sozialpädagogik aktuell relevanten Entgrenzungskonzepte nur mehr oder weniger deutlich an die Thesen eines jüngeren Modernisierungsschubes gekoppelt; letztlich ist zu konstatieren, dass sie aus ihm als Hintergrundvariable zeitdiagnostische Plausibilität beziehen, ohne in jedem Fall einer spezifischen Ausgangsthese zu folgen.

Ein Versuch, Prozesse der Entgrenzung näher zu bestimmen, sei exemplarisch genannt. Er findet sich in einem sozialwissenschaftlich und empirisch ausgerichteten vierbändigen Einführungswerk, genauer in dessen erstem Band mit dem Titel „Einführung in Grundbegriffe und Grundfragen der Erziehungswissenschaft". Dies vergegenwärtigt einen grundlegenden Anspruch, da Studierende – als primäre Adressaten der Publikation – mit „Entgrenzung" als Basisbegriff einer sozialwissenschaftlichen Erziehungswissenschaft vertraut gemacht werden sollen. In dem Beitrag, der mit „Entgrenzung des Pädagogischen" überschrieben ist, verweisen Lüders, Kade und Hornstein (2006) auf die organisationalen und institutionellen Implikationen von „Entgrenzung". Prinzipiell wird sie als ein „Raum" vorgestellt, denn der Abschnitt des betreffenden Bandes der Publikation ist mit „Räume für pädagogisches Handeln" tituliert. Entgrenzung als Aufhebung klarer Konturbestimmungen ist demnach eine Raum-Bezeichnung; der diagnostizierte Nicht-Raum bzw. Nicht-Mehr-Raum fungiert als Raumorientierung für pädagogisches Handeln.

---

58 Dieser Grundgedanke kennzeichnet moderne Pädagogik insgesamt. Etwa für Wilhelm von Humboldt resultierte allgemeine Bildung als „Aufgabe einer Pädagogik, die die in der Ständegesellschaft und im absolutistischen Staat vorgegebenen Grenzen der Bestimmung des Menschen entgrenzt" (Benner 1990, 78). Tradierte Grenzen wurden zunehmend unsicher und engten den Einzelnen ein, so dass pädagogisch zu fragen war, welche neuartigen Grenz-Orientierungen und Integrationsmechanismen nun im Erziehungsprozess anzuerkennen und zu fördern waren. Für Humboldt (und andere) verwies dies auf Individualität im Rahmen nationaler Bindungen. In den Diskussionen um eine „reflexive Modernisierung" wird dieses Thema auf spezifische Weise neu theoretisiert und qualifiziert, so dass unmittelbare (sozial-)pädagogische Anschlussfähigkeit gegeben ist.

134

Der Fokus liegt gemäß der disziplinären Orientierung weniger auf gesellschaftlichen Prozessen als auf Aspekten der Erziehung, allerdings ist eine Trennung nur bedingt möglich. Die Autoren empfehlen nicht nur explizit eine Orientierung u.a. an Theorien der reflexiven Modernisierung (ebd., 231), sondern nehmen mit ihrer Diagnose Bezug auf soziale Verhältnisse und gesellschaftlichen Wandel, indem sie auf eine (ursprünglich) außerhalb pädagogischer Institutionen liegende „nicht-pädagogische Welt" (ebd., 224) verweisen. Deren Thematisierung sei in der Pädagogik bislang anhand von zwei Aspekten erfolgt: durch die Frage, ob heimliche „Miterzieher" als Konkurrenten der Pädagogik deren Erfolg beschränken, und durch Hinweise auf Sozialisation als andere Seite beabsichtigter Erziehung. Ohne dass beides klar zu unterscheiden sei, wird auf die Grenze zwischen pädagogisch intendierter und in entsprechenden Institutionen verankerter Einflussnahme und medialer, sozialisatorischer Einwirkung als Kernpunkt der Entgrenzungsfrage hingewiesen.

Diese Relation von genuin pädagogischen und sozialisatorischen Beeinflussungen erscheint gemäß der Entgrenzungsthese, angesichts einer „Pädagogisierung der Lebenswelt" (ebd., 225), aktuell verschoben. Pädagogische Wissensgehalte drängten immer stärker von den expandierenden pädagogischen Institutionen und Organisationen in Lebenswelten vor und veränderten deren Ausrichtung und Selbstverständnis. Zur Erläuterung heißt es:

> „Gemeint ist damit, dass die historisch entstandenen Formen pädagogischen Denkens und Handelns sich von den in den letzten 40 Jahren so vertraut gewordenen Bezügen und Bereichen, von ihren typischen Institutionen und Räumen lösen und auf neue, von der Pädagogik bisher noch nicht erfasste Altersstufen und Lebensbereiche übertragen werden. Dieses Phänomen ist im Alltag mittlerweile so allgegenwärtig und selbstverständlich geworden, dass es kaum mehr auffällt. Bei genauer und distanzierter Betrachtung zeigt sich jedoch, dass heute so gut wie alle Bereiche des öffentlichen Lebens mit Momenten pädagogischen Denkens und Handelns durchsetzt sind" (ebd., 226).

Dies zielt nicht auf die Annahme, die gesamte Welt sei eine pädagogische Veranstaltung geworden, sondern auf Tendenzen einer neuartigen Relationierung pädagogischer und nicht-pädagogischer Verhältnisse, Interaktionen und Beziehungsmuster. Sie werden durch drei Aspekte gekennzeichnet: Es komme *erstens* zu Vermischungen pädagogischer und nicht-pädagogischer Wissensgehalte, durch die ursprünglich gemeinte pädagogische Sinnzusammenhänge verändert, zuweilen sogar aufgelöst werden könnten. Dabei seien, *zweitens*, auch Trends zu beachten, durch die sich eine Integration spezieller Lernarrangements in das allgemeine kulturelle und alltägliche Leben einstelle, so dass es sich kaum noch um genuin pädagogische Beziehungsmuster handle. *Drittens* entfalte sich eine erweiterte „Aneignungskompetenz der AdressatInnen pädagogischer Angebote" (ebd., 229).

Die Charakterisierung zeigt, wie eng verbunden Ort- und Subjektthematisierungen auftreten. Die sozialräumlich angelegte These einer Entgrenzung insistiert auf einer sukzessiven Subjektorientierung pädagogischen Handelns, das weniger durch organisationale oder professionelle Vorgaben als durch die Bedürfnisse und Interessen der Subjekte gesteuert werde. Vergleichbares wurde oben im Kontext der Forderung, sozialpädagogisches Handeln am Subjekt auszurichten, betont. Diese Forderung wird in der Entgrenzungsthese zeitdiagnostisch durch die Annahme einer reflexiven Modernisierung plausibilisiert, da sie auf das Individuum als Reproduktionsinstanz des Sozialen abstellt.

„Entgrenzung" bedeutet dabei nicht „Grenzenlosigkeit". Im Gegenteil wird von einer bestehenden Differenz zwischen pädagogischen und nicht-pädagogischen Intentionen und Wirkungsfeldern ausgegangen. Ihre Stellung zueinander scheint durch Prozesse der Entgrenzung allerdings modifiziert zu werden. Die Grenzen seien fließender geworden und beide Seiten unterlägen Veränderungen. Die Pädagogik werde gleichsam alltagsnäher und der Alltag „pädagogischer", eine Trennung aber bleibt bestehen; die Autoren konstatieren sogar eine „neue Differenz" (ebd.), die zwischen pädagogischen und gesellschaftlichen Verhältnissen des Lernens, der Erziehung und Bildung verlaufe.

c) Sozialpädagogische Verwendung

Man könnte die Problemstellung aus sozialpädagogischer Sicht in bewusst pointierter Form und eigentlich unzulässiger Reduktion der beteiligten Institutionen als Frage nach der Relation von „Schule und Leben" zuspitzen. Diese rhetorische Vereinfachung illustriert die besondere sozialpädagogische Relevanz, denn die Sozialpädagogik verdankt ihre Existenz – avant la lettre – (auch) einer These der Entgrenzung von Erziehungsprozessen. Sozialpädagogische Thematisierungen von Sozialität waren Versuche, Konturen des Sozialen zu etablieren, um sozial-pädagogische Maßnahmen gegen wahrgenommene Entgrenzungen zu ermöglichen. Im Hintergrund und z.T. im Vordergrund sozialpädagogischer Theoriebildung wirkte die Beobachtung, dass die Grenzen pädagogischer und nicht-pädagogischer Einflüsse auf Individuen krisenhaft verändert waren und modifiziert werden sollten.

So war Magers Begriffsinnovation aus dem Jahr 1844 der unklaren Grenze zwischen „Schule und Leben" geschuldet, die er als Thema einer von ihm rezensierten Schrift übernahm (vgl. Tröhler 2002). Sozialpädagogik verweist in diesem Sinne auf die Theoretisierung eines Erziehungs- und Bildungsbedarfs, der nicht durch schulisch verfasste und intentional-curricular geplante Maßnahmen zu befriedigen ist und deshalb eine Reformierung pädagogischen Wissens als Sozialpädagogik verlangt. Dazu müssen zwei Prämissen gegeben sein:

Erstens wird vorausgesetzt, dass der Generationenwandel nicht mehr von sich aus erwartungsgemäß vollzogen wird. Es wird die Problematik aufgeworfen, die Schleiermacher (1826/2000, 9) in die Frage kleidete, was „denn eigentlich die ältere Generation mit der jüngeren" wolle. In der Konfusion ethischer Zielorientierungen des Erziehungsgeschehens und in dem Bewusstsein einer Ausdifferenzierung sozialer Teilbereiche, die jeweils unterschiedliche Forderungen an das Resultat der Erziehung stellten und mit dem Anspruch des Einzelnen auf Individualität in Konflikt geraten konnten, lag die Erkenntnis, dass eine Reflexion von Erziehungsprozessen unabweisbar wurde. Sie konnte nicht bei dem Einzelnen stehen bleiben, sondern musste die gesellschaftliche Einbettung von Erziehung als Praxis und Theorie bedenken. Als von Menschen veränderbare Größe verlangte eine Gesellschaft, der man zuschrieb, heterogen und differenziert aufgebaut zu sein, nach angemessen komplexen Erziehungsbegriffen.

Zweitens konnte die unklar gewordene Richtungsbestimmung erzieherischen Handelns eine gewisse Zeit durch Hoffnungen auf eine vergleichsweise starr strukturierte Organisation wie die Schule mit ihrer Option methodischen und curricular orientierten Handelns und dem pädagogischen Fokus auf Lehrerbildung über die Diagnose gesellschaftlicher Krisen hinwegsehen lassen (vgl. Oelkers 2006, 71f). Dies gelang aber nur um den Preis des Absehens von sozialisatorischen Einflüssen auf die Heranwachsenden, die außerhalb der Schule auf sie wirkten. Die von Sozialpädagogen wie Mager (1848/1989) oder Dörpfeld (1863) thematisierte Schulverfassungsfrage als Versuch der Klärung der gesellschaftlichen Einbettung der Erziehungsinstanz Schule und insgesamt sozialisationstheoretische Problemkreise blieben somit ausgeblendet. In dem Moment, in dem dies als unzureichend empfunden wurde, musste man nachhaltig die Frage der (schulischen) Begrenztheit und (schulischen und außerschulischen) Neu-Begrenzung von Erziehungsprozessen stellen.

Neben der Schule stand schließlich immer drängender das „Leben" als unwägbarer, zumindest potentiell die pädagogischen Hoffnungen störender Einfluss auf die Heranwachsenden. Er schien angesichts der schwierigen Lage, in der sich die Gesellschaft befand, größerer Anerkennung zu bedürfen, als er bislang erfahren hatte. Im Fall der Sozialpädagogik handelt es sich genauer um das soziale Leben, das durch Individualisierungsprozesse und die „soziale Frage" kulturell als Problem verankert wurde und die noch von Herbart (1802/1964, 129) vertretene optimistische Erwartung, die „miterziehende Welt" werde die intentionale Erziehung nicht grundlegend verwirren, obsolet werden ließ. Die sozialen Einflüsse auf die Einzelnen waren spätestens mit der kulturellen Verankerung der „sozialen Frage" in Deutschland pädagogisch zu erörtern, da ihnen zugetraut wurde, einem weiten Sinne nach erzieherisch zu wirken. Es war kulturell und pädagogisch plausibel, auf sie als Problemfaktor der Erziehungsgestaltung hinzuweisen.

Eine „Entgrenzung" pädagogischer Einflüsse als Erziehung durch eine nicht-pädagogische Welt ist demnach als Problemthema in der Sozialpädagogik per se verankert; ohne eine derartige Diagnose würde es keine Sozialpädagogik geben, zumindest nicht in der aktuellen Form. Mit der Grenze von Schule und Leben konnte die Sozialpädagogik allerdings nicht zufrieden sein, denn diese Trennung war ein Symptom der von ihr angenommenen Krise, nicht deren Lösung. Diese unbefriedigende Trennlinie warf erst die Frage auf, „warum so viel Gutes, was die Kinder in der Schule gelernt haben, wieder verloren geht, sobald und nachdem sie die Schule verlassen" (zit.n. Curtmann 1842, III) – so die Preisfrage, die zur Beantwortung ermunterte und nach Gegenmitteln suchen ließ. Die Antwort Curtmanns (1842) führte zu Magers (1844/1989, 171) Begriffsprägung einer „Social-Pädagogik".

Die Trennung von Schule und Leben war aus sozialpädagogischer Sicht nicht befriedigend und verlangte besondere Zugänge, um kulturelle Krisen zu beheben und gegen sie nachhaltig erzieherisch tätig sein zu können. Mager ging diesbezüglich von einer Problematisierung politischer Autoritäten aus, welche die Menschen entmündigten, und forderte eine Erziehung zur politischen und soziokulturellen Mündigkeit des Menschen als Bürger (vgl. Müller 2005). Die Schule war, in der gegebenen Form, zu einer Krisenbearbeitung nicht in der Lage. Als Staatsanstalt verschlimmerte sie die Lage noch, während eine Fundierung der Schulorganisation auf den Grundlagen der bürgerlichen Gesellschaft sehr viel eher in die Lage versetzte, bürgerliche Tugenden anzuleiten. Die Erziehungseinflüsse, die eine bevormundende politische Kultur auf die Menschen ausübte, verlangten soziokulturelle Gegenmaßnahmen, welche die Individuen zur Selbstführung gemäß Magers bürgerlich-liberaler Grundhaltung befähigten.

Die entsprechende Entgrenzungsdiagnose verweist auf eine Verhinderung bürgerlicher Tugenden durch nicht-pädagogische Erziehungswirkungen: Nicht vorrangig die Schule erzog, sondern Kultur und Politik, die politische Inaktivität und Unmündigkeit hervorbrachten und deren Einflüsse auf die Menschen die begrenzte Wirksamkeit der Schule überstiegen. Erst eine klare Grenzbestimmung von Staat und bürgerlicher Gesellschaft und eine an dieser Neu-Konturierung ausgerichtete, reformierte soziale Pädagogik konnte die soziokulturellen Probleme beheben (vgl. Mager 1848/1989)[59].

Dies verdeutlicht die sozialpädagogische Tradition des Entgrenzungsthemas. Gegenwärtig von „Entgrenzung" zu sprechen, verweist auf den überlieferten sozialpädagogischen – und auch soziologischen (Gottschall/Voß 2005b, 12ff) – Wissensbestand. Gleichzeitig kann durch Hinweise auf aktuelle Phänomene der Entgrenzung eine neue Art von Sozialität bestimmt werden, die sozialpädagogische Interventionen erfordert. Es werden diachrone Anschlüsse an den sozialpädagogischen Diskurs realisiert und synchrone Neudefinitionen von Sozialität eingebracht[60]. Sie führen zu einem Bild des sozialen Lebens, das durch unklare Grenzziehungen ausgezeichnet ist. Vergleichbar den Thesen, die eine „reflexive Modernisierung" oder eine „Zweite Moderne" konstatieren, beruht die Annahme einer „Entgrenzung" auf einem Gegenbild, das durch relativ klare Grenzen bestimmt ist: Frühere, eindeutige Konturbestimmungen scheinen sich aufgelöst zu haben, so dass nun flexiblere, gleichsam flüssigere Bedingungen von Sozialität vorherrschten. Es resultiert das Bild eines gesellschaftlichen Übergangs von klaren und konturscharfen Strukturen zu beweglichen Prozessen[61].

---

59 Eine in der Folgezeit für die Sozialpädagogik sehr relevante Grenzlinie zwischen pädagogisch anzustrebenden und nicht-pädagogischen, aber gleichwohl „erzieherisch" wirksamen Einflüssen auf die Menschen lag in der oben erwähnten diskursiven Polarisierung von „Gemeinschaft" versus „Gesellschaft" (vgl. Dollinger 2006a, 187ff; Henseler/Reyer 2000). Sie war mit der Unterscheidung einer sozialpädagogisch wertgeschätzten und zu fördernden Kultur versus einer diskreditierten Zivilisation assoziiert. Als Entgrenzungsdiagnose lässt sie sich bestimmen, da die zivilisatorisch-technischen Neuerungen der Moderne der „Gesellschaft" eingeschrieben wurden und ihr eine Tendenz attestiert wurde, Gemeinschaften epochal zu überlagern und ihre vermeintlich „naturwüchsigen" kulturellen Wertbindungen erodieren zu lassen (vgl. Oelkers 1991). Zivilisatorische Erziehungseinflüsse schienen die Gesellschaft zu durchziehen und mit dem Fortschreiten sozialen Wandels immer nachdrücklicher die ihnen innewohnenden Probleme einer Anonymisierung, Technisierung und instrumentellen Denkens zu expandieren. In der Grundtendenz, d.h. über theoretische Unterschiede hinweg, erschien die „Gesellschaft" als lediglich „mechanisches Aggregat und Artefakt", die „Gemeinschaft" hingegen „als ein lebendiger Organismus", als „das dauernde und echte Zusammenleben" (Tönnies 1887/1991, 4). Und dabei war die „Gemeinschaft (…) alt, Gesellschaft neu, als Sache und Namen" (ebd.). Die Gesellschaft überstieg damit die Grenze zu den gemeinschaftlichen Bindungen und lies die Frage aufkommen, wie gegen diese Entgrenzung die geschätzten Gemeinschaften reetabliert werden konnten. Insbesondere die Jugendbewegung symbolisierte für die Sozialpädagogik diese Option, „Gemeinschaften" pädagogisch fruchtbar zu machen und sie innerhalb und v.a. gegen „Gesellschaften" als Mittel zur Erziehung einsetzen zu können.
60 Zur Verortung des Entgrenzungsthemas im Rahmen neuerer Thesen einer Normalisierung Sozialer Arbeit vgl. Seelmeyer (2008).
61 Aus analytischer Sicht formuliert: Der Anschein der Flexibilisierung bestimmt vergangene Grenzen; die unterstellte sukzessive Konturlosigkeit basiert auf Konturprojektionen, so dass die Entgrenzungsdiagnose sich die Vergangenheit schafft, die sie zu ihrer Plausibilisierung benötigt. Es sei hier dahingestellt, wie demgegenüber die „wirkliche" Vergangenheit ausgesehen haben könnte.

Böhnisch u.a. umschreiben ihren Begriff von „Entgrenzung" im Sinne einer Grenz-Auflösung als Kernaspekt der Neubestimmung sozialpädagogischen Denkens: Mit „Entgrenzung" ist „die teilweise Erosion oder gänzliche Auflösung bestehender regulativer Begrenzungen (und auch Zuständigkeiten) des Sozialen und Politischen, aber auch von Strukturen des Alltags gemeint" (Böhnisch u.a. 2005, 96). Es entstünden auch neue Grenzen, die aber an anderer Stelle aufgerichtet würden und teilweise unsichtbarer seien als die alten. Spezifischer wird angesprochen, dass sich der Sozialstaat, vorrangig aufgrund veränderter Wirtschaftsverhältnisse, bei der Problembearbeitung immer stärker zurückziehe, ordnungspolitisch und neoliberal geprägt werde und soziale Probleme in immer höherem Ausmaß personalisiert würden, d.h. den Bearbeitungskompetenzen der Einzelnen überlassen werden. Es komme zu einer Neujustierung von „lebensweltlichen Bewältigungskonstellationen, sozialpädagogischem Handeln und sozialpolitischer Hintergrundstruktur in Folge des ökonomisch-gesellschaftlichen Strukturwandels" (ebd., 122). Ähnliches war bereits vor längerer Zeit, allerdings vor anderem gesellschaftlichem und integrationsorientiertem Hintergrund, als „Diffusion der gesellschaftlichen Normalitätsvorstellung" (Böhnisch 1984, 86) diagnostiziert worden.

Im Hintergrund der aktuellen Grenzverschiebung, die sozialpädagogische Handlungsmöglichkeiten zu verringern scheint, wirken ökonomische Veränderungen, die eingefahrene Relationsbestimmungen in den genannten Bereichen verschieben. Sie gehen zu Lasten sozialstaatlich gestützter Lebensformen, so dass der Einzelne unmittelbarer mit den an ihn gestellten Anforderungen konfrontiert ist. Sozialpädagogische Hilfe muss demnach stärker auf ihn als Subjekt ausgerichtet werden; sie ist „strukturell offener, aber in der pädagogischen Beziehung anspruchsvoller geworden" (Böhnisch u.a. 2005, 263). Hilfe muss biographisch und subjektorientiert ausgelegt und in die Lebenswelt hinein realisiert werden.

Im Zuge der Bestandsgefährdung des Sozialstaats erscheint Soziales insgesamt bedroht und mit weniger Garantien der Stützung des Einzelnen versehen. „Neue Anomien" charakterisierten das soziale Leben, das durch Veränderungen im Bereich der „Arbeit als die zentrale systemische und lebensweltliche Integrationsinstanz sowie als dynamische Kategorie im Kontext der neuen Vergesellschaftungsform" (Lenz u.a. 2004, 10) substantiell infrage gestellt werde. Es erscheint dadurch plausibel, anstelle der älteren Orientierungs- und Sozialisationsleistungen des Sozialen „funktionale Äquivalente" (Böhnisch u.a. 2005, 264) zu postulieren, die eine lebensweltnahe und zur Lebensbewältigung befähigende Sozialpädagogik vermitteln solle. Aus der von der Ökonomie ausgehenden Erosion tradierter sozialer und sozialstaatlicher Integrationsformen wird eine – wenn auch nicht ausschließliche, da durch lebensweltliche Bezüge und politische Anwaltschaften gestützte – Subjektorientierung der Sozialpädagogik abgeleitet. An die Stelle ihrer Ausrichtung an vorgegeben Normalitätserwartungen und -entwürfen treten individuell spezifische Bedarfslagen, denn Handlungsanforderungen und Belastungen seien „stark individualisiert, hängen von den Suchbewegungen der Subjekte ab" (Lenz u.a. 2004, 11).

Diese Aussagen sind auf die Etablierung einer sozialpädagogischen Deutungsstruktur zu beziehen, in der die Konstitution von Sozialität besonderen Raum beansprucht. Soziales wirkt in einem Ausmaß gefährdet, das zumindest in der jüngeren Geschichte neuartig ist. Bedingt durch ökonomischen Wandel und die gleichzeitige Reduktion bzw. Reformierung des Sozialstaats seien soziale Bindungen prekär und derart flexibilisiert, dass sie den Einzelnen kaum noch zu stabilisieren vermögen, zumindest nicht in den von der Sozialpädagogik (bislang) referenzierten Handlungsfeldern. Die rechtlichen und ökonomischen Mittel staatlicher Sozialpolitik scheinen nicht der Lage zu sein, dies zu kompensieren. Die Sozialpolitik durchlaufe eine Orientierungs- und Legitimitätskrise und scheint unvermögend, die Art von Problemen zu adressieren, die sich den Menschen mit Blick auf ihre lebensweltlichen Bewältigungsanforderungen tatsächlich stellen. Da die Einzelnen aus tradierten strukturellen Bindungen gelöst seien und ohne sozialstaatliche Unterstützungsgarantien einer unbeschränkten ökonomischen Verwertungslogik gegenüberstünden, bedürften sie nun genuin sozialpädagogischer Hilfe.

Die Schwäche des Sozialen und der Sozialpolitik mutiert dergestalt zum Vorteil der – ihrer Fundamente aber ungewissen – Sozialpädagogik. Ausgehend von der Krise des Sozialen wird so eine Verbindung verschiedener Deutungsmuster hergestellt, die sozialpädagogisches Handeln mit besonderer Legitimität auszeichnet: Ökonomischer Wandel wird als weitgehend unkontrollierter Übergriff in gesamtgesellschaftliche und lebensweltliche Prozesse verdeutlicht; sozialstaatliches Handeln scheint in seiner aktuellen Verfasstheit zur Gegenwehr nicht in der Lage, so dass die als überfordert vorgestellte Subjektivität der Einzelnen sozialpädagogische Zuwendung erfordere. Angesichts generalisierter sozialer Probleme – Böhnisch u.a. (2005, 13) sprechen von einem „entgrenzten Problemszenario" – steht die Sozialpädagogik in besonderer Verantwortung, sich der Probleme anzunehmen. Aber die dies ermöglichenden sozialstaatlichen Bedingungen gewährleisteten dies (noch) nicht. Damit wird eine Verbindung jeweils spezifischer Deutungen von Sozialität, ökonomischem Wandel, Sozialpolitik und Subjektivität etabliert, durch die Sozialpädagogik unmittelbar nötig zu sein scheint, um die dargestellten Problemlagen zu bewältigen. Entgrenzung verweist auf sozialpädagogisches Wissen und das Potential sozialpädagogischen Handelns.

Anhand des Beispiels kann die sozialpädagogische Objektivierung von Sozialität gemäß der Entgrenzungsthese in dreierlei Hinsicht spezifiziert werden:

- Entgrenzung beschreibt *eine Sonderform sozialen Wandels*. Sie wird als Verschiebung früher verbreiteter und eingespielter Grenzen von Lebensformen und institutionellen Zuständigkeiten bezeichnet, deren Verflüssigung in sozialpädagogischer Perspektive verwertbar gemacht wird. Sozialer Wandel wird durch die Objektivierung einer spezifischen Eigenart des Sozialen auf konkrete Interventionsmöglichkeiten ausgerichtet, denn Entgrenzung scheint mit bekannten Formen des Wandels zu brechen und sozialpädagogische Herausforderungen freizugeben.

- In die Darstellungen werden *Wertungen* eingebunden, die dem entgrenzten Sozialen eine Konnotation der Krise verleihen. In dem Verschwinden ihrer Konturen scheint Sozialität Interventionsbedarf anzuzeigen, da mit der Entgrenzung soziale Probleme expandierten. Die Menschen seien zunehmend überfordert, während die bisher eingesetzten Mittel der Unterstützung weniger breit eingesetzt würden oder nicht mehr geeignet seien, die erforderliche Hilfe zu leisten. Angesichts einer neuen gesellschaftlichen Krise bedarf es neuartiger sozialpädagogischer Maßnahmen.

- Sie sind in besonderem Maße angezeigt, da *das Subjekt in den Mittelpunkt tritt*. Sein Bewältigungshandeln bildet den Schnittpunkt der institutionellen Neuausrichtungen. Indem Entgrenzung als Auflösung oder Verschleierung von Normalitätserwartungen und kollektiven Lebensentwürfen interpretiert wird, weist die Argumentation unmittelbar auf das Subjekt als „Ort", an dem Interventionen auszurichten sind. An die Stelle typisierbarer Problemlagen treten individuelles Bewältigungshandeln und an ihm zu orientierende Bewältigungshilfen.

In der Pädagogik wird als Entgrenzung gemäß Lüders, Kade und Hornstein (2006) eine allgemeine Verbreitung pädagogisch konnotierter, aber nicht unbedingt genuin pädagogisch beschaffener Wissens- und Handlungsformen angenommen. Pädagogische und nicht-pädagogische Sinnhorizonte scheinen in zunehmende Konkurrenz zu geraten, da tradierte Trennlinien unklar geworden sind.

In der Sozialpädagogik wird Entgrenzung demgegenüber als Expansion sozialer Problemlagen vorgestellt, die an sich sozialpädagogisches Wissen und Handeln erfordern. Die der Sozialpädagogik erwachsende Konkurrenz tritt als Indifferenz, Ökonomisierung oder Ordnungspolitik auf. Die Überschreitung der tradierten institutionellen Grenzlinien führt zu dem Risiko, dass die angezeigte Art sozialpädagogischer Krisenbewältigung unterlassen wird.

Eine Gemeinsamkeit der Diagnosen besteht darin, dass nach der Neuausrichtung der relevanten Institutionen tradierte professionelle und organisationale Verfahrensweisen nicht mehr bestimmen können, welche (sozial-)pädagogischen Handlungsformen sinnhaft zu realisieren sind. Pädagogisches und sozialpädagogisches Handeln sind zwar nach wie vor nötig und ihre Spezifik wird nicht lebensweltlich oder anderweitig aufgelöst. Aber es wird auf das Subjekt hingewiesen, an dessen Bedürfnissen und Interessen sich das neu zu entwickelnde Wissen und Handeln in seiner Eigenart auszurichten habe[62]. Der Einzelne bedarf in historisch neuem Maße der Bildung bzw. Hilfe, aber die Garantie, dass er sie erhält, scheint unklar.

Man kann die Ausführungen deshalb als Aufruf lesen, den als objektiv bestimmten Bildungs- bzw. Unterstützungsbedarf einzulösen, den die Konstitution von Subjektivität aktuell zu erfordern scheint. So führt die als Entgrenzung definierte Krise des Sozialen zum Subjekt und zur Sozialpädagogik als „Hilfe zur Lebensbewältigung im Horizont sozialer Gerechtigkeit" (Böhnisch u.a. 2005, 15). Theoriearchitektonisch betrachtet, ist das Soziale damit zwar verflüssigt, aber nicht durch neue theoretische Spielarten im Sinne des von Sack und anderen registrierten Trends sozialwissenschaftlicher Theorien zu einer Entdinglichung. Das Soziale erscheint aktuell – im ganz objektivistischen Sinne eines sozialen Tatbestands – problemhaft flexibilisiert, während es *im Normalfall* eindeutige Grenzen und Konturen aufweise. Es handelt sich somit um eine objektivistische Krisentheorie des Sozialen, aus der Handlungsbedarf für überforderte Subjekte abgeleitet wird. Sehen wir also nun auf die Seite des Subjekts.

---

[62] Die tatsächliche Relevanz und Wirkung sozialer Verhältnisse bleibt in den Diagnosen relativ unbestimmt. Ihre Objektivität scheint darin zu bestehen, zu verschwinden und unbestimmt zu werden, ohne dass hierfür genauere Kriterien oder Belege angeführt werden. Die Hinweise auf das Subjekt drohen deshalb, dessen soziale Einbindung und die soziale Konstitution von Subjektivität aus dem Blick geraten zu lassen. Die sozialpädagogischen Entgrenzungsthesen leisten für eine Analyse der vermeintlich neuen Relation von Subjekt, Sozialpädagogik, (Sozial-)Politik und Gesellschaft eher einen Problemaufriss, als das komplexe Verhältnis zu theoretisieren und zu systematisieren.

4.2 Subjektivität

„He, Sie da!" (Althusser 1977, 142)

Subjektivität entsteht in sozialer Interaktion. Mit dieser trivial anmutenden Feststellung wird eine Reihe von Problemstellungen aufgeworfen, die hier nur im Ansatz angesprochen werden können. Eine Auseinandersetzung ist aber angezeigt, denn sozial verortete Subjektivität bildet das zentrale Thema der Sozialpädagogik als Einrichtung der modernen Gesellschaft (vgl. Winkler 1988). So geht auch Hamburger (2003, 123) vom „Subjekt als Bezugspunkt" sozialpädagogischer Theorien aus. Charakteristischerweise findet sich dies von Hamburger als Unterpunkt des Kapitels „Zum Verständnis des Sozialen in Konzepten der Sozialpädagogik" angesprochen. Dies bringt zum Ausdruck, dass Subjektivität in der Sozialpädagogik nur als sozial kontextualisierte verstanden werden kann. Argumente, wie sie oben mit Blick auf die sozialpädagogische Konstitution von Sozialität eingebracht wurden, beziehen sich demnach auch auf Subjektivität, die hier als sozialpädagogische Kategorie, d.h. gemäß der Perspektive sozialpädagogischer Deutungsstrukturen, zu betrachten ist.

4.2.1 Althusser und das Problem der Subjektivität

Die Frage, wie Subjektivität möglich ist, wurde in jüngerer Vergangenheit in verschiedener Hinsicht wieder breit und kontrovers diskutiert. Der Begriff „Subjektivierung", der nachfolgend analytisch in das Zentrum der Betrachtung gestellt wird, verweist auf eine der Problemstellungen, um die die Auseinandersetzungen kreisen, und er bezieht diesbezüglich eine spezifische Position: Er verdeutlicht das Paradoxon, dass Subjektivität als Selbstbestimmung des Subjekts nur unter der Vorbedingung der Negierung eigenständiger Subjektivität erfahren werden kann. Das Subjekt kann sich als handlungsfähig und eigenverantwortlich nur auf der Basis heteronomer Zugriffe auf seinen Subjektstatus erleben, denn Subjektivität ist nicht per se gegeben, sondern muss konstituiert werden. In diesem Sinne ist die Selbständigkeit des Subjekts eine (Selbst-)Täuschung, denn ein Individuum muss „auf der Grundlage spezieller Techniken, welche die Menschen gebrauchen, um sich selbst zu verstehen" (Foucault 1993, 26), erst zum Subjekt werden.

Aber auch die gegenteilige Tendenz ist zu bedenken: Die Konstitution von Subjektivität als soziale, vom Einzelnen aus betrachtet exogene Leistung setzt ein zumindest potentielles Subjekt voraus, das in der Lage ist, subjektiviert zu werden und Handlungsfähigkeit und Autonomie zu inkorporieren. Ein Beharren auf Subjektivität als Leistung, durch die ein Subjekt ausschließlich von Außen konstituiert wird, ist folglich gleichfalls eine Täuschung. Irrt sich das Subjekt bezüglich seiner Autonomie, so kann der Außenstehende bezüglich der Willfährigkeit des Subjekts irren[63].

Die Sozialpädagogik ist für den Adressaten ein solcher Außenstehender. Will sie auf Subjektivität verändernd einwirken, so ist sie mit dem Problem konfrontiert, Fremdhilfe im Dienst von Selbsthilfe anzubieten. Bildungstheoretisch ausgedrückt will sie durch eine Anleitung von Außen dazu befähigen, Prozesse der Selbstbildung in Gang zu setzen, als deren (fiktives) Endziel der Einzelne als mündiges Subjekt auftritt. Dies wird angestrebt, indem er als bildungsfähig vorausgesetzt und angesprochen wird; heteronome Interventionen sollen sukzessive in autonome Handlungspraxis übersetzt werden (vgl. Sting/Sturzenhecker 2005, 237). Die sozialpädagogische Handlungsmaxime lautet in dieser Hinsicht, Spielräume der Autonomie in geschützten und förderlichen Räumen zu vergrößern.

Die Sozialpädagogik spricht den Einzelnen als Subjekt an und wird von ihm als Instanz wahrgenommen, die einen spezifischen, für die Subjektgestaltung relevanten „Sinn" verkörpert und repräsentiert. In dem Moment der Interaktion bzw. Adressierung von Subjektivität spielt es dabei in formaler Hinsicht noch keine Rolle, ob Bildungsprozesse im Sinne eines Zurücktretens heteronomer Einflüsse intendiert sind oder ob „Erziehung" oder anderes beabsichtigt ist. Entscheidend ist zunächst, dass ein Individuum in seinem Subjektstatus als autonomie*bedürftig* wahrgenommen wird, d.h. als mindestens vorübergehend defizitär gegenüber erwartbaren (Autonomie-)Standards – eine Interpretation, die auch dann gültig ist, wenn ressourcen- oder zielorientiert argumentiert wird, denn auch in diesem Fall wird die Notwendigkeit einer professionellen Intervention unterstellt, die fördernd auf Subjektivitätschancen einwirkt. Während weiter unten auf Spezifika von „Bildung" bzw. „Erziehung" gegenüber „Subjektivierung" eingegangen wird, kann dies hier vorübergehend zurückgestellt werden. Bedeutsam ist hingegen die Implementation einer sozialpädagogischen Deutungsstruktur durch die Referenzierung einer interventionsbedürftigen Form von Subjektivität. Sozialpädagogisches Wissen fokussiert deren Modifikation durch erweiterte Optionen selbstbestimmten Handelns auf der Basis der Zuschreibung, dass Handlungsformen und -ausrichtungen des Einzelnen (noch) nicht autonom verfolgt werden können.

---

63 Verschiedentlich wird zur Illustration dieses Sachverhalts auf die Doppeldeutigkeit des Französischen „assujettir" und/oder des Englischen „subject" bzw. den zugrunde liegenden lateinischen Ursprung hingewiesen. Es wird sowohl eine Unterwerfung des Menschen als auch sein Subjektstatus im Sinne von Selbstbestimmtheit angesprochen (vgl. z.B. Althusser 1977, 146, Fn.; Butler 2001; Foucault 1987, 246f).

Die inhärente Problemstellung kann an der bekannten Althusserschen Szene der Anrufung verdeutlicht werden. Louis Althusser (1977) hatte aus marxistischer Perspektive eine Subjektivität in spezifischer, institutionalisierter Weise beeinflussende Interaktion – unter Beteiligung der Polizei, nicht der Sozialpädagogik – gewählt, um die Grundstruktur von Subjektivierungen zu kennzeichnen. Bei der Anrede „He, Sie da!" handelt es sich um eine Szene, in der ein Polizist einen Passanten anspricht. Dieser wendet sich um und erkennt in seiner Hinwendung an, dass er gemeint ist. Er ist als Subjekt adressiert und involviert sich durch die Anrufung bzw. Interpellation in das hierarchisierte weltanschauliche System, das der Polizist repräsentiert. Althusser bestimmt es als Ideologie, d.h. in seinem Sinne als „das (imaginäre) Verhältnis der Individuen zu den Produktionsverhältnissen und den daraus abgeleiteten Verhältnissen" (ebd., 135).

Die marxistische Begründung soll nicht näher betrachtet werden, da es hier nicht um die Darstellung einzelner Theorien und ihrer Stärken und Schwächen geht. Primär relevant ist ebenfalls nicht Althussers Referenz auf ordnungspolitische Subjektivierung, die nur einen Spezialfall darstellt. Die Szene ist allgemeiner zu verstehen als Modell „für Programme der Formung und Selbstformung" (Bröckling 2007, 28) von Subjektivität. Weiterführend sind in dieser Hinsicht drei Aspekte, die grundlegende Ansprache des Individuums als Subjekt, Formen ihm vorgegebener Subjektivität und ihre kooperative Realisierung. Interpellation zeigt sich als:

a) *basale Adressierung.* Es geht nicht um Kompetenzen, Wissensbestände oder Einstellungen, sondern um das Verhältnis des Individuums zu sich selbst. Es als Subjekt anzusprechen bedeutet, es in ein bestimmtes Eigen-Verhältnis zu setzen. Der Einzelne handelt als Subjekt „mit vollem Bewusstsein seinem Glauben entsprechend" (Althusser 1977, 139). Er folgt den Maßgaben der Subjektivierung, indem er „authentisch" bleibt. Alternative Seinsweisen und Kontingenzen der Subjektkonstitution sind ausgeblendet gegenüber dem Anschein evidenter Subjektivität. „Erfolgreich" ist Subjektivierung, wie auch Durkheim erkannt hatte (s. Kap. 2.2.1), indem sie unscheinbar bleibt und an ihre Möglichkeit kaum zu denken ist. Sie zielt nicht auf Täuschung, wie der Begriff der Ideologie nahe legen kann, sondern auf Evidenzen von Selbstverhältnissen. Sie ergeben sich aus der Anerkennung, die das Subjekt scheinbar von sich aus den Bedingungen und Inhalten der Subjektivierung entgegen bringt. So wendet sich in der Szene der Anrufung der Einzelne zwar dem Polizist und damit einer äußeren Macht zu. Wichtiger aber ist, dass er sich zu ihr durch die Interaktion selbst in ein spezifisches Verhältnis bringt. Er „weiß", dass er gemeint ist, und tritt als Teilnehmer der Szene als jemand auf, der eine soziale Position einnimmt, indem er eine erwartete Haltung zu sich innehat. Der Betreffende „wendet sich um und (an)erkennt sich damit als den Angerufenen" (Butler 2001, 10). Es können besondere Folgehandlungen oder Kommunikationen resultieren, aber der entscheidende Aspekt bezieht sich auf die Selbstinterpretation des Subjekts, die bei der Adressierung deutlich wird.

b) *zeitloser Prozess.* Die Anrufung konstituiert nicht ursprünglich ein Subjekt. Althusser (1977, 141) bestätigt, dass Individuen *„immer schon* Subjekte" sind, die „ununterbrochen ideologische Wiedererkennungsrituale" durchlaufen. Er wählt zur Illustration unter Hinweis auf Freud die Geburt eines Menschen, mit der dieser in eine Subjektivität eintritt (ebd., 144): Die Freude auf die Geburt, die Namensgebung, die Position in der Familie und die gesamte Rahmung des Ereignisses verdeutlichen die bereits vor der Geburt bestehenden Logiken der Anrufungen, die einen Subjektstatus stets vorwegnehmen. Analog wird der Einzelne in der Szene der Anrufung nicht durch die plötzliche Anrede eines Vertreters der Staatsmacht subjektiviert, indem ihm etwa unter Androhung von Gewalt und Zwang alternative Verhaltensoptionen verschlossen würden. Der Betreffende besitzt bereits vor der konkreten Interpellation ein „Gewissen", das in der Szene angesprochen wird und von dem er ausgeht, indem er sich als Angerufenen identifiziert. Maßgeblich ist deshalb weniger die einzelne Anrufung als deren Voraussetzung, in welcher der „Erfolg" der Szene vorgeprägt ist. Anrufungen justieren Subjektivitäten dauerhaft neu und geben ihnen Richtungen, womit sie frühere Subjektivierungen fortsetzen und verändern. Sie nehmen Subjektivität als Resultat von Subjektivierung damit jeweils vorweg und bauen auf ihr auf.

c) *kooperative Realisierung.* Die Szene der Anrufung kennt zwei Beteiligte: einen Polizisten als Repräsentant einer spezifischen Art von Subjektivierung und einen sie anerkennenden Angerufenen. In dessen Hinwendung zeigt sich, dass in der Interpellation nicht zwei konträre oder unabhängige Positionen aufeinander treffen. Als schon „subjektiviertes" Subjekt ist von einer Tendenz und Geneigtheit auszugehen, eine Hinwendung zu dem Anrufenden zu vollziehen: Es gäbe „keine Umwendung, bestünde nicht schon eine gewisse Bereitschaft dazu" (Butler 2001, 102). Judith Butler tituliert sie treffend als „vorwegnehmende Bewegung in Richtung Identität" (ebd.). Selbst die Kritik, die der Angerufene in der Folge der Umwendung artikulieren kann, oder seine Beschwerde, in der Öffentlichkeit angerufen zu werden, setzt die Bereitschaft zur Selbstprüfung nach den dargestellten Standards voraus. Auch in der Gegenwehr erkennt er die Stellung des Anrufenden an. In der Hinwendung liegt eine Zuwendung von Aufmerksamkeit, die es erforderlich macht, auch die Ablehnung der Autorität zu begründen. Die Anrufung kann damit nicht nicht-subjektivierend sein, da der Einzelne immer an ihr partizipiert, und selbst in ihrer Zurückweisung zeigt sich ein vorausgehendes Moment ihrer Anerkennung. Auch wer den aktuellen Grund der Anrufung nicht akzeptiert, negiert nicht, gemäß der Logik der Anrufung rechenschaftspflichtig zu sein.

Die Szene der Anrufung wird damit als eine Subjektivität immer schon voraussetzende Justierung dessen deutlich, was ein Subjekt „sicher" von sich weiß. Die Schilderung Althussers ist aber insofern missverständlich, als er sie auf „ideologische Staatsapparate" bezieht und die Praxis der Anrufung auf sie gründet. Althusser signalisiert ein gesellschaftlich-politisches Arrangement, in dem die Beherrschung des Einzelnen im Rahmen eines vergleichsweise starren Gesamtkontextes dominiert. Subjektivierung erfolgt ihm zufolge, „damit die Reproduktion der Produktionsverhältnisse bis in den Produktions- und Zirkulationsprozess hinein Tag für Tag im ‚Bewusstsein', d.h. im Verhalten der Individuen-Subjekte gewährleistet wird" (Althusser 1977, 149). Die Kritik Bourdieus ist zutreffend, dass damit höchstens ein extremer Ausnahmefall benannt wird (vgl. Bourdieu/Wacquant 1996, 133f), in dem das Subjekt in ein straffes Arrangement eingepasst wird. Eine zentralistische Ausrichtung von Subjektivierungen zu unterstellen und sie als De-Mobilisierungen von Subjektkonstitutionen zu konnotieren, ist jedoch unbefriedigend; es ist auf komplexere und offenere Prinzipien zu verweisen. Wenn zugestanden wird, dass Subjektivität immer schon gegeben ist, dauerhaft Maßnahmen der Subjektivierung realisiert werden und der Einzelne an diesem Prozess der Konstitution seiner selbst partizipiert, ist es unrealistisch, dies auf einen einzelnen Referenzpunkt hin zu denken, im Falle Althussers die Produktionsverhältnisse. Es ist zuletzt deren Logik, die ihm zufolge das Subjekt unterwirft.

Auch in anderer Hinsicht ist Kritik anzumelden. Der Satz „Es gibt Subjekte nur durch und für ihre Unterwerfung" (Althusser 1977, 148) wirft die Frage auf: Wenn ein Subjekt nur durch seine Unterwerfung existiert, warum muss es dann unterworfen werden? Dies muss unnötiger Kraft- und Energieaufwand sein, wenn Alternativen und ein Zustand des Nicht-Unterworfenseins nicht denkbar sind[64]. Unterwerfung setzt Optionen von Widerständigkeit voraus, woher aber sollen sie stammen und weshalb ist Gegenwehr durch (neuerliche) Anrufungen

---

64 Zu einem analogen Theorieproblem Foucaults, das freilich auf einer anderen Basis beruht und in dessen späten Arbeiten korrigiert wurde, vgl. Lemke (1997). Zu einer Kritik an Althussers zu stark homogenisiertem Anrufungskonzept in Referenz u.a. auf Foucault und Links Konzept des Normalismus vgl. Zima (2007, 237ff). Eine Zusammenstellung kritischer Anmerkungen zur „Anrufung" in Scharmacher (2004, 70ff).

nötig, wenn das Subjekt per definitionem bereits unterworfen ist, und dies in der Form der Althusserschen Subjektivierung auf einen zentralistischen Referenzpunkt hin? Dieser kennt zwar Widerstand (vgl. Althusser 1977, 156; bezogen auf den Widerhall von Klassenkämpfen), schließt ihn in der Anrufungsszene aber nicht subjekttheoretisch auf[65].

Die Fragen sind nur zu beantworten, wenn die Logik der Subjektivierung gegenüber Althusser modifiziert und auf verschiedene, widersprüchliche Subjektivierungsformen in unterschiedlichen sozialen Kontexten und Beziehungen, in denen ein Mensch lebt, bezogen wird. Er erfährt im Lebensverlauf vielfache Subjektivierungen, denn das „Selbst' ist auf jeder Stufe des sozialen Raumes anders" (Bremer 2004, 207). Dies ist nicht nur als subjektivierende Abbildung sozialer Positionen zu verstehen, sondern Subjektivierung verweist auf relativ eigenständige kulturelle Auseinandersetzungen um Legitimitäten von Selbstverhältnissen, an denen Einzelne partizipieren. Im Rahmen von Subjektivierungen sind multiple Subjektivierungsformen ebenso zu berücksichtigen wie Reflexionen des Subjekts selbst, so dass Optionen des Widerstands und der „Eigenständigkeit" in den Blick geraten, die gegen konkrete Interpellationen eingebracht werden können. In diesem Sinne wird hier – im freien Rekurs auf die neuere, an Foucaults Macht-, Wissens- und Subjektbegriff anschließende Diskussion (vgl. z.B. Anhorn u.a. 2007; Pongratz u.a. 2004; Weber/Maurer 2006) – von „Subjektivierung" gesprochen. Sie adressiert im Kern die Konstitution von Subjektivität anhand der systematischen, strategischen Herstellung von Selbstverhältnissen. Der Einzelne wird in ein spezifisches Verhältnis zu sich gesetzt und erlebt sein Handeln und seine Individualität in der Realisierung von Subjektivierungsbotschaften als authentisch. Im Zentrum muss hierbei nicht per se eine Unterwerfung stehen, sondern es ist von sehr unterschiedlichen, produktiven und repressiven Einflussnahmen auszugehen. Sie werden nicht auf eine Instanz hin gedacht, sondern als Wirkungen in verschiedenartigen Beziehungsmustern. Foucaults (1976) Ansatz einer „Mikrophysik der Macht" verdeutlicht das Gemeinte, indem er auf sich komplex überlagernde Formen von Machtrelationen abstellt, aus deren Beziehungen u.a. Arrangements möglicher Selbstverhältnisse resultieren[66]. Diese weisen ihrerseits nicht nur auf Machtbeziehungen zurück, sondern auf komplex aufgebaute Kulturen, die Individuen mit heterogenen Subjektivierungslogiken und -botschaften konfrontieren. Reckwitz (2006, 15) beschreibt diese Rahmungen von Subjektivierungen als „Subjektkulturen": Sie „sind nicht ein-

---

65 Im Gegensatz insbesondere zu Butler (1998, 226), die darauf hinweist, dass die subjektivierende Sprache „entoffizialisiert und für neue Zwecke enteignet" werden kann (vgl. hierzu aus bildungstheoretischer Sicht Ricken 2006, 112ff).
66 Zu einem Überblick der Ansatzpunkte Foucaults in subjekttheoretischem Kontext vgl. Reckwitz (2008, 23ff).

deutig und homogen gebaut, sie sind vielmehr durch eine spezifische *Hybridität* gekennzeichnet: Subjektkulturen erweisen sich als kombinatorisches Arrangement verschiedener Sinnmuster, und Spuren historisch vergangener Subjektformen finden sich in den später entstehenden, subkulturelle Elemente in den dominanten Subjektkulturen, so dass sich eigentümliche Mischungsverhältnisse ergeben." Mit diesen kulturellen „Mischungsverhältnissen" korrespondieren hybride Subjektivitäten, die dominierende Selbstverhältnisse ausbilden und zugleich dezentral organisierte Selbstthematisierungen aufweisen, die subkulturell oder anderweitig anschlussfähig sind. Subjektivität ist demnach nicht in sich konsistent; sie repräsentiert die Vielschichtigkeit von Subjektivierungen und deren individuelle Verarbeitung (vgl. Fritzsche u.a. 2001, 10).

Die Relevanz für die Sozialpädagogik/Sozialarbeit wird unmittelbar deutlich, da sie per se in Prozesse der Subjektivierung eingebunden ist (vgl. Kessl/Maurer 2005). Bereits seit längerer Zeit ist bekannt, dass die entsprechenden Formen von Macht von ihr vergleichsweise subtil praktiziert werden, u.a. als Kontextsteuerung oder als dezente Hinweise auf „härtere" Sanktionen, wenn Empfehlungen durch die Adressaten nicht aufgenommen zu werden drohen (vgl. Peters/Cremer-Schäfer 1975). Die Sozialpädagogik ist auf die Beteiligung von Adressaten angewiesen ist, um Leistungen zu erbringen. Sie intendiert die Förderung von Selbstbestimmungsoptionen des Einzelnen und sucht seine Kompetenzen der Selbstreflexion anzuleiten. Dies kann nur im Rahmen vertrauensvoller Beziehungen eingelöst werden, so dass disziplinierende Maßnahmen ihrem Selbstverständnis nicht in jedem Fall, aber doch der Gesamttendenz nach widersprechen. Sozialpädagogische Subjektivierung muss auf die Komplexität und „Eigensinnigkeit" bereits gegebener Subjektivität besondere Rücksicht nehmen.

Betrachten wir dies an einem Beispiel: Bezeichnenderweise wird mit dem Anspruch der Kritik auf Tendenzen eines mitunter verstärkten Einsatzes disziplinierender oder sogar ausschließender Interventionen in (sozial-)pädagogischen Arbeitsfeldern aufmerksam gemacht (vgl. z.B. Brumlik 2007; Kessl 2005, 206ff; Plewig 2007; Wolffersdorff 2000)[67]. Etwa in einer sich bewusst als „konfrontativ" gebenden (Sozial-)Pädagogik werden nicht-verhandelbare Verhaltensstandards, permanente Konfrontationen mit Fehlverhalten und konsequente Negativsanktionierungen als Mittel behauptet, die – wie Colla (2007, 33) bezüglich der amerikanischen „Glen Mills School" ausführt – „zur Stärkung der persönlichen Widerstandsfähigkeit" beitragen und „dadurch zu einer Immunisierung gegenüber sozial nicht erwünschten sozialen Einflüssen" überleiten sollen. In der deutschsprachigen Rezeption entsprechender Vorgaben ist der Anspruch der

---

67 Ergänzend aus juristischer Sicht vgl. Walther (2007).

Konfrontation z.T. – tatsächlich allerdings nur zum Teil – abgemildert (vgl. z.B. Trapper 2004). Eine Betonung konfrontativer Elemente im Erziehungsprozess führt dennoch zu der berechtigten Frage, ob noch von sozialpädagogischen Haltungen auszugehen ist. Die Einhaltung und wenigstens latente Verdeutlichung normativer (Mindest-)Standards sozialen Verhaltens ist ohnehin als Grundelement eines sozialintegrativen Erziehungsstils anzusehen (vgl. Weber 1976, 279ff). Die Setzung von Grenzen ist im Erziehungsprozess eine „Selbstverständlichkeit" (Krafeld 2004, 196), während die programmatische Akzentuierung von Konfrontation zum Widerspruch gegen die (sozial-)pädagogische Maxime einer wertschätzenden Förderung und Anleitung von Selbstbestimmung tendiert. Diese setzt eine Logik der Subjektivierung voraus, aber in der Regel keine disziplinierende, weshalb konfrontative Maßnahmen in ihrer einseitigen Normorientierung in dem permanenten Risiko stehen, Ordnungspolitik oder strafjustizielle Interventionen zu realisieren, nicht pädagogisches Handeln (vgl. Bröcher 2005; Krasmann 2000). Sie folgen einem kulturellen und politischen Interesse, repressive Maßnahmen als geeignete Interventionsformen v.a. gegen gewaltaffine „Mehrfachtäter" zu inszenieren (vgl. Plewig 2007), während es fraglich ist, wie auf diese Weise an Sinnorientierungen und Subjektivitätsentwürfe von Jugendlichen angeschlossen werden sollte. Somit ist es nahe liegend, dass konfrontative Maßnahmen zumindest derzeit in der Sozialpädagogik vorrangig im Modus der Kritik thematisiert werden: Sie widersprechen der etablierten sozialpädagogischen Deutungsstruktur und ihrem Subjektverständnis.

Dies führt nicht zu der Aussage, Sozialpädagogik verfolge keine eigenen Verhaltenserwartungen; die bisherigen Ausführungen haben das Gegenteil gezeigt. So gehorcht professionelles sozialpädagogisches Wissen „einer spezifischen Logik und ist nicht selbstredend als anwaltschaftlich für die NutzerInnen gesetzt" (Hanses 2007, 314). Aber um zur Entfaltung zu gelangen, ist dieses Wissen auf die Kooperation der Adressaten im Sinne einer Mitwirkung an ihrer eigenen Subjektivierung angewiesen. Ohne den Aufbau einer Vertrauensbeziehung kann dies nicht gelingen; sie stellt regelhaft eine Grundbedingung sozialpädagogischer Unterstützungsleistungen dar[68]. Dies heißt jedoch nicht, es werde eine nur oder primär am Einzelnen ausgerichtete Art von Hilfe vermittelt. Es ist auf professionsbezogene Erkenntnisse hinzuweisen, denen zufolge sozialpädagogische Fachkräfte ein Eigeninteresse daran haben, selbstwirksam zu handeln; die Kriterien für den Erfolg oder Misserfolg von Maßnahmen werden oftmals von den Professionellen selbst eingebracht, nicht bzw. nicht vorrangig von den

---

68 Hierzu Aloys Fischer (1925/1954, 319), der anmerkt, es sei „die erste Bedingung geistig-sittlicher Hilfe (...) in den Hilfsbedürftigen der Wille, sich helfen zu lassen, und damit zusammenhängend das überzeugte Vertrauen zu diesem oder jenem Menschen, dass er zu dieser Hilfe uneigennützig und herzlich fähig und bereit ist."

Adressaten, obschon die Professionellen durchgängig artikulieren, in Erfüllung der Bedürfnisse und Interessen ihrer Adressaten tätig zu sein (vgl. Mägdefrau 2006; s. Kap. 5.2). Entscheidend ist folglich die glaubhafte Darstellung anwaltschaftlicher Tätigkeit, die subjektorientiert ausgestaltet werden soll. In sie fließen faktisch komplexe Referenzen ein; so ist häufig bei der Erfüllung sozialpädagogischer Aufgaben mehr als ein Leistungsadressat beteiligt (vgl. Galuske 2002b), d.h. der Sozialpädagoge muss verschiedenartigen personalen und organisationalen Interessen gerecht werden. Er muss seine Tätigkeit im Dienst des Subjekts realisieren und mit ihm in vertrauensvoller Beziehung stehen, obwohl er heterogenen Verpflichtungen unterliegt.

Der Zugang zum sozialpädagogischen Subjektbegriff über die Perspektive der Subjektivierung ist geeignet, diese nicht selten unübersichtliche Anforderung zu erschließen. „Subjektivierung" wird dabei hier nicht in kritischer Absicht, sondern im Sinne einer analytischen Kategorie verwendet. Der Terminus betont, dass Prozesse der Subjektgestaltung, so selbstevident und interessensneutral sie auch auftreten, systematisch heteronom angelegt sind und einen Balanceakt vollziehen müssen: Zu beachten sind sowohl der bestehende und angestrebte Subjektstatus des Einzelnen unter dessen Beteiligung als auch die Virulenz multipler Normierungen und Vorgaben (vgl. Emmerich/Scherr 2006). Dies scheint die besondere Funktion des Polizisten in der Szene der Interpellation zu sein: Er spricht gemäß seiner ordnungspolitischen, also nicht sozialpädagogischen, aber gleichfalls offiziellen Rolle ein Subjekt so an, dass es „weiß", gemeint zu sein. Er folgt seinem Auftrag und kann dennoch die Bereitschaft des Individuums voraussetzen, sich angesprochen zu fühlen und sich umzuwenden, um Rechenschaft abzulegen. Es entspricht dieser formalen Interaktionslogik, dass sozialpädagogische Deutungsstrukturen Rahmungen „legitimer" Subjektivität etablieren, innerhalb derer sie Subjektivität „anrufen".

Die in sozialpädagogischen Theorien explizierte Beachtung der Eigensinnigkeit von Individuen muss deshalb ein wenig verschoben werden: Bloße Eigensinnigkeit entzieht sich dem sozialpädagogischen Wissen. Aber sie wird deshalb in der Sozialpädagogik nicht negiert, sondern auf spezifische Weise repräsentiert und ausgerichtet, indem der Einzelne auf besondere Weise als moralisches, verantwortungsfähiges Subjekt adressiert und (mit-)konstituiert wird. Das sozialpädagogische Herantreten an Subjektivität ist perspektiviert, der sozialpädagogische Anfang geschieht „immer schon in einem verstellten und umdefinierenden Kontext" (Hörster/Müller 1996, 617), der die sozialpädagogische Falldeutung seinerseits spezifiziert.

4.2.2 Bildung – Erziehung – Subjektivierung

Der sozialpädagogische Begriff von und Zugriff auf Subjektivität kann analytisch sinnvoll mit Hilfe des Begriffs „Subjektivierung" erschlossen werden. Allerdings spielt er weder in der allgemeinen disziplinären noch unmittelbar professionsbezogenen Auseinandersetzung – mit Ausnahmen v.a. im Zuge der neueren Foucault-Rezeption – eine größere Rolle. Dem steht eine in den letzten Jahren gewachsene Nachfrage nach „Bildung" gegenüber. Über diesen Begriff und seine nicht unproblematische Beziehung zum Terminus „Erziehung" kann rekonstruiert werden, wie sozialpädagogisches Wissen in seiner Subjektorientierung strukturiert ist[69]. Hieran anschließend kann nochmals auf Subjektivierung als Analyseschema Bezug genommen werden; zunächst aber gilt es, das sozialpädagogische Selbstverständnis, soweit es auf Subjektgestaltung Bezug nimmt, stärker zu konturieren.

a) Bildung und Erziehung

Mollenhauer und Uhlendorff (1992, 138) merkten noch 1992 an, es sei „ungewöhnlich", in sozialpädagogischen Texten Bildung zu thematisieren. Seitdem entfaltete der Begriff in der Sozialpädagogik (wieder) eine besondere Relevanz; insbesondere in der Jugendarbeit, aber auch darüber hinaus, ist eine „inflationäre" (Müller 2006a, 421), zumindest begriffliche, Bildungsorientierung zu bemerken. Nicht zufällig stellt der „Zwölfte Kinder- und Jugendbericht" Bildungsprozesse in das Zentrum der Betrachtung; es wird angemerkt: „Bildung ist seit einigen Jahren wieder zu einem zentralen gesellschaftlichen und politischen Thema geworden" (BMFSFJ 2006, 80). Begründet wird die Inanspruchnahme der Bildungssemantik im Bericht u.a. durch vergleichsweise schlechte Resultate deutscher Heranwachsender in international vergleichenden Leistungsstudien empirischer Bildungsforschung und durch Diskussionen um die Etablierung einer Wissens- bzw. Dienstleistungsgesellschaft. Sozialpädagogisches Wissen kann in der Referenz auf Bildung an diese Themenkonjunkturen anschließen.

Allerdings weist das aktuelle gesellschaftliche Interesse für Bildungsfragen spezifische Prägungen auf, die mit sozialpädagogischem Denken nicht per se

---

69 Damit sei nicht negiert, dass weitere Begriffskategorien zur Identifizierung sozialpädagogischer Tätigkeit zur Verfügung stehen, etwa die „Hilfe", deren Relevanz in der Sozialpädagogik allerdings stets umstrittener war als in der Tradition der Sozialarbeit (vgl. im Einzelnen Niemeyer 2002). Ansonsten ist an die „Intervention" zu denken; sie wird hier als übergeordnete Analysekategorie für sozialpädagogische Problembearbeitung verwendet, da sie eine Perspektive der Beobachtung problembearbeitenden Handelns beinhaltet (vgl. Kaufmann 2005, 109).

korrespondieren. Die öffentliche Bildungsthematisierung ist in hohem Maße schulpädagogisch bestimmt und auf den Erwerb spezifischer, zertifizierter bzw. zumindest objektivierbarer Kompetenzen abgestellt. Zudem sind ökonomistische Diskursprägungen zu bedenken, wenn die arbeitsmarktliche Verwertbarkeit einer z.B. humankapitaltheoretisch konzipierten (Eigen-)Investition in Bildung im Zentrum steht (vgl. Scherr 2006). Die Sozialpädagogik kann somit durch den Anschluss an die öffentliche Hoffnungsformel „Bildung" versuchen, Plausibilität und kulturelle Anerkennung für ihre Handlungsoptionen zu mobilisieren. Eine Übernahme der öffentlich dominierenden Sichtweisen kann allerdings dazu führen, dass sozialpädagogische Positionen durch ökonomistische Aufgabenzuschreibungen transformiert werden (vgl. Winkler 2006a)[70].

Dies wirft die Frage auf, welche Spezifika mit Blick auf die Konstitution von Subjektivität die Sozialpädagogik kennzeichnen, denn die Bildungssemantik repräsentiert nicht nur einen gegenwärtigen Aktualisierungsversuch sozialpädagogischen Wissens. Sie verweist tiefergehend auf einen Kernbereich subjektbezogener Deutungsstrukturen, auf die Ausrichtung pädagogischen Wissens und Handelns an der Autonomie des Subjekts: „Weniger die Frage nach einer zweckmäßigen Einwirkung auf den jungen Menschen steht in Rede, wenn von Bildung gesprochen wird, sondern eher dessen aktive Auseinandersetzung mit der Welt und mit sich, auf dem Wege zu einer seelisch-geistigen Form" (Mollenhauer/Uhlendorff 1992, 139). „Bildung hat", so schreibt Sting (2002, 380), „ihren Ausgangspunkt in der Selbstbildung, Subjektivität und Selbstbestimmung sind ihr wesentlich." Aus sozialpädagogischer Sicht wird auf die soziale Einbindung von Bildungsprozessen Wert gelegt, aber im Kern wird zuerst und primär die Dimension *eigenständiger Subjektivität* angesprochen, so dass mit der Begriffsverwendung ein sich selbst gestaltendes Subjekt in das Zentrum der Aufmerksamkeit rückt. Für den Zwölften Kinder- und Jugendbericht, in dem Bildung als „offener und unabschließbarer Prozess, der von den Menschen selbst gestaltet wird" (BMFSFJ 2006, 81), verstanden wird, gilt dies in besonderer Weise.

Dies ist bemerkenswert, da die Sozialpädagogik Subjektivität als dem Subjekt äußerliche Instanz thematisiert. Sie kann nur von außen auf den Einzelnen blicken und seine Artikulationen nach ihrem Verständnis rezipieren. Damit sind zwei Problemkreise verbunden, welche sozialpädagogische Deutungsstrukturen anhand ihrer Art der Thematisierung von Subjektivität verdeutlichen. Auch hier zeigt sich, wie im Falle der Objektivierung von Sozialität, eine besondere Rele-

---

70 Dies gilt zumal für den Glauben, „Bildung" sei durch „technokratische Verhaltenssteuerung durch (Experten) Programme" (Cremer-Schäfer 2008, 177) herzustellen, deren Scheitern gegebenenfalls weniger den Programmen oder sozialen und strukturellen Rahmenbedingungen als mangelnder Investitionsbereitschaft und -fähigkeit des Einzelnen (und seiner Familie) anzulasten sei.

vanz der Darstellung von Diskontinuitäten. Beim Subjektbezug handelt es sich um die Feststellung einer Differenz erstens zwischen heteronomer Anleitung und selbst etablierter Subjektivität, zweitens zwischen sozialer Normalitätserwartung und individueller Subjektivitätsgestaltung.

1. Die Sozialpädagogik ist eine soziale Institution und Profession, die an den Einzelnen herantritt, mit ihm arbeitet und über ihn reflektiert. Der Begriff „Bildung" signalisiert in dieser Beziehung einen Bruch, eine Diskontinuitätsmarkierung: Sozialpädagogisches Handeln und Subjekt werden getrennt. Es scheint einen grundlegenden Unterschied zu geben zwischen dem, was im sozialpädagogischen Wissen über ein Subjekt präsent ist und von ihm erwartet wird, und dem, was ein Einzelner von sich weiß und erwartet. Die Subjektivität des Betreffenden wird in dieser Hinsicht im sozialpädagogischen Diskurs und in der Selbstschau des Individuums unterschiedlich repräsentiert. Angesichts der Komplexität von Subjektivitäten und der Vielzahl und Heterogenität von sozialen Bindungen, in denen Menschen leben, ist dies mehr als wahrscheinlich und es wäre kaum sinnvoll, hieran zu zweifeln. Ein Individuum kann nicht umfassend „verstanden" werden und verbleibt aus der Außensicht stets wenigstens z.T. rätselhaft (vgl. Soeffner 2003, 165).

Dennoch ist die These einer Diskontinuität sozialpädagogischen Wissens und autonomer Subjektivität falsch, soweit sie im Rahmen sozialpädagogischer Deutungsstrukturen getroffen wird. Sie kann nur aufrechterhalten werden, wenn aus einer fiktiven Beobachtungsperspektive auf die Sozialpädagogik und ihre Adressaten gesehen wird. Der sozialpädagogische Blick hingegen ist einer spezifischen Interpretationsleistung verpflichtet, d.h. es werden Deutungen von Subjektivität angestellt, die der (relativen, kontextabhängigen) Eigenlogik sozialpädagogischen Wissens folgen. Die Annahme einer externen Einflüssen gegenüber mehr oder weniger autonomen Subjektivität ist eine solche Deutung. In der Sozialpädagogik von komplexer, eigensinniger und eigenrechtlicher Subjektivität zu sprechen, führt deshalb Diskontinuitäten in den sozialpädagogischen Diskurs ein. Es handelt sich um eine Zäsurbehauptung, die dem sozialpädagogischen Diskurs nicht äußerlich ist, sondern in ihm liegt und auf spezifische Weise sozialpädagogisch qualifiziert ist.

Die bildungstheoretische Rede der Sozialpädagogik von Subjektivität ist folglich nicht zu verwechseln mit einem Bruch zwischen der sozialpädagogischen Deutungsstruktur und einer alltäglichen Subjektivität. Es handelt sich um eine Diskontinuitätsthese, die durch Besonderheiten sozialpädagogischen Wissens erzeugt wird: Subjektivität wird als Referenzpunkt dieses Wissens abgebildet und mit Deutungen relationiert, die sie als genuin sozialpädagogische Größe generieren. Die Subjektivität der Adressaten erscheint als sozial verortete Eigensinnigkeit im Rahmen der sozialpädagogischen Konstitution von Wirklichkeit.

Dem Wissen, dass bestimmte soziale Problemlagen auf die Subjektivität eines Individuums bezogen sind, ist eine solche Interpretationsleistung bereits eingeschrieben. Durch sie wird ein Sachverhalt, ein „Problem", als soziale Erscheinung subjektbezogen ausformuliert und Subjektivität als problembezogene Größe besonderer Art identifiziert, denn die Sozialpädagogik bearbeitet Probleme, in „denen das Subjekt und die Möglichkeit seiner Subjektivität gefährdet" (Hamburger 2003, 125) sind. Da soziale Probleme nur von Perspektiven „normalen" und „gelingenden" Lebens aus als solche hervorgebracht werden können, werden in den für die Sozialpädagogik relevanten Problemkonstitutionen Subjektbotschaften kommuniziert, in denen Grenzen il-/legitimer Subjektqualitäten wirksam sind. Wie vage sie auch immer sein mögen, sie geben darüber Aufschluss, in welche Richtung Subjektivität konstituiert bzw. verändert und in ihren Optionen erweitert werden soll, um eine prospektiv erfolgreiche Problembearbeitung zu erreichen.

Es sei betont, dass dies nicht bedeutet, die Relevanz der Eigensinnigkeit und Vielfältigkeit von Subjektivität aufzulösen, zu negieren oder Fremd- und Selbstbestimmung zu identifizieren. Im Gegenteil zeichnet sich die Sozialpädagogik durch die intentionale Berücksichtigung einer relativ großen Spannbreite aus, innerhalb derer divergente Optionen von Subjektivität Anerkennung finden sollen. Es liegt deshalb nahe, sozialpädagogisches Handeln unter der Referenz „Bildung" zu verhandeln. Gleichwohl wird Subjektivität auf der Basis von Normalitätserwartungen gewissermaßen „angerufen": Sie wird im Horizont von Krisenkonstruktionen problematisiert und soll neu ausgerichtet werden, so dass eine rationale Intervention in Subjektivität als spezifischer Subjektivierungsmodus postuliert werden kann.

Sozialpädagogisches Wissen bildet Subjektivität nicht photographisch ab, sondern leistet problem- und interventionsbezogene Interpellationen. Sie können Spielräume für unterschiedliche Arten von Subjektivität öffnen und gemäß der sozialpädagogischen Inanspruchnahme der Bildungssemantik ist dies ihr vorrangiger Auftrag. Aber ohne eine Problematisierung von Subjektivität wäre sozialpädagogisches Wissen und Handeln nicht zu begründen. Mit Lüders (2007, 186) ist somit festzuhalten, dass auch die Thematisierung informeller Bildung, d.h. nicht schulisch oder anderweitig institutionalisierter Bildungsprozesse, „untrennbar mit einem machförmigen Zugriff auf das Subjekt verknüpft ist"; eine „wahre', ideologisch unverstellte Idee von Bildung zu finden, erscheint damit illusorisch". Subjektivität soll beeinflusst werden, während der Bildungsbegriff Subjektivität weitgehend im Jenseits sozialpädagogischen Handelns verortet. Aus einer Beobachterperspektive ist dies insofern unbefriedigend, als dadurch weder der faktischen, dauerhaften Modulation von Subjektivität durch soziale und institutionelle Einflüsse entsprochen wird, noch das Grundprinzip sozialpädagogischen Handelns in seiner Ausrichtung auf die Bearbeitung subjektbezogener sozialer Problemlagen sichtbar wird. Bildung soll nicht einfach geschehen, sondern prozesshaft gesteuert werden.

Mit diesen Hinweisen soll nicht eine möglichst „gute" oder „angemessene" sozialpädagogische Terminologie offeriert werden, auch wenn der Begriff „Subjektivierung" hier in dieser Richtung verwendet wird. Entscheidender ist die Feststellung, dass sich der sozialpädagogische Diskurs grundlegend und derzeit in besonderer Weise durch die Inanspruchnahme von „Bildung" als subjektbezogene Referenzsemantik auszeichnet und sich dadurch als spezifische Wissensform zu erkennen gibt. Die Bildungsorientierung begibt die Sozialpädagogik in die Lage, eine erwünschte und anzustrebende Eigenständigkeit und Selbstbildung des Subjekts als Handlungsziel zu unterstreichen. Es erfolgt eine deutliche Absage an eine Haltung, die – wie in obigem Zitat von Mollenhauer und Uhlendorff eingebracht – auf einer „zweckmäßigen Einwirkung" auf den Einzelnen insistiert. Sozialpädagogisches Wissen stellt sich programmatisch in deutlichen Kontrast zu einer Verfügungsgewalt und -intention, die sie mit der Eigenrechtlichkeit des Subjekts kontrastiert.

Es herrscht aber umgekehrt in der Sozialpädagogik keine Ziellosigkeit im Sinne einer konturlosen Förderungsintention von Selbstbestimmung vor. Das Subjekt soll in eine bestimmte Richtung „gebildet" werden, die durch die Markierung des Problemhorizonts im sozialpädagogischen Diskurs abgesteckt ist. Schon die soziokulturelle Verhaftung sozialpädagogischen Wissens schließt es aus, in der Sozialpädagogik von nicht sozial beeinflusster Bildung auszugehen. Diese könnte keine sinnhafte Bearbeitungsform der von der Sozialpädagogik diagnostizierten sozialen Probleme legitimieren. Wie sozialpädagogische Krisentheorien nachzuweisen suchen, sind Bildungsprozesse durch die gesellschaftliche Miterzeihung beeinflusst, so dass eine Einwirkung auf Bildung bei Problemintervenionen notwendig erscheint. Sie im Bildungsbegriff zu suspendieren, zeigt eine in der sozialpädagogischen Deutungsstruktur systematisch produzierte Widersprüchlichkeit. Sie kann nur aufgelöst werden, wenn sie als Distinktionsmodus sozialpädagogischen Wissens wahrgenommen wird. Sozialpädagogik, so ist zu folgern, thematisiert eine Paradoxie, die sie als Instanz der Paradoxiebearbeitung inauguriert.

Betrachtet man die sozialpädagogische Deutungsstruktur und ihre soziale Einlagerung, so ist der Begriff „Bildung" demnach ambivalent, denn es ist gerade die *Anleitung* von Bildungsprozessen, durch die die Sozialpädagogik ihr Existenzrecht profiliert. „Bildung" vergegenwärtigt eine Semantik, die den sozialpädagogischen und insgesamt gesellschaftlichen Bezug auf Subjektivität zunächst unterbricht, um ihn dann als Referenz und Handlungsproblem wieder einzuholen, und zwar im Sinne einer nichtinstrumentellen Arbeit am Subjekt. Dies kann eine Verschleierung sozialpädagogischer Eigeninteressen und Standpunktabhängigkeiten bedeuten; die relative Unsichtbarkeit einer spezifischen sozialpädagogischen Deutungsstruktur wird durch den Bildungsbegriff nicht unwesentlich fortgeführt, sie kann aber gerade durch ihn analytisch rekonstruiert werden.

2. Damit verbunden ist eine zweite, grundlegendere Problemdimension. Sie bezieht sich nicht auf die Bestimmung von Handlungsoptionen durch die diskursive Einführung eines Vermittlungsproblems von Subjektgestaltung und Bildungsprozessen, sondern auf eine wertungsbezogene Kategorisierung von Subjektivität durch den Bildungsbegriff. Die Rede von „Bildung" beinhaltet eine Differenzbestimmung von gesellschaftlicher Normalität und einer dem Subjekt attribuierten Autonomie. Diese Differenz zeichnet das sozialpädagogische Wissen vom Subjekt aus, indem es dessen (potentielle) Beschädigung und auch seine Entwicklungsmöglichkeiten betont.

Thiersch (2002a, 61) hält fest: „Bildung als Selbsttätigkeit und selbstständige Ausbildung von Individualität meint kritische Selbsttätigkeit, ist also orientiert am Bild eines guten, gelingenden Lebens". In der Sozialpädagogik wird das gelingende Leben in der Regel nicht der – häufig zeitdiagnostisch kritisierten – Gegenwart, sondern einer möglichen Zukunft attestiert. Im Bildungsbegriff wird dadurch eine Absetzung von der sozialen Gegenwart und ihrer geschichtlich gewordenen Bedingungslogik von Subjektivität thematisch. Bildung impliziert eine Darstellung von Gesellschaft, die „zugleich auch immer deren Kritik ist" (Sünker 2001, 166; bezogen auf Heydorn). Als solche müssen Bildungsaspirationen sich von der aktuell vorherrschenden Welt absetzen und mit ihrer „Normalität" brechen. Man kann dies als eine positive Differenz von aktuellem Zustand (des Einzelnen oder der Gesellschaft) und erhoffter Zukunft interpretieren, die dem Bildungsbegriff eingeschrieben ist. Mit ihm wird die Möglichkeit einer besseren Welt denkbar und handlungsleitend.

Dieser positiven Differenz steht eine negative konstitutiv gegenüber. Ein zentraler Aspekt der von der Sozialpädagogik betreuten sozialen Probleme besteht in einer Ungleichheit sozialer Normalitätserwartungen und faktischen oder antizipierten Handlungs- und Einstellungsdimensionen auf Seiten des Einzelnen. So erscheint in der Sozialpädagogik z.b. Drogenabhängigkeit als eine Einschränkung oder Aufhebung autonomer Entscheidungsmöglichkeiten des Subjekts, Kriminalität als Resultat negativer Peer-Einflüsse, die den Einzelnen in Prozesse devianter Identitätsgestaltung einbinden, Gewaltausübung als Folge einer desintegrativen Sozialisation mit negativen Folgen für die individuelle Moralentwicklung usw. Gemeinsam ist diesen Interpretationen die Behauptung einer Differenz zwischen einer postulierten Normalität und der jeweils bezeichneten Art von Subjektivität. Offenkundig wird diese nicht als „Bildung" angesprochen und denkbar, sondern als antizipierter oder faktischer *devianter* Subjektstatus. Er verlangt im Sinne eines Handlungsauftrages an die Sozialpädagogik nach heteronomen, subjektgestaltenden Maßnahmen, die „Bildung" als positiv attribuierte Subjektqualität und -entwicklung erst in Gang setzen. Die Referenz „Bildung" beinhaltet folglich eine gegen negativ identifizierte Subjektzustände gerichtete Einwirkung, um eine gewünschte positive Differenzrichtung von Normierungen und Subjektivitäten anleiten zu können.

Den Ausgangspunkt bildet diesbezüglich die Wahrnehmung eines defizitären Subjektstatus. Aus kritischer Sicht kann hierauf aufbauend eine „Allianz von ‚Verbrechen & Strafe' und ‚Fürsorge & Schwäche'" (Cremer-Schäfer/Steinert 1997, 252), d.h. von strafverfolgenden und rehabilitativ-unterstützenden Institutionen und Wissensformen, identifiziert werden. Beide stellen auf Kategorisierungen von Subjektivität ab, die Grenzen der Il-/Legitimität reproduzieren, selbst wenn die Interventionslogiken grundlegend differieren, da im ersten Fall Bestrafung, im zweiten Fall Hilfe realisiert wird. Diese Hinweise beinhalten zwar eine Theoretisierung, die hier nicht näher verfolgt werden muss. Dennoch ist es von Bedeutung, auf die zutreffend beschriebene, spezifische Ausrichtung der Rede von Subjektivität in der Sozialpädagogik aufmerksam zu machen: Es handelt sich nicht um eine „unschuldige" oder „neutrale" Repräsentation „natürlicher" oder „alltäglicher" Subjektivität, sondern um eine Differenzbestimmung von Subjektivität und erwartbarer Normalität. So werden regelhaft Devianzkonstruktionen verfolgt, die soziale Auffälligkeiten als „Scheitern der Person an gesellschaftlichen Verhältnissen" (ebd., 250) repräsentieren. Ein Subjektstatus erscheint defizitär und verlangt nach personenbezogener Unterstützung.

Diese Diskrepanz zwischen diagnostizierter Subjektqualität und postulierter Normalität kann nicht aufgehoben werden, ansonsten lösten sich im sozialpädagogischen Diskurs soziale Probleme und Möglichkeiten intervenierenden Handelns auf. Sozialpädagogik verweist auf Diagnosen *negativer* Einflüsse des sozialen Lebens auf Subjektivität, aus denen Potentiale für *positive* Maßnahmen gewonnen werden. Dies ist geprägt durch die Erkenntnis der „Nicht-Autonomie von Bildung", da in diesen Begriff von Bildung „ihre soziale Kontextualität und ihre Abhängigkeit von sozialstrukturellen Voraussetzungen" (Sting 2004, 77) eingehen. Die bildungstheoretische Rede von Subjektivität ist folglich auch in dieser Hinsicht ambivalent, da sie diese zweifach kategorisiert, und zwar jeweils in Abhängigkeit von gesellschaftlichen Normalitätserwartungen: einmal als Defizitzurechnung und daneben als positiv zu bewertende und zu fördernde Eigenrechtlichkeit gegenüber sozialen Einbettungen.

Auch Winkler (2001, 180) konstatiert als „*zentrales Thema* einer Sozialpädagogik, die sich im Zusammenhang von Bildung und Erziehung konstituiert, (...) eine Ambivalenz von Subjektivität und Normalität (...), mit der das Subjekt einer Spannung von Autonomie und Anomie ausgesetzt wird." Diese Ambivalenz sei für moderne Gesellschaften charakteristisch und grundlegend. Dies kann hier dahingehend spezifiziert werden, dass die Ambivalenz im Rahmen sozialpädagogischen Wissens auf besondere Weise generiert wird: Beschädigte Subjektivität wird durch die Sozialpädagogik als Resultat von Modernisierung bzw. Gesellschaft vorherbestimmt. Anomie erklärt Autonomiebedarf und definiert Autonomieoptionen. So wird festgeschrieben, dass eine pädagogisch gestützte Implementation selbstbestimmter Subjektivität notwendig ist. Diese wird in der Sozialpädagogik zum Thema, da eine soziale Einflussnahme auf Bildungsprozesse unterstellt wird: Soziale Missstände scheinen Selbstbestimmung und Autonomie zu verhindern; Anomie konstituiert eine negative Seite von Subjektivität, während deren positive Seite vorrangig als Selbstbildung konnotiert wird. Somit ist sozialpädagogischem Wissen eine Wertung eingeschrieben, von der aus Sozialität kritisch aufgenommen und Subjektivität durch entsprechende Grenzziehungen und Normierungen in ihrem Optionsraum prästrukturiert wird.

An einem Satz Friedrich Harkorts lässt sich dies exemplarisch verdeutlichen. Er schrieb 1844 in seinen „Bemerkungen über die Hindernisse der Civilisation und Emancipation der unteren Classen":

„Eine Reform der socialen Verhältnisse tuth Noth, denn mehr und mehr macht selbst der Geringste im Volke Anspruch auf Persönlichkeit" (Harkort 1844/1969, 85).

Harkort billigte dem Einzelnen einen „Anspruch auf Persönlichkeit" zu; selbstbestimmte Subjektivität wird als Grundrecht anerkannt. Die „socialen Verhältnisse" aber, die Harkort identifizierte, widersprachen diesem Postulat. Somit zeigt sich eine doppelte Problematisierung: Das soziale Leben wurde ebenso hinterfragt wie die Formen von Subjektivität, die in seinem Rahmen hervorgebracht wurden. Subjektivität war kritikwürdig, solange nicht ein im Sinne Harkorts reformiertes System der Allgemeinbildung und soziale Reformen implementiert waren. Sie erlaubten die Schaffung von Kontexten, die „Bildung" im perspektivischen, positiven Sinne zulassen sollten. Erst mit der Überwindung der doppelten Problemzurechnung an „das" Soziale und dessen Beschränkung von Subjektivität konnte im emphatischen Sinne von „Bildung" gesprochen werden. Ihr sind demnach sozialpädagogische Weisen der Erzeugung von sozialen Beziehungen und von Formen individueller Selbstbestimmung mitgegeben.

Relevant ist hierbei insbesondere die implizite und teilweise explizite Bewertung der zu fördernden „Autonomie". Sie ist in dem Beispiel nur gemäß Harkorts bürgerlich-liberalem Standpunkt zu verstehen, der ihn zu einer Wertschätzung eines tüchtigen, arbeitsamen, seine Eigenständigkeit auf Besitzerwerb gründenden Individuums führte. So repräsentiert Harkort eine spezifische liberale Haltung, die Autonomieforderungen auf der Grundlage einer standortabhängigen Evaluierung von Sozialität und Subjektivität hervorbringt (vgl. Dollinger 2007c).

Nicht dieser exemplarisch gewählte Inhalt, aber Struktur und Standortabhängigkeit der Bewertung charakterisieren sozialpädagogisches Wissen im Bildungsbezug: Subjektivität wird, auch und gerade im Bildungsbegriff, nicht „neutral" repräsentiert, sondern perspektivisch und krisentheoretisch fundiert als Interpretationsschema generiert. Mit dieser Konstitutionsleistung verbunden sind Rahmungen, innerhalb derer „legitime" Arten von Subjektivität zugelassen und durch Bildungsprozesse angeleitet werden sollen. „Bildung" ermöglicht es kontrafaktisch, die sozialpädagogische Ausfüllung dieses Rahmens als einen scheinbar eigenrechtlichen Prozess zu vergegenwärtigen, in dem ein Individuum als „legitimes Subjekt" emergiert.

Angesichts dieser beiden Differenzbestimmungen drängt sich die Frage auf, weshalb nicht von „Erziehung" statt von „Bildung" gesprochen wird. Nicht zu Unrecht wird geltend gemacht, es läge mit Blick auf die sozialpädagogische Interventionsabsicht und den eingeforderten Handlungsbedarf der Begriff „Erziehung" näher (vgl. Winkler 2006b). Die Konnotation von „Erziehung" stellt deutlicher auf eine pädagogisch motivierte Einwirkung ab und so konstatiert Winkler (2001, 181) die Notwendigkeit einer (sozial-)pädagogischen Anleitung von Subjektivität als „Erziehung (…), um das Subjekt davor zu bewahren, der Welt ausgeliefert zu sein".

Indem diese Absicht im Bildungsbegriff mehr oder weniger unkenntlich gemacht wird, gibt die Sozialpädagogik zu erkennen, dass sie die von ihr ausgeübte Subjektivierungslogik und die sie ermöglichenden Voraussetzungen kaum explizit machen will. Sie beharrt darauf, als Anwalt im Dienst der Selbstbestimmung des Subjekts zu operieren, während Eigeninteressen und aufzuklärende Perspektivitäten tendenziell undeutlich werden. Die Bildungssemantik erlaubt es dadurch einerseits, die Ambivalenz von Beeinflussung und (scheinbarer) Autonomie des Subjekts als „Paradox der Anleitung zur Selbstbestimmung" (Sting/Sturzenhecker 2005, 237) abzubilden und für die Sozialpädagogik entscheidende Distinktionsbestimmungen gegenüber anderen Wissensformen zu leisten, insoweit diese auf direkte Formen der Subjektgestaltung abzielen. Für die Sozialpädagogik resultiert in der Folge einerseits ein Distinktionsgewinn sowie andererseits die Notwendigkeit der argumentativen Begründung, warum ein *sozialer* Bildungsbegriff benötigt wird, der dann doch auf Eingriffsmöglichkeiten in Subjektivität Wert legt[71]: Es wird eine spezifische *Optionierung* von Subjektivität im Rahmen lebensweltlicher Bezüge thematisiert. Auf der Grundlage sich permanent ändernder Normalitätsbestimmungen wird vorgegeben, welche Arten von Subjektivität als „legitime" Bildung anerkennungsfähig sind und welche nicht.

Mit dem Erziehungsbegriff könnten ebenfalls die „Nichtmethodisierbarkeit des Erziehens" und der pädagogisch anzuerkennende Eigenwille des Adressaten ausgedrückt werden (vgl. Hörster 2001, 442f)[72]. Zudem scheint lediglich oft „übersehen" (Winkler 2006b, 183) zu werden, dass aus sozialpädagogischer Sicht Bildung Erziehung voraussetzt. Dieses Übersehen ist allerdings von besonderem Interesse, denn mit der Erziehungssemantik rückt stärker die Beeinflussung des Einzelnen in den Mittelpunkt und dies scheint in der Sozialpädagogik im Rahmen aktueller gesellschaftlicher Diskurse wenig erwünscht zu sein. Mit Winkler (2001) sind Konjunkturen der Begriffsverwendung zu bedenken: Ob-

---

71 Aus professionstheoretischer Sicht erörtert Gildemeister (1983, 76) als eine Paradoxie sozialpädagogischen Handelns die Problematik einer „Einflussnahme ohne Beeinflussung", denn der „Klient soll veranlasst werden, sich freiwillig zu verändern". Sie bringt damit, ohne dies explizit anzusprechen, eine durch die Bildungssemantik ermöglichte subjektbezogene Distinktion sozialpädagogischen Wissens zum Ausdruck. Verweisen Problemdefinitionen auf Beschädigungen von Subjektivitäten und fordern eine subjektbezogene Revision, so können Ansprüche, die dies durch eine bloße Disziplinierung oder gar „Unschädlichmachung" von Subjekten zu erreichen suchen, mit der Bildungsreferenz konterkariert und im Gegenzug sozialpädagogisches Wissen plausibilisiert werden.

72 Gegen die aktuelle Diskreditierung des Erziehungsbegriffs ist einzuwenden, dass „ein ständiges Vermitteln oder gar Einbläuen von Werten (…) nur als pathologische Variante" (Müller 2006a, 425) von Erziehung zu betrachten ist.

wohl Bildung und Erziehung aufeinander verweisen, übertrifft zu bestimmten Zeitpunkten jeweils ein Begriff den anderen mehr oder weniger stark an Beliebtheit. Und derzeit besitzt offenkundig eine bildungsbezogene Kennzeichnung des sozialpädagogischen Selbstverständnisses und der mit ihm assoziierten Handlungsoptionen hohe kulturelle und politische Anschlussfähigkeit.

Die genaueren disziplinären Bezüge bedürfen einer differenzierten diskursanalytischen Rekonstruktion; sie können hier nur spekulativ eingebracht werden. Aber es scheint plausibel, die gegenwärtige sozialpädagogische Attraktivität der Bildungssemantik und ihre impliziten Autonomieunterstellungen mit einer derzeit vorherrschenden gesellschaftlichen Wertschätzung von Kategorien „autonomer" Subjektivität in Beziehung zu bringen. So wird dem Konzept eines rationalen „Selbstunternehmers" attestiert, eine bedeutsame Rolle bei der zeitgenössischen Repräsentation anzustrebender Subjektivität zu spielen. Ihm kommt ein Anschein von Selbständigkeit, Selbstverantwortung und Eigenaktivität zu, wie er in unterschiedlichen disziplinären und kulturellen Diskursen anzutreffen ist und gefordert wird (vgl. Bröckling 2007; Opitz 2004). Mit ihm korrespondiert ein Modus der Hervorbringung bzw. Sozialkontrolle von Subjektivität, der auf „Selbstführungstechniken" abstellt, „durch die das Individuum ohne sichtbaren äußeren Zwang dazu angehalten wird, sich im Rahmen der ihm überlassenen Freiheiten gemäß bestimmten Maximen zu verhalten, wie etwa den Anforderungen einer flexibilisierten und globalisierten Arbeits- und Lebenswelt" (Singelnstein/Stolle 2007, 112). Im Vordergrund stehe, zumindest für die Mehrheit der Bevölkerung, die Intention und Modalität einer unscheinbaren „*Anleitung* zur Selbstregelung des eigenen Lebens und der eher subtilen und informellen Vermittlung von Verhaltensanforderungen" (ebd.)[73]. Reckwitz (2006, 518) bezeichnet die externe Steuerung dieses Subjekttypus treffend als „Form eines geschickten ,Einschmuggelns' von Sinnelementen in das eigendynamische Beobachtungssystem" von Subjekten. Im Verbund mit oben genannten Gründen wie der Etablierung einer „Wissensgesellschaft", die selbsttätiges „lebenslanges Lernen" zu verlangen scheint, oder einem großen medialen Interesse für Bildungsfragen, das durch Befunde internationaler Leistungsmessungen im Bildungsbereich ausgelöst wurde, kann dies aus sozialpädagogischer Sicht nahe legen, von „Bildung" zu sprechen, um Anschluss an entsprechende Diskurse zu gewinnen. Sie tendieren allerdings möglicherweise eher in Richtung einer „Teleologie der Selbstoptimierung" (ebd.), als dass sie den tradierten sozialpädagogischen Bildungsbegriff fortführen.

---

73 Es kann hier offen bleiben, inwieweit es sich tatsächlich um einen neuen Kontrollmodus handelt. Neuartig erscheint zumindest die kulturelle und vielfache disziplinäre Betonung einer derartigen Form von Subjektivierung, und dies ist im hier verfolgten Zusammenhang entscheidend.

Dies sei als Interpretationsfokus hier nur angedeutet. Prinzipiell ist festzuhalten, dass sozialpädagogische Deutungen von Subjektivität (und Sozialität) unterschiedliche Aspekte betonen können: Sie fokussieren die Selbstbestimmung des Einzelnen und können hierbei zwischen Semantiken changieren, die stärker auf äußere Einwirkung („Erziehung") oder auf die Autonomie des Einzelnen („Bildung") Wert legen. Dies mag aus fachlicher Sicht problematisch erscheinen, da beides aufeinander verweist. Aber maßgeblich sind die anhand der differenten Semantiken zu verdeutlichende Einbettung sozialpädagogischen Wissens in umfassendere Diskurse und eine entsprechende sozialpädagogische Selbstdarstellung. Kulturelle Subjektthematisierungen und -postulate lassen es gegenwärtig plausibel und für die Installierung sozialpädagogischer Handlungsoptionen anschlussfähig erscheinen, in der Sozialpädagogik vorrangig auf den Bildungsbegriff zurückzugreifen.

b) Subjektivierung

Die im disziplinären Diskurs verwendeten Begriffe zur Bezeichnung sozialpädagogischer Tätigkeit transportieren mehr als nur Handlungsbeschreibungen. Sie beinhalten insbesondere Botschaften über die Orientierung an und den Umgang mit Subjektivität. Der zuvor in den Mittelpunkt gerückte Bildungsbegriff artikuliert eine starke Ausrichtung an der Selbstbestimmung des Einzelnen. Aus ihm ergibt sich eine gewisse argumentative Mühe, sozialpolitisch fundierte Interventionen gegen personalisierende (Miss-)Verständnisse einer vom Einzelnen zu leistenden Selbstbildung legitimieren zu müssen.

Zur Beschreibung derartiger Argumentationsstrukturen und ihrer Bezüge auf Subjektivität wird eine relativ abstrakte Analysekategorie benötigt. Es seien hierfür Begriff und Konzept der „Subjektivierung" vorgeschlagen. Dass diese Referenz in die Lage versetzt, Analysen der Implementation von Selbstverhältnissen anzuleiten, wurde mehrfach nachgewiesen (vgl. etwa Bröckling 2007; Bührmann 2007; Dzierzbicka/Sattler 2004; Opitz 2004, 63ff; Weber/Maurer 2006). „Subjektivierung" verweist auf die Konstitution von Subjektivität durch die systematische Einwirkung auf sie, ohne Subjektivität als den Einwirkungen bereits vorgegebene Substanz zu verstehen (vgl. Foucault 2005). Sie umfasst unterschiedliche Spielarten der Einflussnahme, die von einer konfrontativen Disziplinierung über eine auf Kontextsteuerung abzielende Autonomisierung bis hin zu Selbst-Subjektivierung nach kaum merklichen Vorgaben reichen können. Dieses Spektrum an Maßnahmen wird durch die Frage fokussiert, mit welchen Programmatiken, Strategien und Techniken Selbstverhältnisse hergestellt und moduliert werden.

„Subjektivierung" ist deshalb kein per se „kritischer" Begriff, wie mitunter vermittelt wird. Er kann als Kritik eingesetzt werden, indem auf *bestimmte* subjektivierende Qualitäten von z.B. sozialpädagogischem Handeln aufmerksam gemacht wird. Subjektivierungsprozesse festzustellen ist an sich aber trivial, sofern die Voraussetzung geteilt wird, dass Subjektivität nicht prädiskursiv gegeben ist und von einem dichotomen Verhältnis von Mündigkeit/Unmündigkeit Abstand zu nehmen ist. Ihm gegenüber ist abzustellen auf ein subjektkonstitutives *„Zugleich* von Fremdbestimmung und Selbstbestimmung, von Abhängigkeit und Freiheit, von Unmündigkeit und Mündigkeit" (Rieger-Ladich 2002, 449). Kritik kann sich auf dieser Basis entfalten, wenn ein spezifischer Subjektivierungsmodus und eine spezifische Art von anvisierter Subjektivität betrachtet und bewertet werden. Die Rede von „Subjektivierung" dient dann als Voraussetzung einer Kritik. Sie kann beispielsweise gegen den Anspruch gewendet werden, sozialpädagogisches Handeln sei lediglich an der Bildung des Einzelnen im Sinne einer Selbstbildung orientiert, womit sie allerdings lediglich ein Missverständnis aufdeckt und Grundprinzipien (sozial-)pädagogischen Handelns dechiffriert. Weitere Stellungnahmen in kritischer Absicht bedürfen der Begründung. Von „Subjektivierung" zu sprechen, weist selbst keine Auszeichnungen „richtiger" oder „gelingender" Subjektivität aus, verdeutlicht aber die Notwendigkeit genauer Analyse. Etwa die Rede von „Selbstbestimmung" ist insofern klärungsbedürftig, als zu fragen ist, „warum, wie und von wem dieser Begriff mit welchen Effekten faktisch verwendet wird" (Krähnke 2007, 183).

Spezifiziert auf die Sozialpädagogik verweist die Perspektive der Subjektivierung auf die folgenden Aspekte. Sie wurden formal bereits oben eingebracht und können nun auf sozialpädagogische Subjektivierung hin konkretisiert werden. Sie ist zu verstehen als:

- *basale Adressierung.* Sozialpädagogik ist nicht vorrangig Training, Kompetenzvermittlung, Lernhilfe oder Lebensbegleitung; es geht ihr auch nicht um eine bloße Akzeptanz des Anderen, die zwar mit sozialpädagogischem Handeln verbunden ist, aber Handlungsziele unklar werden lässt (vgl. am Beispiel akzeptierender Drogenarbeit Vogt 1999). Akzeptanzforderungen und akzeptierende Grundhaltungen gegenüber Adressaten werden mit Änderungswünschen normabweichenden Verhaltens assoziiert. Am Beispiel devianter Gruppen beschreibt Böhnisch (1999, 195ff) akzeptierende Arbeit als Versuch, Gruppen gleichsam zu transformieren: Sie sollen nicht zerschlagen werden, was aufgrund der sozialen Beziehungen, in die der Einzelne als Gruppenmitglied verstrickt ist, pädagogisch nicht sinnvoll wäre. Der Sozialpädagoge sei erfolgreicher, wenn er versuche, im Zuge einer „Deeskalation nach außen und der behutsamen Entstrukturierung der Gruppe nach innen

(...) deviante Cliquen sozial regulieren zu können". Er zielt damit nicht nur auf situative Effekte oder Verhaltenstendenzen. Selbst wenn er seine Absicht aus pädagogischer Klugheit nicht offen zeigt und die Gruppen über längere Zeit begleitet, geht es ihm um die prinzipielle Modifikation der „Individualität und der personalen Befindlichkeit" (ebd., 197). Die soziale Beziehungsarbeit dient der Subjektivierung, der Neuformierung und Richtungsgebung von Subjektivität. Einzelne Konzepte der Jugendarbeit seien zu „äußerlich", wenn der Fokus nicht auf die „innere Bedürftigkeit der Jugendlichen als verdeckter (gespürter, aber nicht integrierter) Ausdruck eines sozialen Selbst" (ebd., 199) gerichtet werde.

Diese Kritik an teilweise zu oberflächlicher Beziehungsarbeit ist charakteristisch und weist auf sozialpädagogische Deutungsstrukturen. Wenn Böhnisch, um bei dem Beispiel dieses Ansatzes zu bleiben, das Konzept der „Lebensbewältigung" als sozialpädagogischen Handlungsmodus betont (vgl. Böhnisch 1999; 2001b; Böhnisch u.a. 2005), so ist dies nicht mit einer bloßen Förderung von Copingstrategien auf Seiten der Adressaten zu verwechseln. Der sozialpädagogische Anspruch ist tiefergehend auf die subjektive Grundlage einzelner Bewältigungshandlungen gerichtet. Selbst bei einer methodischen Orientierung, die vom „Fall zum Feld" rückt, bleibt der Anspruch vorherrschend, Subjektivität zu verändern, wenn auch über den Umweg sozialer und infrastruktureller Gestaltung. Das Subjekt in der Dimension seiner moralischen Verantwortungsfähigkeit repräsentiert den direkten oder indirekten Anknüpfungspunkt sozialpädagogischen Wissens und Handelns. Gerade an indirekten Zugriffen, die auf soziale Einbindungen und Maßnahmen der kontextuellen Steuerung abstellen, zeigt sich eine Veränderungsabsicht und Kontrollintention, die zuletzt doch auf das Subjekt abzielt (vgl. Krasmann 1999, 112f).

Dies verdeutlichen auch die jüngeren aktivierungspolitischen und sozialräumlichen Maßnahmen sozialpolitischer Intervention. Sie können zwar nicht ohne weiteres mit genuin sozialpädagogischen Haltungen identifiziert werden, aber sie prägen diese (vgl. Kessl 2006). In der durch sie unternommenen Neuausrichtung sozialpädagogischen Handelns wird eine mittelbare Subjektivierung angestrebt: „Die neuen Strategien sind in ihrer Logik sicher abstrakter, indirekter, und nicht unmittelbar formierend auf die Person bezogen. ,Nicht unmittelbar' heißt aber doch, dass die Arbeit an einer ,Infrastruktur' und an ,Gelegenheiten' der Reaktivierung ,mittelbar' auf die Akteure wirken soll. Es werden (ähnlich wie die Methoden der Gemeinwesenarbeit, des Empowerments, des Net-Workings oder der Mediation das konzipieren) Ressourcen zur Verfügung gestellt. Doch die mit Aktivierung verbundenen Investitionen halten die Ressourcen nicht nur knapp, sie implizieren weiter die Formierung von Personen" (Cremer-Schäfer 2004, 172f). Wenn der Begriff „Formierung" auch (zu) stark auf eine teleologische Prägungsabsicht abstellt, so wird doch zutreffend auf den Anspruch Bezug genommen, auf grundlegende Subjekteigenschaften einzuwirken. Sie werden als lokal gebundene und sozial-nahräumlich verankerte betrachtet und gerade deshalb können sie scheinbar wirksam durch kontextualisiert ausgerichtete Interventionen adressiert werden.

Die Sozialpädagogik dringt gleichsam in die Lebenswelt ein, um auf Adressaten zwar pädagogisch motiviert und im besten Sinne für sie, aber dennoch grundlegend in ihrem Verhältnis zu sich einzuwirken. Es gehe, wie Thiersch (2002b, 43) zur Verdeutlichung seiner Konzepts einer „lebensweltorientierten Sozialen Arbeit" schreibt, darum, „gegen die Öffentlichkeit und die Ungeduld einer ihr hörigen Politik den Anspruch der Sozialarbeit festzuhalten, aus den Möglichkeiten und Interessen des Subjekts her zu agieren." In dieser Subjektorientierung ist – sei dies aktivierungspolitisch oder genuin sozialpädagogisch motiviert wie im Falle Thierschs – stets die Dimension basaler Subjektivierung angelegt, insofern sozialpädagogisches Wissen auf die Prägung von Optionen der Selbstentfaltung ausgerichtet ist.

- *zeitloser Prozess.* Subjekte werden durch die Sozialpädagogik nicht konstituiert. Die kulturellen Einbindungen sozialpädagogischen Wissens und die Voraussetzungen sozialpädagogischen Handelns mit Blick auf öffentliche Diskurse, sozialpolitische und ökonomische Kontextbedingungen, organisatorische Rahmenfaktoren und die Beteiligung von Adressaten bei der Leistungserbringung zeigen Prämissen sozialpädagogischer Subjektkonstitution. Die Sozialpädagogik geht von ihnen aus und kooperiert mit den entsprechenden Subjektivierungsleistungen. Dabei unterliegen die Adressaten – unabhängig von ihrem Kontakt mit der Sozialpädagogik und parallel zu ihm – vielfältigen Subjektivierungen. Eine nur sozialpädagogische Einwirkung auf Subjekte stellt einen Ausnahmefall dar, der höchstens im Fall geschlossener Unterbringung – im Sinne eines Versuchs der „Bestimmtheit im Ungewissen" (Winkler 2003c) – zu bedenken ist. In der Regel muss sozialpädagogisches Wissen mit anderen Wissensformen und Einflüssen abgeglichen werden. Subjektivität ist vielfach sozial eingebettet und ihre grundlegende „Umgestaltung", wie sie etwa in therapeutischen Interventionen intendiert sein kann, scheitert schon an der Tatsache, dass die Sozialpädagogik sich mit einer in bestehenden Lebensvollzügen fundierten und prozessierten Form von Subjektivität auseinanderzusetzen hat.

Dies ist insofern zeitlos, als keine Interpunktion möglich ist, die Auskunft darüber geben könnte, ab wann die Sozialpädagogik eine Subjektivierungsstrategie übernimmt und wann sie ihr abspricht. Sozialpädagogische Subjektivierung partizipiert an der soziokulturellen Genese von Subjektivität. Sozialpädagogik ist Teil übergreifender gesellschaftlicher Instanzen, die als Ensemble Leistungen der Subjektivierung übernehmen und deren Ursprung zuletzt „im Ungewissen" (Butler 1998, 55) liegt. Sozialpädagogisches Handeln ist in diese heterogenen Strategien und Rationalitäten von Subjektivierung eingelagert, bei denen kaum Anfang oder Ende zu bestimmen sind.

Damit ist eine grundlegende Unsicherheit sozialpädagogischen Handelns verbunden. Es fußt auf eigenständigen sozialpädagogischen Deutungsstrukturen, kann hierbei aber keine eindeutigen Konturen in Anspruch nehmen. Die Attraktivität von effizienzoptimierten Einflussnahmen oder standardisierten Zielbestimmungen ist deshalb nicht zu leugnen, da sie Schein-Sicherheiten darstellen können, die Professionalität simulieren. Gleichwohl widersprechen sie der vergleichsweise offenen sozialpädagogischen Interpretation von Subjektivität (und Sozialität), ansonsten ließe sich im Falle einer termingerechten und durch Subjektklassifikationen legitimierten Einwirkung mit Winkler (2006b, 187) bestenfalls von einer „Zurichtung" des Einzelnen sprechen. Selbst und insbesondere an den Orten, an denen die Sozialpädagogik mit geschlossenen Arrangements konfrontiert ist, muss sie „Öffnungen" (Winkler 2003c, 247) realisieren und fragen, wie Unsicherheiten zugelassen und gleichzeitig kanalisiert werden können. Wird der Sozialpädagogik ein vordergründig eindeutiger Handlungsauftrag zugewiesen – man denke beispielsweise an die jugendstrafrechtliche Konturierung von „Erziehung" im wesentlichen als Legalbewährung –, so sucht sie eigene Zugänge zu entwickeln und ruft dazu auf, einer „subalternen Instrumentalisierung" – an dem Beispiel: durch die Strafjustiz – zu widerstehen und „auf Distanz" (Müller 2001, 74) zu gehen. Sie muss Handlungsaufträge in sozialpädagogische Deutungsstrukturen übersetzen und dies erfordert, zwar perspektivierte, aber pädagogisch begründete Offenheit zuzulassen (s. hierzu die Problematik der Diagnostik in Kap. 4.2.3).

Die von der Sozialpädagogik verwendeten Kategorisierungen leisten mit Blick auf Sozialität und Subjektivität in diesem Sinne einerseits Objektivierungen und bestimmen Grenzen von Wissens- und Handlungsmöglichkeiten. Andererseits sind die betreffenden Begriffe und Semantiken nicht dergestalt ausgerichtet, dass sie unüberschreitbare Konturen etablieren würden. Weder die Rede von „Sozialraum", noch von „Anomie", Bildung", „Erziehung", „Identität" oder anderem gibt in sich eindeutige Trennlinien wieder, die als Ankerpunkte ausschließlich sozialpädagogischen Wissens und Handelns fungieren könnten. Es handelt sich um Semantiken, die in ihrer Objektivierung mehr orientierend als buchstäblich konturierend wirken und die in diskursiven Auseinandersetzungen semantisch ausgefüllt werden müssen und in ihrer Konkretisierung fest-gestellt werden. Ein Mindestmaß an Unsicherheit und Offenheit für denkbare Alternativen und Entwicklungen bleibt dabei erhalten, Sozialpädagogik würde sich andernfalls selbst negieren: Sie führt Grenzen bestimmende Konzepte wie sozialer Wandel, Modernisierung, Subjektivität, Devianz oder anderes ein und schreibt durch deren spezifische Ausdeutung Wissens- und Handlungsmöglichkeiten fort, aber sie muss hierbei auf Unsicherheiten bestehen, ansonsten würden Komplexitäten gesellschaftlicher und individueller Lebensverhältnisse sie schnell einer unterkomplexen Argumentation überführen. Sozialpädagogische Deutungsstrukturen wären deshalb ohne ihre permanente Aktualisierung und Anpassung an vorherrschende Deutungen psychosozialer Lebensumstände nicht denkbar.

Insbesondere bezüglich der Anrufung von Subjekten ist dies in Rechnung zu stellen, denn eine Ausrichtung an anthropologischen Gewissheiten, naturalistischen Entfaltungsthesen oder anderen Fest-Stellungen von Subjektivität würde verneinen, dass diese prozesshaft und unter vielgestaltigen Einflussnahmen realisiert wird. Subjektivität findet folglich in der Sozialpädagogik in einem stets mehr oder weniger unbestimmten Umfeld statt und setzt Subjektivierungsleistungen voraus, deren Konturen häufig unscharf bleiben.

- *kooperative Realisierung.* Die Sozialpädagogik kann Subjektivität nur als eine Leistung thematisieren, an der Adressaten (mindestens prospektiv) verantwortlich beteiligt sind. Sie benötigt deren Kooperation und koproduktive Leistungserbringung. Beispielsweise in professionstheoretischen Konzepten einer Dienstleistungsorientierung wird auf diesem Aspekt insistiert (vgl. Schaarschuch 1999), denn sozialpädagogisches Handeln kann ohne verantwortliche Beteiligung der Adressaten nicht realisiert werden. Entfällt sie aufgrund einer besonderen Problembedrängung, so sind Ressourcen zur Verfügung zu stellen, die zur Förderung von Eigenaktivität notwendig sind. Im Rahmen sozialpädagogischen Handelns ist die prinzipielle Bereitschaft des Einzelnen, an „seiner" Subjektivierung teilzuhaben, demnach vorausgesetzt.

Auf dieser Basis wird Zwangsverhältnissen widersprochen, die fehlende Beteiligungs-„Motivation" durch negative Sanktionen sicherzustellen suchen. Im Gegenzug wird auf die prinzipielle Selbsttätigkeit des Einzelnen im Rückgriff auf verfügbare Ressourcen abgestellt. Damit unterscheiden sich sozialpädagogische von ökonomischen oder aktivierungspolitischen Dienstleistungskonzepten. Ihnen gegenüber „fokussieren die dienstleistungstheoretischen Ansätze (der Sozialpädagogik; B.D.) auf den Abbau von *strukturel-*

len institutionellen, organisationellen, professionellen und mit diesen allen verbundenen machtförmigen Restriktionen und Limitierungen in der Inanspruchnahme personenbezogener sozialer Dienstleistungen. Die damit verbundene Arbeitshypothese dieser Ansätze ist, dass das aktive Potential der Subjekte sich unter den neuen Bedingungen besser aktualisieren ließe. Aktive Subjekte brauchen nicht aktiviert zu werden" (Schaarschuch 2006, 105). Sozialpädagogischem Wissen ist folglich die Prämisse einer Partizipation des Subjekts an dem Zustandekommen von Leistungen eingeschrieben. Entfällt die Fähigkeit zur Partizipation, so wird zu Partizipationsförderung und nicht zu negativer Sanktionierung aufgerufen.

Dies besitzt eine Seite, die der Aufmerksamkeit bedarf, denn kooperative Subjektivierung verweist auch darauf, dass Subjekte bereits vor der Leistungserbringung und bei ihrem Zustandekommen aktiv sind. Man kann dies auf den „Verständigungsprozess" (Müller 1993, 225) beziehen, der zur Klärung des Verhältnisses einer Leistungsnachfrage durch Adressaten und eines Leistungsangebots durch Sozialpädagogen nötig ist. Individuen entwerfen ihr Selbstbild bei der Darstellung ihrer Lage und ihrer Person in Abhängigkeit von den Kontexten, in denen entsprechende Interaktionen verortet sind. Subjektbezogene Narrationen und Handlungsdarstellungen sind also kontextabhängig zu verstehen; Subjektivität wird zur „„situated subjectivity'" (Fook 2002, 74).

Kohärente Selbstdarstellung wird damit nicht ausgeschlossen, aber es tritt in den Vordergrund, dass sie in Auseinandersetzung mit äußeren Einflüssen immer wieder etabliert und sozial und kulturell „validiert" werden muss. Der Einzelne ist im Kern seines Selbstverständnisses abhängig von heteronomen Bedingungen, die zu kohärenten Selbstentwürfen verarbeitet werden. Dabei ist Kohärenz selbst als eine kulturelle Norm der Subjektgestaltung ernst zu nehmen. Sie verdeutlicht, dass ein Subjekt gleichzeitig Objekt äußerer Faktoren und engagierter Akteur ist, der multiple und widersprüchliche Subjektivierungsleistungen relationiert und als „eigene" Lebensgeschichte erfährt (vgl. Fook 2002, 75ff).

Für die Sozialpädagogik ist dies im hier relevanten Zusammenhang aus folgendem Grund beachtenswert: Wenn Sozialpädagogen mit Adressaten in Kontakt treten oder der Kontakt durch die Adressaten initiiert wird, ist diese Beziehungsaufnahme durch Zugangsregulierungen und eine meist implizite normative Erwartungsstruktur bestimmt. Aus Sicht der Adressaten führt dies zu einer bestimmten Art der Selbstdarstellung, die nicht als Verfälschung oder strategische Verzerrung „echter" Subjektivität oder einer „wirklichen", subjektiv begründeten Notlage misszuverstehen ist, sondern die prinzipiell mit jeder sozialen Interaktion assoziiert ist. In diesem Sinne schließen Interaktionen, die in der Sozialen Arbeit mit Adressaten stattfinden, „die kommunikative Herstellung von brauchbaren Entschuldigungen ein, die auf Ursachen für Hilfsbedürftigkeit verweisen, in der Soziale Arbeit als gültig anerkannt wird" (Bommes/Scherr 2000, 222). Da Leistungen der Sozialpädagogik spezifische Deutungen von Auffälligkeiten voraussetzen – etwa eine Verortung von Problemen im Umfeld und der Persönlichkeit des Betreffenden, ein Ausschluss therapeutischen/psychiatrischen Interventionsbedarfs, z.T. eine relativierte Verantwortlichkeit des Betreffenden u.a.m. –, ist die Interaktion von Sozialpädagogen und Adressaten bereits vor ihrem tatsächlichen Zustandekommen durch den Aufbau entsprechender problembezogener Erwartungen und Einstellungen strukturiert[74]. Subjektivität, mit der sich die Sozialpädagogik auseinandersetzt, kann demnach keine „ursprüngliche" sein. Sie ist zumindest der Tendenz nach auf sozialpädagogische Deutungsstrukturen und entsprechende „Berechtigungen" (auf Seiten der Adressaten) und „Zuständigkeiten" (auf Seiten der Professionellen) hin ausgerichtet. Dies differiert je nach Arbeitsfeld, Lebensalter der Adressaten, mehr oder weniger freiwilliger Art der Kontaktaufnahme, weiterer beteiligten Institutionen, kulturell und professionell vorherrschenden Kategorisierungen „legitimen" Adressatenverhaltens und anderen Variablen. Aber es ist grundsätzlich zu bedenken, dass Subjektivierung eine wechselseitige soziale Leistung darstellt. In die sozialen Interaktionen, an denen Sozialpädagogen und Adressaten teilhaben, fließen Momente der aktiven Selbstdarstellung von Subjektivität ein (vgl. grundlegend Laux 2000; Mummendey 1995). Die Kooperation von Adressaten an „ihrer" Subjektivierung schließt erwartungsorientierte Selbstdarstellung ein. Sie kann zu einem Prozess der Konsensbildung zwischen Adressat und Sozialpädagoge – und weiteren Beteiligten – führen, indem sozialpädagogische Deutungsstrukturen für die involvierten Parteien handlungs- und entscheidungsrelevant werden. In den Worten Jan Fooks (2002, 78): „in order for ,good social work' to take place, there may be a need for people to fit the relevant identity categories". Oder anders ausgedrückt: Sozialpädagogische Deutungsstrukturen können bereits zur Geltung kommen, indem Adressaten ihre Selbstdarstellung prospektiv an entsprechenden professionellen Erwartungen ausrichten und (unbewusst) Mühe darauf verwenden, „gute" Erklärungen für Problemlagen vorzustellen und dadurch entsprechende Subjektivierungskategorien reproduzieren.

---

74 Interaktionen zwischen Sozialpädagoge und Adressat können demnach nur verstanden werden, wenn Kontextbedingungen etwa organisationaler und gesellschaftlicher Art bedacht werden (vgl. Hamburger 2003; Schaarschuch 1999).

Die drei Aspekte verdeutlichen Prinzipien sozialpädagogischer Subjektivierung. Als Analysekategorie erlaubt es „Subjektivierung", entsprechende Kernpunkte subjektbezogenen Wissens auszuloten, wie sie z.b. durch die Termini „Erziehung" oder „Bildung" verhandelt werden. Es muss hier nicht danach gefragt werden, welcher Begriff „besser" oder „passender" zur Kennzeichnung des sozialpädagogischen Umgangs mit Subjektivität ist. Es ist hingegen wichtig herauszustellen, dass sozialpädagogisches Wissen um Subjektivität voraussetzungsvoll und auf besondere Weise strukturiert ist. Es weist v.a. Diskontinuitätsbehauptungen auf, die zu einem Bild komplexer, offener Prozesse der Gestaltung von Subjektivität führen. Sie ist in der Sozialpädagogik als dauerhafte, planungsresistente und widersprüchliche Aufgabe repräsentiert und präsent, die nur in Abhängigkeit von Rahmenbedingungen sozialpädagogischen Handelns und den sozialen Lebensbedingungen des Einzelnen sowie seiner „Selbst-Subjektivierung" verständlich ist.

4.2.3 Sozialpädagogische Diagnostik

Subjektivität als Dimension sozialpädagogischen Wissens beinhaltet konstitutiv Kategorien der Subjektivierung, d.h. Perspektiven der systematischen Erschließung „legitimer" Subjektivität nach vorgegebenen Prinzipien. Subjektivität wird, in anderen Worten, in der Sozialpädagogik in bestimmte Bahnen gelenkt. Sie leisten Ausrichtungen von Subjektivitätsoptionen, meist ohne vorrangig reglementierend oder disziplinierend aufzutreten.

Diese Ambivalenz der Öffnung und Schließung von Möglichkeiten der Subjektivität kulminiert in der Problematik der Diagnostik. An ihr lässt sich der sozialpädagogische Begriff von und Umgang mit Subjektivität in besonderer Weise kennzeichnen. Dadurch wird sozialpädagogisches Wissen in seiner Strukturiertheit konturierbar. Es soll deshalb hier angesprochen werden, während die Thematik sozialpädagogischer Professionalität an späterer Stelle erörtert wird (s. Kap. 5.2).

Was zeichnet eine Diagnose aus? Zunächst leistet sie eine Fest-Stellung. Es wird eine Unterscheidung getroffen, die der Einordnung eines Sachverhalts – und mit ihm in der Regel einer Person – in einen größeren Deutungszusammenhang dient und Interventionen anleitet. In dieser Hinsicht ist eine Diagnose eine Subsumtion als Funktion einer Bezeichnung. Eine Diagnose gibt einen (oder mehrere) Namen und weist dadurch einen Zustand oder Prozess als Zustand oder Prozess *spezifischer Qualität* aus. Idealiter folgt aus dieser Bezeichnung eine bestimmte Maßnahme.

Man erkennt, dass der Diagnostik ein medizinisch-naturwissenschaftliches Denkmuster eingeschrieben ist, das bei der Anwendung von Diagnosen auch dann wirken kann, „wenn sie in anderen Feldern eingesetzt werden" (Kleber 2006, 121). Folgt man den entsprechenden Wahrnehmungsmustern und Kausalitätsunterstellungen, so liegt in der Bezeichnung die Identifizierung eines objektiven Sachverhalts. Es kann etwa durch den Blick eines Mediziners, durch die von ihm unternommene Perkussion, Auskultation oder andere diagnostische Verfahren festgestellt werden, ob eine Krankheit vorliegt. Im Wissen um ihre Beschaffenheit und ihren regelhaften Verlauf kann die „passende" Therapie eingeleitet und verabreicht werden. Hält sich der Patient an sie – dies wäre unter der Referenz der „compliance" zu diskutieren –, so ist eine erfolgreiche Problemlösung zu erwarten.

Trotz der sozialpädagogischen Kritik an diesem Modell ist es für die Sozialpädagogik nicht irrelevant. Es wird in der Praxis verfolgt und ihm kommt eine nicht zu unterschätzende Bedeutung zu[75]. Charakteristisch ist diesbezüglich aber die (professions-)theoretische Kritik, die ihm in der Sozialpädagogik zuteil wird; auch hier ermöglicht ein Blick auf die Kritik und die Versuche einer Weiterentwicklung die Reflexion der sozialpädagogischen Subjektivierungsdimension. Stellt man in Rechnung, dass sich die Sozialpädagogik mit komplexen Lebenslagen auseinandersetzt, so müssen Diagnostiken, die nach dem geschilderten klinischen Modell verfahren, auf Kritik stoßen, da sie Komplexitäten sehr rüde reduzieren und damit „die sozialpädagogische Frage nach den sozialen Strukturbedingungen" (Schrödter 2006, 8) und nach dem Eigensinn von Subjekten im Rahmen ihrer spezifischen Lebenslagen außer Acht lassen. Sie folgen in der Suche nach Krankheitsursachen einer Binarisierung nach dem Schema Gesundheit vs. Krankheit bzw. Normalität vs. Devianz.

Derartige Wahrnehmungsschemata sind von grundlegender Relevanz für problembearbeitende und -reflektierende Institutionen, die auf die A-Normalität der fokussierten Lebenslagen und -stile abstellen. Hieraus lässt sich jedoch nicht eine Übertragbarkeit des klinischen Modells der Diagnostik auf die Sozialpädagogik ableiten. Lediglich eine in naturwissenschaftlicher Manier realisierte Diagnostik kann – möglicherweise – in einem Rahmen verbleiben, in dem die Sinn-

---

[75] So konstruieren Kunstreich und Lindenberg (2002, 353) in kritischer Absicht am Beispiel einer Jugendgerichtshelferin folgende Grundregel einer naturwissenschaftlich-klinischen Diagnostik: „Konzentrieren Sie sich auf das Problemverhalten des Jugendlichen und versuchen Sie, im Wege der Einzelfallhilfe eine für Ihren Klienten respektive Ihre Klientin angemessene Intervention anzustreben." Das Adjektiv „angemessene" übernimmt die Funktion, zwischen diagnostisch erzieltem Befund und einzuleitender Intervention zu vermitteln. Eine „adäquate" Diagnose, so wird unterstellt, erlaubt eine „passende" Intervention, die den – vermeintlich statischen – Ausgangszustand in seinem Problemgehalt auflöst oder maßgeblich vermindert.

strukturen und Lebensumstände des Einzelnen ignoriert werden. Sie kann gemäß dieser engen Perspektive nach Professionsstandards „angemessene" Maßnahmen durchführen. Für die Sozialpädagogik gilt dies nicht. Aus ihrer Wissensstruktur ergibt sich, dass komplexe Sachverhalte adressiert werden müssen, insofern sich sozialpädagogische Deutungsstrukturen auf sozial situierte Subjektivitäten in größeren sozialen Zusammenhängen beziehen. Soziale Orte müssen zumindest z.T. flexibel gehalten und Adressaten als eigenrechtliche und eigensinnige Individuen anerkannt werden. Komplexitätsreduktionen bleiben dadurch vergleichsweise offen und sind auf die „Mitwirkung" der Adressaten angewiesen, die ihre Sichtweisen, soweit möglich, in den diagnostischen Prozess einbringen.

Um Komplexitätsreduktionen, in die besondere Wissensstrukturen, organisatorische Vorgaben, Professionsinteressen und kulturelle Standards einfließen, handelt es sich zwar gleichwohl, aber es kann eine Differenz sozialpädagogischen Wissens gegenüber anderen Wissensformen in seiner (relativen) Öffnung für komplexe Formen von Subjektivität gefunden werden. Es ist in der Sozialpädagogik nicht ausreichend, Subjektivität als auf markante Art problembehaftet zu markieren und ätiologisch zu fixieren; dies wäre für die Plausibilisierung sozialpädagogischer Interventionsformen nicht hinreichend. Es ließe sich so weder ein Erziehungs- noch ein Bildungsbedarf ausweisen. Individuelle Fallgeschichten lassen sich nicht in einer derartigen Form abbilden. Sozialpädagogische Diagnostik und auf sie gerichtete Theoretisierungen müssen sich vielmehr an der Notwendigkeit abarbeiten, durch diagnostische Anstrengungen Komplexitäten zu reduzieren – ansonsten wäre nicht von Diagnostik zu sprechen –, gleichzeitig aber Komplexitäten in einem möglichst weitgehenden Sinne zuzulassen. Diagnostik bedeutet, dass die „umfassende lebenspraktische Erfahrungsbasis" (Schütze 1996, 225) eines Sachverhalts aufgelöst und spezifische Anteile als Symptome, Kontexte oder (kausale) Hintergründe von Problemen bewertet werden. Dies erfolgt in der Sozialpädagogik jedoch mit dem Ziel, für den Einzelfall relevante Maßnahmen ergreifen und Handlungsoptionen erweitern zu können, was nur möglich ist, wenn dessen Besonderheiten bedacht werden. In der sozialpädagogischen Diagnostik werden Selektionen aus Lebenszusammenhängen und Klassifikationen von Lebensgeschichten realisiert, die das Ziel des „Verstehens" eines Problems und der in ihm enthaltenen Hinweise auf interventionsrelevante Merkmale des Einzelfalls enthalten. Diese müssen der Fallbearbeitung zugänglich gemacht werden. Man kann auch formulieren: Sozialpädagogische Diagnostik ist mit ihrer eigenen Verfahrenslogik affiziert, wenn nicht tendenziell überfordert, denn sie muss Komplexitäten außer Acht lassen und gleichzeitig einklagen. Sie kann diesen Widerspruch als ihr Kernproblem nicht auflösen und wird u.a. deshalb grundlegend in Frage gestellt.

So verweisen Kritiker auf Diagnostik als eine Form von Beobachtung, die „Klassifizierung", „Standardisierung" und „Rubrizierung zum Ziel hat" (Langhanky 2005, 10). Diagnosen dienen nach Langhanky der Markierung eines Falles zum Zwecke seiner professionellen Verwertung und leisten eine Regierung des Subjekts, indem dessen Eigenheit und Autonomie in ein vorgegebenes Set an Normierungen eingepasst wird. Eine Diagnose friert gleichsam, so Gergen (1996, 108), den Rahmen der professionellen Betrachtung anderer Menschen ein und bringt dabei Werte, Normen und Klassifikationsraster zur Geltung, die der Vieldeutigkeit und Dynamik sozialer und personaler Prozesse nicht gerecht werden können. Diagnosen schreiben Personkategorien zu, die mit Bewertungen verbunden sind, Menschen sozial platzieren und in Machtwirkungen eingebunden sind. „Thus power as the construction of personal categories in social work is closely aligned with notions of moral acceptability or unacceptability" (Webb 2000; s.a. Fook 2002, 115ff). Gerade auch sozialpädagogische Diagnosen erscheinen als „Subsumtion" (Cremer-Schäfer 2003, 56), indem sie Klassifikationen vornehmen und Defizite zuschreiben, um Interventionen zu plausibilisieren. Für die aktuelle Nachfrage nach Diagnostik in der Sozialen Arbeit gelte nach wie vor, so Cremer-Schäfer, die Logik der Zurechnung von negativen Personqualitäten und der Wahrnehmung von Menschen ausgehend von institutionellen und organisationalen Kriterien der Fallverarbeitung.

Dem wird entgegen gehalten, dass Diagnosen für die professionelle Arbeit nicht nur unverzichtbar, sondern auch so durchführbar seien, dass Stigmatisierungen und starre Kategorisierungen vermieden, Komplexitäten beachtet, Personalisierungen von Problemlagen verhindert und mitunter durch sie sogar wünschenswerte Verhaltensänderungen in Gang gesetzt würden (vgl. Harnach 2007, 32ff; Harnach-Beck 1999). Somit werden zwar die Gefahren von Diagnosen gesehen, „wenn sie die Anerkennung des Subjekts verhindern" (Hamburger 2003, 126), aber es wird auch versucht, im Wissen um dieses Risiko verantwortungsvolle Formen von Diagnosen zu theoretisieren und einzubringen.

Eine Bewertung dieser (und weiterer) Argumente muss hier nicht erfolgen[76]. Es ist hingegen in Rechnung zu stellen, dass in der Sozialen Arbeit Diagnostiken nach einer Phase grundlegender Kritik in den vergangenen Jahren eine deutliche Renaissance erfahren haben als Versuch, einen „Zugewinn an Professionalität" (Hanses 2000, 359) herbeizuführen. In Auseinandersetzung mit Professionen wie Medizin oder Psychologie und deren v.a. naturwissenschaftlichen Diagnosekonzepten soll durch eine sozialpädagogische Diagnostik eine wei-

---

76 Zur Diskussion für und wider eine sozialpädagogische Diagnostik und zur Rekonstruktion der neueren Diskussion sei verwiesen auf Harnach (2007), Heiner (2004), Peters (1999), Uhlendorff u.a. (2006, 172ff), Widersprüche (2003).

testgehende Ausrichtung an den konkreten Bedürfnissen, Problemen und Interessen der Adressaten erfolgen. In Abhängigkeit von Vorgaben sozialpädagogischer Professionalität sollen gleichsam „bessere" und „adressatengerechtere" Diagnosen erstellt werden. Während naturwissenschaftlicher Diagnostik zugeschrieben wird, den Menschen „zum Objekt" (Kleber 2006, 128) zu machen und seine Subjektivität zu verwerfen, wird nach Formen sozialpädagogischer Diagnostik gesucht, die dies konterkarieren.

Sozialpädagogische Annäherungen versuchen dabei insbesondere, der Ambivalenz der diagnostischen Schließung und Zulassung von Komplexität durch methodologische und methodische Orientierungen zu entgehen, die ein maximales Einlassen auf die Komplexität der Einzelfälle durch Vorgaben kontrollierten Fremdverstehens erlauben. Die Undurchsichtigkeit und Komplexität der Fälle, mit denen Sozialpädagogen arbeiten, und die Hoffnung, durch entsprechend verantwortungsvolle Diagnosen Hilfeplanungen zu unterstützen, sind ein zentrales Argument für die Weiterentwicklung einer sozialpädagogischen Diagnostik (vgl. Uhlendorff u.a. 2006, 171).

Für eine reflexive Analyse der Strukturen sozialpädagogischen Wissens ist es diesbezüglich entscheidend zu sehen, welche Perspektiven mit Blick auf die Konstitution von Subjektivität sich auswirken, wenn durch sozialpädagogische Diagnostik versucht wird, Einzelfallspezifika und dynamische Selbst-Reflexionen von Adressaten im diagnostischen Prozess zur Geltung kommen zu lassen. Wenn es zutrifft, dass sozialpädagogisches Wissen auf systematische Art und Weise gerichtet und strukturiert ist, so müssen sich in den einschlägigen Artikulationen Richtungen und Strukturen auffinden lassen, die sozialpädagogisches Wissen charakterisieren. Es kann dadurch verdeutlicht werden, dass Diagnostik weder eine Missachtung von Subjektivität noch deren völlige Zulassung und Anerkennung realisieren kann. Vielmehr werden durch jede Art von Diagnostik Subjektivitäten geformt und diskursiv hervorgebracht. Diagnostik, auch sozialpädagogische, leistet Subjektivierungen, die in ihrer spezifischen Eigenart untersucht werden können.

Dies sei im Folgenden anhand von zwei Vorschlägen einer sozialpädagogischen Diagnostik angedeutet, der hermeneutischen und der biographischen Diagnostik. Beide stimmen in der Kritik an klinischen, naturwissenschaftlichen Denkmodellen überein und suchen sozialpädagogische Professionalität durch eine Art von Diagnostik zu entwickeln, die den Komplexitäten und Individualitäten von Einzelfällen möglichst weitgehend Raum verschafft. Um dies einzulösen, wird auf jeweils unterschiedliche Vorgaben qualitativer Forschung Bezug genommen. Die beiden Annäherungen wurden ausgewählt, da die hermeneutische Diagnostik die jüngere Diskussion nachhaltig motivierte und die biographische Diagnostik in besonderem Maße den Anspruch vertritt, die Vielschichtigkeit der adressierten Einzelfälle zur Geltung zu bringen.

a) Hermeneutische Diagnostik

Mollenhauer und Uhlendorff (1992) brachten mit einer Monographie aus dem Jahre 1992, auf die zwei weitere Bände zum Thema folgten (der dritte wurde nur von Uhlendorff verfasst), die jüngere sozialpädagogische Diskussion um Diagnostik in Gang. Sie zielten darauf ab, diagnostische Kompetenzen als Teilbereich sozialpädagogischer Professionalität zu bestärken und rekurrierten mit ihrem Konzept sozialpädagogischer Diagnostik auf die hermeneutische Tradition der Sozialpädagogik. Eine entsprechende Diagnostik sucht der lebensweltlichen Verhaftung von individuellen Lebensgeschichten und -problemen gerecht zu werden und deren Komplexität abzubilden. Diagnosen sind deshalb nur ausgehend von der pädagogisch fundierten Erschließung und subjektiven Darstellung von Lebenswelten denkbar, während es unzureichend wäre, von der Sicht eines Professionellen auszugehen (zu Beschreibung und Akzentverschiebungen im Zeitverlauf vgl. Krumenacker 2004).

Eine sozialpädagogisch-hermeneutische Diagnose beinhaltet drei Schritte (vgl. Uhlendorff 2002, 580ff): Erstens wird eine Darstellung konfliktreicher Lebensthemen aus der Sicht der Betroffenen erstellt. Zweitens erfolgen, hieran anknüpfend, eine Ausdeutung und Interpretation. Durch sie werden die individuellen Sichtweisen und Belange mit sozialen Anforderungen und Normalitätserwartungen in Beziehung gesetzt. Drittens werden konkrete pädagogische Aufgabenstellungen benannt, die der Entwicklung des Einzelnen förderlich sein können. Dabei handelt es sich nicht um die Gewinnung eindeutiger diagnostischer Kategorien, sondern intendiert sind eine gehaltvolle Beschreibung konkreter Konfliktlagen in ihrer lebensweltlichen Fundierung und deren prozesshafte Bearbeitung. Hypothesen über die diagnostizierten Personen und Felder können im Zeit- und Arbeitsverlauf modifiziert werden. Es werden die subjektive Sichtweise der Adressaten und die lebensweltliche Verortung ihrer Konfliktthemen betont.

Es ist unmittelbar einsichtig, dass subjektive Verfasstheiten und lebensweltliche Evidenzen in diesem Vorgehen nicht unstrukturiert zu erheben sind. Die Diagnostik ist in zwei Dimensionen bezüglich der Erhebung subjektiver Komplexitäten und Sinnhorizonte perspektiviert, die beide Auskunft darüber geben, dass es sich um spezifische sozialpädagogische Falldiagnosen handelt:

Erstens wird dem diagnostischen Prozess, insbesondere in der fortgeschrittenen Variante der sozialpädagogisch-hermeneutischen Diagnostik, vorgegeben, Entwicklungsaufgaben und deren Bewältigung zu rekonstruieren. Dieses normative Konzept wird nicht nur allgemein als Aufmerksamkeitsorientierung für den Diagnostiker bestimmt, sondern als Komplex einzelner, typischerweise von Heranwachsenden zu meisternder Aufgaben. Dies bezieht sich laut Uhlendorff (ebd., 581) auf vier pädagogisch bedeutsame Bereiche der individuellen Entwicklung: auf die sozial verhaftete Genese von Selbstbildern, die Entwicklung zeitlicher Schemata, die Etablierung von Konzepten der Körperlichkeit und den Aufbau moralischer und normativer Orientierungen. Subjektivität wird dadurch in ein zeitliches und normatives Ablaufschema mit bestimmten thematischen Vorgaben gebracht. Es gibt Normalverläufe der Entwicklung eines Menschen in seiner Auseinandersetzung mit den Aufgaben, aus der er bzw. sie als Subjekt hervorgeht. An diesen Aufgaben und ihrer Qualität der Prägung von Subjektivität ist der sozialpädagogische Blick ausgerichtet.

Dies bedeutet nicht, Entwicklungsaufgaben würden in jedem Fall affirmativ gestützt, sondern es gelte, soziale Normalitätsforderungen aus sozialpädagogischer Sicht zu durchdenken (ebd.). Gleichwohl wird ein problemlösendes Subjekt unterstellt (und konstituiert), das im Prozess der Problembearbeitung geformt wird. Es etabliert und internalisiert normative Handlungsausrichtungen, übernimmt im zeitlichen Verlauf verschiedene soziale Rollen mit je spezifischen Anforderungen und reflektiert über sich als körperliche und seelische Person. So implizieren die vom Einzelnen abzuarbeitenden Aufgaben und Lebensthemen ein normatives Normalmodell der Subjektivität, das von „einer geregelten Folge von Entwicklungs- und Lernschritten, institutionalisierten Prozeduren und ihren normativen Erwartungen" (Krumenacker 2004, 32) ausgeht. Das Modell dient der Sozialpädagogik als ihrerseits problembearbeitende Institution dazu, diagnostische Bewertungsmaßstäbe einzubringen, durch die eine gewisse Zahl an Subjekten – und nicht nur ein einzelnes Individuum – identifiziert werden kann. Eine Logik der Subsumtion bleibt somit erhalten (vgl. Kunstreich u.a. 2004, 30) und ist der Natur der Sache nach nicht zu verhindern. Diagnosen bestehen aus Sammlungen von Informationen und Klassifikationen (vgl. Klatetzki 2005, 264). Im hier betrachteten Fall sind sie per se auf sozialpädagogische Themenstellungen fokussiert.

Zweitens ist, um der Dynamik und Selbstreflexivität des zu diagnostizierenden „Gegenstandes" gerecht zu werden, eine Veränderung von Diagnosen in der Fallreflexion und -bearbeitung angezeigt: Die „diagnostizierten Lebensthematiken und sozialpädagogischen Aufgabenstellungen bilden lediglich Arbeitshypothesen, die während der Betreuung korrigiert werden können und den pädagogischen Prozess vorantreiben sollen" (Uhlendorff 2002, 582). Sozialpädagogische Handlungsoptionen können demnach in Diagnosen einfließen und einen Fall permanent als solchen hervorbringen. Ein naturwissenschaftlicher Anspruch von Diagnostik zielt darauf ab, eine objektive Diagnose zu erstellen und abzuschließen, um mit ihrer Legitimation die „angemessenen" therapeutischen Schritte zu unternehmen. Bei der sozialpädagogisch-hermeneutischen Diagnose wird dies bewusst konterkariert: Die sozialpädagogisch leistbare und geleistete Fallarbeit kommt bei der Erstellung von Diagnosen und ihren Veränderungen und „Anpassungen" an den Fallverlauf unmittelbar zur Wirkung. Sozialpädagogische Deutungsstrukturen und Handlungsformen gestalten den „Fall" im zeitlichen Ablauf dadurch mit.

Diagnostik als wissenschaftlich angeleitete Fallreflexion und der entsprechende Blick auf Subjektivität sind demgemäß auf sozialpädagogisch als relevant erachtete Themenkomplexe fokussiert. Im Mittelpunkt steht die Frage: „Wie muss das Arbeitsfeld, das pädagogische Milieu sinnvoll gestaltet sein, um Heranwachsenden sozial verträgliche, befriedigende Bildungswege und Entwicklungsmöglichkeiten zu eröffnen?" (Uhlendorff 2002, 587). Die Komplexität des Einzelfalles kommt in dem Rahmen zur Geltung, der durch diese Frage und ihren Bezug auf die Unterstellung eines problembearbeitenden Subjekts abgesteckt ist; anderweitige (lebensweltliche) Bezüge des Subjekts bleiben ausgeblendet.

b) Biographische Diagnostik

Das zweite Beispiel sucht Biographien als Bezugspunkt einer Diagnostik in der Sozialen Arbeit fruchtbar zu machen. Hanses (2000, 365) beschreibt die von ihm postulierte „biographische Diagnostik" als „‚Königsweg' für die Soziale Arbeit" im Bereich der Diagnostik. An dem Entwurf von Mollenhauer und Uhlendorff wird kritisiert, dass er zu eng auf den Bereich der Jugendarbeit zugeschnitten sei. Die von ihnen vorgelegten Referenzkriterien seien nicht generalisierbar und nicht geeignet, heterogenen Einzelfalllogiken gerecht zu werden. Am Beispiel von Diagnosen, die in einer der beruflichen Rehabilitation dienenden gesundheitlichen Einrichtung erstellt werden, wird im Gegenzug die Notwendigkeit einer alternativen Konzeption von Diagnostik verdeutlicht. Um eine größere diagnostische Offenheit zuzulassen, werden statt halbstrukturierter Interviews wie im Falle der oben gezeigten Annäherung narrativ-biographische gefordert, um den

Adressaten einen „noch freieren Rahmen" (ebd., 363) für Selbstthematisierungen und die Darstellung von Selbstsichten zu gewähren. Der Versuch, in Abhebung von naturwissenschaftlichen Modellen eine offene und an den Adressaten orientierte Form von Diagnostik zu etablieren, wird durch die Intention weitergeführt, eine maximale diagnostische Ausrichtung an individuellen Lebensgeschichten zu erreichen. Die Zulassung von Komplexität ist damit die primäre Zielsetzung, durch die subsumtionslogische Verfahrensweisen konterkariert werden sollen (ebd., 376). Dies macht den Ansatz für das hier verfolgte Erkenntnisinteresse besonders attraktiv und es soll eine nähere Auseinandersetzung mit dem Anspruch der Abbildung von Komplexität erfolgen. Spezifische Deutungsstrukturen zeigen sich insbesondere an zwei Aspekten, die jeweils Mechanismen der Komplexitätsreduktion und -ausrichtung repräsentieren:

Erstens wird der Konzeption einer „biographischen Diagnostik" eine sozialpädagogisch gehaltvolle Sozialobjektivierung vorgegeben, die als Rahmung der zu erschließenden Subjektivitäten fungiert. Gemeint ist damit nicht die im nachfolgenden Punkt thematisierte allgemeine Tatsache, dass jede Biographie gesellschaftlich und kulturell mitkonstituiert ist. Relevant ist zunächst stattdessen eine diesem Diagnostikkonzept zugrunde liegende Objektivierung von Sozialität als „„Biographisierung' von Lebenskontexten und Lebensläufen", „Pluralisierung von Normalitäten", „Entstandardisierung von Lebenslagen" und „Individualisierung" sowie „Pluralisierung von Lebensproblemen" (ebd., 361f). Aus diesen Formen von sozialem Wandel und veränderten Problemlagen gehe eine verstärkte Auseinandersetzung der Sozialen Arbeit mit Einzelfällen und individuell besonderen Problemkontexten hervor.

Das in dem Konzept artikulierte Wissen um Biographien ist demnach zeitdiagnostisch prästrukturiert: „Biographie" wird als wissenschaftliche Interpretationsleistung verfolgt, die mit Erscheinungen sozialen Wandels in Bezug gesetzt wird. Biographien werden aus spezifischer Perspektive gleichsam als Zwang thematisch, mit dem sich Adressaten ebenso wie die Soziale Arbeit auseinanderzusetzen haben. Sie sind ein Konzept Sozialer Arbeit, das an ihre historische Tradition anschließt und angesichts aktueller gesellschaftlicher Veränderungen als Wissensnotwendigkeit aufscheint. Soweit sie biographisch repräsentiert ist, wird Subjektivität als Leistung des Einzelnen vor dem Hintergrund sozialer Anforderungen dargestellt, die ihn mit unklaren Normalitätsvorgaben, pluralen Lebensbedingungen und vielfältigen Gefahren des Scheiterns als Subjekt konfrontieren.

Als Ansatzpunkt Sozialer Arbeit ist „Biographie" dadurch bereits in der Rede von ihr perspektiviert. Sie ist eingebunden in eine Relationierung von Subjektivitätsbegriffen mit spezifischen Konstruktionen einer gesellschaftlich-abstrakten und sozial-nahräumlichen Sozialität. Die in der Biographie zum Ausdruck gelangende Subjektivität ist in ihrer Komplexität entsprechend restringiert und auf Gehalte hin orientiert, die den Wissensstrukturen Sozialer Arbeit entsprechen.

Zweitens ist neben der auf besondere Weise vorgeprägten Annäherung an das Biographiekonzept die innere Struktur von Biographien zu bedenken. Die Erzählenden sollen durch narrative Interviews die Möglichkeit erhalten, sich „frei entfalten (zu; B.D.) können. Themenwahl, Umfang der Erzählung, Verknüpfung der einzelnen lebensgeschichtlichen Ereignisse und die Gesamtgestalt der Erzählung unterliegen der freien Konstruktion des Erzählers" (ebd., 367). Zugleich verweist Hanses, u.a. im Rekurs auf Bourdieu, auf die stets anzuerkennende, dem Erzählenden in der Regel unbewusste soziale Konstituiertheit von Lebensgeschichten. Biographien werden nicht nur individuell generiert, sondern sind subjektiv erlebte und grundlegend sozial gestaltete Narrationen, die nach einer kulturellen Grammatik des Erzählens entworfen werden; sie folgen „Konstruktionsregeln für eine ,wohlgeformte' Narration" (Keupp u.a. 1999, 229). In diesem Sinne wird für die biographische Diagnostik und ihre narrative Basis festgestellt: „Im Erzählvorgang wird Vergangenes relativiert und gleichzeitig vor dem Hintergrund der Gegenwart umgedeutet" (Hanses 2000, 375).

Biographische Narrationen, die in einer Einrichtung, etwa zur beruflichen Rehabilitation, geleistet werden, können folglich nicht „frei" nach rein subjektiven Interessen und Befindlichkeiten entwickelt werden, wie von Hanses explizit betont wird. Wenn die Betreffenden zur Initiierung biographischer Narrationen gefragt werden: „„Erzählen Sie doch bitte, wie Sie hierher (in die ,Institution') gekommen sind' oder ,Wie kam es denn zu den Problemen (Krankheit, Arbeitslosigkeit etc.) und wie hat sich dann alles weiterentwickelt, erzählen Sie doch mal'" (ebd., 367), so wird ihre Aufmerksamkeit ausdrücklich auf „ihre" Krankheitsgeschichte gelenkt. Als Rahmung der Erzählung ist eine Organisation mit spezifischem Interventionspotential vorgegeben, in der eine „Biographisierung" der Auffälligkeit gefordert wird. Diesbezüglich stellt Bourdieu fest: „Formal wie inhaltlich wird die Lebensgeschichte je nach der sozialen Beschaffenheit des Marktes variieren, auf dem sie angeboten werden soll – wobei ganz unvermeidlich die Befragungssituation selber zur formalen und inhaltlichen Determinierung des erfassten Diskurses beiträgt" (Bourdieu 1998, 81).

Biographische Orientierung und diagnostische Subsumtionslogik können deshalb in diesem Ansatz nicht kontrastiert oder polarisiert werden, sondern gehen ineinander über. Die dargestellte Subjektivität kann keine „authentische" oder „echte" sein, die von organisationalen und professionellen Vorgaben frei wäre. Stattdessen werden in den diagnostischen Prozess Biographien eingebracht, denen nach der Logik des jeweiligen Kontextes spezifische Prämissen eingeschrieben sind. Die Erzählenden wissen sich in einer bestimmten Organisation, die besondere Ziele verfolgt und deren Mitglieder professionellen Verfahrensstandards und Zielen folgen. Die Befragten entwerfen ihre Lebensgeschichte vor diesem Hintergrund. Es wäre folglich ein Fehlschluss anzunehmen, diese Art von Diagnostik konfrontiere organisationale und professionelle Standards und Erwartungsvorgaben mit komplexen, rein individuell-subjektiven Sichtweisen. In der biographischen Diagnostik werden vielmehr Komplexitäten auf eine Art und Weise thematisch, die bereits durch eine kulturelle, professionsbezogene und organisationale Grammatik des Erzählens ausgerichtet sind. So können zwar deutlich umfassendere Sachverhalte in den diagnostischen Prozess eingebracht werden, als dies bei einer Diagnostik der Fall wäre, die naturwissenschaftlichem Denken verpflichtet ist. Es handelt sich jedoch nicht um unstrukturierte, rein individuelle Fallgeschichten, sondern um Falldarstellungen, denen spezifische Subjektivierungsleistungen eingelagert sind. Komplexität wird damit *gleichzeitig zugelassen und systematisch restringiert.* Die methodologischen und methodischen Vorgaben und Vorgehensweisen der Diagnostik nehmen insbesondere Narrationen vorweg, für welche die Soziale Arbeit „zuständig" ist, da ihre Handlungsoptionen in hohem Maße auf subjektive Sinnstrukturen und ihre biographische Kontextualisierung bezogen sind.

Die Frage, ob es Konzepten einer sozialpädagogischen Diagnostik gelingt, eine „Quadratur des Kreises" (Hanses 2007, 313) zu realisieren, indem eine Subsumtionslogik durch die diagnostische Erfassung von lebensweltlichen Komplexitäten und subjektiven Sinnhorizonten kontrastiert wird, muss mit Blick auf die genannten Beispiele verneint werden. Beides, Komplexitäten individueller Fallkonstellationen und subjektive Sinnhorizonte, werden in der Sozialen Arbeit und Sozialpädagogik nur als perspektivierte kommuniziert. Diese Perspektive kann den Adressaten zugute kommen und es liegt ohne Zweifel ein deutlicher Unterschied zwischen einer naturwissenschaftlich-klinischen und einer sozialpädagogischen Diagnostik, die auf subjektive Sichtweisen und Eigenheiten sowie auf die Förderung individueller Teilhabeoptionen ohne diagnostisch generierte Stigmatisierungen abstellt. Aber es wäre unrealistisch, diagnostische Subsumtion auf der einen und die Zulassung von Komplexität und subjektiven Relevanzstrukturen auf der anderen Seite zu polarisieren. Insoweit in der Sozialpädagogik Diagnostik betrieben und über sie reflektiert wird, kommen in jedem Fall Deutungsstrukturen ins Spiel, die das kommunizierte Wissen über Subjekte nach sozialpädagogischen Vorgaben ausrichten und dabei diejenigen Informationen aussparen, die in ihnen keinen Platz haben. Somit konstituiert sozialpädagogische Diagnostik Subjekte, die von sozialpädagogischen Verfahrensweisen sinnhaft erfasst werden können. Sie ist Teil kultureller Auseinandersetzungen um „legitime" Subjektivität und die Frage, welche Komplexitäten diagnostisch erfasst und professionell adressiert werden, verweist zurück auf Prozesse der kulturellen Öffnung und Schließung von Subjektivitätsoptionen. Dieser Prozess „hat eine agonale Struktur: Er findet in Form von Kulturkonflikten um die angemessene Form des Subjekts" (Reckwitz 2006, 77) statt und die Sozialpädagogik ist gemäß ihrer Verfahrensweisen und Deutungsstrukturen in ihn involviert.

5 Die Aktualisierung sozialpädagogischer Deutungsstrukturen

Der hier verfolgte Zugang zur Sozialpädagogik erfolgt suchend. Er geht diskursiven Positionen und variablen Strukturierungen von Wissen nach. So konnte im bisherigen Argumentationsverlauf auf zentrale, überdauernde Foki sozialpädagogischen Wissens aufmerksam gemacht werden. Die in Übereinstimmung mit Winkler (1988) identifizierten Objektivierungen sozialer (Krisen-)Orte und in sie eingelagerter Subjektivitätsformen repräsentieren historisch langfristige Markierungen sozialpädagogischen Wissens. Allerdings müssen sie stets neu hervorgebracht werden, ansonsten wären sie nicht überlebensfähig; Sozialpädagogik würde möglicherweise „vergessen". Es ist also besonderes Augenmerk darauf zu richten, wie sozialpädagogisches Wissen permanent verändert und neu kontextualisiert wird.

Nach der Diskussion von Anomietheorien in Kapitel zwei kann vorweggenommen werden, dass sozialpädagogische Theoriebildung in der Regel von folgender Prämisse ausgeht: Sozialpädagogisches Wissen ändert sich, weil sich die Gesellschaft ändert. Und spezifischer: Sozialpädagogisches Wissen muss sich ändern, da die gesellschaftliche Lage drängenden Handlungs- und Wissensbedarf aufweist, auf den die Sozialpädagogik zu reagieren hat.

Unklar ist, woher die Sozialpädagogik dies weiß. Wer sagt mit welcher Legitimation, dass die Gesellschaft sich verändert? Lässt sich objektiv nachzeichnen, wie dies der Fall ist? Und wo bleibt *die Sicht der Sozialpädagogik* in diesem Spiel vermeintlich objektiven Registrierens? Sie bringt sich ein und diagnostiziert nach ihren Maßgaben. Überraschenderweise leistet sie dies allerdings, ohne sich deutlich zu zeigen. Dabei dürfte unstrittig sein, dass sie immer wieder neues Wissen um soziale Ordnungsbildung nachfragt, verarbeitet und kreiert. Um dies aufzuklären, kann auf die geschilderten Referenzen des sozialen Ortes und der Subjektivität hingewiesen werden, aber sie müssen immer neu als „legitimes" Wissen belegt werden. Es wird im Folgenden gezeigt, dass Zeitdiagnosen als Elemente sozialpädagogischer Theoriebildung hierbei eine besondere Rolle übernehmen.

Ein weiterer Aspekt ist zu ergänzen. Sozialpädagogisches Wissen wird nicht nur disziplinbezogen modifiziert und konkretisiert, sondern auch in wissensbasierter Auseinandersetzung mit spezifischen Praxiserfahrungen, mithin im Rahmen dessen, was als „sozialpädagogische Professionalität" diskutiert wird. In ihr wird u.a. disziplinäres Wissen verarbeitet und verändert, auch wenn disziplinäre Theorien nicht direkt handlungsanleitend werden (s.u.). Insbesondere abstrakte sozialwissenschaftliche Bezüge werden in den Arbeitsfeldern der Sozialen Arbeit eher zurückhaltend rezipiert (vgl. Mergner 2007, 119f; schon Peters 1972; 1973), auch wenn sie deshalb nicht irrelevant sind. Beispielsweise können anomietheoretisch rückgebundene stress- und sozialisationstheoretische Überlegungen dazu dienen, Probleme sozialpädagogischer Adressaten unter Inanspruchnahme dieser Deutungen zu vergegenwärtigen. Individuelle Lebensformen können so mit Perspektiven sozialen Lebens verbunden und bearbeitungsfähig gemacht werden (s. Kap. 5.2.2). Prinzipien professionellen Handelns können folglich – obwohl sie nicht aus wissenschaftlichem Wissen abgleitet sind, sondern besonderen Handlungsprägungen unterliegen – mit Sozialobjektivierungen in Bezug gesetzt werden, wie sie auch im disziplinären Diskurs kommuniziert werden. Professionalität leistet Konkretisierungen sozialpädagogischer Deutungsstrukturen, indem z.B. krisenhafte Bedingungen des Lebens identifiziert und sozialpädagogischem Handeln subjektbezogene Interventionchancen geöffnet werden. Bei der Leistungserbringung kommt es dann zu Interaktionen mit komplexen, sozial verorteten individuellen Lebenslagen, so dass immer wieder „neue" und „überraschende" Situationen im Rahmen sozialpädagogischer Wissensbestände repräsentiert werden.

Beides, Zeitdiagnosen und professionelle Wissensverwendung, leisten Aktualisierungen sozialpädagogischen Wissens, die es zu seinem Fortbestand benötigt. Zeitdiagnostik erscheint dabei als Versuch der disziplinären Wissensentwicklung und der kulturellen Anpassung sozialpädagogischer Deutungsstrukturen, professionelles Handeln vorrangig als ihre praxisbezogene, konkretisierende Aktualisierung.

Es wird nicht behauptet, dies seien die einzigen Aktualisierungsformen; natürlich gibt es weitere, im disziplinären Diskurs etwa wissenschaftstheoretische Auseinandersetzungen, externe (sozialpolitische) Diskursprägungen u.a.m. Die beiden nachfolgend herausgearbeiteten Strategien stellen gleichwohl bedeutsame Aktualisierungsmotoren dar, die für den Fortbestand sozialpädagogischer Deutungsstrukturen entscheidende Funktionen übernehmen. Sie sind von besonderer Relevanz, da es kaum vorstellbar ist, dass sozialpädagogisches Wissen verändert und weiterentwickelt wird, ohne durch eine der beiden Aktualisierungsformen geprägt zu werden. Im disziplinären Diskurs spielen Zeitdiagnosen auch bei scheinbar „reinem" Theoriestreit eine zentrale Rolle. Und bei der Rekonstruktion und Reflexion sozialpädagogischen Handelns als Praxisform können Fragen sozialpädagogischer Professionalität nicht vernachlässigt werden.

5.1 Zeitdiagnostik

Die Notwendigkeit der permanenten Aktualisierung sozialpädagogischer Deutungsstrukturen markiert ein besonderes Moment sozialpädagogischen Wissens: Es ist damit konfrontiert, vergleichsweise schnell zu veralten bzw. zumindest diesem Verdacht ausgesetzt zu sein. Es benötigt gewissermaßen zeitdiagnostische „Antennen", die angeben, in welche inhaltliche Richtung es zu entwickeln ist. So ergeben sich im Zeitverlauf thematische Konjunkturen sozialpädagogischer Gegenwartsinterpretationen, deren Kennzeichen es ist, zwar empirisch auf mitunter unklarer Basis zu stehen, gleichzeitig aber in der Lage zu sein, plausible Interpretationen gesellschaftlicher Krisen zu liefern, die sozialpädagogisch bearbeitbar erscheinen. Nicht die Konsistenz der Argumentation, sondern die synchrone Legitimierung von sozialpädagogischem Wissen steht bei Zeitdiagnosen im Vordergrund. Eine inhaltliche Kontinuität zeitdiagnostischer Positionen ergibt sich lediglich durch die Konstruktion eines übergeordneten Raumes, etwa der „Moderne", dem insgesamt attestiert wird, krisenhaft strukturiert zu sein und Subjektivitäten zu beeinträchtigen. Hieran schließen zeitdiagnostische Spezifizierungen an.

Carl Mennickes (1926a, 329) Diktum, es gebe eine „sozialpädagogische Verlegenheit" der Moderne, fungiert in diesem Sinne als „klassische" Anzeige sozialmoralisch beschädigender und beschädigter Lebensformen, aus deren Theoretisierung ein Aufruf zu sozialpädagogischem Handeln gewonnen wird. Mennicke argumentierte vor allem mit Hilfe der These einer Erosion der sozialen Milieus, die in traditional organisierten Gesellschaften eine unhinterfragte Verhaltens- und Erlebnisausrichtung des Einzelnen gewährleisteten. Die aus seiner Sicht im Zuge von „Industrialisierung, Individualisierung und Rationalisierung" (Mennicke 1959, 8) bedingte Freisetzung des Menschen verlangte eine Gemeinschaftserziehung, die auf die (potentiell) egoistischen Einzelnen integrierend einwirkte und sie auf die moralischen Standards der Gesellschaft verpflichtete. Die „alte Gesellschaft", so Mennicke (1926a, 319), habe trotz ihrer anzuerkennenden Defizite ein sozialpädagogisches Problem nicht gekannt, da der Einzelne keine Möglichkeit gehabt habe, den ihm vorgegebenen Integrationspostulaten zu entgehen. Die Bildung einer sozialen Ordnung ging „gleichsam von selbst vor sich" (ebd.), was nun nicht mehr der Fall sei. Die Formen und Gehalte, welche die früher selbstverständliche familiale und arbeitsmarktliche Integration der Menschen leisteten, seien aufgelöst und als Resultat trete ein durch seine Freiheit überfordertes Einzelwesen auf: Der Mensch sei im Allgemeinen „den Einflüssen ausgeliefert, die ihn tatsächlich erreichen" (Mennicke 1937/2001, 46). Sind sie widersprüchlich, wie im Rahmen des modernen Lebens, dann sei der Einzelne kaum bereit und fähig, sich aus sich heraus in das Ganze der Gesellschaft einzubinden. Er unterliege einer „Scheinfreiheit" (ebd.) und den konsumistischen, oberflächlichen Verlockungen einer Industrie, die ihn nicht als ganzen Menschen anspreche. Die hieraus abzuleitende Aufgabe der Sozialpädagogik war es, durch gemeinschaftliche Erziehung diesem Trend entgegen zu treten und sozial gebundene und im Mennickeschen Sinne wertorientierte Formen von Individualität zu ermöglichen. Die Krankheit des „gesellschaftlichen Körpers" hatte laut Mennicke (1924, 395) schon einige Besserungsversuche nach sich gezogen, die – wie oben bereits angeführt – den „Charakter des unmittelbar Reaktiven an sich" tragen würden. Eine gesinnungsorientierte, werthafte Sozialpädagogik und Wohlfahrtsarbeit waren solche Reaktionen und sie sollten zur Krisenbearbeitung weiter gefördert und ausgebaut werden.

Wie Böhnisch und Schröer (20001, 25) rekonstruieren, entwickelte Mennicke „seinen Zugang aus dem Leiden der Menschen unter der Lebensgestalt in der industriekapitalistischen Moderne und der Frage, wie diese den Lebensalltag bewältigen, um Selbstwert als Menschen finden zu können. Aus diesem Leiden erkannte er das Bedürfnis nach einer Lebensgestalt, die dem Menschen eine Handlungsfähigkeit in Arbeitsgemeinschaften ermöglichte". Als einer der ersten habe er die Moderne durch einen substantiellen Verlust gekennzeichnet, da ihre „sozialen Orte" nicht mehr „Halt und Orientierung" (Böhnisch 2003, 57) zu finden erlaubten. Damit wurde das Leben in der Moderne, das der religiöse Sozialist Mennicke (1926b) auf spezifische Weise interpretierte, so repräsentiert, dass sozialpädagogische Maßnahmen gegen die drohende Vereinzelung und Dissoziierung der Menschen per se angezeigt waren.

Auf abstrakter Ebene zeigt dies eine bis heute dauernde Kontinuität von Problemkonstruktionen: Die moderne Gesellschaft ist anomisch gestört. Es gibt aber noch eine andere Seite, die für die zeitdiagnostische Form sozialpädagogischen Wissens wichtiger ist und die allgemeine Krisenthematisierung spezifiziert. Mennicke konstruierte, charakteristisch für den sozialpädagogischen Diskurs, historische Brucherfahrungen durch einen Übergang von einer „alten" zu einer „neueren" Gesellschaft. In seiner „Sozialpädagogik" ging er von einem vierstufigen geschichtlichen Verlauf aus (vgl. Mennicke 1937/2001, 36ff): Auf die „Ständegesellschaft" sei ein „merkantilistisch-absolutistisches Zeitalter", auf dieses die „liberale bürgerliche Gesellschaft" und auf sie wiederum die „industrialisierte und säkularisierte Gesellschaft" gefolgt. Es werden demnach vier Gesellschaftsformen unterschieden, in deren Abfolge das sozialpädagogische Problem immer deutlicher konturiert worden sei und durch die die moderne „Existenzunsicherheit" (ebd., 47) der Menschen sukzessive unabweisbarer wurde. Sie habe sich immer schärfer zugespitzt und sei in jeweils anderer Form aufgetreten.

Mennicke legitimierte damit gegen-anomische Interventionen, wie sie mit der Haltung eines religiösen Sozialisten mit dem Fokus auf Wertgemeinschaften korrespondierten. Er identifizierte auf der Basis seiner spezifischen Anomietheorie eine allgemeine „sozialpädagogische Verlegenheit" der Moderne und plausibilisierte sozialpädagogische Handlungsoptionen im Rahmen dieser Krisenobjektivierung. So stand zum Zeitpunkt Mennickes am Ende der historischen Entwicklung die industrialisierte Gesellschaft mit ihrer Entfremdung und ihrem instrumentalistischen Zugriff auf den Menschen. Die Sozialpädagogik antwortet nach wie vor auf diese Entfremdungsprojektionen, allerdings hat sie deren Gesicht verändert durch eine Reihe (turbo-)kapitalistischer, postmoderner, radikal individualisierter, desintegrierter, nach-wohlfahrtsstaatlicher oder gespaltener Gesellschaften. Sie folgen mit variierenden Konzeptualisierungen sozialer Ordnungsbildung dem aufgezeigten Muster, und so ist das Beispiel Mennickes mit seinem zeitdiagnostisch spezifizierten Hinweis auf sozialen Wandel und dessen sprunghafte, desintegrative Natur prototypisch für sozialpädagogische Zeitdiagnosen.

Es ist kaum entscheidbar, ob es „richtig" ist zu behaupten, dass sich Kulturen und Gesellschaften in einer wie auch immer zu bestimmenden Weise „wirklich" krisenhaft verändern und diesbezüglich „objektiv" neues Wissen benötigt wird. Davon unabhängig verlangt die Sozialpädagogik als Krisenwissenschaft Legitimationen für ihre immer wieder neu plausibel zu machende Forderung, Krisen zwar nicht lösen, aber sinnhaft bearbeiten zu können. Ihr Krisenbezug führt sie zu einem empirisch nicht selten ungesicherten Beharren auf bisher unbekannten Formen sozialen Wandels, auf neuen Qualitäten sozialen Lebens und auf Strukturbrüchen aktueller Integrationswege. Sie stellt Gesellschaft dadurch immer neu her.

Selbst wenn unterstellt würde, Mennickes Haltung hätte in ihrer Zeit hegemoniale Bedeutung erlangt – was bedingt durch äußere Umstände (vgl. Feidel-Merz/Lingelbach 1994) und die diskursiven Übergangsstellen, an denen seine Sozialpädagogik positioniert war, nicht zutrifft (vgl. Dollinger 2006a, 333ff) –, hätte er nur vorübergehend gültige Sozialobjektivierungen vorlegen können. Er wäre möglicherweise heute in den Rang eines „Klassikers" erhoben, aber seine konkreten Vorgaben könnten als nur geschichtlich bedeutsam gelten. Aktuell würde im Vergleich eine substantiell veränderte Art von Gesellschaft diagnostiziert, ähnlich wie z.B. auf Pestalozzis überkommenes Bild einer tradierten, ständisch strukturierten Gesellschaft hinzuweisen ist (vgl. Niemeyer 2005, 19ff; Osterwalder 2006) oder auf Wicherns pietistische Argumentationsbasis als Hindernis auf dem Weg zu einem modernen Begriff von sozialem Leben (vgl. Brakelmann 1962; Niemeyer 2005, 53ff). Pestalozzi und Wichern mögen als „Klassiker" der Sozialpädagogik gelten und ihnen wird – je nach Interpret – zugestanden, Kernprinzipien sozialpädagogischen Wissen erkannt und ausformuliert zu haben. Aber auf „materialer" Ebene scheinen sich die Verhältnisse „des" Sozialen geändert und neue Krisen eingestellt zu haben. Somit wird Klassikern kaum zugestanden, Lösungen für aktuelle Problemstellungen liefern zu können. Erst die Aktualisierung ihres Wissens und Nachweise einer „neuen" Gesellschaft stellen die Evidenz bereit, welche die Sozialpädagogik benötigt, um an zeitgenössische Probleme anzuschließen[77].

Dies sei hier nicht als Versuch kritisiert, Originalität durch ein Absehen von historischen Zusammenhängen zu simulieren. Vielmehr wird ein Kennzeichen sozialpädagogischer Deutungsstrukturen ersichtlich: die Abhängigkeit von zeitdiagnostischem Nachschub an neuen Gesellschaftsformen. Sie verändern Repräsentationen sozialen und individuellen Lebens und nehmen die Sozialpädagogik als problembearbeitende Instanz aus der Verantwortung, Probleme nicht lösen zu können, da sie ständig neuartige Problemformen generieren.

Im Verlauf des 20. Jahrhunderts expandierten Sozialpädagogen und Sozialarbeiter als Berufsgruppen. Sie bezeugen eine epochale quantitative Erfolgsgeschichte, die Beobachter von einem „sozialpädagogischen Jahrhundert" (Rauschenbach 1999; Thiersch 1992) sprechen lässt. Aber es scheint nicht, dass die von ihnen bearbeiteten sozialen Probleme nennenswert reduziert worden wären. Selbst wenn die Sozialpädagogik angesichts einer sozialen „Dauerkrise" teilweise als relativ „hilflose" Hilfsinstanz beschrieben wird, muss dies unbefriedigend sein. Es ist kaum plausibel zu vermitteln, dass sie zwar mit Recht in einem säkularen Trend gegen anomische Gesellschaftsschäden institutionalisiert wurde, diese aber nicht zu bessern vermochte[78]. Somit ist es funktional, soziale Zäsuren

---

77 Die Notwendigkeit, auf stets aktualisiertes zeitdiagnostisches Wissen zu rekurrieren, ist ein nicht unwesentlicher Grund, weshalb die Sozialpädagogik größere Mühe mit einem Klassikerdiskurs besitzt; es wird angemahnt, Rekurse auf Klassiker unternähmen den Versuch, Theorie- und Legitimationsdefizite zu substituieren (vgl. Graf 2000). Mag kann diese These als Hinweis auf eine Distanzierung der Sozialpädagogik von ihrer eigenen Geschichte lesen: Indem in der Sozialpädagogik in Abhebung von geschichtlichen Hintergründen auf die Aktualität des prozessierten Wissens Wert gelegt wird, nimmt sie sich zwar die Chance, grundlegende Wissens- und Diskursstrukturen rekonstruierbar zu halten. Aber sie stattet sich im Gegenzug mit dem Anspruch aus, neues, problemadäquates Wissen vorzuhalten.

78 Dies ist auch mit den Problemenkonstitutionen assoziiert, mit denen die Sozialpädagogik arbeitet. Etwa Arbeitslosigkeit, Suchtverhalten, Kriminalität und anderes weisen einen ungeklärten und letztlich nur als sehr komplex zu bezeichnenden ätiologischen Status auf. Zudem ist zu bedenken, dass moderne Gesellschaften derart vielschichtig aufgebaut sind, dass Interventionen im Sinne unilinearer Kausalmodelle unrealistisch erscheinen müssen. Es ist der Einsicht zu folgen, dass komplexe Systeme sich gegenüber eindeutigen Problemerklärungen ebenso sperren wie gegenüber fest gefügten Interventionsschemata, denn „Ursachen und Wirkungen (sind; B.D.) nicht eng miteinander verknüpft, sondern räumlich und zeitlich, sachlich und sozial variabel und verwickelt verbunden" (Willke 1999, 72). Es steht zu befürchten, dass einfache Ursache-Wirkungs-Annahmen – etwa nach dem

einzubringen, denn dadurch kann die Sozialpädagogik verarbeiten, die von ihr geweckten Erwartungen nicht einlösen zu können.

Sie muss Auswege finden, um plausibel den Anspruch zu begründen, soziale Probleme zu bearbeiten, dies aber nicht erfolgreich realisieren zu können, zumindest nicht auf gesellschaftlicher Ebene, d.h. abgesehen von der Hilfe an Einzelne oder in einzelnen Sozialräumen. Weder die Gemeinschaftsorientierung der Sozialpädagogik seit Ende des 19. und zu Beginn des 20. Jahrhunderts, noch die Verwirklichung pädagogischer Bezüge in der Zeit der Weimarer Republik, noch auch die Lebensweltorientierung seit den 1970er Jahren oder andere Maßnahmen führten zu einer Reduktion der diagnostizierten gesellschaftlichen Anomie, obwohl derartige Behauptungen angeführt wurden, um die Notwendigkeit der Sozialpädagogik zu begründen. Während die Sozialpädagogik in hohem Maße auf öffentliche und politische Akzeptanz angewiesen ist, muss sie deshalb damit umgehen, die von ihr geweckten Hoffnungen auf eine wirksame Krisenintervention systematisch enttäuschen und deshalb die für sie essentiellen Akzeptanzbedingungen stets neu herbeiführen zu müssen.

Vor diesem Hintergrund ist zu verstehen, dass im sozialpädagogischen Diskurs immer wieder auf fundamental neue gesellschaftliche Konstellationen und Problemlagen aufmerksam gemacht wird – und, so ist zu ergänzen, implizit damit auch auf die relative Obsoletheit der bis dahin unternommenen sozialtheoretischen Reflexionen und Interventionen. Es wird neu auf gesellschaftliche Bedingungen reflektiert und es werden neuartige Handlungsmöglichkeiten ausgelotet. Einige Beispiele veranschaulichen die zeitdiagnostische Basis der Argumentation:

- In der Zeitschrift „Die Deutsche Schule" (1902, 766) wurde konstatiert, es habe sich eine gesellschaftliche Situation eingestellt, von der frühere (Sozial-)Pädagogen, „selbst die Schöpfer unserer klassischen Pädagogik, keine Ahnung hatten". Diese Aussage ist einer theoretischen Auseinandersetzung geschuldet, da die „Deutsche Schule" die Vorherrschaft des arrivierten Herbartianismus zu unterminieren suchte und Herbart als Referenzpädagogen delegitimieren wollte. In diesem Zusammenhang wurde eine Art von Gesellschaft unterstellt, die sich gegenüber älteren Formen des Zusammenlebens derart verändert habe, dass nur eine neue Sozialpädagogik in der Lage sei, adäquate Lösungsformen für die historisch beispiellosen Problemlagen einzubringen. Frühere Problemlösungsformeln schienen veraltet zu sein, und mit ihnen der Ansatzpunkt des theoretischen Gegners. Während die als intel-

---

Schema: Anomie erfordert sozialpädagogisches Handeln – in die Gefahr tendieren, den angemahnten Missständen kaum gerecht werden zu können.

lektualistisch und konservativ etikettierten Herbartianer und ihre Sozialpädagogik als antiquiert dargestellt wurden, suchte man andere sozialmoralische Milieus und andere (Fach-)Öffentlichkeiten zu gewinnen, um im Appell an deren Problemdeutungen sozialpädagogische Optionen einzubringen. Die Auseinandersetzungen gingen in diesem Fall so weit, dass sie in der Personalisierung der Frage gipfelten: „Herbart oder Natorp" (Ziegler 1901, 2), wobei Herbart eine veraltete, Natorp eine neue und originäre (Sozial-)Pädagogik symbolisierte.

- Nach dem Ersten Weltkrieg war es offenkundig plausibel, einen umfassenden Notstand zu theoretisieren, und so konnte Herman Nohls kulturorientierte Krisentheorie, mit der er seine „neue" Sozialpädagogik zu begründen suchte, unmittelbar glaubwürdig erscheinen. Er stellte fest, Deutschland sei „in einen Abgrund von Schande, Ohnmacht, Erniedrigung" (Nohl 1919/1999, 9) gefallen und bedürfe einer neuen, eben seiner geisteswissenschaftlichen, Pädagogik. Die theoriepolitischen und -strategischen Implikationen dieser Haltung zeigen sich im Falle seiner Sozialpädagogik besonders deutlich (vgl. Niemeyer 2005, 139ff): Nohl nahm kaum Notiz von den sozialpädagogischen Diskussionen vor seiner Zeit und positionierte seine Theorie als praxisnahe und zur Lösung kultureller Krisen unabdingbare Reflexionsarbeit. Sie stand in dem Dienst, die Kultur und ihre Einheit wieder aufzubauen und den Anspruch des Einzelnen auf Individualität mit ihr zu versöhnen. Alternative Theorieprojekte, die in höherem Maße sozialwissenschaftliche Befunde aufnahmen, wurden dadurch delegitimiert.

- Nach dem zweiten Weltkrieg wurde im Theoriediskurs an die Zeit der Weimarer Republik angeschlossen. Die grundlegende Kritik an diesem Traditionsbestand gründete wiederum auf der These einer fundamental veränderten gesellschaftlichen Situation. Die marxistische Kritik etwa machte nicht nur ein Theoriedefizit geltend, sondern auch eine besondere gesellschaftliche Gesamtlage. Bezüglich des Grundwiderspruchs von Arbeit und Kapital und des Zwangs der Arbeiter, ihre Arbeitskraft zur Kapitalvermehrung weniger Personen bzw. Organisationen einzusetzen, schreibt Walter Hollstein (1973, 172) unter Rekurs auf Hirsch: „Diese Machtverstärkung des Kapitals drückt sich heute im Konzentrationsprozess der westdeutschen Wirtschaft aus, der sich in den letzten Jahren so sehr intensiviert hat, dass Beobachter ‚in Konturen' schon ‚eine künftige Gesellschaft' sehen, ‚die in ihren wesentlichen Aspekten um einige wenige Mammutkonzerne gravitiert.' Riesige Unternehmenseinheiten mit entsprechendem Umsatz bestimmen die sozioökonomische Struktur der Bundesrepublik." Auch hier zeigt sich eine Dramatisierungsdiagnose, die auf unmittelbaren Handlungsbedarf hinweist. Alternative, bis dahin vorherrschende Wissensbestände scheinen ungeeignet, dies zu erkennen. Sie könnten zu inadäquaten Interventionen verleiten, da ihr zeitdiagnostisches Sensorium unterentwickelt scheint, um die objektiv festzustellenden Spaltungen und Konzentrationsprozesse in der Gesellschaft zu registrieren.

- Als besonders folgenreich für die Sozialpädagogik entwickelte sich die Annahme einer „Risikogesellschaft" im Sinne Becks (1986). Sie erlaubte es, eine hochgradig individualisierte Gesellschaft anzunehmen, in der der Einzelne stresshaft überfordert und ohne sozialpädagogische Hilfen zu deviantem Verhalten prädisponiert sei. So verwendet etwa Rauschenbach (1999, 241) das Konzept der „Risikogesellschaft" als eine „plausibilisierende Kategorie", die zwar noch nicht theoretisch fundiert sei, aber zu einer „produktiven Verunsicherung altbewährter Denkmuster und Theorieschablonen" beitrage. Er stellt fest: „Die Menschen leben in zwischenmenschlich belasteten Verhältnissen, in riskanten, ungewissen Beziehungen, erleben Anonymität, Diskontinuität, und Isolation, experimentieren sozusagen mit sich selbst, riskieren psycho-soziale Grenzerfahrungen, ohne zu wissen, was sich daraus ergibt, wieviel sie selbst und andere hiervon tangierte Menschen ertragen. Gewissheit, Kontinuität und Vertrauen ohne Vorbehalt als Basis und Bestandteil stabiler Interaktionsbeziehungen sinken, ohne gesellschaftliches Wissen darüber, wieviel diesbezüglichen Substanzverlust Personen auf Dauer unbeschadet aushalten (…). Sinnkrisen und Orientierungsverlust, Depression und Angst, Ausstieg in die selbstverklärende Innerlichkeit oder in die fassadenhafte Scheinwelt zerstreuender Äußerlichkeit, Flucht in die permanente Erprobung neuer Lebensphilosophien, existentiell bedrohende Lebenskrisen, extensiver, physische, psychische und soziale Lebensressourcen zerstörender Rauschmittelgenuss, Trauer, Schmerz, quälende Ungewissheiten sowie die synchrone und diachrone Vermehrung vorübergehender sozialer Auszeiten – alles Phänomene, die sich unschwer auf eine Kette psychosozialer Modernisierungsfolgen aneinanderreihen lassen" (ebd., 246). Diese dramatischen Folgewirkungen sozialen Wandels scheinen aus sich heraus sozialpädagogische Maßnahmen einzufordern. Es würde nicht akzeptabel erscheinen, die gravierenden Probleme zu ignorieren, und da sie primär eine psychosoziale Dimension aufweisen, wird direkt auf die Sozialpädagogik als intervenierende Instanz aufmerksam gemacht.

- Auch in anderweitiger Begründung wird eine basale Veränderung der Gesellschaft und der Aufgaben der Sozialpädagogik vermutet. So führt beispielsweise Martin Graf (2000, 20) aus: „Der Umbau des Sozialstaates hin zu mehr sozialer Ungleichheit, die erweiterte und erneuerte Spaltung der Gesellschaft in Gewinner und Verlierer, die sich nicht mehr als eine zwischen Gesellschaften exportieren lässt, führt zu einer mehrdimensionalen Verunsicherung sozialpädagogischer Tätigkeit: erstens zu einer der institutionellen Verortung, zweitens zu einer der zur Verfügung stehenden Mittel, drittens zu einer der Eröffnung möglicher Handlungsziele (die zudem in Widerspruch zu tradierten zu stehen kommen) und viertens zu einer Unklarheit bezüglich der normativen Grundlagen, auf die hingearbeitet werden sollte und vor denen man sich rechtfertigen, durch die man legitimiert werden könnte". Es wird eine für die Sozialpädagogik existentielle und sich auf entscheidenden Ebenen ihrer Verfahrensweisen auswirkende Veränderung der Gesellschaft und ihrer (sozial-)politischen Steuerung diagnostiziert. Die überlieferten Mittel, mit denen Sozialpädagogik betrieben und gerechtfertigt wird, müssen angesichts dieses Wandels und seiner Tiefgängigkeit an Bedeutung verlieren. Eine neue gesellschaftliche Situation bedarf neuer theoretischer Reflexionen und Handlungsausrichtungen, während die Geschichte keine maßgeblichen inhaltlichen Vorgaben und Einsichten mehr zu gewähren in der Lage zu sein scheint.

- Das „Fachlexikon der sozialen Arbeit", herausgegeben vom Deutschen Verein für öffentliche und private Fürsorge e.V., thematisiert ebenfalls deutlich veränderte Bedingungen sozialpädagogischen Wissens und Handelns. Unter dem Stichwort „Erziehung" ist zu lesen: „Das Implodieren gesellschaftlich konsensualer Werte und Normen, die Auflösung soziokulturell gewachsener sozialer Milieus und moralischer Bezugssysteme, die Dynamisierung der Generationenbeziehungen und Geschlechterverhältnisse, die Biografisierung (…) von Lebensläufen und -plänen sowie die Infragestellung des in den pädagogischen Institutionen versammelten Expertenwissens haben das in den letzten anderthalb Jahrhunderten herausgebildete Konzept von Erziehung gehörig durcheinander gewirbelt" (Thole/Pfaffenberger 2007, 269). Entscheidende Referenzpunkte der Sozialpädagogik sind demnach verändert. Aus den Diagnosen folgt, dass die normative Orientierung sozialpädagogischen Handelns nicht mehr in einem Prozess der gemeinsamen Entscheidungsfindung zu bestimmen sein kann. Dies trifft auf eine gesellschaftliche Situation problematischer Sozialisationsleistungen, da die Wirkungen tradierter Sozialisationsinstanzen im Zuge einer Erosion von sozialen Milieus geschwächt sein müssen. Selbst die Befunde von Experten scheinen diskreditiert, so dass unklar sein muss, welche Wege nun einzuschlagen sind, um die Krise zu lösen. Eine basale gesellschaftliche Deprivationslage ist folglich mit unklaren Optionen der Gegenwirkung behaftet, so dass die soziale Gesamtsituation überaus problematisch erscheint und über sinnhafte Wege der Erziehung kaum Aussagen getroffen werden können.

Die Beispiele zeigen in der Zusammenschau einen wiederkehrenden zeitdiagnostischen Krisendiskurs, dessen Kontinuität im Wesentlichen darin liegt, kaum Kontinuitäten zuzulassen. Mit der Hegemonie einer bestimmten Deutung „des" Sozialen tritt bereits ihr Veraltungsprozess ein. Es ist früher oder später zu begründen, warum entweder an diese Deutung anknüpfende Maßnahmen nicht in der Lage waren, die reklamierten Probleme zu lösen, oder warum es nach einiger Zeit sozialen Wandels nach wie vor plausibel sein soll, entsprechenden Interpretationen zu folgen. Den Diskurs überdauern lediglich die Krise „des" Sozialen und die Aufforderung zu permanenter Zeitdiagnose, um die aktuellen – und häufig verschärften – krisenhaften Entwicklungen und Symptomatiken registrieren zu können. In die Krisendarstellungen werden zudem jeweils psychosoziale Folgewirkungen für die betroffenen Individuen eingelassen, so dass sozialpädagogisches Handeln begründbar wird.

Darüber hinaus aber dominieren Zäsur-Konstruktionen. Dies kann keinen völligen Traditionsbruch bedeuten, denn – wie oben am Beispiel von Individualisierungsthesen gezeigt – man muss sich trotz der behaupteten Diskontinuität nach wie vor im Bereich des sozialpädagogisch Sagbaren bewegen. Es wird deshalb einerseits im Rahmen vorgezeichneter Diskursoptionen argumentiert, so dass die Deutsche Schule etwa auf Autoren wie den Neukantianer Natorp rekurrierte, Nohl (1970) sich auf eine historische „deutsche Bewegung" bezog und, um ein weiteres Beispiel zu nennen, marxistische Deutungen des gesellschaftlichen Lebens auf die Dignität der Marxschen Analysen hinwiesen. Aber älteren Zeitdiagnosen soll andererseits nicht ohne weiteres gefolgt werden, da auf Neuigkeiten und neue Problemlagen hinzuweisen ist. Die Diagnosen inszenieren das Neue und teilen mit, dass theoretische Orientierungen zu verändern und auf aktuelle Gesellschaftsformationen anzuwenden sind. So werden Zäsuren der Grundlagen sozialer Lebensformen und der tradierten sozialpädagogischen Handlungsformen angeführt, die mindestens zu einer Neukalibrierung theoretischen (und professionellen) Wissens führen müssen. Auf diese Weise schreiben sich sozialpädagogische Deutungsstrukturen fort und verändern sich.

Angesichts der Heterogenität sozialpädagogischer Theorien kann es sich bei der Abfolge von Zeitdiagnosen nicht um einen „Paradigmenwechsel" im Sinne Kuhns (1995) handeln, sondern um dauerhafte Auseinandersetzungen um Positionen, die „legitime" Probleminterpretationen beanspruchen und spezifische Sozialpädagogiken zu begründen suchen. Da Soziales im sozialpädagogischen Diskurs nicht per se gegeben ist, sondern in perspektivischen Beobachtungen thematisiert und kommuniziert wird, handelt es sich auch um Auseinandersetzungen um divergente Sozialobjektivierungen (s. Kap. 4.1). Sie werden jeweils diskursiv eingebracht, um als „legitime" Deutungen des aktuellen gesellschaftlichen Lebens zu gelten.

Im sozialpädagogischen Diskurs wird auf diese Weise regelhaft eine neue, dramatisch veränderte gesellschaftliche Konstellation unterstellt. Im Rahmen einer reflexiven Analyse des implementierten Wissens ist dies als zeitdiagnostische Aktualisierung sozialpädagogischer Deutungsstrukturen wahrzunehmen, denn ohne spezifische Deutungsinteressen wäre sozialer Wandel nicht zu thematisieren. Hierzu stellt Groenemeyer (2007, 167) fest:

> „Dass sich Konzepte und die mit ihnen verbundenen theoretischen Perspektiven entwickeln und verändern, ist eine banale Erkenntnis der Wissenschaftstheorie. Dies ist in den Sozialwissenschaften unmittelbar evident, insofern sich ihr Gegenstand selbst permanent verändert und die sozialwissenschaftlichen Theorien und Konzepte selbst dazu einen nicht unmaßgeblichen Beitrag leisten. Gerade diese Wechselwirkung zwischen der Entwicklung von Konzepten und den damit bezeichneten bzw. konstruierten Sachverhalten macht es auf der anderen Seite aber auch schwierig, vorschnell eine Legitimation für neue Konzepte darin zu sehen, dass sich halt ,die Welt verändert habe', denn schließlich wird diese ,neue Welt' ja durch die neuen Konzepte erst erschlossen."

Sozialpädagogische Theorien beziehen sich regelhaft auf das Argument einer geänderten Gesellschaft, ohne die Deutungsabhängigkeit dieser Zuschreibung zu hinterfragen. Hier verbleibt Spielraum für eine reflexive Analyse, die diesen Aspekt beachten muss. Es ist zu rekonstruieren, wie die wiederkehrende Diagnose, die Gesellschaft sei in ein neues Krisenstadium eingetreten, zustande kommt und mit einzelnen disziplinären und kulturellen Wissensgehalten konnotiert wird. Zeitdiagnosen können und müssen in dieser Hinsicht jeweils für sich untersucht werden, während auf abstrakter Ebene zu konstatieren ist, dass es nicht nur um einen modischen Wechsel entsprechender Stellungnahmen handelt. Es ist auf Logiken der Diskursfortsetzung zu achten, d.h. auf die Rückbindung der Zeitdiagnosen in Deutungsstrukturen und ihre relative Eigenlogik im Rahmen der Herstellung von Plausibilität sozialpädagogischen Wissens.

Man wird folglich nicht fragen können, was die „präziseste Funktionsbeschreibung Sozialer Arbeit" (Galuske 2002a, 134) zu einem bestimmten Zeitpunkt ist, sondern mit welcher Absicht und mit welchen Folgewirkungen sie als solche bezeichnet wird. Sie spricht u.U. Aspekte an, die als besonders „treffend" und „gültig" erscheinen und damit Weltsichten bestärken, die einem bestimmten sozialpädagogischen Blickwinkel entsprechen. So kann es etwa „rational" wirken, eine Gesellschaft – worauf Galuske anspielt – gewissermaßen anhand von zwei Welten, einer des „Systems" und einer der „Lebenswelt", zu beschreiben. Man kann mit diesem mehr oder weniger freien Rekurs auf Vorgaben von Habermas ansprechen, dass eine gleichsam „unbeschädigte" Welt des Subjekts von einer verrechtlichten, ökonomisierten, herrschaftlichen Systemwelt bedroht oder überlagert wird. Damit werden im Anschluss an eine bürokratiekritische und subjektorientierte Tradition der Sozialpädagogik normative Lagerungen konstituiert und die Sozialpädagogik in einem Bereich zwischen den beiden Welten mit der Aufgabe einer Vermittlung betraut und verortet. Dies mag eine plausibel wirkende Zeitdiagnose und Zustandsbeschreibung sozialpädagogischer Handlungsformen sein, aber man wird nicht letztgültig beweisen oder beschreiben können, dass es sich um eine „bessere" oder „richtigere" Beschreibung handelt als sie z.B. Versuche leisten, die Gesellschaft als Konglomerat funktional ausdifferenzierter Teilsysteme im Anschluss an Luhmann oder als Zusammenschau von Mikrophysiken der Macht sensu Foucault zu rekonstruieren.

Es fehlt die Sicherheit des letzten Beleges einer „zutreffenden" Interpretation. Zwar können empirische Nachweise gegen bestimmte Deutungen eingebracht werden und letztlich muss dies unternommen werden, um auf offensichtlich unzureichende Stellungnahmen zu verweisen. Aber man muss sich bewusst sein, die zeitdiagnostischen Elemente sozialpädagogischen Wissens damit stets nur zum Teil ansprechen zu können. Eines ihrer Spezifika besteht darin, Trends zu benennen, die empirischer Analyse kaum zugänglich sind. So operieren Zeitdiagnosen weniger auf der Ebene nachprüfbaren Wissens als auf der eines subjektiv wahrgenommenen, affektiv getönten Zeitgeistes. Schimank (2000, 17) spricht von einem „spekulativen Überhang" sozialwissenschaftlicher Gegenwartsdiagnosen, da sie ihre „Überzeugungskraft (…) aus theoretischen Plausibilisierungen und Extrapolationen" beziehen. Wie Münch (2004, 520) am Beispiel von Theorien der „reflexiven Modernisierung" anführt, werden in Zeitdiagnosen empirische Einzelbeobachtungen zu allgemeinen Gesellschaftsentwürfen generalisiert. Sind sie publizistisch erfolgreich, wie im Falle dieses Beispiels, dann gelingt es, sie als Deutungen der Gegenwart zu etablieren und so eventuell einen Prozess der selbst erfüllenden Prophezeiung in Gang zu setzen. Die Welt wird in der Folge auf die Art und Weise wahrgenommen, welche die Zeitdiagnose voraussetzt, womit sie sich selbst „belegt". Auch wenn dies nicht präjudiziert werden kann und auch selbst *zerstörende* Prophezeiungen in Betracht zu ziehen sind, ist bei Krisenbehauptungen, wie sie von der Sozialpädagogik kommuniziert werden, besondere Vorsicht und Achtsamkeit bezüglich der enthaltenen Normalitätsunterstellungen angeraten. Die Interpellation beispielsweise einer Gesellschaft entsolidarisierter, egoistischer Individuen könnte durchaus entsprechende

Tendenzen und deren öffentliche Akzeptanz bestärken. In den Worten von Ernst Topitsch (1971, 152): „Eine Gesellschaftsauffassung, für welche homo homini lupus ist, kann die Menschen zu Misstrauen und zu selbstsüchtigem, von reinen Zweckmäßigkeitserwägungen geleitetem Handeln motivieren."

Ein Verzicht auf Zeitdiagnostik wäre allerdings vernünftigerweise kaum zu fordern. Sozialpädagogische Theorien beinhalten zeitdiagnostische Momente und die oben referierten Beispiele verdeutlichen ihre Relevanz im Kontext der Legitimierung sozialpädagogischer Handlungsformen. Sozialpädagogisches Wissen scheint sich nicht ohne krisenaffine Zeitdiagnosen aktualisieren zu können. In diesem Sinne schreibt Schimank (2000, 17f) den Diagnosen zu, es handle sich um konkurrierende Selbstdeutungen moderner Gesellschaften, durch die diese mit den negativen Folgen und Zuständen des bisherigen Lebens konfrontiert werden. Man kann deshalb in Auseinandersetzungen eintreten, welche Arten von Zeitdiagnosen plausibel sind und welche nicht, aber es scheint unmöglich und auch nicht per se wünschenswert, sie außer Kraft zu setzen.

Sozialpädagogische Theorien wären ohne zeitdiagnostische Inhalte eines Diskursmotors beraubt. Es ist für die Sozialpädagogik existentiell bedeutsam, spezifische, flexible Deutungsstrukturen zu institutionalisieren und durch sie Kommunikationen mit außerwissenschaftlichen Selbstdeutungen der Gesellschaft aufrecht zu erhalten, um sozialpädagogisches Handeln plausibel zu halten. Die Theorien rekurrieren in ihrem zeitdiagnostischen Gehalt hierzu häufig auf einen „Zeitdruck", wie ihn Schimank (ebd., 19) als Teil von Gegenwartsdiagnosen beschreibt: „Jetzt muss gehandelt werden, will man den historischen Moment nicht unwiderruflich verpassen." Es scheint angesichts der Krisen Handlungsdruck zu geben, der im Falle der Sozialpädagogik spezifiziert ist auf das psychosoziale Erleben Heranwachsender oder auch Erwachsener. Verbunden mit Drohungen, denen zufolge aus deviantem Verhalten Gefahren für Unbeteiligte und die Ordnung der Gesellschaft resultieren können, sei es nötig, durch die Sozialpädagogik direkt auf Sozialisationsbedingungen und intrapsychische Prozesse einzuwirken.

Eigeninteressen scheinen dabei weitgehend irrelevant. Obwohl Zeitdiagnosen spezifische *„Werturteile"* (ebd.) aufweisen, da in sie Aspekte einer erwünschten Normalität eingehen, positioniert sich die Sozialpädagogik in der zeitdiagnostischen Objektivierung bestimmter Formen des sozialen Lebens als eine Instanz, die auf Krisen *reagiert:* Akute Probleme seien relativ akut aufgebrochen und bedürften der Gegenwirkung. Intendiert ist durch entsprechende Feststellungen weniger kritische Analyse als zeitnahe Intervention, während die eigene Perspektivität tendenziell unterbelichtet bleibt.

Analysen der Welt- und Normalitätsentwürfe zeitdiagnostischer Positionsbestimmungen müssen folglich gegen deren innere Logik durchgeführt werden.

Gleichwohl ist eine reflexive Sozialpädagogik sinnvoll und notwendig, um eine Bewusstheit der Funktionen und Probleme der Diagnosen zu erreichen. Deren scheinbare Plausibilität und Selbstevidenz muss aufgebrochen werden, ansonsten würden im wissenschaftlichen Feld Gegenwartsinterpretationen verfolgt, deren Implikationen bei näherer Betrachtung problematisch erscheinen müssen, oder es werden im Kontakt mit Adressaten Handlungsaufforderungen virulent, die möglicherweise unintendierte Folgen herbeiführen können. So mag es erstrebenswert sein, gegen primär ökonomistisch motivierte sozialpolitische Reformen oder wachsende soziale Ungleichheiten vorzugehen und sozialpädagogische Interventionen auszubauen, die soziale Gerechtigkeit und Solidarität bestärken. Sollte dies aber durch Kriseninszenierungen erfolgen, die den Adressaten Sozialer Arbeit Defizite unterstellen und sie bei fehlender Ressourcenzuwendung als Ordnungsgefahr vor Augen führen, so wäre dies problematisch. Um Handlungsbedarf zu reklamieren und die Glaubwürdigkeit der Diagnose gesellschaftlicher Krisenzustände zu unterstreichen, liegt es nahe, auf putativ unzureichende Handlungsfähigkeiten, defizitäre Norminternalisierungen, Unmotiviertheiten und andere Unzulänglichkeiten (potentieller) Adressaten aufmerksam zu machen. Damit wird einem verbreiteten Bild entsprochen, „das die Adressaten sozialer Dienstleistung allein im Lichte tiefgreifender Hilflosigkeit und Unfähigkeit wahrnimmt. Diese alltagstheoretischen Interpretationsfolien strukturieren sich um die *Metapher des Defizits* – sie befestigen so einen Defizit-Blickwinkel auf den Menschen, was bedeutet, dass sie die Identitätsentwürfe der Klienten, ihre lebensbiographischen Erfahrungshorizonte und Bindungsnetzwerke allein nur in den Begriffen von Mangel und Unfertigkeit, von Beschädigung und Schwäche buchstabieren können" (Herriger 2002, 65).

Mit derartigen Deutungen können kontraintentional punitive Reaktionen legitimiert werden, v.a. wenn individuelle Defizite der Verantwortung des Einzelnen zugeschrieben werden. Entsprechende Tendenzen scheinen auch innerhalb der Praxis Sozialer Arbeit Verbreitung zu finden (vgl. Ziegler 2005)[79]. Ein bewusster, reflexiver Umgang mit Zeitdiagnosen und Krisendeutungen und der mit ihnen assoziierten Wahrnehmung von Adressaten sozialpädagogischer Leistungen ist deshalb unabdingbar.

---

79 Es handelt sich allerdings nicht nur um einen neueren Trend, sondern auch um ein Grundproblem der Sozialen Arbeit. Ein wenig ermutigendes Bild bezüglich einer Defizitorientierung, die von gesellschaftstheoretischen Ätiologien absieht und damit die Möglichkeit beschränkt, individuelle Verantwortungszuschreibungen zu relativieren, zeichnen Stellungnahmen der Jugendgerichtshilfe und die in ihnen enthaltenen Konstruktionen von Delinquenz (vgl. Nienhaus 1999). Nienhaus registriert zusammenfassend eine „verkürzende Fokussierung auf innerfamiliale soziale und erzieherische Dispositionen der Delinquenzanfälligkeit (...) im thematisch hergestellten Zusammenhang mit persönlichkeitsbezogenen Zuschreibungen" (ebd., 306). Im Überblick bestätigen diesen Befund Müller und Trenczek (2001).

5.2 Professionalität

Deutungsstrukturen werden zeitdiagnostisch aktualisiert und dadurch neu hervorgebracht. Sie bleiben auf diese Weise auf einer relativ abstrakten Ebene. Aktualisierungen können auch auf andere Art erfolgen, indem sozialpädagogisches Wissen in Abhängigkeit von Kontextbedingungen praktischen Handelns konkretisiert wird. Praxis ist bekanntlich mit Handlungsdruck konfrontiert und verweist im Vergleich zu wissenschaftlichem Wissen in geringerem Maße auf Anforderungen methodisierter Gewinnung und skeptischer Selbstprüfung. Professionelles Wissen verweist in gewisser Hinsicht auf beides, indem es zwar praktischen Handlungsaufforderungen folgt, aber dabei zugleich wissenschaftliche Wissensbestände einbindet (vgl. Dewe/Otto 2001a; 2002). Professionalität zeichnet sich demnach durch eine Relationierung unterschiedlicher Wissens- und Deutungsformen aus, die an sich getrennt bleiben. Wissenschaftliches Wissen besitzt andere Qualitäten als praktisches; beide können nicht zur Deckung gebracht werden, sind aber je nach bearbeitetem „Fall" aufeinander zu beziehen, so dass die Entwicklung einer durch wissenschaftliches Wissen gestützten praktischen Routine ermöglicht wird (vgl. Dewe 2004, 327).

Elementar für diesen Prozess ist die Bewusstmachung jeweils verfolgter Deutungsmuster. So sprechen Dewe und Otto von Professionalität im Sinne der Fähigkeit, einen „lebenspraktischen Problemfall kommunikativ auszulegen, indem soziale Verursachungen rekonstruiert werden, um den KlientInnen aufgeklärte Begründungen für selbst zu verantwortende lebenspraktische Entscheidungen anzubieten und subjektive Handlungsmöglichkeiten zu steigern" (Dewe/Otto 2002, 188). Dies ist mit Deutungsstrukturen sozialpädagogischen Wissens in Verbindung zu bringen: Professionalität ist als Fähigkeit zu verstehen, eine spezifische Relation von Deutungen herzustellen und einen „Problemfall" entsprechend zu „verstehen". „Soziale Verursachungen" verweisen auf soziale Orte als Erklärungsvariablen, um eine Problemgenese in sozialpädagogischer Hinsicht rekonstruierbar zu gestalten[80]. Der Fokus ist auf Sozialität gerichtet, und so scheiden medizinische, individualpsychologische, physikalische oder andere Ätiologien aus.

---

80 Zwar werden von Sozialpädagogen auch „Fälle" bearbeitet, bei denen von einer unmittelbaren sozialen Verursachung nicht ausgegangen werden kann, z.B. im Falle von Sozialer Arbeit in Krankenhäusern, wenn vorrangig medizinische „Fälle" durch entsprechende Maßnahmen begleitet oder in Teilbereichen eigenständig bearbeitet werden (vgl. Kardorff 2002). Es wird dann allerdings in der Regel zumindest ein weiter Gesundheitsbegriff verfolgt, der neben biologischen und psychologischen auch soziale Dimensionen umfasst (vgl. grundlegend Engel 1977; zu einem bekannten, weit gefassten Gesundheitskonzept Antonovsky 1997). Soziale Verursachungen referenzieren deshalb trotz dieser tendenziellen Unschärfe einen entscheidenden Aspekt; genauer wäre allerdings statt von sozialer Verursachung von sozialer Kontextualisierung zu sprechen.

Im Rahmen dieser sozialen Problemreferenzen werden Interventionen an den individuellen Lebensbezügen der Adressaten und ihren subjektiven Sinnstrukturen orientiert. Die Betreffenden sollen befähigt werden, in ihren konkreten Lebenszusammenhängen eigenständig handlungskompetent zu sein. Thole (2002, 19ff) stellt folgerichtig bei der Rekonstruktion sozialpädagogischer Arbeitsfelder neben der Eigenart einzelner Felder die Intensität von Eingriffen in die Lebenswelt in Rechnung und differenziert lebensweltergänzende, -unterstützende und -ersetzende Praxisfelder. Im Zentrum steht somit die individuelle Lebenswelt, an der sozialpädagogische Professionalität ansetzt. Sie zeichnet sich nicht durch eine derart große Distanz von ihrer Klientel aus, wie dies etwa bei Medizinern oder Juristen zu bemerken ist; im Gegenteil wird die Sozialpädagogik im Zuge ihrer „Alltagsnähe" (Galuske/Müller 2002, 490) häufig in engem Zusammenhang mit ihrer Adressatengruppe gesehen.

Angesichts dieses engen Bezuges auf lebensweltliche Kontexte müssen Professionelle bei der Fallausdeutung, wie oben erwähnt, nicht unbedingt abstrakte gesellschaftliche Belange thematisieren. Es kann ausreichend sein, z.B. sozialisatorische Bedingungen, aktuelle Handlungsrahmungen, soziale Bindungen und in ihnen verortete subjektive Relevanzstrukturen von Adressaten in den Blick zu nehmen, um der Intention gerecht zu werden, eine Erweiterung ihrer Handlungs- und Integrationschancen herbeizuführen. Auch hierdurch werden soziale Orte und Subjektbegriffe aufeinander bezogen und zur Konstitution einer sozialpädagogischen Wirklichkeit eingesetzt.

Im Hintergrund einer derartigen Fallinterpretation operieren sozialpädagogische Deutungsstrukturen. Ihre Anwendung und Konkretisierung erlaubt die professionelle Konstitution eines „Falles". Die Fähigkeit zu ihr wird durch vorberufliche und berufliche Sozialisation erworben und an ihrem Ende steht die professionelle Identität von (Sozial-)Pädagogen, die „unterfüttert (ist; B.D.) mit Wissensbeständen, die ihrerseits deren Handeln mitstrukturieren und sich zu Aufmerksamkeitsrichtern verdichten, die eine Perzeption der Problemkonstellation wie der Personen beeinflusst, die als ‚Klientel' berufsimmanent bestimmt werden" (Mühlfeld 2007, 45). Der professionell Handelnde hat gelernt, sozialpädagogische Deutungsstrukturen in die Fallarbeit einzubringen, durch sie einen Fall interpretativ als sozialpädagogischen zu begreifen und in dem auf diese Weise abgesteckten Rahmen zu handeln.

Dabei scheinen weniger arbeitsfeldspezifische Faktoren als eine übergreifende sozialpädagogische Deutungsstruktur virulent zu werden, denn „professionelles Handeln wird von Fachkräften der Sozialen Arbeit im Deutungsmodus der Disziplin kognitiv strukturiert und nicht in einer auf das eigene Arbeitsfeld beschränkten subjektiven Wirkungstheorie" (Mägdefrau 2006, 185). Deutungsstrukturen prägen sozialpädagogisches Handeln über einzelne Praxisbereiche hinaus, was nicht bedeutet, dass Professionalität im Rahmen einer akademischen Ausbildung durch die Vermittlung konkreter theoretischer Wissensbestände zu garantieren wäre (vgl. Thole/Küster-Schapfl 1997). Auch sind Spezifika einzelner Arbeitsfelder durchaus in Rechnung zu stellen (vgl. z.B. Cloos 2006). Dennoch wird eine – individuell biographisch rückgebundene (vgl. Fuchs/Züchner 2006, 147; s.a. Schweppe 2001) – Deutungsstruktur habitualisiert, die einzelne Tätigkeitsbereiche übersteigt. In der Ausbildung kommt zu einer allmählichen Einführung des Betreffenden in die Fähigkeit, „die ‚vorgängige' Praxis zu entschlüsseln, um dann nachgängig einer besser gelingenden Praxis mehr Chancen zu geben" (Schulze-Krüdener 2003, 158). Die „gelingende Praxis" ist in sozialpädagogischer Perspektivität zu verstehen, d.h. es handelt sich um die Einübung in die Fähigkeit, sozialpädagogischen Deutungsstrukturen zu folgen. Sie erlauben es dem Akteur, spezifisches rekursives Deutungswissen in der Arbeit wirksam werden zu lassen und es zur Fallreflexion zu nutzen. Dewe und Otto (2001, 1408) sprechen von einer notwendigen „Einheit von ‚Wissensbasis' und ‚Fallverstehen'". In sie gehen grundlegende disziplinorientierte Wahrnehmungsraster ein.

In diesem Sinne konstatieren Fuchs und Züchner (2006) auf der Basis einer quantitativen Befragung von Diplom-Pädagogen, dass zwar auf der Einstellungsebene Tätigkeiten in den jeweiligen Handlungsfeldern prägend wirken. Für die Entwicklung eines professionellen Selbstbildes wird jedoch ein weitgehender Abschluss mit Ende des Studiums festgestellt, denn es finden sich „keine Anzeichen dafür, dass sich das professionelle Selbstverständnis mit dem Eintritt in den Beruf bzw. im Laufe der ersten Berufsjahre noch wesentlich ändert" (ebd., 146). Die Heterogenität von Arbeitsbereichen tritt demnach hinter ein grundlegendes Selbstverständnis zurück, was die Entwicklung einer (sozial-)pädagogischen Professionalität betrifft.

Dieser Befund ist bisher nicht ausreichend empirisch belegt; hierzu wären umfassendere arbeitsfeldübergreifende Vergleichsstudien notwendig (zum aktuellen Forschungsstand vgl. Cloos 2008, 11ff). Aber es zeigen sich aufgrund theoretischer und quantitativer wie qualitativer empirischer Analysen Hinweise in der benannten Richtung. Es scheint gerechtfertigt, sozialpädagogische Deutungsstrukturen, wie sie oben anhand theoretischer Wissensbestände expliziert wurden, mit professionellen Deutungen in Beziehung zu setzen. Sie werden zwar je nach Arbeitsfeld moduliert und neu orientiert, dies führt aber nicht zu jeweils spezifischen Deutungsstrukturen und nicht zu gänzlich differenten professionellen Habitus.

Nach diesen einführenden Bemerkungen kann nun anhand von zwei Aspekten näher ausgeführt werden, wie die professionelle Aktualisierung und kontextspezifische Konstitution von Deutungsstrukturen prozessiert wird. Zum einen bedarf es eines Ermessensspielraums, der genutzt werden kann, um sozialpädagogische Deutungen zur Geltung zu bringen. Darin wirken sich zum anderen Problemdeutungen aus, die mit sozialpädagogischem Handlungspotential korrespondieren und den aufgezeigten Deutungsstrukturen entsprechen.

5.2.1 Ermessensspielräume

Die Basis, um sozialpädagogische Deutungen im Fallbezug einbringen zu können, sind Ermessensspielräume (vgl. Schnurr 2003, 333ff). Professionelle müssen die Möglichkeit haben, ihre Sichtweisen plausibel zu machen und durchzusetzen, ansonsten misslingt die Fallkonstitution. Sie setzt die Option voraus, einen Fall auf besondere Weise mit Perspektiven zu durchdringen und ihn als tatsächlichen „Fall" besonderer Eigenart zu vergegenwärtigen. Dies ist möglich, da einem Fall nicht eingeschrieben ist, wie er wahrzunehmen ist. Eine Geschichte wird erst „durch das Herantragen von Interpretationsperspektiven (...) zum sozialpädagogischen Fall – und je nach Art der Perspektive zu einem je unterschiedlichen Fall" (Müller 2006b, 22; vgl. grundlegend Holstein/Miller 2003). In diesem Sinne kann professionelles Handeln auf die Durchsetzung sozialpädagogischer Deutungsstrukturen bezogen werden. Dies wirft die Frage auf, wie es mit organisationalen Verfahrensvorgaben auszubalancieren ist. Beides soll im Folgenden angesprochen werden.

a) Professionalität als Etablierung von Deutungsstrukturen

Ein Ermessensspielraum bedeutet nicht, ein Fall würde interessensneutral repräsentiert und seinem objektiven Gehalt nach bearbeitet. Als „Fall" ist er von sozialpädagogischen Deutungsstrukturen geprägt. Die Rede von einem Ermessensspielraum verweist auf die für die Sozialpädagogik gegebene Option, ihre Sichtweisen bei der Fallkonstitution deutungsrelevant werden zu lassen. Komplexitäten und Eigenwilligkeiten (sozial-)pädagogischer Fälle sind nicht einfach vorhanden, sondern sie sind professionell „berechenbar" (Liesner/Wimmer 2003, 40), d.h. sie werden nach Standards der Professionalität thematisch. Die Grundlage dessen ist eine professionelle Orientierung, die Komplexität in ihrem Sinne einführt.

In seiner Theorie sozialer Felder[81] benutzt Bourdieu (1993b, 108) den Begriff „spezifische Autorität", um in einem Aktionskontext dominierende Vorstellungen legitimer Deutungen und Handlungen zu kennzeichnen. Er bringt treffend zur Anschauung, dass ein auf soziale Positionen bezogener Habitus – im Sinne Bourdieus: in machtförmig und hierarchisch, relational aufgebauten Feldern – nicht in Interesselosigkeit bestehen kann. In professionstheoretischer Reformulierung (vgl. Cloos 2008, 40ff) zeigt diese Feldtheorie, dass kontextspezifisch rückgebundene soziale Positionen nur eingenommen werden können, indem „Spielregeln" angewendet und beherrscht werden, die der Logik jeweiliger Felder genügen und diese reproduzieren. Der Betreffende, hier der Professionelle, muss in der Lage sein zu verstehen und umzusetzen, welche Handlungsroutinen und Einstellungen es ihm gemäß der im Feld vorherrschenden spezifischen Autorität erlauben, als kompetenter Akteur zu gelten. Er muss lernen, in seinem Handeln die betreffende Logik und Regelhaftigkeit der Felder zu realisieren.

Hierzu sind zunächst Zugangsbeschränkungen zu den Feldern zu überwinden, wozu u.a. der seinerseits feldabhängig zu erlangende Besitz von Ausbildungszertifikaten zählt (vgl. Collins 1979)[82]. Sie weisen nicht nur Fertigkeiten nach, sondern Bereitschaften, sich mit den Vorgaben und Weltsichten einer Profession zu identifizieren (vgl. Collins 2004, 80f). Ist dieser Prozess im Sinne professioneller Selbstrekrutierung erfolgreich, so kann der Betreffende im Feld erweisen, die relevanten Deutungsstrukturen und auf sie bezogene Handlungen einbringen zu können, um als legitimer Akteur zu gelten und akzeptiert zu werden. Die „Spielregeln" stehen dabei nicht überdauernd fest, sondern ändern sich laufend, da in einem Feld Auseinandersetzungen um die Art und Weise stattfinden, wie es aufgebaut und organisiert wird und Positionen vergeben werden.

Übersetzt in den deutungsstrukturellen Zugang müssen relevante Deutungen stets verändert und an kulturell und disziplinär sowie arbeitsfeldspezifisch vorherrschende Akzeptabilitätsbedingungen angepasst werden. Um Problembearbei-

---

81 Zur Erklärung schreibt Bourdieu: „Analytisch gesprochen wäre ein Feld als ein Netz oder eine Konfiguration von objektiven Relationen zwischen Positionen zu definieren" (Bourdieu/Wacquant 1996, 127). Einen jüngeren Versuch der Fruchtbarmachung der Vorgaben Bourdieus, u.a. der Theorie sozialer Felder, für die Erziehungswissenschaft unternehmen die Beiträge in Friebertshäuser u.a. (2006).

82 Gemäß der Kapitaltheorie Bourdieus (1983) handelt es sich um institutionalisiertes kulturelles Kapital. Zertifikate entlasten den Besitzer von dem permanenten Nachweis des Kapitalbesitzes und leisten rechtliche Garantien für dessen Wert. Durch das Zertifikat werden Anerkennungsverhältnisse gestiftet, die von der Person des Zertifizierten abstrahieren, tendenziell auch von dem tatsächlichen Besitz des Kapitals (ebd., 190). Diese aus nahe liegenden Gründen umstrittene These der relativen Unabhängigkeit von Zertifikat und „wirklicher" Kompetenz wird etwa von Collins (1979) betont. Zu einer Vermittlungsposition, der gemäß Fertigkeiten und symbolische Aussagekraft von Zertifikaten nicht unabhängig voneinander sind, vgl. Solga (2005).

tungen dauerhaft leisten zu können, müssen Professionen den gesellschaftlichen Auftrag hierzu aufrecht erhalten; sie müssen in der Lage sein, plausible Deutungen kulturell relevanter Sachverhalte zu verfolgen, und sie haben ihre Diagnosen in einen schlüssigen, „begründbaren Zusammenhang" (Hanses 2007, 310) mit ihrem Handlungspotential zu bringen.

Angesichts der Einlagerung professionellen Handelns in umfassende Legitimierungsstrukturen ändern sich die Bedingungen, unter denen sozialpädagogisches Wissen als „legitim" anerkannt wird, teilweise in kurzer Zeit deutlich[83]. Professionelle Deutungsstrukturen müssen flexibel gehalten werden und sich an veränderte Kriterien „angemessener" Fallbearbeitung anpassen. Insbesondere die in den vergangenen Jahren realisierten sozialpolitischen Reformen zeigen modifizierte Bedingungen und Zielrichtungen der Erbringung sozialer Unterstützungsleistungen (vgl. Dahme/Wohlfahrt 2002; 2007; Heite 2006): Hilfeleistungen wurden in wachsendem Maße konditionalisiert und nach Kriterien der Effizienz, der Qualitätssicherung und des Wettbewerbs ausgerichtet. Teilweise wird Fehlverhalten von Adressaten nun nachdrücklicher mit Drohungen negativer Sanktionen verbunden, während Verhaltenserwartungen auf eine sozialpolitisch und organisational prädefinierte Form von Eigenaktivität hin ausgerichtet werden. Dies widerspricht der sozialpädagogischen Forderung, in der Leistungserbringung Ressourcen zur Verfügung zu stellen, ohne unmittelbare Gegenleistungen einzufordern. Dennoch werden sozialpädagogische Handlungspotentiale in der Sozialpolitik in hohem Maße nachgefragt, da die „Aktivität" und „Motiviertheit" zur Leistungserbringung auf der Seite von Adressaten deren individuelle Dispositionen anspricht. Sie sind nicht durch die sozialpolitischen Steuerungsmittel Geld und Recht, aber durch sozialpädagogisches Handeln zu erreichen. Selbst wenn Sozialpädagogen diese Neuausrichtung ihrer Handlungsorientierungen nicht akzeptieren, müssen sie sich zu ihr positionieren. Es sind veränderte Grundlagen sozialpädagogischen Handelns zu bedenken, die bei positiver Lesart genutzt werden können, um Qualitätsmaßstäbe professionellen Handelns zu etablieren bzw. zu stärken, die sich am Nutzen bzw. Gebrauchswert für die Adressaten ausrichten (vgl. Flösser 1996, 64; zur Disparität der Interpretationen der sozialpolitischen Reformen vgl. Kessl 2006).

---

83 Ein einschlägiges Beispiel dafür, dass hiervon nicht nur die Sozialpädagogik betroffen ist, sondern Professionen insgesamt, verweist auf die Medizin und den tendenziellen Verlust ihres traditionell hohen Professionsprestiges. Es werden u.a. Forderungen nach einer „best practice" bzw. der „Evidenzbasierung" verantwortlich gemacht (vgl. Hanses 2007, 310f), die es Professionellen erschweren, Sachverhalte gemäß ihrer eigenen Deutungsstruktur zu definieren und zu behandeln. Zu bedenken ist allerdings, dass die genannten Trends teilweise Paradoxien generieren und kaum konsequent zu verfolgen sind, da Evidenzen in der Regel strittig und Qualitäten unterschiedlich definierbar sind (vgl. z.B. Klingemann/Bergmark 2006). In diese Lücke können Ökonomisierungen vorstoßen als Versuch, als „best" zu definieren, was kostengünstig ist.

Es ließen sich beinahe beliebige Beispiele für vergleichbar eindringliche Veränderungen in sozialpädagogischen Tätigkeitsfeldern anführen[84]. Sie verdeutlichen den in ihnen vollzogenen permanenten Kampf um die Vorherrschaft von Normalitäts- und Legitimitätskriterien. Als professioneller Akteur innerhalb eines Handlungsfeldes kann gelten, wer die zu einem bestimmten Zeitpunkt gültige spezifische Autorität zu lesen und einzulösen vermag. (Relative) Konfliktlosigkeit kann sich innerhalb der Felder nur dann ergeben, wenn die Akteure diesen jeweils dominierenden Regeln entsprechen und ihnen gemäß zu handeln verstehen. In diesen Momenten gelingt es den Handelnden, „als vollkommen interessenfrei, uneigennützig dazustehen" (Bourdieu 1993b, 114), indem sie ihren professionellen Habitus feldspezifisch zur Geltung gelangen lassen.

Im Falle der Sozialpädagogik ist dieser Anschein von Interesselosigkeit besonders wichtig. Sozialpädagogische Deutungsstrukturen legitimeren sich nicht unwesentlich dadurch, bei auftretenden Problemlagen programmatisch ganz im Sinne der Adressaten und im selbstlosen Dienst an ihnen zu intervenieren. Der Prototyp dieser Haltung ist in Johann Heinrich Pestalozzi (1799/1932) verkörpert, dessen „Stanzer Brief" ein pädagogisches Ethos artikuliert, das die Erziehung verwahrloster Heranwachsender scheinbar ohne jedes Eigeninteresse und letztlich unter Inkaufnahme eigener Risiken für Gesundheit und Wohlbefinden zu realisieren fordert. Im Vordergrund steht ein gegen äußere Missstände einge-

---

84 Ein weiteres soll genügen, die Drogenhilfe. In ihr herrschte über längere Zeit die Forderung nach Abstinenz von illegalen Substanzen vor (vgl. Schmid 2003). Die seit den 1980er Jahre vollzogene Etablierung akzeptanzorientierter Interventionsstrategien änderte dies (vgl. Stöver 1999). Gegen individualpathologische Interpretationen von Drogenkonsum und Forderungen nach Abstinenz als alternativloses Interventionsziel wurden breitere Zielorientierungen ermöglicht. Sie schließen u.a. kontrollierten Konsum ein. Es wurde gefordert, Hilfen unmittelbarer an den Drogenverwendern und ihren tatsächlichen Problemen zu orientieren, so dass die Legitimitätskriterien unterstützenden Handelns deutliche Modifikationen erfuhren (zu den jeweiligen Deutungen vgl. Jungblut 2004). Den Adressaten wurden breitere Verhaltensoptionen eingeräumt als zuvor. Allerdings sollte Drogenkonsum nicht lediglich geduldet werden (vgl. Kappeler 1997). Dies hätte die feldspezifischen Interessen von Sozialpädagogen erodieren lassen, so dass es sich nicht um eine Ent-Problematisierung von Drogenkonsum handelte, sondern um eine Änderung auf ihn bezogener Deutungsstrukturen, da Drogengebrauch weniger als krankhaftes, intolerables Verhalten interpretiert wurde, sondern als bewusste Entscheidung in den Blick kam, deren Revision durch begleitende, schadenreduzierende Maßnahmen erfolgen sollte („harm reduction"). Die veränderten Sichtweisen fanden letztlich eine gewisse drogenpolitische Anerkennung, wie in der von Vorbedingungen abhängigen Erlaubnis deutlich wird, Drogenkonsumräume zur Betreuung „Schwerstabhängiger" gemäß § 10a BtMG zu führen. Die betäubungsmittelrechtlichen Vorschriften illustrieren allerdings ebenso, dass mit der Akzeptanzorientierung keine allgemeine Liberalisierung des Umgangs mit Drogenkonsum verbunden ist. Dessen Kriminalisierung besteht ungebrochen fort. Zudem kam es im Bereich der Drogenhilfe zu Re-Normierungen (vgl. Dollinger/Schmidt-Semisch 2007): Diesbezügliche Ausrichtungen an Effizienzpostulaten, Maßnahmen der Kostenreduktion und Qualitätssicherung weisen Ähnlichkeiten mit den jüngsten sozialpolitischen Reformtrends auf.

löster Dienst an Kindern. Sie sollen sich durch die offene, selbstlose Hingabe des Erziehers entfalten können, indem der „Schlamm" der Umgebung, in der die Kinder leben, fortgespült wird. Pestalozzi (ebd., 5f) schreibt:

> „Der gänzliche Mangel an Schulbildung war indessen gerade das, was mich am wenigsten beunruhigte; den Kräften der menschlichen Natur, die Gott auch in die ärmsten und vernachlässigtesten Kinder legte, vertrauend, hatte mich nicht nur frühere Erfahrung schon längst belehrt, dass diese Natur mitten im Schlamm der Rohheit, der Verwilderung und der Zerrüttung die herrlichsten Anlagen und Fähigkeiten entfaltet, sondern ich sah auch bei meinen Kindern, mitten in ihrer Rohheit diese lebendige Naturkraft allenthalben hervor brechen. Ich wusste, wie sehr die Noth und die Bedürfnisse des Lebens selbst dazu beitragen, die wesentlichsten Verhältnisse der Dinge dem Menschen anschaulich zu machen, gesunden Sinn und Mutterwitz zu entwickeln, und Kräfte anzuregen, die zwar in dieser Tiefe des Daseyns mit Unrath bedeckt zu seyn scheinen, die aber vom Schlamme dieser Umgebungen gereinigt, in hellem Glanze strahlen. Das wollte ich thun. Aus diesem Schlamm wollte ich sie herausheben, und in einfache, aber reine häusliche Umgebungen und Verhältnisse versetzen. Ich war gewiss, es brauchte nur dieses, und sie würden als höherer Sinn und höhere Thatkraft erscheinen, und sich als Tüchtigkeit zu allem erproben, was nur immer den Geist befriedigen, und das Herz in seiner innersten Neigung ansprechen kann.
>
> Ich sah also meine Wünsche erfüllt, und war überzeugt, mein Herz werde den Zustand meiner Kinder so schnell ändern, als die Frühlingssonne den erstarrten Boden des Winters.
>
> Ich irrte mich nicht; ehe die Frühlingssonne den Schnee unserer Berge schmelzte, kannte man meine Kinder nicht mehr."

Die Textpassage verdeutlicht die krisenbezogene Identifizierung eines sozialen Ortes, in dem Kinder leben, und den Versuch, pädagogische Räume für sie bereit zu stellen. Sichtbar wird zudem der Bezug auf eine kontextuell verortete Subjektivität, die durch die problembehaftete Umgebung beschädigt zu sein scheint, die aber – angeregt durch Erziehungsleistungen – zur positiven Entwicklung gebracht werden kann. Es bedarf hierfür nicht grundlegender Persönlichkeitsveränderungen oder einer Revision sozialer Strukturen, sondern der altruistischen Zuwendung nach dem Ermessen des Pädagogen. Dieses Motiv beinhaltet im Rahmen der Etablierung einer Deutungsstruktur, die später als sozialpädagogische institutionalisiert wurde, eine professionsorientierte Botschaft: Der Erzieher wendet sich den verwahrlosten Kindern zu und schützt sie gegen eine depravierende Umwelt, indem er Bildungserfahrungen ermöglicht. Als Person mit eigenen Motiven und Interessen tritt er, außer seiner Sorge um die Heranwachsenden, kaum auf; er muss erst durch reflexive Zugriffe sichtbar gemacht werden.

Spuren dieser Deutung der Erzieherpersönlichkeit prägen die sozialpädagogische Professionalität bis heute. Im Mittelpunkt steht die Darstellung einer altruistischen Sorge um andere unter tendenzieller Absehung von eigenen Interessen, Perspektiven und Typisierungen. Werden Sozialpädagogen und Sozialarbeiter daraufhin befragt, ob sie ihren Beruf erneut „ergreifen würden, ist der mit Abstand wichtigste Grund für eine positive Entscheidung, dass die Profession bedürftigen Menschen Unterstützung bietet" (Karges/Lehner 2003, 338)[85]. Dies bezeugt die besondere Bedeutung eigener Interesselosigkeit. Die Sozialpädagogik negiert auch hier ihre Voraussetzungshaftigkeit, während der bloße Eindruck eines weitgehend altruistischen Dienstes am Anderen maßgeblich erscheint.

Angesichts der Komplexität jeweiliger Einzelfälle, mit denen die Sozialpädagogik sich auseinandersetzt, muss dies die Forderung weitestgehend offener Ermessensspielräume beinhalten, ansonsten könnte keine auf den einzelnen Fall bezogene Intervention geplant und umgesetzt werden. Es muss dem professionell Handelnden ermöglicht werden, sich auf die konkrete Lage des Einzelnen zu beziehen und subjektorientierte Leistungen einzubringen. Dies wirft allerdings Probleme auf, denn (sozial-)pädagogische Professionalität ist organisational rückgebunden und basiert auf vorgegebenen Wahrnehmungs- und Zielhorizonten, die berufssozialisatorisch internalisiert werden. Wie können demnach sozialpädagogische Deutungsstrukturen zur Anwendung kommen und aktualisiert werden, wenn die Existenz solcher Strukturen der Selbstdarstellung der Profession zu widersprechen scheint, da sie auf einer vorurteilslosen Wahrnehmung und Handlungspraxis insistiert? Dieser mögliche Konflikt zwischen einer scheinbaren Interessensneutralität und vorgegebenen Deutungsstrukturen kann nur aufgelöst werden, wenn Techniken der (präventiven) Neutralisierung möglicher Konfliktlinien bedacht werden. Als Arenen der Auseinandersetzung kommen vorrangig zwei miteinander verbundene Bereiche in Frage: erstens die Beziehung des Leistungen nachfragenden Einzelnen und des Professionellen sowie zweitens die Relation von Professionalität und Organisation.

Der zweitgenannte Aspekt wird unten ausgeführt, indem grundlegend auf die organisationale Einbindung professionellen Handelns verwiesen wird. Es sei deshalb auf das erste Konfliktpotential eingegangen. Es entstammt der Möglichkeit, dass Professionelle für sich in Anspruch nehmen, im Dienste von Adressaten zu handeln, aber deren Problemlagen und Sichtweisen nicht umfassend oder nicht in einem wünschbaren Ausmaß zur Geltung kommen lassen können. Lässt man die organisationale Rückbindung von Professionalität hierbei vorerst außer

---

85 Charakteristischerweise artikulieren Sozialpädagogen und Sozialarbeiter nur relativ geringe Ambitionen bezüglich beruflicher Karrierechancen oder der Übernahme von Leitungspositionen, während es ihnen deutlich wichtiger ist, Menschen im direkten Kontakt zu helfen (vgl. Karges/Lehner 2003, 337f).

Acht, so ist auf einen denkbaren Widerspruch der sozialpädagogischen Deutungsstruktur mit der subjektiven Sichtweise von Adressaten zu verweisen. Es kann sogar vorkommen, dass Sozialpädagogen dem Willen von Adressaten direkt widersprechen müssen, wenn diese etwa im Falle von Gewaltanwendung, Rechtsextremismus oder anderer Devianz keine Verhaltensänderung zeigen möchten. Hier dürfte es unstrittig sein, dass Professionalität sich darin zeigt, die Sinnhaftigkeit der Änderungswünsche plausibel zu machen und zu intervenieren, um die Perspektive des Professionellen durchzusetzen (vgl. etwa Böhnisch 1999). Aber auch in anderen Bereichen zeigen sich Tendenzen, dass im Zweifelsfall Erfolgskriterien *von Professionellen* eingebracht werden und Zielkonflikte dadurch neutralisiert werden. Sozialpädagogische Deutungsstrukturen konstituieren auf diese Weise einen „Fall" mit Blick auf die Bestimmung der „Legitimität" maßgeblicher Erfolgsorientierungen der Fallbearbeitung.

Eine Studie von Mägdefrau (2006) ist zur Veranschaulichung hilfreich. Sie beansprucht aufgrund der relativ geringen Anzahl von elf qualitativen Interviews, die mit Sozialpädagogen geführt wurden, zwar nur heuristische Qualität, ist aber insofern aufschlussreich, als Befunde aus unterschiedlichen Arbeitsfeldern Sozialer Arbeit verglichen und professionstheoretisch gedeutet wurden. Ausgerichtet ist die Studie auf eine Rekonstruktion professioneller Zielorientierungen und Haltungen sowie subjektiver Theorien über Professionalität in der Sozialen Arbeit. In Übereinstimmung mit dem oben genannten Interesse an Interesselosigkeit wird festgestellt, dass von den Befragten der basale Wunsch geäußert wird, sich im Sinne der Adressaten einzusetzen: „Die sich durchziehende Haltung der Befragten ist, ‚gut' sein zu wollen für die Klienten" (Mägdefrau 2006, 184). Diese Ausrichtung ist aber nicht per se damit verbunden, die Ziele der Betreffenden als Handlungsauftrag zu übernehmen, sondern ein wichtiger Aspekt ist für die Professionellen die Einlösung einer *eigenen* „Selbstwirksamkeitserfahrung" (ebd., 179) bei der Bearbeitung eines Falles. Trotz der Betonung der Autonomie der Adressaten ist es den Sozialpädagogen/Sozialarbeitern wichtig, ihre eigenen Ziele verwirklichen zu können, so dass sie Eigeninteressen einbringen. Es kommt – zumindest aus der Außensicht – zu einem logischen Widerspruch zum Postulat der Autonomie der Adressaten:

> „Mehrfach wird von den befragten Personen darauf hingewiesen, dass letztlich die selbst gesetzten Ziele der Klienten zentral sind für das berufliche Handeln. Ganz deutlich wird aber, dass eigene Ziele in starkem Maße zum Maßstab für die Qualität der eigenen Arbeit werden. Es sind gerade *nicht* die Ziele der Klienten, sondern die eigenen, auf die in den Erzählungen rekurriert wird" (ebd.)

Die Sozialpädagogen referieren diesen Widerspruch als Antwort auf die Bitte zu erzählen, wann sie „wirklich professionell gehandelt" haben und ihnen „etwas gut gelungen ist" (ebd., 174). Als Anzeichen gelingender Professionalität gilt eine als selbstwirksam erlebte Intervention. Ziele der Adressaten sind für die Befragten zwar nicht unwichtig, im Gegenteil gilt deren Autonomie als zentraler Bezugspunkt von Professionalität. Dies ist aber missverständlich, denn vorrangige Bedeutung kommt der professionellen Fallbearbeitung und Handlungsausrichtung zu. Sollen Räume geöffnet und Entwicklungschancen verbessert werden, so ist dies nur zuzulassen, wenn es aus Sicht der Sozialpädagogen „legitim" erscheint. *„Autonomie" ist folglich ein Produkt der sozialpädagogischen Deutungsstruktur*; sie hält die Möglichkeit bereit, unerwünschte Handlungsformen und Erlebnisweisen als Ausdruck von Heteronomie oder Illegitimität zu identifizieren.

Ermessensspielräume professioneller Handlungsorientierungen sind durch derartige Strukturen durchsetzt und konstituieren „Autonomie" als nach professionellen Vorgaben einzulösende Größe. Dies kann, muss aber nicht, eine Orientierung an den Interessen und Zielen der Adressaten umfassen. Zielkonstruktionen Professioneller involvieren Grenzziehungen legitimen und illegitimen Verhaltens, die sich dergestalt auswirken, dass nur bestimmte Formen von Autonomie anerkannt werden, andere hingegen nicht.

Ein schönes Beispiel zur Konkretisierung vermittelt Drogenkonsum, denn er verdeutlicht in besonderer Weise Auseinandersetzungen um Definitionskriterien einer autonomen versus heteronomen Handlungspraxis. Eine in der von Mägdefrau referierten Studie befragte Suchthelferin äußerte, die Abstinenz von Drogen sei „wertvoller" für die Adressaten als kontrollierter Konsum, da sie dadurch „zufriedener" (ebd., 170) würden. Die Suchthelferin demonstriert damit ihre subjektive Grenzbestimmung von erwünschten und geforderten Verhaltensänderungen. Normalitätserwartungen sollen zwar nicht so geäußert werden, dass die vertrauensvolle Arbeitsbeziehung gestört oder gefährdet wird. Durch das berufliche Handeln sollen Räume und Möglichkeiten für neue Verhaltensperspektiven geöffnet werden, wozu eine den Adressaten als Subjekt akzeptierende Haltung unabdingbar ist. Dies lässt allerdings konkrete Erwartungen an ihn nicht obsolet werden. Das Beispiel zeigt vielmehr, dass Autonomieentwürfe von Adressaten und Professionellen konkurrieren können und sich als dominierendes Kriterium bezüglich der Definition einer erfolgreichen Intervention zuletzt der professionelle Entwurf erweist (ebd., 184). Zu bedenken wäre, dass Drogenkonsum prinzipiell, zumindest in seinen Anfangsformen, auf eine (relativ) autonome Entscheidungspraxis verweist, denn ein Mindestmaß an Entscheidungsfreiheit ist nötig, ansonsten könnte der Konsum als illegale Handlung nicht realisiert werden. Er resultiert in der Regel aus Peer-Kontakten, da Drogenverwendung in den meisten Fällen im Beisein von Freunden realisiert wird (vgl. Reuband 1992; 1994). Konsum kann nur gezeigt werden, wenn in diesem Rahmen konventionelle Kontrollstrukturen suspendiert sind und eine Beaufsichtigung des Verhaltens etwa durch Eltern nicht umfassend möglich ist. Drogenkonsum insbesondere Jugendlicher ist demnach auch als Versuch zu interpretieren, im sozialen Kontakt Eigenständigkeit bzw. Individualität zu symbolisieren (vgl. Koenen 1999). Die sozialpädagogische Suchthelferin erkennt diese Art von Autonomie – in Konformität mit der aktuellen Gesetzeslage – nicht an und entwirft ein eigenes Gegenbild „legitimer" Autonomie. Folglich setzt die von Sozialpädagogen geforderte Selbstbestimmung von Adressaten kein laissez-faire-Prinzip um, sondern sie beinhaltet Differenzierungen „adäquaten" Verhaltens und normative Handlungspostulate. Sie werden in der Interaktion mit Adressaten nicht immer explizit gemacht, so dass diese eher selten mit ausdrücklichen Verhaltensaufforderungen konfrontiert werden (vgl. Peters/Cremer-Schäfer 1975). Zur Beeinflussung des Verhaltens von Adressaten werden vor allem solche Maßnahmen eingesetzt, die kontextbezogen und indirekt angelegt sind, während als Basis entsprechender Handlungen mindestens latent eine Gegenposition zum (früheren) devianten Verhalten der Adressaten eingenommen wird. So ist es möglich, nicht in direkten Widerspruch mit ihnen zu treten, ein Vertrauensverhältnis nicht erodieren zu lassen und dennoch professionelle Standards als Verhaltenserwartungen geltend machen zu können.

Ein Ermessensspielraum ist deshalb kein bloßer Freiraum zur Einlösung von Zielen und Bedürfnissen von Adressaten, sondern er ist organisational verankert, mit professionellen Erwartungen und Zielen sowie mit gesellschaftlichen Funktionszuweisungen durchsetzt. In ihm werden ohne Zweifel auch Wünsche von Adressaten zugelassen und bearbeitet, aber vorrangig im Rahmen der von Professionellen geleisteten Konstitution „legitimer" Autonomie. Eine Orientierung an der Autonomie des Einzelnen wird dadurch keine bloße Leerformel, aber es ist zu bedenken und zu analysieren, auf welche Weise und unter Beteiligung welcher Konstitutionsprinzipien sie als Handlungsreferenz Gültigkeit beansprucht. Es handelt sich um eine kommunikativ und koproduktiv hervorgebrachte (Deutungs-)Leistung, an der zunächst der Professionelle und dann der Adressat partizipiert.

Für den hier verfolgten Zusammenhang ist festzustellen, dass ein möglicher Widerspruch zwischen den Zielen von Adressaten und professionell verhafteten Zielvorgaben durch den perspektivischen Konstitutionscharakter von „Autonomie" neutralisiert werden kann. Dominierende Relevanz kommt den Zielen und Erfolgsmotiven der sozialpädagogischen Professionellen zu, während eine (anzustrebende) Eigengesetzlichkeit von Adressaten in ihrem Rahmen repräsentiert wird. So können sozialpädagogische Deutungsstrukturen in der Fallarbeit fortgeführt werden, mehr oder weniger stark irritiert durch den Subjektstatus der Adressaten.

b) Professionalität im organisationalen Rahmen

Vor dem Hintergrund dieser Neutralisierungsoption ist es nicht überraschend, wenn in der Studie von Mägdefrau (2006, 184) trotz der Orientierung der Befragten an dem Selbstbestimmungsrecht der Adressaten festgestellt werden kann: „Die eigenen (professionellen; B.D.) Ziele bilden die grundlegende Orientierung für das berufliche Tun, wobei eine starke Identifikation mit den Zielen der Einrichtung, in der man arbeitet, festzustellen ist. Gefragt nach Veränderungswünschen, wird in keinem Interview Kritik an der eigenen Einrichtung geübt." Lediglich eine größere finanzielle Ausstattung oder eine Verbesserung kooperativer Beziehungen mit anderen Einrichtungen werden genannt, nicht aber ein Problem mit vorgegebenen Handlungsausrichtungen oder fehlenden Optionen, die die Autonomie von Klienten berücksichtigen zu können.

Es kann genauer nachgefragt werden, welche Rolle Organisationen hierbei spielen. Immerhin legen es die erwähnten rezenten Trends der Organisationsentwicklung unmittelbar nahe, von einer Konfliktbeziehung sozialpädagogischer Professionalität und effizienzorientierter Organisationsrationalität auszugehen. Sozialpädagogische Ermessensspielräume drohen, durch sie nachhaltig eingeschränkt zu werden (vgl. Schnurr 2005). Gewinnen etwa Kosten-/Nutzen-Kalküle und entsprechende Effizienzforderungen Deutungshoheit bei der Wahrnehmung potentieller Fälle, so wird man kaum von sozialpädagogischer Fallbearbeitung sprechen können. Es kann nicht gelingen, eine sozialpädagogische Deutungsstruktur aufzubauen, wenn ökonomische Interpretationen vorherrschen, die es nicht gestatten, Hilfeleistungen in Abhängigkeit der Spezifika von Einzelfällen einzurichten. Sozialpädagogische Falldeutungen können den Steuerungsoptimismus ökonomischer Modelle nicht teilen; Subjekte sind nicht derart heteronom beeinflussbar und soziale Orte nicht derart einfach aufgebaut, dass der Versuch erfolgreich sein könnte, auf sie gerichtete Interventionen eindeutigen Planungsschemata zu unterwerfen. Die von Sozialpädagogen bearbeiteten „Problemfälle" lassen sich „wegen ihrer situativen Dichte, Kontextabhängigkeit, Spezifität usw. grundsätzlich nicht standardisieren" (Dewe/Otto 2001a, 1408; s.a. Buestrich/Wohlfahrt 2008).

Sozialpädagogische Perspektivitäten benötigen demnach in besonderem Maße Offenheit für die entsprechenden Unwägbarkeiten. Da institutionalisiertes pädagogisches Handeln sich u.a. dadurch auszeichnet, organisational rückgebunden zu sein (vgl. Dewe/Wagner 2006, 58), bedeutet dies aus sozialpädagogischer Sicht: *„Für den organisationalen* Rahmen braucht es ein nicht-managerialistisches Management, das Räume öffnet, in denen professionelles Handeln möglich ist (und in denen es sich Kritik aussetzen und fortentwickeln kann) und das Entscheidungssituationen so gestaltet, dass neben der Kostendimension auch die Nutzendimension in der ihr gebührenden Komplexität berücksichtigt wird" (Schnurr 2005, 241).

An einem Beispiel, in dem sozialpädagogische Ermessensspielräume *nicht* gegeben sind, lässt sich die Problematik illustrieren. Eine in verschiedenen Handlungsfeldern Sozialer Arbeit verbreitete methodische Orientierung wird seit einigen Jahren im Rahmen von Maßnahmen sozialpolitischer Beschäftigungsförderung eingesetzt, das Case Management. Im Kern ist mit seiner Implementation die Abstimmung helfender Instanzen zur bestmöglichen Fallbearbeitung intendiert; es „geht um die Optimierung von Prozessen der humandienstlichen Versorgung, um Prozessverantwortung und Fallführung, um Aktivierung von Selbsthilfe und um Durchsichtigkeit des Verfahrens für alle Beteiligten" (Wendt 2002, 13). Beispielsweise bei besonders problembedrängten Personen sollen angesichts komplexer Träger- und Organisationsstrukturen Konfusionen der Zuständigkeit und der Fallbearbeitung im Dienst für die Betreffenden vermieden werden (zur Herleitung aus den USA vgl. Klug 2002). Case Management intendiert den Aufbau einer kontinuierlichen Versorgungskette („continuum of care"), in die professionelle wie auch informelle Ressourcen eingespeist werden, um eine optimale personenbezogene Betreuung zu erlauben. Es ist im hier verfolgten Argumentationszusammenhang entscheidend, die Funktion der „advocacy" hervorzuheben, der Anwaltschaft für den Einzelnen, denn „gemanagt" werden soll primär nicht ein Adressat, sondern die sozialen Dienste, die ihre Leistungen an dessen Problemlagen ausrichten sollen (vgl. Buestrich/Wohlfahrt 2005). Die Anwaltschaft des Case Managers erstreckt sich insbesondere auf die Kontrolle der Qualität erbrachter Unterstützung, so dass er zum Garanten einer weitestgehend dem Einzelnen gerecht werdenden Hilfskette wird; Case Management beinhaltet demnach Aufgaben der Organisationsentwicklung (vgl. Wendt 2002, 13f).

Um nun das Beispiel zu konkretisieren: Das „beschäftigungsorientierte Fallmanagement", wie Case Management im arbeitsmarktpolitischen Kontext bezeichnet wird, zeigt Besonderheiten. Sie verändern den Charakter der Fallbehandlung aufgrund organisational vorgegebener Bestimmungen in einer Weise, die es mehr als fraglich werden lässt, ob es sich noch um eine sozialpädagogische Methode handelt. Gerade deshalb eignet sich das Beispiel als Lernfall für die professionelle Prozessierung sozialpädagogischer Deutungsstrukturen.

Charakteristisch für „beschäftigungsorientiertes Fallmanagement" ist eine für die Planung von Maßnahmen einschlägige Dreiteilung von Subjektqualitäten – die offizielle Nomenklatur verweist auf „Kunden". Es wird unterschieden zwischen: erstens „Informations- oder Marktkunden", die vor allem von sich aus, höchstens unter Hinweis auf offene Stellen, arbeitsmarktlich integrierbar sind; zweitens „Beratungskunden", die spezieller Maßnahmen wie etwa der Beratung bedürfen; drittens „Betreuungskunden", denen besondere „Vermittlungshemmnisse" zugeschrieben werden und die maßgebliche Unterstützung bzw. Qualifizierungsanstrengungen benötigen (vgl. Bothmer 2005, 5). Je nach Kategorie werden unterschiedliche Maßnahmen angedacht, Fallmanagement insbesondere bei Personen, die mindestens drei „Vermittlungshemmnisse" aufweisen. Die vermutete Integrierbarkeit der „Kunden" in den Arbeitsmarkt wird dabei mit Spezifika des Einzelnen – also nicht vorrangig mit sozialen Kontexten oder gesellschaftsstrukturellen Bedingungen – begründet. Die „Vermittlungshemmnisse" des Einzelnen scheinen als Ursachen für eine problematische Vermittelbarkeit in den Arbeitsmarkt auszureichen. Dies kann behauptet werden, da der Motiviertheit des Einzelnen zur Übernahme von Arbeitsmöglichkeiten hohe Relevanz bei der Arbeitsfindung attestiert wird. Im Fachkonzept „Beschäftigungsorientiertes Fallmanagement im SGB II", das 2005 u.a. von der Bundesagentur für Arbeit vorgelegt wurde, wird festgestellt, Fallmanagement setze häufig bei Personengruppen an, für die Arbeit „biografiediskrepant oder sogar biografiekonträr" (Göckel 2005, 7) sei. Dem Fallmanager wird die Aufgabe zugeschrieben, das Prinzip „Fördern und Fordern" umzusetzen, und dabei wird die Notwendigkeit negativer Sanktionierung bei der „Ablehnung zumutbarer Beschäftigungen bzw. Eingliederungsmaßnahmen" (ebd., 9) hervorgehoben.

Ein Leistungen Nachfragender ist aufgerufen, so genannte „Eingliederungsvereinbarungen" zu unterzeichnen, die u.a. zu erbringende Eigenleistungen festschreiben. Diese werden organisational bestimmt und bewertet. Die Eigenaktivität des Betreffenden wird nur auf Aspekte bezogen, die – wie eine Ausführung zur „Pädagogik im Fallmanagement" mitteilt – „selbstverständlich operationalisierbaren" (Bothmer 2005, 50) Zielen gerecht werden. Als derartiges Ziel dominiert die möglichst schnelle Integration in den Arbeitsmarkt; als Basisintention der Unterstützung gilt die „Vermeidung von Sozialleistungsbezug" (Buestrich/Wohlfahrt 2005, 309)[86]. Da zur Zielerreichung weder ausreichende Fähig-

---

86 Die aktivierungspolitischen Maßnahmen werden am Beispiel der USA von Theodore und Peck (2001, 81) als „‚quick fix' approaches" bezeichnet. Es handelt sich um kurzfristige Programme, die sich vorrangig an diejenigen richten, von denen eine schnelle und erfolgreiche Integration erwartet wird (ebd., 86). Fallmanagement richtet sich hingegen – durchaus auch verbunden mit der Forderung, Integrationsschwierigkeiten möglichst schnell zu überwinden – an die Übrigen, die als besonders problembehaftet betrachtet werden. Diese Personen erhalten überdurchschnittlich häufig negative

keiten noch Motiviertheiten beim potentiellen Leistungsbezieher vorausgesetzt werden dürften (vgl. Bothmer 2005, 50), kommt der Anwendung eines sanktionsbehafteten Zwangs zur externen Aktivierung und zur Sicherung des vorgegebenen Motivationsniveaus besondere Bedeutung zu.

Für die Frage des Ermessensspielraums und seiner organisationalen Rückbindung ist dies einschlägig, denn es wird einerseits postuliert, die „Fallführung" (Göckel 2005, 8) solle ausschließlich beim Fallmanager liegen, der für die Prozessierung des Betreffenden verantwortlich zeichnen soll. Er ist damit in einer verantwortungsvollen Position und müsste dafür Sorge tragen, nicht-managerielle Verfahrensformen zugunsten der Komplexität von Einzelfallspezifika zu fordern und zu realisieren. Die geschilderten Rahmenbedingungen zeigen jedoch, dass die Fallbearbeitung massiv durch „Interessen der Verwaltung" beschränkt ist; die Fallführung orientiert sich vorrangig „nicht am Hilfebedarf der Klienten" (Buestrich/Wohlfahrt 2005, 318; s.a. Trube 2005) und es sind angesichts der strukturellen Machtasymmetrie zugunsten organisationaler Verfahrensvorschriften und -vorgaben Zweifel anzumelden, ob das Fallmanagement tatsächlich in einem „kooperativen Prozess" (Göckel 2005, 10) realisiert werden kann.

Das Beispiel zeigt, wie wichtig die Etablierung von Ermessens- und Entscheidungsspielräumen ist. Sie müssen zur Verfügung stehen, um eine individuell angepasste Fallidentifizierung und -bearbeitung einlösen zu können. Kompliziert wird die Lage dadurch, dass das Beispiel einerseits deutliche Beschränkungen und Standardisierungen einer in Rechnung zu stellenden Fallkomplexität zeigt und der Widerspruch zu *sozialpädagogischen* Deutungsstrukturen unmittelbar vor Augen tritt (vgl. Galuske 2007, 20f; Schönig 2006). Andererseits aber ist professionelles Handeln als solches organisational eingebunden; das „beschäftigungsorientierte Fallmanagement" beschreibt *in dieser Hinsicht* lediglich einen Extremfall entsprechender Vorgaben, auch wenn er derart weit geht, dass die sozialpädagogische Sinnhaftigkeit der Methode letztlich außer Kraft gesetzt wird. Das „Fallmanagement" widerspricht Prämissen sozialpädagogischer Professionalität nicht aufgrund der Existenz organisationaler Vorschriften, sondern aufgrund ihrer fehlenden Deckungsgleichheit mit sozialpädagogischen Deutungsstrukturen. Wäre beides in einem fiktiven Idealfall koordiniert, würde kein Widerspruch sichtbar werden und die organisationalen Rahmbedingungen und Grundlagen von Professionalität blieben weitgehend unkenntlich.

Sanktionen zugesprochen, da ihre Problemlagen z.T. weniger als besonderer Hilfebedarf denn als Kooperationsunwilligkeit interpretiert werden (vgl. Reis 2006, 197).

Sozialpädagogisches Handeln wird, als professionelle Tätigkeit, stets im Rahmen von Organisationen realisiert und muss sich mit prästrukturierten Entscheidungsräumen auseinandersetzen; „Organisationen (implizieren; B.D.) stets auch eine Handlungszielorientierung, die über die Funktionalität der Mitgliedsrolle PädagogInnen mit Spezifizierungen der Handlungsabläufe konfrontiert. (…) Entscheidungsregeln wirken limitierend, sie sind Kennzeichen jeder Organisation und signalisieren darüber hinaus, dass jede soziale Ordnung eine Begrenzung von Möglichkeiten ist" (Mühlfeld 2007, 50). Aus systemtheoretischer Sicht verweist Willke (2003, 313) auf organisationales Wissen, das durch „Standardverfahren, (…) Leitlinien, Kodifizierungen, Arbeitsprozess-Beschreibungen, etabliertes Rezeptwissen für bestimmte Situationen, Routinen, Traditionen und die Merkmale der spezifischen Kultur einer Organisation" geprägt ist. Diese vielfältigen Einflüsse ermöglichen erst dauerhaftes professionelles Handeln, so dass eine prinzipielle Organisationskritik, wie sie zuweilen in der Sozialpädagogik verfolgt wird, unzureichend bleiben muss. Es wird mit Recht geltend gemacht, eine Polarisierung von Profession und Organisation verfehle die Realität, da von einer wechselseitigen Konstitution und Verflechtung auszugehen ist (vgl. Cloos 2008, 46). Gleichwohl ist eine zumindest potentiell konflikthafte Beziehung organisationaler Vorgaben mit der Fallbearbeitung durch einen sozialpädagogischen Professionellen in Rechnung zu stellen (vgl. grundlegend Klatetzki 1993; Klatetzki/Tacke 2005a; Schütze 1996, 221ff). Professionalität zeigt sich in der Aktualisierung sozialpädagogischer Deutungen von Fällen, und hierbei besteht Abhängigkeit von den Handlungsbedingungen, die Organisationen gewähren und die offenkundig – wie das Beispiel „Fallmanagement" illustriert – nicht per se sozialpädagogisch qualifiziert sein müssen.

Es wäre unrealistisch zu erwarten, innerhalb von Organisationen würden schlicht unstrukturierte Deutungsräume für die Einlösung professionellen Ermessens etabliert – eine Tatsache, die an der weltanschaulichen Haltung zahlreicher freier Träger sozialer Dienste (vgl. Bauer 2002) veranschaulicht werden kann und die durch die genannten Trends der Organisationsentwicklung auf der Grundlage managerieller Vorgaben bestärkt wird. Es sind mehr oder weniger große Disbalancen zwischen einem professionellen Habitus und Ethos auf der einen, und Organisationsbedingungen auf der anderen Seite als Möglichkeit zu erwarten, selbst wenn sie nicht vorauszusetzen sind.

Einrichtungen sozialer Dienste setzen Kriterien der Effektivität und Effizienz fest, die professionellen Verfahrensformen und der Maxime, sich auf Adressaten und ihre individuelle Geschichte einzulassen, widersprechen können. Dennoch muss der Professionelle Unterstützung erbringen und kann dabei die organisationale Rückbindung seiner Handlungsoptionen nicht außer Kraft setzen. Er kann dies weder aufgrund der Verfasstheit sozialpädagogischer Professionalität noch auch mit Blick auf das Professionsethos, das selbst eine „eng begrenzte Maßnahme" angezeigt erscheinen lässt, „denn der Klient bedarf ihrer" (Schütze 1996, 223). Sozialpädagogische Professionalität ist demnach in besonderer Weise durch die Anforderung ausgezeichnet, berufssozialisatorisch und disziplinär verankerte Deutungsstrukturen in die Fallarbeit einzubringen und sie mit Organisationswissen und -strukturen zu assoziieren[87]. Gelingt dies, so stellt sich eine Fallkonstitution anhand sozialpädagogischer Deutungsstrukturen ein. Sie führt zu einer perspektivischen Ausdeutung der bezeichneten „Realitäten" durch professionelles Wissen, in die organisationale Rückbindungen eingehen.

Dieser Prozess kann für die Beteiligten weitgehend unsichtbar sein. Professionelle Identitäten mit ihren impliziten moralischen Bewertungskategorien tendieren dazu, bei den Professionellen selbst unmerklich wirksam zu sein (vgl. White/Featherstone 2005, 215), da sie internalisierten Strukturen der Welterfahrung folgen. Ohne Störungen durch externe Kontextfaktoren können diese Strukturen eine „konsistente" Fallkonstruktion leisten. Dies kann zum Vorteil von Adressaten geschehen. Wenn aber Grund zu der Sorge besteht, dass beispielsweise Tendenzen der Organisationsentwicklung eine Öffnung der professionellen Perspektive für komplexe individuelle Fallkonstellationen verhindern, so könnte man kritische Einwände erheben, da es nicht unbedingt im Sinne von Adressaten geschehen muss, wenn Professionelle die in einem Feld herrschende Autorität anerkennen und die Fähigkeit besitzen, die komplexen „Spielregeln" eines Feldes anzuwenden, um als uneigennützig zu erscheinen. Es könnte stattdessen u.U. von einer ranghöheren Adressatenorientierung gesprochen werden, wenn Interessenskonflikte bewusst gemacht und artikuliert werden.

Die reflexive Analyse führt demnach dazu, nicht unbedingt das Ethos Pestalozzis als Idealfall sozialpädagogischer Professionalität vorauszusetzen. Es kann sinnvoller sein, Perspektivitäten und Eigeninteressen von Professionalität zu benennen, um auf dieser Basis zu erschließen, in welchem – insbesondere organisational konstituierten – Rahmen eine Orientierung an den Bedürfnissen von Adressaten einlösbar sein kann. Dazu ist es erforderlich, einen „Fall" nicht nur

---

87 Wie Schütze ausführt, erfolgt dies häufig durch selektive Informationsgewinnung auf der Basis von Aktenführung. Zudem hat die Profession „von der Gesellschaft die Lizenz erhalten" (Schütze 1996, 184), bei der Fallbearbeitung nach ihren Rationalitäten zu verfahren, so dass organisationale Bedingungen in die professionelle Falldeutung eingehen können, während alternative Sichtweisen ausgeblendet bleiben. Wie und ob dies gelingt, ist jeweils empirisch zu rekonstruieren. Die häufiger anzutreffende These einer prinzipiellen Konflikthaftigkeit professioneller Orientierungen und organisationaler – insbesondere bürokratischer – Strukturen wurde zugunsten komplexerer Modelle revidiert (vgl. Klatetzki/Tacke 2005b). Erfolg versprechend für eine Aufklärung der potentiellen Konfliktbeziehung scheinen die in jüngerer Zeit verstärkt in Anwendung gebrachten professionstheoretisch interessierten Organisationsethnographien (vgl. z.B. Cloos 2006; 2008; Lindner 2000; White/Featherstone 2005).

zu verstehen, denn entscheidend ist die Ausrichtung und Analyse der Verstehensleistung. Man muss, wie Wimmer (1996, 431) unter Rekurs auf Hörisch ausdrückt, „durch das Wissen mit seinen Illusionen und durch das Verstehen mit seinem subtilen Imperialismus hindurchgegangen sein, um den Anderen in seiner Singularität und absoluten Andersheit entdecken zu können". Es wäre in diesem Sinne aus sozialpädagogischen Deutungsstrukturen herauszutreten, um ihre impliziten Verstehensvorschriften außer Kraft setzen zu können und Singularitäten sichtbar zu machen. So wäre zu fragen, welche alternativen Entwürfe von Subjektivität erfahren werden können, wenn sozialtheoretisch fundierte und organisational verhaftete Problemzurechnungen und gewissermaßen „tradierte" Autonomieprämissen aufgelöst werden. Inwieweit auf eine Entdeckung von Singularität dann realistischerweise zu hoffen wäre, kann allerdings nicht Thema einer im hier verstandenen Sinne reflexiven Sozialpädagogik sein, die nur dazu ermuntern kann, eine solche Suche zu unternehmen.

5.2.2 Problemdeutungen

Ermessensspielräume professionellen sozialpädagogischen Handelns sind prästrukturierte Optionen, sozialpädagogische Deutungsstrukturen zur Geltung kommen lassen zu können. In ihrem Rahmen ist es notwendig, Artikulationen von Adressaten mit sozialpolitischen und anderen Entscheidungsvorgaben zu „kompatibilisieren" (Flösser 1996, 86). Ist dies zutreffend, so muss in einer reflexiven Analyse eine bestimmte Art der Fall- bzw. Problemausdeutung rekonstruierbar sein, die es erlaubt, von *sozialpädagogischer* Professionalität zu sprechen. Es müssen spezifische Deutungsstrukturen aufzufinden sein, wenn Sozialpädagogen in Abhängigkeit von disziplinärem, kulturellem und organisationalem Problemwissen „Fälle" konstituieren, womit sie diese Deutungsstrukturen reproduzieren. Dies wurde in den vorausgehenden Ausführungen implizit thematisiert und soll nun zugespitzt werden als Frage nach sozialpädagogischen Arten der Ausdeutung von Problemen der Adressaten sozialpädagogischer Leistungen. Bevor dabei auf Besonderheiten sozialpädagogischer Problemdeutungen eingegangen wird, ist die Schwierigkeit entsprechender Zuständigkeitsbestimmungen zu betonen. Es wird deshalb zunächst auf die Grenzen sozialpädagogischer Problemkonstitution hingewiesen, um von diesen ausgehend eine Annäherung an die spezifische Art und Weise sozialpädagogischer Probleminterpretation zu unternehmen.

Zunächst fällt auf, dass die von Sozialpädagogen bearbeiteten Probleme und Schwierigkeiten einem eher leichten bis mittleren Schweregrad zuzuordnen sind, was ätiologische Zuschreibungen an die Person des Adressaten betrifft. Die

Probleme können als solche überaus schwerwiegend sein, etwa Ausbildungs- oder Arbeitsplatzlosigkeit kann für Menschen fatale Negativfolgen besitzen und auch Drogenkonsum oder (andere) Formen kriminellen Verhaltens können massive Konsequenzen für den Handelnden und sein Umfeld nach sich ziehen. Aber was die Behauptung personenbezogener Ursachen betrifft, so handelt es sich um „Fälle", die Erziehung und nicht Therapie zu verlangen scheinen, wenn Sozialpädagogen in hauptverantwortlicher Weise für eine Fallbearbeitung „zuständig" sind[88]. Der Einzelne soll befähigt werden, selbstbestimmt zu handeln, und dazu sind die personalen Voraussetzungen entweder bereits gegeben oder durch pädagogische Maßnahmen zu vermitteln.

Bei lebensweltlich verorteten Problemen, die keine tiefgehende Persönlichkeitsänderung „erfordern", scheint relativ großer Spielraum bei der Probleminterpretation zu bestehen. In den Worten Nedelmanns (1986, 21) sind die Probleme so definiert, dass sie „teilbar" sind, d.h. sie können bei Bedarf in Einzelprobleme untergliedert und aufgespalten werden, sind an sich jedoch, um überhaupt ein hohes Maß an Teilbarkeit zuzulassen, relativ komplex aufgebaut[89]. So sind Problemlagen wie „Drogenkonsum", „Antisozialität", „Rechtsextremismus", „Armut" u.a.m. derart vielschichtig, dass sehr unterschiedliche Theoretisierungen, Spezifizierungen und Interventionsmöglichkeiten denkbar sind. Deshalb fungieren teilbare Probleme „eher als Verhandlungsgegenstände" (ebd.) als andere Probleme. Mit Adressaten können relevante Einzelaspekte ausgehandelt, Schwerpunkte gelegt und diese als vorherrschende Problemaspekte bearbeitet werden. So kann etwa Kriminalität zum „Symptom" defizitärer Erziehungsleistungen, eines problematischen Sozialisationsmilieus, gesellschaftlicher Desintegration, einer narzisstischen Persönlichkeit, schulischer Überforderung, mangelnder Motiviertheit oder anderer ätiologischer Konstruktionen werden. Es werden jeweils andere Aspekte hervorgehoben und unterschiedliche Interventionsarten und -reichweiten nachgefragt.

Dies mag aus professioneller Sicht als Vorteil erscheinen, da großer Handlungsspielraum besteht. Eine Kehrseite liegt darin, dass die Probleme in der ihnen zugeschriebenen „Objektivität" kulturell wenig festgelegt sind. Es existieren unterschiedliche Meinungen und Haltungen zu ihrer „wahren" Natur und entsprechend unklar ist die Rationalität des Umgangs mit ihnen. Ob einzelne

---

88 In dieser Hinsicht beschreibt Nagel (1991, 83), es würden von Sozialarbeitern „nicht nur die schweren Fälle" als professionell relevant betrachtet, „sondern Menschen wie Du und ich, die ihr Leben oder einzelne seiner Phasen nicht ohne fremde Hilfe meistern können."
89 Es ist zu betonen, dass es sich nicht um eine einigen sozialen Problemen per se zukommende Eigenschaft handelt, sondern um ein Produkt ihrer gesellschaftlichen Konstitution. Teilbarkeiten können sich demnach ändern. Zu einem Versuch, die entsprechenden Vorgaben Nedelmanns für „politische Konstruktionen der Wirklichkeit" fruchtbar zu machen, vgl. Ratzka (2008).

Formen von Devianz ein Problem für das Strafrecht, die Sozialpädagogik, die Medizin/Psychiatrie oder gar keine Institution sind, ist häufig umstritten. Die aktuell vorherrschende Art der institutionalisierten Bearbeitung ist nur zu verstehen, wenn rekonstruiert wird, welche interessensabhängigen Deutungen mit jeweiligen Menschen-, Gesellschafts- und Devianzbildern sich durchzusetzen in der Lage waren:

> „So können gefährdende Handlungen z.B. je nach Umständen als Sünde (mit der Bearbeitung der Kirche), als Revolte (Militär), Krankheit (Psychiatrie), Verwahrlosung (Erziehung) oder eben Kriminalität stigmatisiert und den darauf spezialisierten Institutionen (Polizei, Justiz) überlassen werden. Welche Diagnosefigur jeweils Anwendung findet, ergibt sich nicht automatisch aus der Natur der Sache, sondern hängt auf jeder Ebene auch mit Machtverhältnissen und Interessenkonstellationen zusammen (Das ließe sich übrigens heute sehr schön am Beispiel der Definition des Drogenkonsums als autonome Entscheidung, als Krankheit oder als Verbrechen illustrieren)" (Hess/Scheerer 2004, 73).

Da Sozialpädagogen häufig komplexe, relativ wenig festgelegte Problemlagen bearbeiten, sind sie in besonderem Ausmaß von den Auseinandersetzungen betroffen, die um Problemdefinitionen geführt werden. So können lebensweltlich verhaftete und bearbeitete Problemdeutungen aus dieser Verankerung gelöst und Instanzen der Problembearbeitung zugeführt werden, die z.B. in „totalen Institutionen" (Goffman 1981) eigengesetzliche Interventionsstrategien realisieren, wie dies im Falle einer Inhaftierung oder Psychiatrisierung der Fall ist.

Es wird erneut die Abhängigkeit der Sozialpädagogik von ihrer kulturellen Umgebung deutlich. Sozialpädagogische Expertise und Handlungskompetenz müssen vermittelt und legitimiert werden[90]. Die Sozialpädagogik hat ihre Deutungen sozialer Sachverhalte und psychischer Erlebnisformen auszuweisen und Interventionsfähigkeiten in permanenter Konkurrenz mit anderen Institutionen zu belegen. Stellt man diesbezüglich die nicht unproblematische Beziehung von Sozialpädagogik und Öffentlichkeit in Betracht und erkennt ein eher unterdurchschnittliches Prestige der Sozialpädagogik an (vgl. Schilling 2005, 267ff), so wird sichtbar, wie prekär und ungleich die Ausgangsbedingungen bei der Aushandlung von Problemdefinitionen sind. Teilweise steht die Sozialpädagogik im „Schatten" anderer Institutionen – etwa Strafrecht, Medizin und Psychiatrie –, denen gegenüber der eigenständige sozialpädagogische Interventionsmodus erst

---

90 Weiterführend in diesem Zusammenhang ist der professionstheoretische Ansatz einer institutionalisierten „Kompetenzdarstellungskompetenz" (Pfadenhauer 2003). Eine Anschlussfähigkeit an den hier zugrunde gelegten Wissensbegriff ergibt sich aus dessen Fokus auf die Legitimationsabhängigkeit von Wissen. Es bedarf der Darstellung und diskursiven Absicherung, um Evidenzen generieren zu können.

ins Gedächtnis gerufen werden muss. Das Beispiel der Jugendgerichtshilfe zeigt in eindrücklicher Weise, dass mitunter zwar ein klarer rechtlicher Handlungsauftrag an die Sozialpädagogik besteht, da die Jugendgerichtshilfe ein Bestandteil der Kinder- und Jugendhilfe ist. Dennoch wird dies immer wieder gleichsam „vergessen", wie Versuche einer „Indienstnahme der Jugendhilfe für die Zwecke der Strafjustiz" (Trenczek 2007, 31) zeigen. Auch die bereits wiederholt als beispielhaftes Arbeitsfeld bemühte Drogenhilfe kämpft seit längerer Zeit darum, einen Begriff von Drogenverwendung und Sucht zu etablieren, der einer Pathologisierung und damit dem Zuständigkeitsbereich von Medizin und Psychiatrie entgegenzustehen vermag (vgl. Dollinger/Schmidt-Semisch 2007).

Es kommt hinzu, dass Zuständigkeitsbeschränkungen nicht nur ein Problem sind, das die Sozialpädagogik von außen bedrängt. In der Kritik einer „‚Pädagogisierung' der Armut" (Münchmeier 1981, 65) zeigen sich Wahrnehmungen möglicher Einseitigkeiten, die in die sozialpädagogische Ausdeutung sozialer Sachverhalte eingehen können und die in der Sozialpädagogik selbst als so bedeutsam eingeschätzt werden können, dass alternative oder erweiterte Interventionen angeraten werden. Dies war historisch bereits der Fall bei der „sozialen Frage" und den Auseinandersetzungen darüber, ob es sich um eine Bildungsfrage handelt oder nicht (vgl. Schröer 1999). Dies setzte sich fort bis hin zu der grundlegenden Erkenntnis, dass es als einseitig empfunden werden kann, Sachverhalte in (sozial-)pädagogischer Perspektivität zu problematisieren, denn zunächst „profitiert" (Rieger-Ladich 2002, 241) der entsprechende Diskurs hiervon, nicht per se die thematisierten Adressaten. Drei Beispiele können die fachlichen Auseinandersetzungen um mögliche Grenzen sozialpädagogischer Problembearbeitung vor Augen führen:

- Eine Anmerkung des Pädagogen Hartmut von Hentig ist grundlegend ausgerichtet, was die Beschränkung sozialpädagogischer Interventionen angeht. Hentig (1967, 383) war der Ansicht: „*Sozialpädagogik ist nichts als der verschärfte, der radikale Fall aller Erziehung.*" Dieser Hinweis war provokativ gemeint, denn Hentig schloss die Bemerkung an, eine Gesellschaft, die „dies nur hinreichend gründlich verstanden" habe, könne die Sozialpädagogik „getrost in Pädagogik und Politik aufgehen" lassen. Es scheint, als könnten die Probleme, die von Sozialpädagogen bearbeitet werden, prinzipiell von anderen Instanzen betreut werden – und es wird implizit behauptet, es sei besser, wenn dies der Fall wäre, da die Sozialpädagogik nur nötig geworden sei, weil die Gesellschaft in einer Krise befindlich sei und diese gewissermaßen „falsch" bearbeite. „Normal" funktionierende politische und pädagogische Institutionen würden die Sozialpädagogik obsolet werden lassen.

Der Anmerkung liegt ein objektivistisches Problemverständnis zugrunde: Probleme ließen sich verhindern, wenn durch geeignete Maßnahmen präventiv gehandelt würde. Würde dies realisiert, indem die Pädagogik Menschen erwartungsgemäß erzieht und die Politik geordnete Integrationsverhältnisse gewährleistet, würde Sozialpädagogik überflüssig. Dergestalt wird ignoriert, dass moderne Gesellschaften ohne soziale Probleme undenkbar sind und es in ihrem Rahmen plausibel ist, sozial kontextualisierte Subjektqualitäten zu problematisieren. Was aus sozialpädagogischer Sicht als „gesellschaftliche Dauerkrise" (Böhnisch u.a. 2005, 103) erscheint, ist eine kulturell verfügbare und spätestens seit Ende des 19. Jahrhunderts institutionalisierte Deutungsstruktur, durch die bestimmte soziale Probleme so repräsentiert werden, dass sozialpädagogische Handlungsoptionen als rationale Bearbeitungsform gelten können. Auch eine herausragend ausgebaute Pädagogik und Politik würden an diesen Prinzipien nichts ändern, solange die Plausibilitätsbedingungen derartiger Problematisierungen und ihre solidarmoralischen Implikationen in Geltung bleiben[91]. Es macht deshalb wenig Sinn davon zu sprechen, eine Verschärfung oder Radikalisierung von Erziehung könne „hinreichend gründlich verstanden" werden, da dies Maßstäbe einer objektiven Problembeurteilung voraussetzt, die nicht zur Verfügung stehen.

- Bei oberflächlicher Betrachtung erinnert ein Hinweis Klaus Mollenhauers an Hentigs These. Mollenhauer (1998, 132) stellt fest: „Jedenfalls spätestens vom 16. Lebensjahr ab, ca. 5 % eines Jahrgangs ausgenommen (…), brauchen Jugendliche die Pädagogik nicht, brauchen sie keine pädagogische Jugendarbeit. Sie brauchen eine vernünftige Stadtarchitektur, gute und billige Verkehrsverbindungen, leicht erreichbare und wenig kontrollierte Treffs, annehmbare Berufs- und Arbeitschancen. Kurz: Sie brauchen eine vernünftige Sozialpolitik und eine annehmbare Stadtkultur" (Mollenhauer 1998, 132).

Für die große Mehrheit Jugendlicher sei es demnach ausreichend, wenn infrastrukturelle Maßnahmen und eine aktive Arbeits- und Sozialpolitik die nötigen Chancen zur Lebensgestaltung bereitstellten. Pädagogische Jugendarbeit als besondere Veranstaltung scheint für diese Personengruppe überflüssig, wobei zu bedenken sei, dass nur „ein Teil" (ebd., 133) des Objektbereichs von Sozialpädagogik bzw. Sozialarbeit Pädagogik sei. Dies zeigt in

---

91 Für den Bereich der Kriminalität findet sich das Gemeinte anschaulich in Durkheims Hinweis auf eine Gesellschaft von Heiligen ausgedrückt. Er schreibt mit Blick auf diese fiktive Gesellschaft: „Verbrechen im eigentlichen Sinne des Wortes werden hier freilich unbekannt sein; dagegen werden dem Durchschnittsmenschen verzeihlich erscheinende Vergehen dasselbe Ärgernis erregen wie sonst gewöhnliche Verbrechen in einem gewöhnlichen Gewissen" (Durkheim 1895/1984, 158).

besonderem Maße die mitunter schwierige Konturbestimmung sozialpädagogischer Zuständigkeiten, denn Mollenhauer geht es nicht um eine Diskreditierung sozialpädagogischer Handlungsformen, wie sie bei Hentig anklingt. Mollenhauer ist an der Betonung eines spezifischen Bildungsverständnisses interessiert. Er beschreibt Pädagogik als Bildungsvermittlung und versteht Bildung dabei als regulative Idee, welche die Frage nach der sozialen Konstitution der Orte, an denen sie stattfindet, einschließt. Es wird davor gewarnt, „Pädagogik" als rhetorische Legitimierungsstrategie für die Konstitution sozialpädagogischer Arbeitsfelder einzusetzen. Gleichzeitig wird dazu aufgerufen, die Konturen sozialpädagogischer Problembestimmungen selbstkritisch zu reflektieren, auch wenn die letztbegründende Basis dieser Reflexion unklar bleibt.

• Auch das erwähnte Beispiel einer sozialpolitischen „Aktivierungspädagogik" (Kessl 2006) lässt sich im Zusammenhang mit Auseinandersetzungen um sozialpädagogische Problemdefinitionen anführen. Es verweist auf wieder erwachte Diskussionen um soziale Ungleichheiten, bei denen angemahnt wird, es komme einer Stigmatisierung gleich, strukturelle Ungleichheiten und Benachteiligungen zu kulturalisieren und als Problem individueller Motivlagen auszubuchstabieren (vgl. Kessl u.a. 2007; Klein u.a. 2005). Sozialpolitische Deutungen sozialer Probleme, wie sie oben am Beispiel des „beschäftigungsorientierten Fallmanagements" angesprochen wurden, erscheinen als paradoxe Interventionen, da sie den Einzelnen zu einer Leistung auffordern, die aufgrund struktureller Bedingungen unmöglich gemacht wird. Als Instanz der Problembearbeitung wird die Sozialpädagogik von der Sozialpolitik zwar als Instanz nachgefragt, die auf Zustände individueller Motiviertheit fördernd einwirkt. Dies ist allerdings so angelegt, dass die tradierte Deutungsstruktur sozialpädagogischer Problembearbeitung verlassen wird. Effizienz- und sanktionsorientierte Konditionalprogramme überlagern sozialpädagogische Ermessensspielräume und von der Ressourcenabhängigkeit individueller Leistungserbringung wird tendenziell abgesehen (vgl. Dollinger 2006b). Man kann dies als Versuch der sozialpolitischen Neudefinition sozialpädagogischer Handlungsausrichtungen und Problemdeutungen sehen. Es wird in Zukunft zu zeigen sein, wie die Sozialpädagogik mit diesem Zugriff umgeht; bisher jedoch ist im sozialpädagogischen Diskurs erkennbar, dass einer derartigen „Pädagogisierung" von Problemen Widerstand entgegen gebracht wird, indem auf „stützende Rahmenbedingungen" (Wolffersdorff 2002, 33) hingewiesen wird, die sozialpolitisch motivierte Aktivierungsmaßnahmen zu fundieren haben. Somit wird in der Sozialpädagogik selbst auf einengende Problemsichten hingewiesen, die mit sozialpädagogischem Handeln zwar vordergründig korrespondieren können, dies aber um den Preis einer stigmatisierenden Personalisierung der betreffenden Problemlagen.

An den Beispielen zeigen sich mit verschiedenen Intentionen geführte Auseinandersetzungen um die Art und Weise, wie soziale Probleme konzipiert und sozialpädagogische Handlungszuständigkeiten definiert werden. Es liegt im Interesse der Sozialpädagogik, dies selbstkritisch aufzuarbeiten und die ihr zugeschriebenen Aufgaben in ihren Zuweisungsbedingungen zu prüfen. Insbesondere ist nach den Konsequenzen für jeweilige Adressatengruppen zu fragen, wenn deren Problemlagen sozialpädagogisch ausgedeutet werden.

Nach diesen Hinweisen kann nun näher konturiert werden, welcher Art die Problemdeutungen sind, die im professionellen Handeln Anwendung finden. Zur heuristischen Veranschaulichung eignet sich eine 1982 von Brickman und Mitarbeitern vorgestellte, breit rezipierte Typologie. In ihrem Zentrum steht die Verantwortung, die einer Person für die Entstehung und für die Lösung eines Problems zugeschrieben wird (s. Abb.).

Abb.: Zuschreibungen individueller Verantwortung für Problemursachen und -lösungen (Brickman u.a. 1982; Darstellung n. Dollinger 2008)

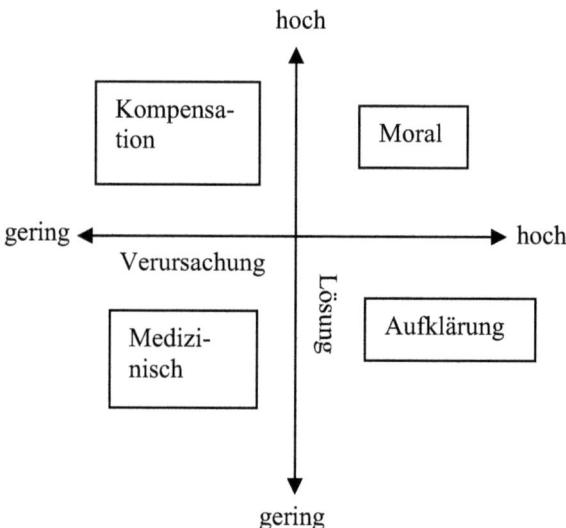

In dem Modell wird eine orthogonale Beziehung der beiden Dimensionierungen behauptet. Brickman u.a. gehen deshalb davon aus, es resultierten aus ihrer Bezugnahme vier distinkte Typen:

Eine *moralische* Problemwahrnehmung erklärt den Einzelnen verantwortlich für die Entstehung und Lösung eines Problems. Hilfe scheint nur in peripherem Ausmaß angezeigt, etwa als Hinweis auf die Notwendigkeit von Selbsthilfe (vgl. Brickman u.a., 1982, 371). *Aufklärung* hingegen sieht eine Verantwortung des Einzelnen für die Genese eines Problems, negiert sie aber für dessen Lösung. Etwa strafrechtliche Maßnahmen lassen sich in dieser Richtung interpretieren, insofern sie einen (relativ) freien Entschluss zur Begehung einer Straftat unterstellen, einen entstandenen Konflikt aber nicht dem Akteur zur Bearbeitung überlassen. *Medizinische* Interpretationen suspendieren die Verantwortung des Einzelnen umfassend. Er „bedarf" der Experten, die eine Problemqualität diagnostizieren und geeignete Gegenmaßnahmen einleiten. Unmittelbar relevant für die sozialpädagogische Problemwahrnehmung ist die als *kompensatorisch* bezeichnete Interpretation. Zwar wird die Existenz eines Problems nicht auf eine Person rückgerechnet, aber sie ist aufgerufen, an dessen Lösung verantwortlich zu partizipieren.

Die Typologie muss in verschiedener Hinsicht als ungenau bewertet werden. Zunächst ist fraglich, ob es sich wirklich um polarisierte Dimensionen handelt, da empirische Studien gemischte Verantwortungszuschreibungen ergeben (vgl. Clary/Thieman 2002; Palm 2004). Es ist deshalb unzureichend, eine entweder gänzlich internale oder externale Problemattribution vorauszusetzen. An die Stelle von Polarisierungen müssten feinere, graduelle Unterschiede treten. Die Annahme distinkter Typen wird damit hinfällig, da vielfältigere Formen und diverse Mischtypen zu bedenken sind.

Auch ein anderes Problem der Typologie wäre durch eine komplexere Differenzierung zu beheben. Die Präjudizierung individueller Verantwortung lässt Unterscheidungen aus dem Blick geraten, die für die Sozialpädagogik maßgeblich sind. Es macht beispielsweise einen deutlichen Unterschied aus, ob Probleme der genetischen Ausstattung eines Menschen oder seinem sozialen Umfeld zugeschrieben werden; nur im zweiten Fall werden vorrangig unterstützende Maßnahmen favorisiert (vgl. Sotirovic 2003). Bei biologischen Defiziten ist es für viele Menschen hingegen plausibler, durch Bestrafung oder gar „Ausmerzen" (Kunz 2004, 94) zu reagieren, da ein Übeltäter eine spezifische Art Mensch zu sein scheint und Maßnahmen der Resozialisierung wenig aussichtsreich sein könnten. In der dargestellten Typologie fallen die beiden Formen als Zurechnung einer nicht-individuellen Problemverantwortung aber zusammen[92].

Angesichts dieser Unklarheiten stellt die Annäherung ein nur heuristisch verwertbares Analyseinstrument dar, auf dessen Schwachstellen zu achten ist. Insbesondere auf empirischem Wege ist eine genauere Ausdifferenzierung zu leisten. Allerdings ist die Zuschreibung von Problemverantwortung an den Einzelnen ohne Zweifel ein wichtiger Faktor für die Wahrnehmung und Handhabung von Problemfällen. Deshalb vermittelt die Typologie grundsätzliche Hinweise auf Tendenzen sozialpädagogischer Problemdeutungen. Sie schließen an die als „kompensatorisch" bezeichnete Interpretation an.

Diesbezüglich ist nicht zu übersehen, dass eine Verantwortlichmachung des Einzelnen für die Lösung eines Problems in verschiedene Richtungen gehen kann: Sie kann z.B. Probleme personalisieren, um von sozialpolitischen Transferleistungen absehen zu können. Es kann aber auch anerkannt werden, dass eine Unterstützung individueller Problemlösungskompetenzen im Sinne einer Hilfe zur Selbsthilfe notwendig ist. Am Beispiel Alkoholismus erörtert Järvinen (2002, 7) den kompensatorischen Typus, indem sie schreibt: „The causes of problems are social rather than personal. It is first and foremost the individual abuser who is responsible for resolving the problem, but he or she should get every possible help in trying to do so. The basic principle here is that people with alcohol problems are often underprivileged in many different social respects". An entsprechenden Problemidentifizierungen sind sozialpädagogische Deutungsstrukturen ausgerichtet. Sie verweisen in der Regel auf soziale Problemkontexte und -begründungen und stellen die Aktivität und Verantwortlichkeit des Einzelnen in den Mittelpunkt, um ihn bei der Problembearbeitung zu beteiligen. Lösungsbemühungen sind in diesem Sinne nicht individualistisch gedacht, sondern die Partizipation von Betroffenen an der Problembehandlung verlangt gemäß dieser Deutung insbesondere nach psychosozialer Ressourcenvermittlung und Anleitung. An die Stelle einer „rein" individualistischen Lösungsverantwortung tritt eine Mischform zwischen sozialer und durch sie basierter personaler Interventionsforderung[93].

Eingedenk der nötigen Vorbehalte gegenüber der Typologie ist der Typus der Kompensation deshalb aufschlussreich, um sozialpädagogische Deutungsstrukturen zu rekonstruieren. Er ist dies auch, da Typologien der Probleminter-

---

92 Andere Probleme der Typologie, wie die unglückliche Bezeichnung der vier Typen oder das kulturelle Bias, primär *individuelle* Verantwortungen zu betrachten, sind zu ergänzen (vgl. genauer Dollinger 2008).

93 Vgl. hierzu das Prinzip der Subsidiarität, das insbesondere in der katholischen Soziallehre verankert ist und Momente individueller Entwicklung auf der Grundlage solidarischer Beziehungsformen betont (vgl. Stegmann/Langhorst 2000, 610f).

pretation illustrieren können, dass stets alternative Deutungen zur Verfügung stehen und Probleme gleichsam in andere Argumentationsfelder und damit Zuständigkeiten „verschoben" werden können. Selbst innerhalb einzelner Einrichtungen können divergierende professionelle Probleminterpretationen aufeinander treffen. In einer schwedischen Erhebung rekonstruierte Jessica Palm (2004), unter Rekurs auf die Typologie von Brickman u.a., in Einrichtungen der Suchthilfe die Art und Weise, wie Angehörige unterschiedlicher Professionen die Problematik von Suchtmittelabhängigen identifizieren. Angehörige medizinischer bzw. medizinnaher Professionen („health services") neigten häufiger als Angehörige der „social services" dazu, Suchtmittelabhängigkeit als Krankheit oder als moralisches Problem wahrzunehmen. Diese hingegen tendierten in höherem Maße zu einer „sozialen" Sichtweise, derzufolge die Problematik gesellschaftlich verursacht ist und sozialer Unterstützung bedarf (ebd., 424f). Moralistische Problemdeutungen wurden zudem v.a. von Professionellen mit relativ geringem Bildungsstatus und eher von Personen im stationären als im ambulanten Dienst verfolgt.

White und Featherstone (2005) bestätigen den Befund professionell distinkter Problemdeutungen am Beispiel multiprofessioneller Einrichtungen der „child health services" in Großbritannien. Sie rekonstruieren Abgrenzungen einzelner Professionen und Bestärkungen von Professionsidentitäten durch wechselseitige Grenzziehungen, indem eigene Kompetenzen der Problembearbeitung betont und andere abgewertet werden. Professionen verfolgen spezifische Fallgeschichten und „these versions have their own truth and also speak volumes about the malleability of diagnostic categories" (ebd., 211).

Mit Blick auf Sozialpädagogen/Sozialarbeiter erlaubt eine in zehn Ländern (Australien, Brasilien, Kanada, Deutschland, Hongkong, Ungarn, Israel, Großbritannien, USA und Simbabwe) durchgeführte Studie eine weitere Annäherung an deren spezifische Probleminterpretationen. Befragt wurden in jedem Land „final year social work students at leading schools" (Dixon u.a. 2003, 215) danach, welche kausalen Hintergründe und Lösungsoptionen bei Armut und welche Ursachen für Kriminalität relevant seien. Als Ergebnis wird festgestellt: „The students surveyed in this study attributed poverty and delinquency to structural causes and thus beyond the control of the individual, and supported the extension of social welfare as a preferred way of dealing with poverty over more individual-focused or punative policies" (Dixon u.a. 2003, 224). In der deutschen Teilstudie wurden diese Ergebnisse bestätigt (vgl. Kramer u.a. 2003).

Eine deutsche Studierendenbefragung bestärkt dies (vgl. Dollinger 2008). Studierende der Sozialpädagogik einer deutschen Universität favorisierten als Erklärung der Probleme von Adressaten sozialpädagogischer Leistungen Strategien, die sozialpädagogisches Handeln legitimieren. Insbesondere wurden sozialnahräumliche – daneben u.a. abstraktere gesellschaftliche – Ätiologien gestützt und die (weitere) Durchsetzung von Standards sozialer Gerechtigkeit als Lösungsmittel postuliert.

Diese Befunde geben Tendenzen wieder, die genauerer empirischer Bestätigung bedürfen. Dennoch sind sie in ihrer Zusammenschau aussagekräftig. Angesichts der oben referierten Erkenntnis, dass das grundlegende sozialpädagogische Selbstverständnis von Professionellen mit Eintritt in den Beruf kaum noch substantiell verändert wird, sind auch Studierendenbefragungen zur Analyse professioneller problembezogener Deutungsstrukturen ernst zu nehmen. Es ist zudem theoretisch plausibel zu unterstellen, dass Sozialpädagogen Probleminterpretationen unterstützen, die ihrem Handlungspotential entsprechen. Dies verweist auf die Identifizierung sozial-nahräumlicher Problemursachen, die Aufrechterhaltung sozialpolitischer Leistungstransfers als Sicherung für die Professionellen und die Adressaten sowie die Orientierung an den Selbsthilfepotentialen der von Problemen Betroffenen. Dieser letzte Aspekt verweist auf die subjektorientierte Dimension sozialpädagogischer Problematisierungen, die es ermöglicht, die Förderung von Eigenständigkeit und Selbstbestimmung – oben diskutiert in Referenz auf Autonomiekonstruktionen – im Zentrum professioneller Selbstvergewisserung zu verorten. In diesem Sinne verlangt professionelles Handeln in der Sozialen Arbeit „nach individualisierenden Maßnahmen im Klientenbezug" (Mägdefrau 2006, 182).

Man kann demnach einen kompensatorischen Typus sozialpädagogischer Problemdeutung konstatieren. Er bedarf zur Stützung und Ausdifferenzierung weiterer empirischer Forschung und beschreibt lediglich einen Idealtypus. Neben ihm sind weitere Typen und Untertypen zu erwarten; gleichwohl verdeutlicht er sozialpädagogische Deutungsstrukturen: Soziale Probleme werden so perzipiert, dass ihre Verursachung insbesondere in den Lebensbezügen der Adressaten aufzufinden ist. Es wird gefordert, durch Interventionen die sozialräumlich verortete Subjektivität der Einzelnen zu adressieren und erweiterte Teilhabechancen anzuleiten. Professionelle Problemdeutungen nehmen damit auch disziplinär gültige Reflexionsoperatoren sozialpädagogischer Deutungsstrukturen in Anspruch, bringen sie in spezifischen Handlungskontexten zur Geltung und modifizieren sie nach „ihrem" Handlungssinn. In seinem Kern aber ist sozialpädagogisches Wissen insgesamt, über diese Unterschiede hinaus, von charakteristischen Deutungsstrukturen geprägt. Sie können reflexiv erschlossen und daraufhin analysiert werden, welche Sinnzuweisungen sie generieren, um „Sozialpädagogik" als jeweils neue und sich dauerhaft verändernde Wissensform hervorzubringen.

6 Bilanz des Versuchs, sozialpädagogisches Wissen zu analysieren

An Entwürfen einer reflexiven Sozialpädagogik besteht kein Mangel. Es wird sukzessive schwieriger, sozialpädagogische Ausführungen zu finden, die dieses Etikett nicht für sich in Anspruch nehmen. Es bedarf also gewisser Legitimation, dies auch hier zu tun und mit den entsprechenden Ausführungen auf Erkenntniszugewinn zu hoffen. Dies gilt umso mehr, als sozialpädagogisches Wissen sehr komplex aufgebaut ist. Entsprechend herausfordernd ist es, dieses Wissen auch nur in seinen Grundstrukturen zu formulieren – eine Aufgabe, die Sheppard (1998, 778) mit Recht als „one of profound importance, yet immense difficulty" bezeichnet. Um sozialpädagogische Wissensformen in ihren Spuren zu identifizieren und damit das „Projekt" Sozialpädagogik analysefähig zu halten, kann es dennoch ertragreich sein, den Versuch zu unternehmen. Er wird hier als „reflexive Sozialpädagogik" bezeichnet.

Die Annäherung bahnte sich einen Weg zunächst durch eine Diskussion von Anomietheorien. Anomie wird dabei nicht nur als Devianztheorie im engeren Sinne verstanden, sondern als Basistheorem sozialpädagogischer Selbstvergewisserung in gesellschaftstheoretischer Absicht: Sozialer Wandel wird durch spezifische Indikatoren als Krise konnotiert; die hierbei implementierten Vorstellungen gesellschaftlicher Ordnungsbildung werden in der Sozialpädagogik strategisch genutzt, um lebensweltliche Verhältnisse, Subjektqualitäten oder Personengruppen ebenfalls in krisenhafter Qualität zu identifizieren. Es kommt zur Koppelung von zwei kulturell diskreditierten Phänomenbereichen: Gesellschaftliche Makro-Probleme (wie Arbeitslosigkeit, Armut, Kriminalitätsraten oder anderes) werden mit personen- bzw. personengruppenbezogenen Devianzkonstruktionen assoziiert. So werden mindestens implizit Interventionsbotschaften formuliert, Personkategorien definiert, Lebensformen problematisiert und alternative Wissensformen – und auch anders mögliche Unterstützungsleistungen – ausgeschlossen.

Es ist wenig ertragreich danach zu fragen, ob derartige Argumentationsstrukturen objektiv „richtige" Diagnosen offerieren oder nicht. Sie sind wertungsabhängig und zu komplex, um tatsächlich theoretisch oder empirisch eindeutig evaluierbar zu sein. Aufschlussreich im Rahmen einer Rekonstruktion sozialpädagogischer Wissensformen sind deshalb weniger ihre theoretische Konsistenz oder empirische Tragfähigkeit als die Fragen, warum und wie entsprechende Artikulationen in sozialpädagogischen Diskursen auf Plausibilität stoßen.

Durkheim (1893/1999, 267) argumentierte gegen Vertragstheorien, es sei „nicht alles vertraglich beim Vertrag": Dieser sei zu voraussetzungsvoll, als dass soziale Ordnungsbildung vorrangig durch ihn zu erklären wäre. Folglich gewährleisteten nicht kontraktuelle Bindungen soziale Kohäsion, sondern ein Kollektivbewusstsein, d.h. interpersonelle solidarmoralische Verpflichtungen, die beispielsweise vertragliche Beziehungen fundieren und zur Geltung kommen lassen. Die Kritik an diesem Ordnungs- und Anomiemodell lässt sich umformulieren zu der Erkenntnis, dass nicht alles anomietheoretisch ist an der Anomietheorie. Sie setzt implizit eine Akzeptanz der verwendeten Krisensemantiken und Problemzurechnungen voraus, die theorieintern nicht begründet werden kann. Es wird axiomatisch gesetzt, dass bestimmte soziale und/oder personale Prozesse und Zustände einen Problemcharakter aufweisen und daraufhin analysiert werden können. Pointiert ausgedrückt übersieht das objektivistische anomietheoretische Programm eine Wissensebene, und diese ist für die Sozialpädagogik von entscheidender Relevanz.

Zu ihrer Analyse wird das Konzept sozialer Deutungsstrukturen vorgeschlagen. Es handelt sich um eine Modifikation des Oevermannschen Ansatzes sozialer Deutungsmuster. Dieser Entwurf bleibt in seinen strukturalistischen Bezügen zu eng der Tradition Durkheims verhaftet. Eine Weiterführung wird angestrebt, indem er – unter der Betonung des wissenssoziologischen Elements – mit der Konzeption einer wissenssoziologischen Diskurstheorie assoziiert wird, um die referenzierte Wissensdimension einer Analyse zuzuführen. In Auseinandersetzung mit vorliegenden sozialpädagogischen Diskurstheorien kann somit der Tatsache entsprochen werden, dass Sozialpädagogik als Wissens- und Handlungsform nicht in positiver Weise gegeben ist, sondern nur innerhalb diskursiv geöffneter Wissensoptionen und Sinnzuweisungsrelationen identifizierbar ist. Dies verweist sowohl auf Diskurse als basale Ermöglichung von Wissen wie auch auf deren subjektive Erfahrung und Verarbeitung.

Deutungsstrukturen repräsentieren überdauernde Relationierungen sozialer Deutungsmuster nach einer historisch etablierten „Diskurslogik". Einzelne Muster beinhalten Konsistenzregeln bezüglich der „legitimen" Identifizierung (psycho-)sozialer Sachverhalte; sie geben an, wie diese kognitiv zu klassifizieren und normativ zu bewerten sind. Deutungsmuster werden in Abhängigkeit von kulturellen Plausibilisierungschancen und von disziplinären Legitimationskriterien aufeinander bezogen, und diese längerfristige Bezugnahme kann zur Institutionalisierung von Wissensformen führen, die zur Identifizierung komplexer Dimensionen modernen Lebens verwendet werden. Es scheint zwar ausgeschlossen, der

Komplexität von Sozialität und Subjektivität umfassend gerecht zu werden, denn jede Bezeichnung eines sozialen oder subjektiven Zustandes oder Prozesses beinhaltet dessen voraussetzungsabhängige Deutung. Diese erfolgt aber weder arbiträr noch ist sie strukturalistisch determiniert; vielmehr folgt sie diskursiv vermittelten Deutungsoptionen. Sozialpädagogik verweist, so ließe sich zuspitzen, auf eine derartige Institutionalisierung spezifischer Deutungsstrukturen, die disziplinär prozessiert werden, kulturell und sozialpolitisch anschlussfähig sind und zur Konstruktion von Welt eingesetzt werden. Obwohl von einem relativ eigenständigen wissenschaftlichen Diskurs mit besonderen Regulierungen und Normierungen ausgegangen werden muss, verlangt diese Strukturiertheit sozialpädagogischen Wissens zu berücksichtigen, „dass sich Sozialpädagogik nur im Kontext kultureller Entwicklungen und Deutungsmuster begreifen lässt" (Winkler 2003a, 16).

Perspektivische Deutungsstrukturen kommen auch auf praxisbezogener Ebene zur Geltung. Praxis kann nur in interpretierter Form in den Blick genommen werden, und wer als Sozialpädagoge handelt, unternimmt Interpretationsleistungen, die reflexiv analysiert werden können. So kann Praxis als sozialpädagogische qualifiziert werden, indem besondere Deutungsstrukturen thematisch werden. Sie setzen voraus, was als sozialpädagogische Praxis gelten soll und was nicht. Es gibt offenkundig sehr unterschiedliche Arten unterstützender Tätigkeiten und manche von ihnen werden in spezifische Sichtweisen eingerahmt, die sie als sozialpädagogische Praxis sichtbar werden lassen. Insoweit diesen Praxisformen attestiert wird, (auch) Wahrheitskriterien des wissenschaftlichen Diskurses der Sozialpädagogik verpflichtet zu sein, wird sozialpädagogische „Professionalität" denkbar. Sie rekurriert auf disziplinär kommunizierte Deutungsstrukturen und legt sie der Konstitution und Bearbeitung von „Fällen" zugrunde, allerdings nach je besonderen Rahmenbedingungen und Handlungsvoraussetzungen. Es ist somit nicht verwunderlich, dass im Verlauf der vorausgehenden Analysen charakteristische Arten der disziplinären Problematisierung sozialer Sachverhalte und subjektiver Prozesse bei der Rekonstruktion sozialpädagogischer Professionalität erneut sichtbar wurden. Gleichwohl wiederholt Professionalität disziplinäre Deutungsstrukturen nicht; „Schablonen" (Cloos 2008, 32) eines eindeutig fixierbaren sozialpädagogischen Habitus existieren nicht. Immerhin aber ist professionelles Handeln den genannten Strukturen verpflichtet, um sie auf besondere Art und Weise kreativ und kontextabhängig zu implementieren und zu aktualisieren.

Professionalität vollzieht damit eine Spezifizierung von Deutungsstrukturen, die flexibel und variabel genug sind, um ein ranghohes Maß an Komplexitäten abbilden zu können. Es ist gerade diese Besonderheit, durch die sich sozialpädagogisches Wissen auszeichnet: Zwar ist es perspektivisch organisiert und reduziert als „anerkanntes" Wissen Kontingenzmöglichkeiten. Aber es ringt um Möglichkeiten, sie wieder zuzulassen und in „geordneter" Art und Weise zu entwickeln. Am Beispiel sozialpädagogischer Diagnostik wird dies besonders eindrücklich sichtbar: Ihr ist aufgegeben, Namen vergeben und Zustände fixieren zu müssen, aber mit dieser Existenzvoraussetzung als genuin *sozialpädagogische Diagnostik* immer wieder brechen zu müssen, um vielschichtige Problemstellungen aufarbeiten zu können. Sie muss ein hohes Maß an lebensweltlicher und subjektiver Komplexität anerkennen und dieses gleichzeitig systematisch beschränken, wobei sie sich gegenüber anderen, insbesondere naturwissenschaftlich-klinischen Diagnosemodellen dadurch auszeichnet, dieses Problem skrupulös zu behandeln.

Man kann sozialpädagogische Ausführungen zum Diagnostik-Problem in dieser Hinsicht als Repräsentation sozialpädagogischen Wissens insgesamt betrachten. Es verfolgt spezifische Konturen und ist Strukturierungsleistungen verpflichtet, die nicht derart vage oder unidentifizierbar sind, wie mitunter angenommen wird. Es ist durchaus Erfolg versprechend, Konturen sozialpädagogischen Wissens zu identifizieren und damit die sozialpädagogische Selbstvergewisserung zu fördern. In den vorausgehenden Kapiteln wurde unter Rekurs auf Winkler (1988) auf die beiden „Reflexionsoperatoren" des „sozialen Ortes" und der „Subjektivität" hingewiesen, deren spezifische Relationierung sozialpädagogisches Wissen ermöglicht. Dabei handelt es sich nicht um trennscharfe Konturen, sondern um Wissensorientierungen, mit denen die Sozialpädagogik gleichsam fluide zu bleiben vermag. Sie adressiert Lebensverhältnisse, von denen sie sich in ihren Wissensbeständen irritieren lassen kann und mit deren Ausdeutung sie Plausibilitätszuweisungen verbindet, um sich selbst möglich zu machen, denn sie muss Interpretationen sozialer Prozesse verfolgen, die auch außerhalb von Fachdiskursen akzeptabel erscheinen.

Für die Prozessierung sozialpädagogischen Wissens sind deshalb Zeitdiagnosen von besonderer Bedeutung – dies trotz der berechtigten Einwände, die gegen Zeitdiagnosen vorzubringen sind. Sie stehen stets in der Gefahr, einem Überhang des Spekulativen zu erliegen und partikulare Trendvermutungen zu generalisieren. Insofern hierbei Bewertungen sozialen und individuellen Lebens erfolgen, ist dies bedenklich, denn es kann zur Identifizierung (potentieller) Adressaten sozialpädagogischer Unterstützungsmaßnahmen durch weltanschaulich geprägte, empirisch kaum zugängliche und nur mehr oder weniger plausible Gegenwartsdeutungen kommen. Zeitdiagnosen sind deshalb keine „unschuldigen" Wissensmotoren, sondern sie konkurrieren untereinander und stützen partikulare Weltsichten, die sich zur dominierenden Erfahrung von Gegenwart entwickeln können. Angesichts ihrer Bedeutung im sozialpädagogischen Diskurs scheint die Sozialpädagogik gleichwohl auf sie angewiesen.

Es ist nicht die Aufgabe dieser Ausführungen, Empfehlungen zu geben, aber es sei zumindest angeraten, vor diesem Hintergrund eine besondere Skepsis zu etablieren, die sozialwissenschaftliche Angebote zur Ausdeutung aktueller gesellschaftlicher Prozesse kritisch hinterfragen lässt. Zu häufig werden Modediagnosen kommuniziert, die aus sozialpädagogischer Sicht attraktiv erscheinen, deren genauere Betrachtung aber zentrale Schwachstellen offenbart. Eine reflexive Analyse, wie sie hier angestrebt wird, kann aber letztlich nicht dazu dienen, einzelne Zeitdiagnosen zu kritisieren. Sie kann höchstens ihre prekäre Diskursfunktion explizieren.

Die kulturelle Einbettung sozialpädagogischen Wissens führt die Sozialpädagogik immer wieder zu Versuchen einer Balance zwischen „abgesichertem" Wissen und spekulativer Gegenwartsinterpretation, zwischen einem Selbstgewissheit versprechenden Blick auf die eigene Geschichte und dem drohenden Gefühl, eindeutiges Wissen über Sozialpädagogik nicht finden zu können. Gleichwohl wäre es überzeichnet, von einer Diffusion „der" Sozialpädagogik zu sprechen. Es zeigt sich zwar kein präreflexiver Gegenstand ihres Wissens, denn: „Aufdecken lässt sich nur eine Art *epistemologischer Struktur*" (Winkler 2003a, 12). Aber dies ist nicht wenig. Durch Diskurs- und Wissensanalysen lassen sich Bedingungen und Strukturen sozialpädagogischer Wissenskonstitution nachvollziehen, so dass die Bedingungen ausgelotet werden können, unter denen Sozialpädagogik „hergestellt" wird. Dies verweist auf tendenziell unsichere und tastende, aber sichtbar zu machende Grenzziehungen, durch die Sozialpädagogik als Wissen im kulturellen Rahmen positioniert wird.

Versuche, Sozialpädagogik unzweideutig zu bestimmen, erscheinen folglich zwingend unzureichend. Aber auch bei einem Wechsel in das „Lager" der Reflexivität ist – zumal der Weg dorthin mittlerweile ausgetreten ist und erste Stauwarnungen ausgegeben werden müssen – nicht unproblematisch. Es ist darüber Auskunft zu geben, was unter Reflexivität verstanden wird und wozu sie nützen kann. Reflexivität muss in konkrete analytische Forschungsperspektiven umsetzbar sein. Ansonsten drohte lediglich eine Weiterführung impliziter Prämissen sozialpädagogischen Wissens auf dann erhöhtem Abstraktionsniveau. Nötig erscheint ein Begriff von Reflexivität, der nicht nur abstrakte Positionen bestimmt, sondern als „specifically social work form of reflexivity" (Sheppard 1998, 767) angesehen werden kann, da er auf sozialpädagogische Fragestellungen und Erkenntnisprobleme zu beziehen ist. In diesem Sinne ist die Prozessierung reflexiven Wissens, wie sie hier unternommen wird, kein Thema, das wissenschaftstheoretisch „ausgelagert" werden könnte. Vielmehr sind entsprechende Fragestellungen grundlegend in Versuchen sozialpädagogischer Selbstklärung und in sozialpädagogischen Theorien zu verankern.

Diese sind bislang zu sehr bestrebt, Gewissheit bereit zu stellen. Sieht man auf den historischen Ablauf sozialpädagogischer Theoriebildung bis in die Gegenwart[94], so zeigen sich wechselnde Bestimmungen – man könnte auch sagen: Simulationen – von Gewissheiten, deren sukzessiv identifizierte Ungewissheit wenig dazu beigetragen hat, nach den Hintergründen der Gewissheitskonstruktionen fragen zu lassen. Man kann diesbezüglich Derridas Auseinandersetzung mit strukturalistischen Positionen in Anspruch nehmen. Er merkt zum Strukturbegriff an, er trete auf „als eine Reihe einander substituierender Zentren, als eine Verkettung von Bestimmungen des Zentrums" (Derrida 1990, 116), gegen die sich Derrida zur Wehr setzt. Man kann dies übertragen und konstatieren, dass die Sozialpädagogik (noch) geprägt ist durch ein Drängen auf Signifikate, das die Relevanz von Signifikanten und ihrer flexiblen Beziehung zueinander unterschätzt. Sie sucht und verlangt Wissens- und Sinnzentren, die sie in ihrem Wissen unmittelbar präsent halten will, und tendiert auf der Grundlage dieser Motivation zur eigentlich unnötigen Klage über einen Gewissheitsverlust, die immer neue Varianten von Sinnzentren anbieten will. Sozialer Wandel wird dergestalt zur *verschärften Individualisierung, zur reflexiven Modernisierung, zur desintegrativen Enttraditionalisierung* usw., ohne dass ausreichend sichtbar würde, dass diese sozialobjektivistischen Formeln Gewissheitsversprechen offerieren, die der Flexibilität sozialpädagogischen Wissens nicht angemessen sein können. So warten die sozialpädagogischen Gegenwartsanalysen mit – an den genannten Beispielen: substantivischen – Sinn-Festlegungen auf, die sie selbst – oben: adjektivisch – auflösen und problematisieren. Damit arbeiten die Versuche, Sozialpädagogik im Sozialen zu bestimmen, gegen sich selbst, da sie gleichzeitig Sinnfundamente fordern und die fehlenden Möglichkeiten, sie auszumachen, als Krisensymptome voraussetzen und die Sozialpädagogik an ihnen orientieren. Aber schon in der betreffenden Rede „entwischt" die Sozialpädagogik, da versucht wird, ihr externe Sinngehalte vorzugeben und einzuprägen. Es kommt zur Festlegung von Sinn ohne ausreichende Analyse seiner Zuweisungsbedingungen, also der Prozesse, durch die Spuren des sinnhaft Wissbaren – um erneut Derrida (ebd., 137) zu beleihen: „in einem System von Differenzen und in einer Kette" von Signifikanten – gelegt werden.

Der hier verwendete Begriff von Reflexivität ist darauf angelegt, dies bewusst zu machen. Es kann sich dabei nicht um einen Zwang handeln, mit dem die Sozialpädagogik beispielsweise aufgrund äußerer Umstände konfrontiert wäre. Konzepte einer „reflexiven Modernisierung" tendieren in diese Richtung,

---

94 Es sei auf die oben u.a. im Kontext der Diskussion von Anomietheorien angeführten Beispiele hingewiesen. Eine Darstellung und Analyse der sozialpädagogischen Theoriegeschichte vom Beginn des 19. Jahrhunderts bis zu dem Ende der Weimarer Republik findet sich darüber hinaus in Dollinger (2006a).

indem sie von einem gesellschaftlichen Strukturwandel auf die Notwendigkeit einer reflexiven Sozialpädagogik schließen. Damit können wichtige Erkenntnisgewinne verbunden sein. Zu beachten ist allerdings, dass der Boden, von dem ausgehend argumentiert wird, auf diese Weise zunächst durch eine der Sozialpädagogik äußerliche und begründungsbedürftige Zeitdiagnose bereitgestellt wird. Es wird für die Sozialpädagogik ein Zentrum fingiert, das sie mit Sinn ausstattet, ohne zu klären, warum es als solches auftreten kann.

Vergleichbares muss für Tendenzen gelten, ausgehend von der Wahrnehmung einer „Wissensgesellschaft" die Notwendigkeit zu deduzieren, Wissensprozessierung und -konstitution als Kernreferenz von Sozialpädagogik in der aktuellen Gesellschaftsform anzuerkennen (vgl. Homfeldt/Schulze-Krüdener 2000). Auch hier können essentiell bedeutsame Erkenntnisse für die Aufarbeitung von Sozialpädagogik im sozialen Kontext erwartet werden. Aber es ist die Gefahr einzuräumen, dass mit derartigen Konzepten eine Sichtweise eingenommen wird, die voraussetzt, was reflexiv einzuholen wäre: die Angewiesenheit der Sozialpädagogik auf zeitdiagnostische Stellungnahmen, die ihr zu spezifischen Wissenschancen und Legitimitätspotentialen verhelfen. So müsste eine profunde Auseinandersetzung mit dem „Mythos Wissensgesellschaft" (Kübler 2005; s.a. Bittlingmayer/Bauer 2006) erfolgen, um auf sie bezogene Erkenntnisse zu stabilisieren und zu gewichten, um sie dann auf sozialpädagogische Fragestellungen zu beziehen (vgl. Treptow 2000). Nicht auszuschließen wäre hierbei, dass bei den Diskussionen derartiger Interpretationsformen sozialpädagogische Legitimationsprinzipien und Axiomatiken zu perspektivischen Stellungnahmen führen können. Sie würden als zutreffend ausweisen, was mit sozialpädagogischem Handlungspotential korrespondiert.

Der hier verfolgte Begriff von Reflexivität ist deshalb anders angelegt. Er ist quer zur Argumentation innerhalb einer theoretischen oder zeitdiagnostischen Rationalität ausgerichtet. Statt zu erörtern, ob spezifische Interpretationen „des" Sozialen zutreffend sind oder nicht, legt er – in Ergänzung derartiger Fragerichtungen, nicht gegen sie – Wert darauf festzustellen, welche (Diskurs-)Funktionen sie übernehmen. Der Ausgangspunkt ist sozialpädagogisch gehaltvoll, da Spezifika und Voraussetzungen von Sozialpädagogik als basal wissensabhängige Denk- und Handlungsform gesucht werden. Es kann so erörtert werden, welche normativen und kognitiven Prämissen in sozialpädagogische Stellungnahmen einfließen und ihnen erst den Anschein einer „Sozialpädagogik" geben.

Auch hier ist jedoch Vorsicht geboten. Die bereits erwähnte Warnung Bourdieus vor einer „narzisstischen Reflexivität" besitzt Berechtigung. Sie ruft dazu auf, „das in die wissenschaftlichen Werkzeuge und Operationen eingegangene *soziale und kollektive Unbewusste*" (Bourdieu/Wacquant 1996, 63) zu explizieren, und dies in einer nicht individuellen, sondern kollektiven wissenschaftlichen Anstrengung, die auf wissenschaftstheoretische Grundlagen eingeht, um Wissensfundamente auszuarbeiten. Auch außerhalb des Bourdieuschen Theorieentwurfs kann dies Geltung beanspruchen und reflexive Analysen orientieren. So ist zu zeigen, dass zur Bewältigung paradoxer Gegenwartsanalysen nicht nur von einem „notwendigen Schuss an romantischer Ironie" (Lichtblau 1991, 39) die Rede sein muss. Auch Mahnungen angesichts eines „Rise of Relativism" (Peile/McCouat 1997), der eine Abkehr von Möglichkeiten kritischer Sozialpädagogik bzw. Sozialarbeit beinhalte, scheinen diesbezüglich unbegründet. Es handelt sich schlicht um Grundlagenarbeit. Sie macht Optionen kritischer Aussagen keineswegs unmöglich; im Gegenteil liegt in dem wissenschaftstheoretisch und disziplinär fundierten Nachweis stets auf spezifische Weise standortabhängiger Sozial- und Subjektobjektivierungen eine konstruktive Rechenschaftspflicht, die kritische Stellungnahmen dazu auffordert, Wissensprämissen bewusst zu machen. Kritikmöglichkeiten werden damit nicht geschwächt, sondern gestärkt.

So kann beispielsweise die kritisch angelegte Rekonstruktion eines Prozesses der „verobjektivierenden Unterwerfung" (Stehr 2007, 35) des Menschen in gegenwärtigen Gesellschaftsformen gerade dann begründet werden, wenn die Voraussetzungen und vielschichtigen Beteiligungen an Prozessen der Subjektivierung und die in sie eingehenden Normdimensionen – als Forderungen nach „Selbstbestimmung", „Selbstwirksamkeit", „Authentizität" oder Ähnlichem – detailliert analysiert werden. „Programmierungen" (Kessl/Krasmann 2005) bzw. Steuerungen sozialpädagogischen Wissens kommen erst in den Blick, wenn dessen Einbettungen und Prämissen bekannt sind und geklärt ist, „was die Struktur dieses Wissens überhaupt ausmacht" (Dewe/Otto 1996, 63).

Die hier verfolgten Ausführungen können dies nicht im Einzelnen angeben. Sie sind bemüht, Grundstrukturen und Bedingungen des Wissens mit Hilfe eines zu diesem Zweck formulierten analytischen Konzepts zu explizieren. In diesem Sinne sind sie weder kritisch noch grundlegend originell. Sie sind nicht kritisch bzw. nicht kritisch über das „übliche" wissenschaftliche Maß hinaus, das eine Weiterentwicklung des bestehenden Kenntnisstandes anstrebt, da sie vorrangig an dem Versuch interessiert sind, Wissensstrukturen und -prozessierungen zu bestimmen und auf die Einnahme normativer Positionen dabei, soweit möglich, zu verzichten suchen. Sie sind auch nicht genuin originell, da sie sich mit theoretischen, disziplinären Entwürfen auseinandersetzen, die zu einer Klärung sozialpädagogischen Wissens bereits beigetragen haben. Diese werden aufeinander bezogen und zu einer reflexiven Stellungnahme verdichtet, die weitere Analysen anleiten kann, denn dass diese nötig sind, ist offenkundig. Die Komplexität sozialpädagogischen Wissens lässt bislang viele Fragen offen, etwa mit Blick auf die genauere Analyse einzelner Akteure der Wissenskonstruktion, die spezifischen Kanäle des Wissenstransfers zwischen Disziplin, Sozialpolitik, Öffentlichkeit und Adressaten, die Bedingungen der Institutionalisierung einzelner Wissensformen u.a.m. So muss nach wie vor ein Defizit an Arbeiten zur Selbstvergewisserung der Sozialpädagogik konstatiert werden, das reduziert werden kann. Diese Hoffnung sollte angesichts der mit jeder Erkenntnis neu aufgeworfenen Fragen mit gewisser Zurückhaltung geäußert werden. Sie sollte dennoch bewusst verfolgt werden, um Spezifika von Sozialpädagogik als disziplinäre, professionelle und kulturelle Wissensform bewusst zu machen.

7 Literatur

Abels, H., 2001: Einführung in die Soziologie. Bd.1: Der Blick auf die Gesellschaft. Wiesbaden.

Adler, F./Laufer, W.S. (Hg.), 1995: The Legacy of Anomie Theory. New Brunswick/London.

Albrecht, G., 1981: Zwerge auf den Schultern eines Riesen? Neuere Beiträge der Theorien abweichenden Verhaltens und sozialer Kontrolle in der Tradition Emile Durkheims. In: H.v. Aleman/H.P. Thun (Hg.): Soziologie in weltbürgerlicher Absicht. Opladen. S. 323-358.

Albrecht, G., 1997: Anomie oder Hysterie – oder beides? Die bundesrepublikanische Gesellschaft und ihre Kriminalitätsentwicklung. In: W. Heitmeyer (Hg.): Was treibt die Gesellschaft auseinander? Frankfurt a.M. S. 506-554.

Albrecht, G./Howe, C.-W., 1992: Soziale Schicht und Delinquenz. Verwischte Spuren oder falsche Fährte? In: Kölner Zeitschrift für Soziologie und Sozialpsychologie. 44. Jg. S. 697-730.

Albrecht, P.-A., 2005: Kriminologie. 3. Aufl. München.

Alexander, J.C./Giesen, B./Münch, R./Smelser, N.J. (Hg.), 1987: The Micro-Macro-Link. Berkeley u.a.

Allmendinger, J./Aisenbrey, S., 2005: Soziologische Bildungsforschung. In: R. Tippelt (Hg.): Handbuch Bildungsforschung. Wiesbaden. S. 41-60 (Nachdruck 2002).

Althusser, L., 1977: Ideologie und ideologische Staatsapparate. Hamburg/Westberlin.

Anhorn, R./Bettinger, F., 2002: Vom Nutzen der Kritischen Kriminologie: Bausteine einer Theorie und Praxis kritischer Sozialer Arbeit. In: dies. (Hg.): Kritische Kriminologie und Soziale Arbeit. Weinheim/München. S. 223-256.

Anhorn, R./Bettinger, F. /Stehr, J. (Hg.), 2007: Foucaults Machtanalytik und Soziale Arbeit. Wiesbaden.

Antonovsky, A., 1997: Salutogenese. Zur Entmystifizierung der Gesundheit. Tübingen.

Baader, M.S., 2004: Modernisierungstheorien in der Diskussion. In: Zeitschrift für pädagogische Historiographie. 10. Jg. S. 16-21.

Balog, A., 2001: Neue Entwicklungen in der soziologischen Theorie. Stuttgart.

Bamberger, J., 1906: Die sozialpädagogischen Strömungen der Gegenwart. Bern.

Barlösius, E., 2001: Das gesellschaftliche Verhältnis der Armen – Überlegungen zu einer theoretischen Konzeption einer Soziologie der Armut. In: E. Barlösius/W. Ludwig-Mayerhofer (Hg.): Die Armut der Gesellschaft. Opladen. S. 69-94.

Barth, E., 1886: Die Reform der Gesellschaft durch Neubelebung des Unterrichts in Staat, Schule und Kirche. Leipzig.

Bauer, R., 2002: Freie Träger. In: W. Thole (Hg.): Grundriss Soziale Arbeit. Opladen. S. 449-464.

Bauman, Z., 2005: Verworfenes Leben. Die Ausgegrenzten der Moderne. Hamburg.

Beck, U., 1986: Risikogesellschaft. Auf dem Weg in eine andere Moderne. Frankfurt a.M.

Beck, U., 1995: Die „Individualisierungsdebatte". In: B. Schäfers (Hg.): Soziologie in Deutschland. Entwicklung, Institutionalisierung und Berufsfelder. Theoretische Kontroversen. Opladen. S. 185-198.

Beck, U., 1996: Das Zeitalter der Nebenfolgen und die Politisierung der Moderne. In: U. Beck/A. Giddens/S. Lash (Hg.): Reflexive Modernisierung. Eine Kontroverse. Frankfurt a.M. S. 19-112.

Beck, U./Lau, C. (Hg.), 2004: Entgrenzung und Entscheidung: Was ist neu an der Theorie reflexiver Modernisierung? Frankfurt a.M.

Belliger, A./Krieger, D.J., 2006: Einführung in die Akteur-Netzwerk-Theorie. In: dies. (Hg.): ANThology. Ein einführendes Handbuch zur Akteur-Netzwerk-Theorie. Bielefeld. S. 13-50.

Benner, D., 1990: Wilhelm von Humboldts Bildungstheorie. Eine problemgeschichtliche Studie zum Begründungszusammenhang neuzeitlicher Bildungsreform. Weinheim/München.

Benner, D./Borrelli, M./Heyting, F./Winch, C. (Hg.), 2003: Kritik in der Pädagogik. Versuche über das Kritische in Erziehung und Erziehungswissenschaft. Weinheim u.a. (46. Beiheft der Zeitschrift für Pädagogik).

Berger, P.L./Luckmann, T., 1980: Die gesellschaftliche Konstruktion der Wirklichkeit. Eine Theorie der Wissenssoziologie. Frankfurt a.M.

Bergmann, J./Luckmann, T. 1999: Moral und Kommunikation. In: dies. (Hg.): Kommunikative Konstruktion von Moral. Bd. 1: Struktur und Dynamik moralischer Kommunikation. Opladen. S. 13-36.

Bernfeld, S., 1925/2000: Sisyphos oder die Grenzen der Erziehung. 8. Aufl. Frankfurt a.M.

Bernfeld, S., 1929/1971: Der soziale Ort und seine Bedeutung für Neurose, Verwahrlosung und Pädagogik. In: ders.: Antiautoritäre Erziehung und Psychoanalyse. Bd. 1. 4. Aufl. Frankfurt a.M. S. 198-211.

Besnard, P., 1988: The true nature of anomie. In: Sociological Theory. 6. Jg. S. 91-95.

Besnard, P., 1990: Merton in Search of Anomie. In: J. Clark/C. Mogdil/S. Mogdil (Hg.): Robert K. Merton. Consensus and Controversy. London u.a. S. 243-254.

Bettinger, R., 2005: Sozialer Ausschluss und kritisch-reflexive Sozialpädagogik – Konturen einer subjekt- und lebensweltorientierten Kinder- und Jugendarbeit. In: R. Anhorn/F. Bettinger (Hg.): Sozialer Ausschluss und Soziale Arbeit. Wiesbaden. S. 367-395.

Bettmer, F., 2001: Abweichung und Normalität. In: H.-U. Otto/H. Thiersch (Hg.): Handbuch Sozialarbeit/Sozialpädagogik. 2. Aufl. Neuwied/Kriftel. S. 1-6.

Bieling, H.-J., 2000: Dynamiken sozialer Spaltung und Ausgrenzung: Gesellschaftstheorien und Zeitdiagnosen. Münster.

Bittlingmayer, U.H., 2005: „Wissensgesellschaft" als Wille und Vorstellung. Konstanz.

Bittlingmayer, U./Bauer, U. (Hg.), 2006: Die „Wissensgesellschaft". Mythos, Ideologie oder Realität? Wiesbaden.

Bohle, H. H., 1975: Soziale Abweichung und Erfolgschancen. Die Anomietheorie in der Diskussion. Darmstadt/Neuwied.

Bohle, H./Grunow, D., 1981: Verberuflichung der sozialen Arbeit. In: Projektgruppe Soziale Berufe (Hg.): Sozialarbeit. Expertisen, Bd. 3. München. S. 151-176.

Bohle, H. H./Heitmeyer, W./Kühnel, W./Sander, U., 1997: Anomie in der modernen Gesellschaft: Bestandsaufnahme und Kritik eines klassischen Ansatzes soziologischer Analyse. In: W. Heitmeyer (Hg.): Was treibt die Gesellschaft auseinander? Frankfurt a.M. S. 29-65.

Böhnisch, L., 1984: Vom Sozialstaat verlassen? Sozialpädagogisches Handeln ins gesellschaftlich Ungewisse. In: S. Müller/H.-U. Otto/H. Peter/H. Sünker (Hg.): Handlungskompetenz II. Bielefeld. S. 77-100.

Böhnisch, L., 1997: Sozialarbeit in einer anomischen Gesellschaft. In: S. Müller/H. Reinl (Hg.): Soziale Arbeit in der Konkurrenzgesellschaft. Neuwied u.a. S. 229-236.

Böhnisch, L., 1999: Abweichendes Verhalten. Weinheim/München.

Böhnisch, L., 2001a: Anomie. In: H.-U. Otto/H. Thiersch (Hg.): Handbuch der Sozialarbeit/Sozialpädagogik. 2. Aufl. Neuwied/Kriftel. S. 52-60.

Böhnisch, L., 2001b: Sozialpädagogik der Lebensalter. 3. Aufl. Weinheim/München.

Böhnisch, L., 2003: Pädagogische Soziologie. Weinheim/München.

Böhnisch, L./Schröer, W., 2001: Pädagogik und Arbeitsgesellschaft. Weinheim/München.

Böhnisch, L./Schröer, W./Thiersch, H., 2005: Sozialpädagogisches Denken. Wege zu einer Neubestimmung. Weinheim/München.

Bommes, M./Scherr, A., 1996: Exklusionsvermeidung, Inklusionsvermittlung und/oder Exklusionsverwaltung. Zur gesellschaftstheoretischen Bestimmung Sozialer Arbeit. In: Neue Praxis. 26. Jg. S. 107-123.

Bommes, M./Scherr, A., 2000: Soziologie der Sozialen Arbeit. Eine Einführung in Formen und Funktionen organisierter Hilfe. Weinheim/München.

Boogaart, H.v.d./Seus, L., 1991: Radikale Kriminologie. Die Rekonstruktion zweier Jahrzehnte Wissenschaftsgeschichte Großbritanniens. Pfaffenweiler.

Bothmer, H.v., 2005: Pädagogik im Fallmanagement. Darmstadt.

Bourdieu, P., 1982: Die feinen Unterschiede. Kritik der gesellschaftlichen Urteilskraft. Frankfurt a.M.

Bourdieu, P., 1983: Ökonomisches Kapitel, kulturelles Kapital, soziales Kapital. In: R. Kreckel (Hg.): Soziale Ungleichheiten. Göttingen. S. 183-198.

Bourdieu, P., 1987: Sozialer Sinn. Kritik der theoretischen Vernunft. Frankfurt a.M.

Bourdieu, P., 1993a: Narzißtische Reflexivität und wissenschaftliche Reflexivität. In: E. Berg/M. Fuchs (Hg.): Kultur, soziale Praxis, Text. Die Krise der ethnographischen Repräsentation. Frankfurt a.M. S. 365-374.

Bourdieu, P., 1993b: Soziologische Fragen. Frankfurt a.M.

Bourdieu, P., 1998: Die biographische Illusion. In: ders.: Praktische Vernunft. Zur Theorie des Handelns. Frankfurt a.M. S. 75-83.

Bourdieu, P./Wacquant, L.J.D., 1996: Reflexive Anthropologie. Frankfurt a.M.

Brakelmann, G., 1962: Die soziale Frage des 19. Jahrhunderts. Witten.

Bremer, H., 2004: Der Mythos vom autonom lernenden Subjekt. Zur sozialen Verortung aktueller Konzepte des Selbstlernens und zur Bildungspraxis unterschiedlicher sozialer Milieus. In: S. Engler/B. Krais (Hg.): Das kulturelle Kapital und die Macht der

Klassenstruktur. Sozialstrukturelle Verschiebungen und Wandlungsprozesse des Habitus. Weinheim/München. S. 189-213.

Brezinka, W., 2003: Pädagogik in Österreich. Bd. 2: Prag, Graz, Innsbruck. Wien.

Brickman, P./Rabinowitz, V.C./Karuza, J./Coates, D./Cohn, E./Kidder, L., 1982: Models of Helping and Coping. In: American Psychologist. 37. Jg., S. 368-384.

Bröcher, J., 2005: „Ab in den Trainingsraum!" Zur Kritik der „neuen" Disziplinierungspädagogik. In: Päd Forum. 24. Jg. S. 139-145.

Bröckling, U., 2007: Das unternehmerische Selbst. Soziologie einer Vergesellschaftungsform. Frankfurt a.m.

Brumlik, M., 2007: Die Wiederkehr der Reaktion. In: Zeitschrift für Jugendkriminalrecht und Jugendhilfe. 18. Jg. S. 350-355.

Brusten, M., 1999: Kriminalität und Delinquenz als soziales Problem. In: G. Albrecht/A. Groenemeyer/F.W. Stallberg (Hg.): Handbuch soziale Probleme. Opladen/Wiesbaden. S. 507-555.

Buestrich, M./Wohlfahrt, N., 2005: Case Management in der Beschäftigungsförderung? In: Neue Praxis. 35. Jg. S. 307-323.

Buestrich, M./Wohlfahrt, N., 2008: Die Ökonomisierung der Sozialen Arbeit. In: Aus Politik und Zeitgeschichte. 12-13/2008. S. 17-24.

Bührmann, A.D., 2007: Soziale Arbeit und die (Trans-)Formation moderner Subjektivierungsweisen. In: R. Anhorn/F. Bettinger/J. Stehr (Hg.): Foucaults Machtanalytik und Soziale Arbeit. Wiesbaden. S. 59-74.

Bundesministerium für Familie, Senioren, Frauen und Jugend (BMFSFJ) (Hg.), 2006: Zwölfter Kinder- und Jugendbericht. Stellungnahme der Bundesregierung und Bericht über die Lebenssituation junger Menschen und die Leistungen der Kinder- und Jugendhilfe in Deutschland. Berlin.

Burkart, G., 1994: Die Entscheidung zur Elternschaft. Eine empirische Kritik von Individualisierungs- und Rational-Choice-Theorien. Stuttgart.

Butler, J., 1998: Haß spricht. Zur Politik des Performativen. Berlin.

Butler, J., 2001: Psyche der Macht. Das Subjekt der Unterwerfung. Frankfurt a.M.

Callon, M., 2006: Die Sozio-Logik der Übersetzung: Auseinandersetzungen und Verhandlungen zur Bestimmung von Problematischem und Unproblematischem. In: A. Belliger/D.J. Krieger (Hg.): ANThology. Ein einführendes Handbuch zur Akteur-Netzwerk-Theorie. Bielefeld. S. 51-74.

Castel, R., 2005: Die Stärkung des Sozialen. Leben im neuen Wohlfahrtsstaat. Hamburg.

Clary, E.G./Thieman, T.J., 2002: Coping With Academic Problems. In: Journal of Applied Social Psychology. 32. Jg. S. 33-59.

Claßen, G., 1997: Zur Genese abweichenden Verhaltens. Die Bedeutung familiärer Erziehungsstile und Wertorientierungen für die Herausbildung eines anomischen Lebensgefühls bei deutschen und polnischen Jugendlichen. Hamburg.

Clinard, M.B. (Hg.), 1964: Anomie and Deviant Behavior. A Discussion and Critique. New York.

Cloward, R.A., 1974: Illegitime Mittel, Anomie und abweichendes Verhalten. In: F. Sack/R. König (Hg.): Kriminalsoziologie. 2. Aufl. Frankfurt a.M. S. 314-338.

Cloward, R.A./Ohlin, L.E., 1960: Delinquency and Opportunity. A Theory of delinquent Gangs. London.

Cloos, P., 2006: Beruflicher Habitus. In: P. Cloos/W. Thole (Hg.): Ethnographische Zugänge. Professions- und adressatInnenbezogene Forschung im Kontext von Pädagogik. Wiesbaden. S. 185-201.

Cloos, P., 2008: Die Inszenierung von Gemeinsamkeit. Weinheim/München.

Coleman, J.S., 1991: Grundlagen der Sozialtheorie. Bd. 1. München.

Colla, H.E., 2007: Konfrontative Pädagogik – Impulse der Glen Mills School und Chance
ihrer Übertragbarkeit. In: G. Hörmann/T. Trapper (Hg.): Konfrontative Pädagogik
im intra- und interdisziplinären Diskurs. Baltmannsweiler. S. 33-74.

Collins, R., 1979: The Credential Society. Orlando.

Collins, R., 2004: Schließungsprozesse und die Konflikttheorie der Professionen. In: J.
Nackert (Hg.): Die Theorie sozialer Schließung. Wiesbaden. S. 67-85.

Cremer-Schäfer, H., 2003: „Wie der Name einer Sache unser Verhalten bestimmt" Eine
Erinnerung an Wissen über Diagnostik. In: Widersprüche. 23. Jg. S. 53-60.

Cremer-Schäfer, H., 2004: Nicht Person, nicht Struktur: soziale Situation! Bewältigungs-
strategien sozialer Ausschließung. In: F. Kessl/H.-U. Otto (Hg.): Soziale Arbeit und
soziales Kapitel. Zur Kritik lokaler Gemeinschaftlichkeit. Wiesbaden. S. 169-183.

Cremer-Schäfer, H., 2008: „Schulschwänzen": Über Naturalisierungs- und Trivialisie-
rungsgewinne kriminologischer Jugendforschung. In: D. Klimke (Hg.): Exklusion in
der Marktgesellschaft. Wiesbaden. S. 175-189.

Cremer-Schäfer, H./Steinert, H., 1997: Die Institution „Verbrechen & Strafe". Über die
sozialkulturellen Bedingungen von sozialer Kontrolle und sozialer Ausschließung.
In: Kriminologisches Journal. 29. Jg. S. 244-255.

Curtmann, W.J.G., 1842: Die Schule und das Leben, eine gekrönte Preisschrift. Friedberg
i.d.W.

D'Cruz, H./Gillingham, P./Melendez, S., 2007: Reflexivity, its Meanings and Relevance
for Social Work: A Critical Review of the Literature. In: British Journal of Social
Work. 37. Jg. S. 73-90.

Dahme, H.-J./Wohlfahrt, N., 2002: Aktivierender Staat. Ein neues sozialpolitisches Leit-
bild und seine Konsequenzen für die soziale Arbeit. In: Neue Praxis. 32. Jg. S. 10-
32.

Dahme, H.-J./Wohlfahrt, N. (Hg.), 2005: Aktivierende Soziale Arbeit. Baltmannsweiler.

Dahme, H.-J./Wohlfahrt, N. (Hg.), 2007: Arbeit in Sozialen Diensten: flexibel und
schlecht bezahlt? Baltmannsweiler.

Derrida, J., 1988: Signatur Ereignis Kontext. In: ders.: Randgänge der Philosophie. Wien.
S. 291-314.

Derrida, J., 1990: Die Struktur, das Zeichen und das Spiel im Diskurs der Wissenschaften
vom Menschen. In: P. Engelmann (Hg.): Postmoderne und Dekonstruktion. Stuttgart. S. 114-139.

Dewe, B., 2004: Wissen, Können und die Frage der Reflexivität. In: W. Bender (Hg.):
Lernen und Handeln. Schwalbach/Ts. S. 321-331.

Dewe, B./Ferchhoff, W., 1984: Deutungsmuster. In: H. Kerber/A. Schmieder (Hg.):
Handbuch Soziologie. Reinbek b. Hamburg. S. 76-81.

Dewe, B./Otto, H.-U., 1996: Zugänge zur Sozialpädagogik. Reflexive Wissenschaftstheorie und kognitive Identität. Weinheim/München.

Dewe, B./Otto, H.-U., 2001a: Profession. In: H.-U. Otto/H. Thiersch (Hg.): Handbuch Sozialarbeit/Sozialpädagogik. 2. Aufl. Neuwied/Kriftel. S. 1399-1423.

Dewe, B./Otto, H.-U., 2001b: Wissenschaftstheorie. In: H.-U. Otto/H. Thiersch (Hg.): Handbuch Sozialarbeit/Sozialpädagogik. 2. Aufl. Neuwied/Kriftel. S. 1966-1979.

Dewe, B./Otto, H.-U., 2002: Reflexive Sozialpädagogik. Grundstrukturen eines neuen Typs dienstleistungsorientierten Professionshandelns. In: W. Thole (Hg.): Grundriss Soziale Arbeit. Opladen. S. 179-198.

Dewe, B./Wagner, H.-J., 2006: Professionalität und Identität in der Pädagogik. In: M. Rapold (Hg.): Pädagogische Kompetenz, Identität und Professionalität. Baltmannsweiler. S. 51-76.

Die Deutsche Schule, 1902. 6. Jg. (Hg. von R. Rissmann).

Diedrich, I./Meyer, A./Rössner, D., 1999: Der Kampf um den Limes der Gesellschaft. Eine Kritik der Kontrolltheorie und des Desintegrationsansatzes. In: Kriminologisches Journal. 31. Jg. S. 82-106.

Diesterweg, F.A.W., 1836/1890: Die Lebensfrage der Zivilisation I. Über die Erziehung der unteren Klassen der menschlichen Gesellschaft. In: ders.: Ausgewählte Schriften. 2. Aufl. Frankfurt a.M. S. 171-221.

Dietrich, H., 2005: Arbeitslosigkeit von Jugendlichen und Maßnahmen der Arbeitsmarktpolitik in europäischen Staaten. In: J. U. Prager/C. Wieland (Hg.): Von der Schule in die Arbeitswelt. Bildungspfade im europäischen Vergleich. Gütersloh. S. 31-47.

Dixon, J./Weiss, I./Gal, J., 2003: Professional ideologies and Preferences: A Global and Comparative Perspective. In: I. Weiss/J. Gal/J. Dixon (Hg.): Professional Ideologies and Preferences in Social Work. A Global Study. Westport, Conn./London. S. 215-226.

Dollinger, B., 2002: Drogen im sozialen Kontext. Augsburg.

Dollinger, B., 2004: Krisenintervention als Aufgabe der Sozialen Arbeit. Anmerkungen zu einer sozialpädagogischen Krisentheorie. In: Zeitschrift für Sozialpädagogik. 2. Jg. S. 377-396.

Dollinger, B., 2006a: Die Pädagogik der Sozialen Frage. (Sozial-)Pädagogische Theorie vom Beginn des 19. Jahrhunderts bis zum Ende der Weimarer Republik. Wiesbaden.

Dollinger, B., 2006b: Zur Einleitung: Perspektiven aktivierender Sozialpädagogik. In: B. Dollinger/J. Raithel (Hg.): Aktivierende Sozialpädagogik. Ein kritisches Glossar. Wiesbaden: VS. S. 7-22.

Dollinger, B., 2007a: Reflexive Individualisierung als Mythologem pädagogischer Zeitdiagnostik. Skepsisdefizite und Reflexionsaufforderungen. In: Zeitschrift für Erziehungswissenschaft. 10. Jg. S. 75-89.

Dollinger, B., 2007b: Reflexive Professionalität. Analytische und normative Perspektiven sozialpädagogischer Selbstvergewisserung. In: Neue Praxis. 37. Jg. S. 136-151.

Dollinger, B., 2007c: Der soziale Liberalismus und die Entstehung der Sozialpädagogik. In: B. Dollinger, C. Müller/W. Schröer (Hg.): Die sozialpädagogische Erziehung des Bürgers. Entwürfe zur Konstitution der modernen Gesellschaft. Wiesbaden. S. 51-67.

Dollinger, B., 2008 (in Druck): Problem attribution and intervention. The interpretation of problem causations and solutions in regard of Brickman et al. In: European Journal of Social Work. 11. Jg.

Dollinger, B./Müller, C., 2007: Gibt es eine herbartianische Sozialpädagogik? Oder: Soziale Aspekte der Pädagogik Herbarts in ihrer Wahrnehmung durch die Sozialpädagogik. In: R. Bolle/G. Weigand (Hg.): Johann Friedrich Herbart. 200 Jahre Allgemeine Pädagogik. Wirkungsgeschichtliche Impulse. Münster. S. 73-96.

Dollinger, B./Schmidt-Semisch, H., 2007: Professionalisierungsformen der Drogenhilfe. Ein Plädoyer für reflexive Professionalität. In: B. Dollinger/H. Schmidt-Semisch (Hg.): Sozialwissenschaftliche Suchtforschung. Wiesbaden. S. 323-338.

Dörner, K., 1973: Einleitung. In: E. Durkheim: Der Selbstmord. Neuwied/Berlin. S. XI-XVII.

Dörpfeld, F.W., 1863: Die freie Schulgemeinde und ihre Anstalten auf dem Boden der freien Kirche im freien Staate. Beiträge zur Theorie des Schulwesens. Gütersloh.

Dörpfeld, F.,W., 1867/1900: Die sociale Frage. Eine Lebensaufgabe für alle Stände, zugleich ein Mahnwort an die politischen Parteien. In: ders.: Gesammelte Schriften. Bd. 10: Socialpädagogisches. Gütersloh. S. 22-79.

Durkheim, E., 1893/1999: Über soziale Arbeitsteilung. Studie über die Organisation höherer Gesellschaften. 3. Aufl. Frankfurt a.M.

Durkheim, E., 1895/1984: Die Regeln der soziologischen Methode. Frankfurt a.M.

Durkheim, E., 1897/1983: Der Selbstmord. Franfurt a.M.

Durkheim, E., 1902-03/1984: Erziehung, Moral und Gesellschaft. Neuwied a.R./Darmstadt.

Dzierzbicka, A./Sattler, E., 2004: Entlassung in die „Autonomie" – Spielarten des Selbstmanagements. In: L.A. Pongratz/M. Wimmer/W. Nieke/J. Masschelein (Hg.): Nach Foucault. Diskurs- und machtanalytische Perspektiven der Pädagogik. Wiesbaden. S. 114-133.

Ebers, N., 1995: „Individualisierung". Georg Simmel – Norbert Elias – Ulrich Beck. Würzburg.

Edelman, M., 1988: Die Erzeugung und Verwendung sozialer Probleme. In: Journal für Sozialforschung, 28, S. 175-192.

Egger, S., 2007: Durkheim und die École sociologique. In: R. Schützeichel (Hg.): Handbuch Wissenssoziologie und Wissensforschung. Konstanz. S. 23-41.

Emmerich, M./Scherr, A., 2006: Subjekt, Subjektivität und Subjektivierung. In: A. Scherr (Hg.): Soziologische Basics. Wiesbaden. S. 170-175.

Erlinghagen, M./Knuth, M., 2003: Arbeitsmarktdynamik zwischen öffentlicher Wahrnehmung und empirischer Realität. In: WSI-Mitteilungen. 54. Jg. S. 503-509.

Engel, G.L., 1977: The need for a new medical model. A challenge for biomedicine. In: Science. Bd. 196. S. 129-136.

Esping-Andersen, G., 1990: The Three Worlds of Welfare Capitalism (Cambridge, Polity Press).

Feidel-Merz, H./Lingelbach, K.-C., 1994: Gewaltsame Verdrängung und prekäre Kontinuität. Zur Entwicklung der wissenschaftlichen Pädagogik in Frankfurt am Main vor und nach 1933. In: Zeitschrift für Pädagogik. 40. Jg. S. 707-726.

Fischer, A., 1925/1954: Die Problematik des Sozialbeamtentums. In: ders.: Leben und Werk. Bd. 3/4: Gesammelte Abhandlungen zur Soziologie, Sozialpädagogik und Sozialpsychologie. München. S. 319-349.

Fischer, M.E., 2007: Raum und Zeit. Die Formen des Lernens Erwachsener aus moderni-sierungstheoretischer Sicht. Baltmannsweiler.

Fischer, W., 1993: Skepsis und Widerstreit. Neue Beiträge zur skeptisch-transzendental-kritischen Pädagogik. St. Augustin.

Fleck, L., 1980: Entstehung und Entwicklung einer wissenschaftlichen Tatsache. Einfüh-rung in die Lehre vom Denkstil und Denkkollektiv. Frankfurt a.M. (orig. 1935).

Flösser, G.,1996: Kontraktmanagement – Das neue Steuerungsmodell für die Jugendhilfe. In: G. Flösser/H.-U. Otto (Hg.): Neue Steuerungsmodelle für die Jugendhilfe. Neu-wied. S. 55-74.

Flösser, G./Otto, H.-U., 1996: Neue Steuerungsmodelle für die Jugendhilfe. Neuwied.

Fook, J., 2002: Social Work. Critical Theory and Practice. London u.a.

Fook, J./Ryan, M./Hawkins, L., 1997: Towards a Theory of Social Work Expertise. In: British Journal of Social Work. 27. Jg. S. 399-417.

Foucault, M., 1976: Mikrophysik der Macht. Berlin.

Foucault, M., 1987: Das Subjekt und die Macht. In: H.L. Dreyfus/P. Rabinow (Hg.): M. Foucault. Jenseits von Strukturalismus und Hermeneutik. Frankfurt a.M. S. 241-261.

Foucault, M., 1993: Technologien des Selbst. In: L.H. Martin/H. Gutman/P.H. Hutton (Hg.): Technologien des Selbst. Frankfurt a.M. S. 24-62.

Foucault, M., 1999: Die Geburt der Klinik. Eine Archäologie des ärztlichen Blicks. Frankfurt a.M.

Foucault, M., 2003: Der Diskurs darf nicht gehalten werden für... In: ders.: Dits et Ecrits. Schriften in vier Bänden. Bd. 3. 1976-1979. Frankfurt a.M. S. 164f.

Foucault, M., 2005: Die Ethik der Sorge um sich als Praxis der Freiheit. In: ders.: Dits et Ecrits. Schriften. 4. Bd. Frankfurt a.M. S. 875-902

Friebertshäuser, B./Rieger-Ladich, M./Wigger, L. (Hg.), 2006: Reflexive Erziehungswis-senschaft. Wiesbaden.

Friedrichs, J. (Hg.), 1998: Die Individualisierungs-These. Opladen.

Friedrichs, J./Jagodzinski, W. (Hg.), 1999a: Soziale Integration. Sonderheft 39 der Kölner Zeitschrift für Soziologie und Sozialpsychologie. Opladen/Wiesbaden.

Friedrichs, J./Jagodzinski, W., 1999b: Theorien sozialer Integration. In: dies. (Hg.): Sozia-le Integration. Sonderheft 39 der Kölner Zeitschrift für Soziologie und Sozialpsy-chologie. Opladen/Wiesbaden. S. 9-43.

Fritzsche, B./Hartmann, J./Schmidt, A./Tervooren, A., 2001: Erziehungswissenschaftliche Debatten unter poststrukturalistischen Perspektiven – eine Einleitung. In: dies. (Hg.): Dekonstruktive Pädagogik. Opladen. S. 9-17.

Fuchs, K./Züchner, I., 2006: Kompetenzen, berufliches Selbstbild und pädagogische Leitbilder von Diplom-PädagogInnen. In: M. Rapold (Hg.): Pädagogische Kompe-tenz, Identität und Professionalität. Baltmannsweiler. S. 131-150.

Furnham, A./Lowick, V., 1984: Lay theories of the causes of alcoholism. In: British Jour-nal of Medical Psychology. 57. Jg. S. 319-332.

Furnham, A./Thomson, L., 1996: Lay theories of heroin addiction. In: Social Science and Medicine. 43. Jg. S. 29-40.

Füssenhäuser, C., 2005: Werkgeschichte(n) der Sozialpädagogik: Klaus Mollenhauer, Hans Thiersch, Hans-Uwe Otto. Baltmannsweiler.

Füssenhäuser, C./Thiersch, H., 2001: Theorien der Sozialen Arbeit. In: H.-U. Otto/H. Thiersch (Hg.): Handbuch der Sozialarbeit/Sozialpädagogik. 2. Aufl. Neuwied/Kriftel, S. 1876-1900.

Galuske, M., 2002a: Flexible Sozialpädagogik. Elemente einer Theorie Sozialer Arbeit in der modernen Arbeitsgesellschaft. Weinheim/München.

Galuske, M., 2002b: Dienstleistungsorientierung – ein neues Leitkonzept Sozialer Arbeit? In: Neue Praxis. 32. Jg. S. 241-258.

Galuske, M., 2003: Methoden der Sozialen Arbeit. 5. Aufl. Weinheim/München.

Galuske, M., 2005: Individuelle Förderung – Streitgespräch über unterschiedliche sozialpädagogische Konzepte. In: Friedrich-Ebert-Stiftung (Hg.): „Kompetenzen fördern – Chancen eröffnen." Neue Wege der beruflichen Qualifizierung für Jugendliche mit besonderem Förderbedarf. Bonn. S. 39-43.

Galuske, M., 2007: Nach dem Ende des sozialpädagogischen Jahrhunderts – Soziale Arbeit zwischen Aktivierung und Ökonomisierung. In: R. Knopp/T. Münch (Hg.): Zurück zur Armutspolizey? Soziale Arbeit zwischen Hilfe und Kontrolle. Berlin. S. 9-32.

Galuske, M./Müller, C.W., 2002: Handlungsformen in der Sozialen Arbeit. In: W. Thole (Hg.): Grundriss Soziale Arbeit. Opladen. S. 485-508.

Gängler, H., 1995: „Die Beobachter der Beobachter beim Beobachten..." Strukturmuster sozialpädagogischer Theorieproduktion. In: H. Thiersch/K. Grunwald (Hg.): Zeitdiagnose Soziale Arbeit. Zur wissenschaftlichen Leistungsfähigkeit der Sozialpädagogik in Theorie und Ausbildung. Weinheim/München. S. 27-42.

Garfinkel, H., 1977: Bedingungen für den Erfolg von Degradierungszeremonien. In: K. Lüderssen/F. Sack (Hg.): Seminar: Abweichendes Verhalten III: Die gesellschaftliche Reaktion auf Kriminalität. Bd. 2: Strafprozess und Strafvollzug. Frankfurt a.M. S. 31-40.

Geißler, R., 1996: Kein Abschied von Klasse und Schicht. Ideologische Gefahren der deutschen Sozialstrukturanalyse. In: Kölner Zeitschrift für Soziologie und Sozialpsychologie. 48. Jg. Heft 2. S. 319-338.

Gergen, K.J., 1996: Is Diagnosis a Disaster? A Constructionist Trialogue. In: F.W. Kaslow (Hg.): Handbook of Relational Diagnoses and Dysfunctional Family Patterns. New York u.a. S. 102-118.

Gerner, B., 1974: Neue Materialien zur Wirkungsgeschichte Herbarts. Zu einigen Erstveröffentlichungen Otto Willmanns. In: Pädagogische Rundschau. 28. Jg. S. 579-586.

Gerner, B., 1975: Historische und Philosophische Pädagogik. Ihr Verhältnis in Otto Willmanns Prager Vorlesungen. In: W. Böhm/J. Schriewer (Hg.): Geschichte der Pädagogik und systematische Erziehungswissenschaft. Stuttgart. S. 190-203.

Giddens, A., 1988: Die Konstitution der Gesellschaft. Grundzüge einer Theorie der Strukturierung. Frankfurt/New York.

Giesecke, H., 1997: Die pädagogische Beziehung. Pädagogische Professionalität und die Emanzipation des Kindes. 2. Aufl. Weinheim/München.

Gildemeister, R., 1983: Als Helfer überleben. Beruf und Identität in der Sozialarbeit/Sozialpädagogik. Neuwied/Darmstadt.

Göckel, R. (Hg.), 2005: Fachkonzept „Beschäftigungsorientiertes Fallmanagement im SGB II". Abschlussfassung des Arbeitskreises. Bundesagentur für Arbeit (www.kompetenzzentren.de/downloads/2510_ver_dk_0504_fachkonzept_abs_fallm .pdf; Download April 2006).

Goffman, E., 1981: Asyle. Über die soziale Situation psychiatrischer Patienten und anderer Insassen. 4. Aufl. Frankfurt a.m.

Gottschalk, G.M., 2004: Entstehung und Verwendung des Begriffs Sozialpädagogik. Extrapolation systematischer Kategorien als Beitrag für das Selbstverständnis heutiger Sozialpädagogik. Eichstätt.

Gottschalk-Mazouz, N., 2007: Was ist Wissen? Überlegungen zu einem Komplexbegriff an der Schnittstelle von Philosophie und Sozialwissenschaften. In: S. Ammon/C. Heineke/K. Selbmann (Hg.): Wissen in Bewegung. Vielfalt und Hegemonie in der Wissensgesellschaft. Weilerswist. S. 21-40.

Gottschall, K./Voß, G.G. (Hg.), 2005a: Entgrenzung von Leben und Arbeit. 2. Aufl. München/Mering.

Gottschall, K./Voß, G.G., 2005b: Entgrenzung von Leben und Arbeit. Zur Einleitung. In: dies. (Hg.): Entgrenzung von Leben und Arbeit. 2. Aufl. München/Mering. S. 11-33.

Graf, M., 2000: Der Blick vom Diwan aufs Baugerüst. Zum Bedürfnis nach Klassikern in der Sozialpädagogik. In: Neue Pestalozzi-Blätter/Zeitschrift für pädagogische Historiographie. 6. Jg. S. 17-25.

Gritschneder, M., 1921: Der Begriff der Sozialpädagogik in der deutschen erziehungswissenschaftlichen Literatur des 19. Jahrhunderts. München.

Groenemeyer, A., 2001: Soziale Probleme. In: H.-U. Otto/H. Thiersch (Hg.): Handbuch Sozialarbeit/Sozialpädagogik. 2. Aufl. Neuwied/Kriftel. S. 1693-1708.

Groenemeyer, A., 2003: Von der Sünde zum Risiko? In: ders.: (Hg.): Soziale Probleme und politische Diskurse – Konstruktionen von Kriminalpolitik in sozialen Kontexten. Univ. Bielefeld. S. 17-49. http://www.uni-bielefeld.de/sozprob (Download März 2006).

Groenemeyer, A., 2007: Gibt es eigentlich noch abweichendes Verhalten? Krisendiagnosen in Soziologie und Kriminologie. In: Kriminologisches Journal. 39. Jg. S. 162-184.

Groenemeyer, A., 2008: Institutionen der Normativität. In: A. Groenemeyer/S. Wieseler (Hg.): Soziologie sozialer Probleme und sozialer Kontrolle. Wiesbaden. S. 70-97.

Groth, C./Maening, W. (Hg.), 2001: Strategien gegen Jugendarbeitslosigkeit im internationalen Vergleich. Frankfurt a.M. u.a.

Haller, M., 1999: Soziologische Theorie im systematisch-kritischen Vergleich. Opladen.

Hamburger, F., 2002: Soziale Arbeit und Öffentlichkeit. In: W. Thole (Hg.): Grundriss Soziale Arbeit. Opladen. S. 755-777.

Hamburger, F., 2003: Einführung in die Sozialpädagogik. Stuttgart.

Hanses, A., 2000: Biographische Diagnostik in der Sozialen Arbeit. In: Neue Praxis. 30. Jg. S. 357-379.

Hanses, A., 2007: Professionalisierung in der Sozialen Arbeit. In: R. Anhorn/F. Bettinger/J. Stehr (Hg.): Foucaults Machtanalytik und Soziale Arbeit. Wiesbaden. S. 309-320.

Harkort, F., 1844/1969: Bemerkungen über die Hindernisse der Civilisation und Emancipation der unteren Classen. In: ders.: Schriften und Reden zu Volksschule und Volksbildung. Paderborn. S. 64-100.

Harnach, V., 2007: Psychosoziale Diagnostik in der Jugendhilfe. 5. Aufl. Weinheim/München.

Harnach-Beck, V., 1999: Ohne Prozessqualität keine Ergebnisqualität. Sorgfältige Diagnostik als Voraussetzung für erfolgreiche Hilfe zur Erziehung. In: F. Peters (Hg.): Diagnosen – Gutachten – hermeneutisches Fallverstehen. Rekonstruktive Verfahren zur Qualifizierung individueller Hilfeplanung. Frankfurt a.M. S. 27-48.

Hegel, G.W.F., 1821/1986: Grundlinien der Philosophie des Rechts oder Naturrecht und Staatswissenschaft im Grundrisse. Frankfurt a.M.

Heiner, M. (Hg.), 2004: Diagnostik und Diagnosen in der Sozialen Arbeit. Berlin.

Heins, M., 1994: Transformationsprozesse in Ostdeutschland. Norm-, anomie- und innovationstheoretische Aspekte. Wiesbaden.

Heite, C., 2006: Professionalisierungsstrategien der Sozialen Arbeit. In: Neue Praxis. 36. Jg. S. 201-207.

Henseler, J./Barth, G., 2006: Großstadterziehung – ein sozialpädagogisches Reformprojekt. In: E. Skiera/A. Nemeth/G. Mikonya (Hg.): Reformpädagogik und Lebensreform in Mitteleuropa. Budapest. S. 185-203.

Henseler, J./Reyer, J. (Hg.), 2000: Sozialpädagogik und Gemeinschaft. Historische Beiträge zur Rekonstruktion eines konstitutiven Verhältnisses. Baltmannsweiler.

Hentig, H.v., 1967: Versuch einer Einführung. In: Neue Sammlung. 7. Jg. S. 382-390.

Herbart, J.F., 1802/1964: Die ersten Vorlesungen über Pädagogik. In: ders.: Pädagogische Schriften. Bd. 1: Kleinere pädagogische Schriften. Düsseldorf/München. S. 121-131.

Herbart, J.F., 1806/1983: Allgemeine Pädagogik aus dem Zwecke der Erziehung abgeleitet. 6. Aufl. Bochum.

Herriger, N., 2002: Empowerment in der Sozialen Arbeit. 2. Aufl. Stuttgart u.a.

Hess, H./Scheerer, S., 2004: Theorie der Kriminalität. In: D. Oberwittler/S. Karstedt (Hg.): Soziologie der Kriminalität. Wiesbaden. S. 69-92.

Hinte, W., 2002: Von der Gemeinwesenarbeit über die Stadtteilarbeit zum Quartiermanagement. In: W. Thole (Hg.): Grundriss Soziale Arbeit. Opladen. S. 535-548.

Hoffmann, J.G., 1845/1965: Bemerkungen über die Ursachen der entsittlichenden Dürftigkeit oder des sogenannten Pauperismus. In: C. Jantke/D. Hilger (Hg.): Die Eigentumslosen. Der deutsche Pauperismus und die Emanzipationskrise in Darstellungen und Deutungen der zeitgenössischen Literatur. Freiburg/München. S. 361-376.

Hollstein, W., 1973: Hilfe und Kapital. Zur Funktionsbestimmung der Sozialarbeit. In: W. Hollstein/M. Meinhold (Hg.): Sozialarbeit unter kapitalistischen Produktionsbedingungen. Frankfurt a.M. S. 167-207.

Holstein, J.A./Miller, G., 2003: Social Constructionism and Social Problems Work. In: dies. (Hg.): Challenges and Choices. Constructionist Perspectives on Social Problems. New York. S. 70-91.

Homfeldt, H.G./Schulze-Krüdener, J. (Hg.), 2000: Wissen und Nichtwissen. Herausforderungen für soziale Arbeit in der Wissensgesellschaft. Weinheim/München.

Hörster, R., 2001: Erziehung. In: H.-U. Otto/H. Thiersch (Hg.): Handbuch Sozialarbeit/Sozialpädagogik. 2. Aufl. Neuwied/Kriftel. S. 438-447.

Hörster, R./Müller, B., 1996: Zur Struktur sozialpädagogischer Kompetenz. Oder: Wo bleibt das Pädagogische der Sozialpädagogik? In: A. Combe/W. Helsper (Hg.): Pädagogische Professionalität. Frankfurt a.M. S. 614-648.

Humphreys, K./Rappaport, J., 1993: From the Community Mental Health Movement to the War on Drugs. A Study in the Definition of Social Problems. In: American Psychologist. 48. Jg. S. 892-901.

Järvinen, M., 2002: Institutionalised resignation – on the development of the Danish treatment system. In: Nordisk alkohol- och narkotikatidskrift (English supplement). 19. Jg. S. 5-15.

Joas, H., 2007: Die soziologische Perspektive. In: ders. (Hg.): Lehrbuch der Soziologie. 3. Aufl. Frankfurt a.M. S. 11-38.

Jordan, E., 2005: Kinder- und Jugendhilfe. 2. Aufl. Weinheim/München.

Jungblut, H.J., 2004: Drogenhilfe. Eine Einführung. Weinheim/München.

Kappeler, M., 1997: „Zum Verhältnis von Toleranz und Akzeptanz in der professionellen Drogenhilfe". In: Akzeptanz. 5. Jg. S. 46-52.

Kardorff, E.v., 2002: Soziale Arbeit und Soziale Dienste im Gesundheitswesen. In: K.A. Chassé/H.-J. v. Wensierski (Hg.): Praxisfelder Sozialer Arbeit. Eine Einführung. 2. Aufl. Weinheim/München. S. 352-369.

Karges, R./Lehner, I.M., 2003: Soziale Arbeit zwischen eigenem Anspruch und beruflicher Realität – Veränderungen der Arbeitsbedingungen und der Arbeitsvollzüge. In: H.-J. Dahme/ H.-U. Otto/A. Trube/N. Wohlfahrt (Hg.): Soziale Arbeit für den aktivierenden Staat. Opladen. S. 333-368.

Kassner, K., 2003: Soziale Deutungsmuster – über aktuelle Ansätze zur Erforschung kollektiver Sinnzusammenhänge. In: S. Geideck/W.-A. Liebert (Hg.): Sinnformeln. Linguistische und soziologische Analysen von Leitbildern, Metaphern und anderen kollektiven Orientierungsmustern. Berlin/New York. S. 37-57.

Kaufmann, F.-X., 1997: Herausforderungen des Sozialstaates. Frankfurt a.M.

Kaufmann, F.-X., 2005: Sozialpolitik und Sozialstaat: Soziologische Analysen. 2. Aufl. Wiesbaden.

Keller, R., 1997: Diskursanalyse. In: R. Hitzler/A. Honer (Hg.): Sozialwissenschaftliche Hermeneutik. Opladen. S. 309-333.

Keller, R., 2001: Wissenssoziologische Diskursanalyse. In: R. Keller/A. Hirseland/W. Schneider/W. Viehöfer (Hg.): Handbuch Diskursanalyse. Bd. 1. Opladen. S. 113-145.

Keller, R., 2004: Diskursforschung. Opladen.

Keller, R./Hirseland, A./Schneider, W./Viehöfer, W., 2001: Handbuch Diskursanalyse. Bd. 1. Opladen.

Keller, R./Hirseland, A./Schneider, W./Viehöfer, W., 2003: Handbuch Diskursanalyse. Bd. 2. Opladen.

Keller, R., 2008: Wissenssoziologische Diskursanalyse. 2. Aufl. Wiesbaden.

Kessl, F., 2005: Der Gebrauch der eigenen Kräfte. Eine Gouvernementalität Sozialer Arbeit. Weinheim/München.

Kessl, F., 2006: Aktivierungspädagogik statt wohlfahrtsstaatlicher Dienstleistung? In: Zeitschrift für Sozialreform. 52. Jg. S. 217-232.

Kessl, F./Krasmann, S., 2005: Sozialpolitische Programmierungen. In: F. Kessl/C. Reutlinger/S. Maurer/O. Frey (Hg.): Handbuch Sozialraum. Wiesbaden. S. 227-245.

Kessl, F./Landhäußer, S./Ziegler, H., 2006: Sozialraum. In: B. Dollinger/J. Raithel (Hg.): Aktivierende Sozialpädagogik. Wiesbaden. S. 191-216.

Kessl, F./Maurer, S., 2005: Soziale Arbeit. In: F. Kessl/C. Reutlinger/S. Maurer/O. Frey (Hg.): Handbuch Sozialraum. Wiesbaden. S. 111-128.

Kessl, F./Otto, H.-U., 2007 (in Druck): Soziale Arbeit. In: G. Albrecht/A. Groenemeyer (Hg.): Handbuch soziale Probleme. 2. Aufl. Wiesbaden. (http://www.uni-bielefeld.de/paedagogik/agn/ag8/soziale_arbeit_(groenemeyer-albrecht_2007).pdf; Download 29.12.2007).

Kessl, F./Reutlinger, C., 2007: Sozialraum. Eine Einführung. Wiesbaden.

Kessl, F./Reutlinger, C./Ziegler, H., 2007: Erziehung zur Armut? Soziale Arbeit und die „neue Unterschicht" – eine Einführung. In: F. Kessl/C. Reutlinger/H. Ziegler (Hg.): Erziehung zur Armut? Soziale Arbeit und die „neue Unterschicht". Wiesbaden. S. 7-15.

Keupp, H./Ahbe, T./Gmür, W./Höfer, R./Mitzscherlich, B./Kraus, W./Straus, F., 1999: Identitätskonstruktionen. Das Patchwork der Identitäten in der Spätmoderne. Reinbek b. Hamburg.

Kippele, F., 1998: Was heißt Individualisierung? Die Antworten soziologischer Klassiker. Opladen/Wiesbaden.

Klatetzki, T., 1993: Wissen, was man tut. Bielefeld.

Klatetzki, T., 2005: Professionelle Arbeit und kollegiale Organisation. Eine symbolisch interpretative Perspektive. In: T. Klatetzki/V. Tacke (Hg.): Organisation und Profession. Wiesbaden. S: 253-283.

Klatetzki, T./Tacke, V. (Hg.), 2005a: Organisation und Profession. Wiesbaden.

Klatetzki, T./Tacke, V., 2005b: Einleitung. In: dies. (Hg.): Organisation und Profession. Wiesbaden. S. 7-30.

Kleber, E.W., 2006: Diagnose. In: H.-H. Krüger/W. Helsper (Hg.): Einführung in Grundbegriffe und Grundfragen der Erziehungswissenschaft. 7. Aufl. Opladen/Farmington Hills. S. 115-129.

Klein, A./Landhäußer, S./Ziegler, H., 2005: The Salient Injuries of Class: Zur Kritik der Kulturalisierung struktureller Ungleichheiten. In: Widersprüche. 25. Jg. S. 45-74.

Klingemann, H./Bergmark, A., 2006: The legitimacy of addiction treatment in a world of smart people. In: Addiction. 101. Jg. S. 1230-1237.

Klug, W., 2002: Case Management im US-amerikanischen Kontext: Anmerkungen zur Bilanz und Folgerungen für die deutsche Sozialarbeit. In: Löcherbach, P./Klug, W./Remmel-Faßbender, R./Wendt, W.-R. (Hg.): Case Management in Theorie und Praxis. Neuwied. S. 37-62.

Knoblauch, H., 2005: Wissenssoziologie. Konstanz.

Knorr Cetina, K., 1992: Zur Unterkomplexität der Differenzierungstheorie. In: Zeitschrift für Soziologie. 21. Jg. S. 406-419.

Koenen, E.J., 1999: Individualisierung als Abweichung. Zum veränderten Umgang mit neuen Formen von Devianz. In: Kriminologisches Journal. 31. Jg. S. 243-264.

König, E./Zedler, P., 2002: Theorien der Erziehungswissenschaft. 2. Aufl. Weinheim/Basel.

König, R., 1984: Einleitung. In: E. Durkheim: Die Regeln der soziologischen Methode. Frankfurt a.M. S. 21-82.

Krafeld, F.J., 2004: Grundlagen und Methoden aufsuchender Jugendarbeit. Wiesbaden.

Krähnke, U., 2007: Selbstbestimmung. Zur gesellschaftlichen Konstruktion einer normativen Leitidee. Göttingen.

Kramer, D., Landwehr, R./Kolleck, B., 2003: Germany. In: I. Weiss/J. Gal/J. Dixon (Hg.): Professional Ideologies and Preferences in Social Work. A Global Study. Westport, Conn./London. S. 75-97.

Krasmann, S., 1999: Regieren über Freiheit. Zur Analyse der Kontrollgesellschaft in foucaultscher Perspektive. In: Kriminologisches Journal. 31. Jg. S. 107-121.

Krasmann, S., 2000: Gouvernementalität an der Oberfläche. Aggressivität (ab-)trainieren beispielsweise. In: U. Bröckling/S. Krasmann/T. Lemke (Hg.): Gouvernementalität der Gegenwart. Studien zur Ökonomisierung des Sozialen. Frankfurt a.M. S. 194-226.

Kron, T./Redding, M., 2003: Der Zwang zur Autonomie und die Dimension moralischer Autonomie bei Durkheim. M. Junge (Hg.): Macht und Moral. Wiesbaden. In: S. 165-191.

Kronen, H., 1980: Sozialpädagogik. Geschichte und Bedeutung des Begriffs. Frankfurt a.M.

Krumenacker, F.-J., 2004: Von „Lebensthemen" zu „Selbstdeutungsmustern" und „Entwicklungsaufgaben". In: ders. (Hg.): Sozialpädagogische Diagnosen in der Praxis. Weinheim/München. S. 23-38.

Kübler, H.-D., 2005: Mythos Wissensgesellschaft. Gesellschaftlicher Wandel zwischen Information, Medien und Wissen. Wiesbaden.

Kühn, C., 2005: Räume planen, bauen und gestalten. In: U. Deinet/B. Sturzenhecker (Hg.): Handbuch Offene Kinder- und Jugendarbeit. 3. Aufl. Wiesbaden. S. 406-410.

Kuhn, T.S., 1995: Die Struktur wissenschaftlicher Revolutionen. 13. Aufl. Frankfurt a.M.

Kunstreich, T./Lindenberg, M., 2002: Die Tantalus-Situation – Soziale Arbeit mit Ausgegrenzten. In: W. Thole (Hg.): Grundriss Soziale Arbeit. Opladen. S. 349-366.

Kunstreich, T./Langhanky, M./Lindenberg, M./May, M., 2004: Dialog statt Diagnose. In: M. Heiner (Hg.): Diagnostik und Diagnosen in der Sozialen Arbeit. Berlin. S. 26-39.

Kury, H./Obergfell-Fuchs, J., 2006: Punitivität in Deutschland – Zur Diskussion um eine neue „Straflust". In: T. Feltes/C. Pfeiffer/G. Steinhilper (Hg.): Kriminalpolitik und ihre wissenschaftlichen Grundlagen. Heidelberg. S. 1021-1043.

Kurz, T., 2007: Bildung und Erziehung in der soziologischen Theorie. In: Zeitschrift für Erziehungswissenschaft. 10. Jg. S. 231-249.

Laclau, E./Mouffe, C., 2006: Hegemonie und radikale Demokratie. Zur Dekonstruktion des Marxismus. 3. Aufl. Wien.

Langhanky, M., 2005: Diagnostik – eine Kunst des Regierens. In: Widersprüche. 25. Jg. S. 7-21.

Lamnek, S., 2007: Theorien abweichenden Verhaltens I. „Klassische" Ansätze. 8. Aufl. Paderborn.

Landwehr, A., 2004: Geschichte des Sagbaren. Einführung in die historische Diskursanalyse. 2. Aufl. Tübingen.

Lautmann, R./Klimke, D./Sack, F. (Hg.), 2004: Punitivität. (8. Beiheft des Kriminologischen Journals). Weinheim.

Laux, L., 2000: Persönlichkeitspsychologie in interaktionistischer Sicht. In: Zeitschrift für Psychologie. 208. Jg. S. 242-266.

Lazarus, R.S., 1990: Stress und Stressbelastung – ein Paradigma. In: S.-H. Filipp (Hg.): Kritische Lebensereignisse. 2. Aufl. München. S. 198-232.

Lazarus, R.S./Folkman, S., 1984: Stress, appraisal, and coping. New York.

Lemke, T., 1997: Eine Kritik der politischen Vernunft. Foucaults Analyse der modernen Gouvernementalität. Berlin/Hamburg.

Lenz, K./Schefold, W./Schröer, W., 2004: Entgrenzte Lebensbewältigung. Sozialpädagogik vor neuen Herausforderungen. In: dies.: Entgrenzte Lebensbewältigung. Jugend, Geschlecht und Jugendhilfe. Weinheim/München. S. 9-18.

Levine, H.G., 1979: The Discovery of Addiction: Changing Conceptions of Habitual Drunkenness in America. In: Journal of Studies on Alcohol. 15. Jg. S. 493-506. (Hier: http://www.lindesmith.org/lindesmith/library/tlclevin.html; Download Mai 2001).

Lichtblau, K., 1991: Soziologie und Zeitdiagnose. Oder: Die Moderne im Selbstbezug. In: S. Müller-Dohm (Hg.): Jenseits der Utopie. Theoriekritik der Gegenwart. Frankfurt a.M. S. 15-47.

Liesner, A./Wimmer, M., 2003: Der Umgang mit Ungewissheit. Denken und Handeln unter Kontingenzbedingungen. In: W. Helsper/R. Hörster/J. Kade (Hg.): Ungewissheit. Pädagogische Felder im Modernisierungsprozess. Weilerswist. S. 23-49.

Lindner, G.A., 1889: Grundriß der Pädagogik als Wissenschaft. Im Anschluss an die Entwickelungslehre und die Sociologie. Wien/Leipzig.

Lindner, W. (Hg.), 2000: Ethnographische Methoden in der Jugendarbeit. Opladen.

Lüders, C., 1991: Spurensuche – Ein Literaturbericht zur Verwendungsforschung. In: Zeitschrift für Pädagogik. 27. Beiheft. S. 415-437.

Lüders., C./Kade, J./Hornstein, W., 2006: Entgrenzung des Pädagogischen. In: H.-H. Krüger/W. Helsper (Hg.): Einführung in Grundbegriffe und Grundfragen der Erziehungswissenschaft. 7. Aufl. Opladen/Farmington Hills. S. 223-232.

Lüders, C./Meuser, M., 1997: Deutungsmusteranalyse. In: R. Hitzler/A. Honer (Hg.): Sozialwissenschaftliche Hermeneutik. Opladen. S. 57-79.

Lüders, J., 2007: Soziale Arbeit und „Bildung". Ein foucaultscher Blick auf ein umstrittenes Konzept. In: Anhorn, R./Bettinger, F. /Stehr, J. (Hg.): Foucaults Machtanalytik und Soziale Arbeit. Wiesbaden. S. 185-199.

Ludwig-Mayerhofer, W., 2000: Kriminalität. In: J. Allmendinger/W. Ludwig-Mayerhofer (Hg.): Soziologie des Sozialstaats. Gesellschaftliche Grundlagen, historische Zusammenhänge und aktuelle Entwicklungstendenzen. Weinheim/München. S. 321-350.

Ludwig-Mayerhofer, W., 2005: Arbeitslosigkeit und sozialer Ausschluss. In: R. Anhorn/F. Bettinger (Hg.): Sozialer Ausschluss und Soziale Arbeit. Wiesbaden. S. 203-218.

Luhmann, N., 1998: Die Gesellschaft der Gesellschaft. 2 Bde. Frankfurt a.M.

Luhmann, N., 1999: Arbeitsteilung und Moral. Durkheims Theorie. In: E. Durkheim: Über soziale Arbeitsteilung. Studie über die Organisation höherer Gesellschaften. 3. Aufl. Frankfurt a.M. S. 19-38.

Luhmann, N., 2001: Vorbemerkungen zu einer Theorie sozialer Systeme. In: ders.: Aufsätze und Reden. Stuttgart. S. 7-30.

Lynch, M., 2004: Gegen Reflexivität als akademischer Tugend und Quelle privilegierten Wissens. In: Zeitschrift für qualitative Bildungs-, Beratungs- und Sozialforschung. 5. Jg. S. 273-309.

Maasen, S., 1999: Wissenssoziologie. Bielefeld.

Mägdefrau, J., 2006: Arbeitsfeldspezifische oder disziplinspezifische Professionalität? Subjektive Theorien über professionelles Handeln von Experten und Expertinnen in Feldern Sozialer Arbeit. In: M. Rapold (Hg.): Pädagogische Kompetenz, Identität und Professionalität. Baltmannsweiler. S. 161-186.

Mager, K.W.E., 1842: Rezension J.F. Herbart: Umriss pädagogischer Vorlesungen. In: Pädagogische Revue. 3. Jg. S. 297-305.

Mager, K.W.E., 1844/1989: Schule und Leben. Rez. Curtmann. In: ders.: Gesammelte Werke. Bd. 8. Baltmannsweiler. S. 144-184.

Mager, K.W.E., 1848/1989: Bruchstücke aus einer deutschen Scholastik. In: ders.: Gesammelte Werke. Bd. 8. Baltmannsweiler. S. 19-81.

Mannheim, K., 1995: Ideologie und Utopie. 8. Aufl. Frankfurt a.M.

Marquard, O., 2003: Frage nach der Frage, auf die die Hermeneutik die Antwort ist. In: ders.: Zukunft braucht Herkunft. Stuttgart. S. 72-101.

Marschalck, P., 2002: Zwischen Ökonomie und Biologie. Zur Entwicklung der Bevölkerungswissenschaft in Deutschland im 19. und 20. Jahrhundert. In: R. Mackensen (Hg.): Bevölkerungslehre und Bevölkerungsentwicklung vor 1933. Opladen. S. 105-119.

May, M., 2000: Wider den Zynismus einer Luhmannisierung der Theorie Sozialer Arbeit. In: Widersprüche. 20. Jg. S. 97-114.

May, M., 2008: Aktuelle Theoriediskurse Sozialer Arbeit. Wiesbaden.

Melossi, D., 2000: Changing Representations of the Criminal. In: British Journal of Criminology. 40. Jg. S. 296-320.

Mennicke, C., 1924: Jugendbewegung und öffentliche Wohlfahrtspflege. In: Pädagogisches Zentralblatt. 4. Jg. S. 393-400.

Mennicke, C., 1926a: Das sozialpädagogische Problem in der gegenwärtigen Gesellschaft. In: P. Tillich (Hg.): Kairos. Zur Geisteslage und Geisteswendung. Darmstadt. S. 311-344.

Mennicke, C., 1926b: Der religiöse Sozialismus in Deutschland. In: Sozialistische Monatshefte. Bd. 32. S. 156-164.

Mennicke, C., 1937/2001: Sozialpädagogik. Grundlagen, Formen und Mittel der Gemeinschaftserziehung. Weinheim.

Mennicke, C., 1959: Die sozialpädagogische Aufgabe der heutigen Gesellschaft. In: Die Sammlung. 14. Jg. S. 7-16.

Mergner, U., 2007: Ängste, Klagen, Stillhalten: Reaktionen auf die ‚schlechten Nachrichten' zu den Arbeits- und Beschäftigungsbedingungen in der Sozialen Arbeit. Ein Erklärungsversuch. In: H.-J. Dahme/N. Wohlfahrt (Hg.): Arbeit in Sozialen Diensten: flexibel und schlecht bezahlt? Baltmannsweiler. S. 117-131.

Merten, R. (Hg.), 2002a: Sozialraumorientierung. Zwischen fachlicher Innovation und rechtlicher Machbarkeit. Weinheim/München.

Merten, R., 2002b: Sozialraumorientierung im Widerstreit zwischen fachlicher Innovation und rechtlicher Machbarkeit. In: ders. (Hg.): Sozialraumorientierung. Zwischen fachlicher Innovation und rechtlicher Machbarkeit. Weinheim/München. S. 9-17.

Merton, R.K., 1967: Social Theory and Social Structure. 12. Aufl. New York.

Messmer, H., 2007: Jugendhilfe zwischen Qualität und Kosteneffizienz. Wiesbaden.

Meuser, M., 2006: Deutungsmusteranalyse. In: R. Bohnsack/W. Marotzki/M. Meuser (Hg.): Hauptbegriffe Qualitativer Sozialforschung. Opladen/Farmington Hills. 2. Aufl. S. 31-33.

Mollenhauer, K., 1968: Einführung in die Sozialpädagogik. Probleme und Begriffe der Jugendhilfe. 4. Aufl. Weinheim.

Mollenhauer, K., 1998: Erziehungswissenschaft und Sozialpädagogik/Sozialarbeit oder: „Das Pädagogische" in der Sozialarbeit / Sozialpädagogik. In: R. Merten (Hg.): Sozialarbeit – Sozialpädagogik – soziale Arbeit. Freiburg i.Br. S. 131-138.

Mollenhauer, K./Uhlendorff, U., 1992: Sozialpädagogische Diagnosen. Über Jugendliche in schwierigen Lebenslagen. Weinheim/München.

Möller, W./Nix, C., 2006: Kurzkommentar zum SGB VIII – Kinder- und Jugendhilfe. München/Basel.

Morel, J./Bauer, E./Meleghy, T./Niedenzu, H.-J./Preglau, M./Staubmann, H., 2001: Soziologische Theorie. Abriß der Ansätze ihrer Hauptvertreter. 7. Aufl. München.

Mühlfeld, C., 1991: Bemerkungen zur binären Struktur der Moral. In: K. Salamun (Hg.): Moral und Politik aus der Sicht des Kritischen Rationalismus. Amsterdam/Atlanta. S. 73-93.

Mühlfeld, C., 1995: Krisenattribuierungen in der Familiensoziologie. In: D. Bögenhold/D. Hoffmeister/C. Jasper/E. Kemper/G. Solf (Hg.): Soziale Welt und soziologische Praxis. Soziologie als Beruf und Programm. Göttingen. S. 353-368.

Mühlfeld, C., 2004: Familiale Lebensformen: Soziale Rekonstruktion oder verklärende Erinnerung? In: Vierteljahrsschrift für wissenschaftliche Pädagogik. 80. Jg. S. 27-40.

Mühlfeld, C., 2007: Identität von Pädagogen. In: M. Rapold (Hg.): Pädagogische Identität, Netzwerke und Verbandsarbeit. Baltmannsweiler. S. 43-52.

Müller, B., 1992: Sisyphos und Tantalus – Bernfelds Konzept des „Sozialen Ortes" und seine Bedeutung für die Sozialpädagogik. In: R. Hörster/B. Müller (Hg.): Jugend, Erziehung und Psychoanalyse. Neuwied u.a. S. 59-74.

Müller, B., 2006a: Jugendarbeit im Spannungsfeld von Bildung und Erziehung. In: Zeitschrift für Erziehungswissenschaft. 4. Jg. S. 421-434.

Müller, B., 2006b: Sozialpädagogisches Können. 4. Aufl. Freiburg i.Br.

Müller, C., 2005: Sozialpädagogik als Erziehung zur Demokratie. Ein problemgeschichtlicher Theorieentwurf. Bad Heilbrunn.

Müller, H.-P./Schmid, M., 1999: Arbeitsteilung, Solidarität und Moral. In: E. Durkheim: Über soziale Arbeitsteilung. Studie über die Organisation höherer Gesellschaften. 3. Aufl. Frankfurt a.M. S. 481-521.

Müller, S., 1993: Erziehen – Helfen – Strafen. Zur Klärung des Erziehungsbegriffs im Jugendstrafrecht aus pädagogischer Sicht. In: H. Peters (Hg.): Muss Strafe sein? Zur Analyse und Kritik strafrechtlicher Praxis. Opladen. S. 217-232.

Müller, S., 2001: Erziehen – Helfen – Strafen. Das Spannungsverhältnis von Hilfe und Kontrolle in der Sozialen Arbeit. Weinheim/München.

Müller, S./Trenczek, T., 2001: Jugendgerichtshilfe – Jugendhilfe und Strafjustiz. In: H.-U. Otto/H. Thiersch (Hg.): Handbuch der Sozialarbeit/Sozialpädagogik. 2. Aufl. Neuwied/Kriftel. S. 857-873.

Mummendey, H.D., 1995: Psychologie der Selbstdarstellung. 2. Aufl. Göttingen u.a.

Münch, R., 2002a: Soziologische Theorie. Bd. 1: Grundlegung durch die Klassiker. Frankfurt a.M.

Münch, R., 2002b: Soziologische Theorie. Bd. 2: Handlungstheorie. Frankfurt a.M.

Münch, R., 2004: Soziologische Theorie. Bd. 3: Gesellschaftstheorie. Frankfurt a.M.

Münchmeier, R., 1981: Zugänge zur Geschichte der Sozialarbeit. München.

Nagel, U., 1991: Sozialarbeit als Krisenmanagement. In: M. Meuser/R. Sackmann (Hg.): Analyse sozialer Deutungsmuster. Pfaffenweiler. S. 71-87.

Narr, W.-D., 1973: Zur Genesis und Funktion von Krisen. Einige systemanalytische Marginalien. In: M. Jännicke (Hg.): Herrschaft und Krise. Beiträge zur politikwissenschaftlichen Krisenforschung. Opladen. S. 224-236.

Natorp, P., 1899/1974: Sozialpädagogik. Theorie der Willensbildung auf der Grundlage der Gemeinschaft. Paderborn.

Natorp, P., 1907: Der Streit um den Begriff der Sozialpädagogik. In: Die Deutsche Schule. 11. Jg. S. 601-622.

Nedelmann, B., 1986: Soziale Probleme und Handlungsflexibilität. Zur Bedeutsamkeit des kulturellen Aspekts sozialer Probleme. In: H. Oppl/A. Tomaschek (Hg.): Soziale Arbeit 2000. Bd. 1. Freiburg i.Br. S. 13-42.

Niemeyer, C., 1997: Die disziplinäre Engführung des Sozialpädagogikbegriffs im Zuge des Jugendwohlfahrtsdiskurses der Weimarer Epoche. In: C. Niemeyer/W. Schröer/L. Böhnisch (Hg.): Grundlinien Historischer Sozialpädagogik. Weinheim/München. S. 165-177.

Niemeyer, C., 1999: Theorie und Praxis der Sozialpädagogik. Münster.

Niemeyer, C., 2002: Hilfe. In: D. Lenzen (Hg.): Erziehungswissenschaft. 5. Aufl. Reinbek b. Hamburg. S. 159-184.

Niemeyer, C., 2003: Sozialpädagogik als Wissenschaft und Profession. Grundlagen, Kontroversen, Perspektiven. Weinheim/München.

Niemeyer, C., 2005: Klassiker der Sozialpädagogik. Einführung in die Theoriegeschichte einer Wissenschaft. 2. Aufl. Weinheim/München.

Nienhaus, G., 1999: Subjektive Erklärungskonzepte jugendlicher Delinquenz. Qualitative Inhaltsanalysen sozialpädagogischer Stellungnahmen der Jugendgerichtshilfe (Diss. Universität-Gesamthochschule Essen).

Nohl, H., 1919/1999: „Ein Volk, das derart arm und gottverlassen geworden ist...". In: M. Friedenthal-Haase/E. Meilhammer (Hg.): Blätter der Volkshochschule Thüringen (1919-1933). Bd. 1: März 1919 bis März 1925. Hildesheim u.a. S. 9.

Nohl, H., 1926/1927: Zum psychologischen Verständnis der Tat des Jugendlichen. In: ders.: Jugendwohlfahrt. Sozialpädagogische Vorträge. Leipzig. S. 55-70.

Nohl, H., 1933-35/1963: Die pädagogische Bewegung in Deutschland und ihre Theorie. 6. Aufl. Frankfurt a.M.

Nohl, H., 1970: Die Deutsche Bewegung. Vorlesungen und Aufsätze zur Geistesgeschichte von 1770-1830. Göttingen.

Nunner-Winkler, G., 1997: Zurück zu Durkheim? Geteilte Werte als Basis gesellschaftlichen Zusammenhalts. In: W. Heitmeyer (Hg.): Was hält die Gesellschaft zusammen? Frankfurt a.M. S. 360-402.

O'Neill, P., 2005: The Ethics of Problem Definition. In: Canadian Psychology. 46. Jg. S. 13-20.

Oberwittler, D./Karstedt, S. (Hg.), 2004: Soziologie der Kriminalität. Wiesbaden.

Oelkers, J., 1991: Erziehung und Gemeinschaft. Eine historische Analyse reformpädagogischer Optionen. In: C. Berg/S. Ellger-Rüttgart (Hg.): „Du bist nichts, Dein Volk ist alles". Forschungen zum Verhältnis von Pädagogik und Nationalsozialismus. Weinheim. S. 22-45.

Oelkers, J., 2006: Pädagogik in der Krise der Moderne. In: H.-H. Krüger (Hg.): Einführung in die Geschichte der Erziehungswissenschaft und Erziehungswirklichkeit. 3. Aufl. Opladen/Bloomfield Hills. S. 71-115.

Oelkers, J./Tenorth, H.-E., 1991a: Pädagogisches Wissen als Orientierung und als Problem. In: J. Oelkers/H.-E. Tenorth (Hg.): Pädagogisches Wissen. Weinheim/Basel. S. 13-35.

Oelkers, J./Tenorth, H.-E. (Hg.), 1991b: Pädagogisches Wissen. Weinheim/Basel.

Oelschlägel, D., 2001: Gemeinwesenarbeit. In: H.-U. Otto/H. Thiersch (Hg.): Handbuch Sozialarbeit/Sozialpädagogik. 2. Aufl. Neuwied/Kriftel. S. 653-659.

Oevermann, U., 1973/2001: Zur Analyse der Struktur von sozialen Deutungsmustern. In: Sozialer Sinn. 1. Jg. S. 3-33.

Oevermann, U., 2001: Die Struktur sozialer Deutungsmuster – Versuch einer Aktualisierung. In: Sozialer Sinn. 1. Jg. S. 35-81.

Opitz, S., 2004: Gouvernementalität im Postfordismus. Hamburg.

Orrù, M., 1987: Anomie: history and meanings. London u.a.

Ortmann, R., 2000: Abweichendes Verhalten und Anomie. Freiburg. i.Br.

Osterwalder, F., 2006: Johann Heinrich Pestalozzi (1746-1827). In: B. Dollinger (Hg.): Klassiker der Pädagogik. Wiesbaden. S. 53-74.

Otto, H.-U./Seelmeyer, U., 2004: Soziale Arbeit und Gesellschaft – Anstöße zu einer Neuorientierung der Debatte um Normativität und Normalität. In: S. Hering/U. Urban (Hg.): „Liebe allein genügt nicht". Historische und systematische Dimensionen der Sozialpädagogik. Opladen. S. 45-63.

Palm, J., 2004: The nature of and responsibility for alcohol and drug problems: views among treatment staff. In: Addiction Research and Theory. 12. Jg. S. 413-413.

Pankoke, E., 1970: Sociale Bewegung – Sociale Frage – Sociale Politik. Grundfragen der deutschen „Socialwissenschaft" im 19. Jahrhundert. Stuttgart.

Passas, N., 1995: Continuities in the Anomie Tradition. In: F. Adler/W.S. Laufer (Hg.): The Legacy of Anomie Theory. New Brunswick/London. S. 91-112.

Peile, C./McCouat, M., 1997: The Rise of Relativism: The Future of Theory and Knowledge Development in Social Work. In: British Journal of Social Work. 27. Jg. S. 343-360.

Pestalozzi, J.H., 1797/1938: Meine Nachforschungen über den Gang der Natur in der Entwicklung des Menschengeschlechts. In: ders.: Sämtliche Werke. 12. Bd. Berlin. S. 1-166.

Pestalozzi, J.H., 1799/1932: Über den Aufenthalt in Stanz. Brief Pestalozzi's an einen Freund. In: ders.: Sämtliche Werke. Bd. 13. Berlin/Leipzig. S. 1-32.

Peters, F. (Hg.), 1999: Diagnosen – Gutachten – hermeneutisches Fallverstehen. Rekonstruktive Verfahren zur Qualifizierung individueller Hilfeplanung. Frankfurt a.M.

Peters, H., 1972: Sozialarbeit im gesellschafspolitischen Kontext. In: Soziale Welt. 23. Jg. S. 41-53.

Peters, H., 1973: Keine Chance für die Soziologie? Über die Bereitschaft von Sozialarbeitern, soziologische Devianztheorien zu rezipieren. In: Kriminologisches Journal. 5. Jg. S. 197-212.

Peters, H., 2002: Soziale Probleme und soziale Kontrolle. Wiesbaden.

Peters, H., 2005: Verweist Kriminalität auf die Grenzen der Sozialwissenschaften? Einleitung in das Thema des Schwerpunktheftes. In: Kriminologisches Journal. 37. Jg. S. 242-251.

Peters, H./Cremer-Schäfer, H., 1975: Die sanften Kontrolleure. Wie Sozialarbeiter mit Devianten umgehen. Stuttgart.

Pfadenhauer, M., 2003: Professionalität. Eine wissenssoziologische Rekonstruktion institutionalisierter Kompetenzdarstellungskompetenz. Opladen.

Pfadenhauer, M., 2005: Die Definition des Problems aus der Verwaltung der Lösung. In: dies. (Hg.): Professionelles Handeln. Wiesbaden. S. 9-26.

Plaß, C./Schetsche, M., 2001: Grundzüge einer wissenssoziologischen Theorie sozialer Deutungsmuster. In: Sozialer Sinn. 3. Jg. S. 511-536.

Plessner, H., 1980: Zur deutschen Ausgabe. In: Berger, P.L./Luckmann, T.: Die gesellschaftliche Konstruktion der Wirklichkeit. Eine Theorie der Wissenssoziologie. Frankfurt a.M. S. IX-XV.

Plewig, H.-J., 2007: Neue deutsche Härte – Die „Konfrontative Pädagogik" aus dem Prüfstand (Teil 1). In: Zeitschrift für Jugendkriminalrecht und Jugendhilfe. 18. Jg. S. 363-369.

Pohl, A./Walther, A., 2006: Benachteiligte Jugendliche in Europa. In: Aus Politik und Zeitgeschichte. Bd. 47. S. 26-36.

Pongratz, L.A./Wimmer, M./Nieke, W./Masschelein, J (Hg.), 2004: Nach Foucault. Diskurs- und machtanalytische Perspektiven der Pädagogik. Wiesbaden.

Ratzka, M., 2008: Politische Konstruktionen der Wirklichkeit. In: A. Groenemeyer/S. Wieseler (Hg.): Soziologie sozialer Probleme und sozialer Kontrolle. Wiesbaden. S. 15-34.

Rauschenbach, T., 1994: Inszenierte Solidarität: Soziale Arbeit in der Risikogesellschaft. In: U. Beck/E. Beck-Gernsheim (Hg.): Riskante Freiheiten. Individualisierung in modernen Gesellschaften. Frankfurt a.M. S. 89-111.

Rauschenbach, T., 1999: Das sozialpädagogische Jahrhundert. Weinheim/München.

Rauschenbach, T./Züchner, I., 2002: Theorie der Sozialen Arbeit. In: W. Thole (Hg.): Grundriss Soziale Arbeit. Ein einführendes Handbuch. Opladen, S. 139-160.

Reckwitz, A., 1997: Struktur. Zur sozialwissenschaftlichen Analyse von Regeln und Regelmäßigkeiten. Opladen.

Reckwitz, A., 2000: Die Transformation der Kulturtheorien. Weilerswist.

Reckwitz, A., 2006: Das hybride Subjekt. Weilerswist.

Reckwitz, A., 2008: Subjekt. Bielefeld.

Redaktion Widersprüche, 2006: Zu diesem Heft. In: Widersprüche. 26. Jg. S. 5-17.

Rein, W., 1910: Grundriss der Ethik mit Beziehung auf das Leben der Gegenwart. 3. Aufl. Osterwieck i. Harz/Leipzig.

Reinarman, H./Levine, H. (Hg.), 1997: Crack in Context. Demon Drugs and Social Justice. Berkeley u.a.

Reis, C., 2006: Wie kann das Fallmanagement in der Arbeitsvermittlung die Eigenverantwortung fördern? In: WSI Mitteilungen. 59. Jg. S. 194-199.

Reuband, K.-H., 1992: Der Mythos vom einsamen Drogenkonsumenten. Kontakte zu Gleichaltrigen als Determinanten des Drogengebrauchs. In: Sucht. 38. Jg. S. 160-172.

Reuband, K.-H., 1994: Soziale Determinanten des Drogengebrauchs. Eine sozialwissenschaftliche Analyse des Gebrauchs weicher Drogen in der Bundesrepublik Deutschland. Opladen.

Reulecke, J., 1990: „Hebung der unteren Volksklassen" und „Hebung der Lehrerschaft". Diesterweg und das soziale Vereinswesen im Vormärz. In: H. Schüler/A. Hesse/S. Schrage/B. Plaum/H. Hegener-Spierling (Hg.): Adolph Diesterweg. Wissen im Aufbruch. Siegen 1790 – Berlin 1866. Siegen. S. 308-315.

Reutlinger, C., 2004: Urbane Lebenswelten und Sozialraumorientierung. In: U. Deinet/B. Sturzenhecker (Hg.): Handbuch Offene Kinder- und Jugendarbeit. 3. Aufl. Wiesbaden. S. 400-406.

Reutlinger, C./Kessl, F./Maurer, S., 2005: Die Rede vom Sozialraum – eine Einleitung. In: F. Kessl/C. Reutlinger/S. Maurer/O. Frey (Hg.): Handbuch Sozialraum. Wiesbaden. S. 11-27.

Ricken, N., 2006: Die Ordnung der Bildung. Beiträge zu einer Genealogie der Bildung. Wiesbaden.

Rieger-Ladich, M., 2002: Mündigkeit als Pathosformel. Konstanz.

Röhrs, H., 2001: Die Reformpädagogik. Ursprung und Verlauf unter internationalem Aspekt. 6. Aufl. Weinheim/Basel.

Rößer, B., 2006: Wissensgesellschaftliche Pädagogik. In: Bittlingmayer, U.H./Bauer, U. (Hg): Die „Wissensgesellschaft". Wiesbaden. S. 251-284.

Sack, F., 2003: Akteursmodelle in den Sozialwissenschaften. In: K.-L. Kunz/C. Besozzi (Hg.): Soziale Reflexivität und qualitative Methodik. Zum Selbstverständnis der Kriminologie in der Spätmoderne. Bern u.a. S. 73-117.

Sarasin, P., 2007: Diskursanalyse. In: H.-J. Goertz (Hg.): Geschichte. 3. Aufl. Reinbek b. Hamburg. S. 199-217.

Schaarschuch, A., 1999: Theoretische Grundelemente Sozialer Arbeit als Dienstleistung. Ein analytischer Zugang zur Neuorientierung Sozialer Arbeit. In: Neue Praxis. 29. Jg. S. 543-560.

Schaarschuch, A., 2006: Dienstleistung. In: B. Dollinger/J. Raithel (Hg.): Aktivierende Sozialpädagogik. Wiesbaden. S. 91-107.

Scharmacher, B., 2004: Wie Menschen Subjekte werden. Einführung in Althussers Theorie der Anrufung. Marburg.

Scherr, A., 2006: Bildung. In: B. Dollinger/J. Raithel (Hg.): Aktivierende Sozialpädagogik. Wiesbaden. S. 51-63.

Schetsche, M., 1996: Die Karriere sozialer Probleme. Soziologische Einführung. München/Wien.

Schetsche, M., 2000: Wissenssoziologie sozialer Probleme. Grundlegung einer relativistischen Problemtheorie. Wiesbaden.

Schilling, J., 2005: Soziale Arbeit. Geschichte, Theorie, Profession. 2. Aufl. München/Basel.

Schimank, U., 2000: Soziologische Gegenwartsdiagnosen. – Zur Einführung. In: U. Schimank/U. Volkmann (Hg.): Soziologische Gegenwartsdiagnosen I. Eine Bestandsaufnahme. Opladen. S. 9-22.

Schimank, U., 2007: Handeln und Strukturen. Einführung in die akteurtheoretische Soziologie. 3. Aufl. Weinheim/München.

Schleiermacher, F., 1826/2000: Grundzüge der Erziehungskunst. (Vorlesungen 1826). In: ders.: Texte zur Pädagogik. Bd. 2. Frankfurt a.M.

Schmid, M., 2003: Drogenhilfe in Deutschland. Entstehung und Entwicklung 1970-2000. Frankfurt a.M.

Schmidt-Semisch, H./Wehrheim, U., 2005: Exkludierende Toleranz. Ordnung und Kontrolle im Kontext akzeptierender Drogenarbeit. In: B. Dollinger/W. Schneider (Hg.): Sucht als Prozess. Berlin. S. 221-237.

Schnurr, S., 2003: Sozialpädagogische Professionalität in marktförmig strukturierten Organisationskontexten. In: H.-U. Otto/G. Oelerich/ H.-G. Micheel (Hg.): Empirische Forschung und Soziale Arbeit. München/Unterschleißheim. S. 327-347.

Schnurr, S., 2005: Managerielle Deprofessionalisierung. In: Neue Praxis. 35. Jg. S. 238-242.

Schönig, W., 2006: Aktivierungspolitik. In: B. Dollinger/J. Raithel (Hg.): Aktivierende Sozialpädagogik. Wiesbaden. S. 23-39.

Schrödter, M., 2006: Diagnose und Profession. In: Sozial Extra. 30. Jg. S. 8f.

Schroer, M., 2000: Das Individuum der Gesellschaft. Frankfurt a.M.

Schröer, W., 1999: Sozialpädagogik und die soziale Frage. Der Mensch im Zeitalter des Kapitalismus um 1900. Weinheim/München.

Schulze-Krüdener, J., 2003: Professionalität und Soziale Arbeit. In: H.G. Homfeldt/J. Schulze-Krüdener (Hg.): Handlungsfelder der Sozialen Arbeit. Baltmannsweiler. S. 144-172.

Schütze, F., 1996: Organisationszwänge und hoheitsstaatliche Rahmenbedingungen im Sozialwesen. In: A. Combe/W. Helsper (Hg.): Pädagogische Professionalität. Frankfurt a.M. S. 183-275.

Schützeichel, R. (Hg.), 2007a: Handbuch Wissenssoziologie und Wissensforschung. Konstanz.

Schützeichel, R., 2007b: Soziologie des wissenschaftlichen Wissens. In: ders. (Hg.): Handbuch Wissenssoziologie und Wissensforschung. Konstanz. S. 306-327.

Schweppe, C., 2001: Biographie und Studium. In: Neue Praxis. 31. Jg. S. 271-286.

Schwindt, H.-D., 2007: Kriminologie. 17. Aufl. Heidelberg.

Seelmeyer, U., 2008: Das Ende der Normalisierung? Soziale Arbeit zwischen Normativität und Normalität. Weinheim/München.

Selling, P., 1989: Die Karriere des Drogenproblems in den USA. Eine Studie über Verlaufs- und Entstehungsformen sozialer Probleme. Pfaffenweiler.

Sheppard, M., 1998: Practice Validity, Reflexivity and Knowledge for Social Work. In: British Journal of Social Work. 28. Jg. S. 763-781.

Singelnstein, T./Stolle, P., 2007: Soziale Kontrolle in High Crime Societies. In: H. Hess/L. Ostermeier/B. Paul (Hg.): Kontrollkulturen. 9. Beiheft des Kriminologischen Journals. 39. Jg. S. 105-118.

Soeffner, H.-G., 1991: Zur Soziologie des Symbols und des Rituals. In: J. Oelkers/K. Wegenast (Hg.): Das Symbol – Brücke des Verstehens. Stuttgart/Berlin/Köln. S. 63-81.

Soeffner, H.-G., 2003: Sozialwissenschaftliche Hermeneutik. In: U. Flick/E.v. Kardorff/I. Steinke (Hg.): Qualitative Forschung. Ein Handbuch. 2. Aufl. Reinbek b. Hamburg. S. 164-175.

Solga, H., 2005: Ohne Abschluss in die Bildungsgesellschaft. Opladen.

Sotirovic, M., 2003: How Individuals Explain Social Problems: The Influences of Media Use. In: Journal of Communication. 53. Jg. S. 122-137.

Spencer, H., 1896/1996: Nothwendigkeit des Studiums der Sociologie. In: ders.: Einleitung in das Studium der Sociologie. Erster und Zweiter Teil (mit Nachtrag). Göttingen/Augsburg.

Stark, C./Lahusen, C. (Hg.), 2002: Theorien der Gesellschaft. Einführung in zentrale Paradigmen der soziologischen Gegenwartsanalyse. München.

Stehr, J., 2007: Normierungs- und Normalisierungsschübe – Zur Aktualität des Foucaultschen Disziplinbegriffes. In: R. Anhorn/F. Bettinger/J. Stehr (Hg.): Foucaults Machtanalytik und Soziale Arbeit. Wiesbaden. S. 29-40.

Steinert, H., 2004: Schließung und Ausschließung. Eine Typologie der Schließungen und ihrer Folgen. In: J. Mackert (Hg.): Die Theorie sozialer Schließung. Wiesbaden. S. 193-212.

Steinert, H., 2007: Das Verhängnis der Gesellschaft und das Glück der Erkenntnis. Dialektik der Aufklärung als Forschungsprogramm. Münster.

Stegmann, F.J./Langhorst, P., 2000: Geschichte der sozialen Ideen im deutschen Katholizismus. In: H. Grebing (Hg.): Geschichte der sozialen Ideen in Deutschland. Essen. S. 599-862.

Stichweh, R., 1996: Professionen in einer funktional differenzierten Gesellschaft. In: A. Combe/W. Helsper (Hg.): Pädagogische Professionalität. Frankfurt a.M. S. 49-69.

Sting, S., 2002: Bildung. In: W. Schröer/N. Struck/M. Wolff (Hg.): Handbuch Kinder- und Jugendhilfe. Weinheim/München. S. 377-392.

Sting, S., 2004: Soziale Bildung. In: H.-U. Otto/T. Coelen (Hg.): Grundbegriffe der Ganztagsbildung. Wiesbaden. S. 77-83.

Sting, S./Sturzenhecker, B., 2005: Bildung und Offene Kinder- und Jugendarbeit. In: U. Deinet/B. Sturzenhecker (Hg.): Handbuch Offene Kinder- und Jugendarbeit. 3. Aufl. Wiesbaden. S. 230-247.

Stöver, H. (Hg.), 1999: Akzeptierende Drogenarbeit. Eine Zwischenbilanz. Freiburg i.Br.

Sünker, W., 2001: Bildung. In: H.-U. Otto/H. Thiersch (Hg.): Handbuch Sozialarbeit/Sozialpädagogik. 2. Aufl. Neuwied/Kriftel. S. 162-168.

Széll, G., 2006: Rezension zu: U. Beck/C. Lau (Hg.; 2004): Entgrenzung und Entscheidung. Was ist neu an der Theorie reflexiver Modernisierung? In: Sozialwissenschaftliche Literaturrundschau. 29. Jg. S. 122-125.

Tänzler, D./Knoblauch, H./Soeffner, H.-G. (Hg.), 2006: Neue Perspektiven der Wissenssoziologie. Konstanz.

Tenbruck, F.H., 1981: Emile Durkheim oder die Geburt der Gesellschaft aus dem Geist der Soziologie. In: Zeitschrift für Soziologie. 10. Jg. S. 333-350.

Theodore, N./Peck, J., 2001: Searching for best practice in welfare-to-work: The means, the method and the message. In: Policy and Politics. 29. Jg. S. 81-94.

Thiel, F., 2007: Stichwort: Umgang mit Wissen. In: Zeitschrift für Erziehungswissenschaft. 10. Jg. S. 153-169.

Thiersch, H., 1992: Das sozialpädagogische Jahrhundert. In: T. Rauschenbach/H. Gängler (Hg.): Soziale Arbeit und Erziehung in der Risikogesellschaft. Neuwied u.a. S. 9-23.

Thiersch, H., 2002a: Bildung – alte und neue Aufgaben der Sozialen Arbeit. In: R. Münchmeier/H.-U. Otto/U. Rabe-Kleberg (Hg.): Bildung und Lebenskompetenz. Opladen. S. 57-71.

Thiersch, H., 2002b: Positionsbestimmungen der Sozialen Arbeit. Weinheim/München.

Thole, W., 2002: Soziale Arbeit als Profession und Disziplin. In: ders. (Hg.): Grundriss Soziale Arbeit. Opladen. S. 13-59.

Thole, W., 2003: „Wir lassen uns die Weltsicht nicht verwirren". Rekonstruktive, qualitative Sozialforschung und Soziale Arbeit – Reflexionen über eine ambivalente Beziehung. In: C. Schweppe (Hg.): Qualitative Forschung und Sozialpädagogik. Opladen. S. 43-65.

Thole, W./Ahmed, S./Höblich, D., 2007: Soziale Arbeit in der gespaltenen Konkurrenzgesellschaft. Reflexionen zur empirischen Tragfähigkeit der „Rede von der zweiten Moderne" und der Entstrukturierung der gesellschaftlichen Sozialstruktur. In: Neue Praxis. 37. Jg. S. 115-135.

Thole, W./Küster-Schapfl, E.-U., 1997: Sozialpädagogische Profis. Beruflicher Habitus, Wissen und Können von PädagogInnen in der außerschulischen Kinder- und Jugendarbeit. Opladen.

Thole, W./Pfaffenberger, H., 2007: Erziehung. In: Deutscher Verein für öffentliche und private Fürsorge e.V. (Hg.): Fachlexikon der Sozialen Arbeit. 6. Auf. Baden-Baden. S. 269-271.

Thome, H., 2003: Das Konzept sozialer Anomie als Analyseinstrument. In: P. Waldmann (Hg.): Diktaturen, Demokratisierung und soziale Anomie. München. S. 37-59.

Tönnies, F., 1887/1991: Gemeinschaft und Gesellschaft. Grundbegriffe der reinen Soziologie. 3. Aufl. Darmstadt (Neudruck d. 8. Aufl. von 1935).

Topitsch, E., 1971: Sozialphilosophie zwischen Ideologie und Wissenschaft. 3. Aufl. Neuwied a.R./Berlin.

Trapper, T., 2004: „Projekt Chance" im CJD Creglingen. In: G. Hörmann/M. Rapold (Hg.): Gewalt – Geschlecht – Diskurs. Baltmannsweiler. S. 147-159.

Trenczek, T., 2007: Jugendgerichtshilfe: Aufgaben und Steuerungsverantwortung. In: Zeitschrift für Jugendkriminalrecht und Jugendhilfe. 18. Jg. S. 31-39.

Treptow, R., 2000: Wissensgesellschaft und Soziale Arbeit. In: H.G. Homfeldt/J. Schulze-Krüdener (Hg.): Wissen und Nichtwissen. Herausforderungen für soziale Arbeit in der Wissensgesellschaft. Weinheim/München. S. 23-39.

Treptow, R./Hörster, R. (Hg.), 1999: Sozialpädagogische Integration. Entwicklungslinien und Konfliktlinien. Weinheim/München.

Tröhler, D., 2002: Die Anfangskonstruktionen der deutschsprachigen Sozialpädagogik. Ihre historiographischen und theoretischen Tücken. In: S. Andresen/D. Tröhler (Hg.): Gesellschaftlicher Wandel und Pädagogik. Studien zur historischen Sozialpädagogik. Zürich. S. 25-37.

Trube, A., 2005: Casemanagement als Changemanagement? Zur ambivalenten Professionalisierung Sozialer Arbeit im aktivierenden Sozialstaat. In: H.-J. Dahme/N. Wohlfahrt (Hg.): Aktivierende Soziale Arbeit Theorie – Handlungsfelder – Praxis. Baltmannsweiler. S. 88-99.

Trüper, J., 1890: Erziehung und Gesellschaft. In: Jahrbuch des Vereins für wissenschaftliche Pädagogik. 22. Jg. S. 193-270.

Tyrell, H., 1985: Emile Durkheim. Das Dilemma der organischen Solidarität. In: N. Luhmann (Hg.): Gesellschaftliche Differenzierung. Zur Geschichte einer Idee. Opladen. S. 181-250.

Uhlendorff, U., 2002: Sozialpädagogisch-hermeneutische Diagnosen in der Jugendhilfe. In: W. Thole (Hg.): Grundriss Soziale Arbeit. Opladen. S. 577-588.

Uhlendorff, U./Cinkl, S./Marthaler, T., 2006: Sozialpädagogische Familiendiagnosen. Weinheim/München.

Vogt, I., 1999: Sozialarbeit mit Drogenabhängigen in einem „akzeptierenden" Setting. In: H. Stöver (Hg.): Akzeptierende Drogenarbeit. Eine Zwischenbilanz. Freiburg i.Br. S. 25-37.

Völker, W., 2005: Aktivierende Arbeitsmarktpolitik. Auf dem Weg zu mehr Zwang und Existenzdruck. In: H.-J. Dahme/N. Wohlfahrt (Hg.): Aktivierende Soziale Arbeit. Theorie – Handlungsfelder – Praxis. Baltmannsweiler. S. 70-87.

Wagner, H.-J., 2003: Eine neue Frankfurter Schule? (http://www.velbrueck-wissenschaft.de/pdfs/hans-josefwagner.pdf; Zugriff am 10.02.2008).

Waldmann, P., 2002: Der anomische Staat. Opladen.

Walther, M., 2007: Der Skandal von Siegburg und der künftige Umgang mit jungen Strafgefangenen. In: Zeitschrift für Jugendkriminalrecht und Jugendhilfe. 18. Jg. S. 72-75.

Webb, S.A., 2000: The Politics of Social Work: Power and Subjectivity. In: Critical Social Work. 1. Jg. (http://www.criticalsocialwork.com/units/socialwork/critical.nsf; Zugriff am 28.09.2007).

Weber, E., 1976: Erziehungsstile. 6. Aufl. Donauwörth.

Weber, S./Maurer, S. (Hg.), 2006: Gouvernementalität und Erziehungswissenschaft. Wiesbaden.

Weingart, P., 2003: Wissenschaftssoziologie. Bielefeld.

Wendt, W.-R., 2002: Case Management – Stand und Positionen in der Bundesrepublik. In: Löcherbach, P./Klug, W./Remmel-Faßbender, R./Wendt, W.-R. (Hg.): Case Management in Theorie und Praxis. Neuwied. S. 13-35.

Werle, R., 2007: Pfadabhängigkeit. In: A. Benz/S. Lütz/U. Schimank/G. Simonis (Hg.): Handbuch Governance. Wiesbaden. S. 119-131.

White, S./Featherstone, B., 2005: Communicating misunderstandings: multi-agency work as social practice. In: Child and Family Social Work. 10. Jg. S. 207-216.

Wichern, J.H., 1871/1969: Die Mitarbeit der evangelischen Kirche an den sozialen Aufgaben der Gegenwart. In: ders.: Sämtliche Werke. Bd. 3, Teil 2. Berlin/Hamburg. S. 192-221.

Widersprüche, 2003: Neo-Diagnostik – Modernisierung klinischer Professionalität? 23. Jg.

Willke, H., 1999: Systemtheorie II: Interventionstheorie. 3. Aufl. Stuttgart.

Willke, H., 2003: Systemtheorie III: Steuerungstheorie. 3. Aufl. Stuttgart.

Willmann, O., 1874-75/1971: Herbart und Schleiermacher (aus der Vorlesung „Geschichte der Pädagogik des 19. Jahrhunderts"). In: ders.: Sämtliche Werke. Bd. 3. Aalen. S. 512-560.

Willmann, O., 1875/1980: Vorlesung „Allgemeine Pädagogik (Die Erziehung als Erneuerung der Gesellschaft)". In: ders.: Sämtliche Werke. Bd. 4. Aalen. S. 1-145.

Willmann, O., 1882/1988: Didaktik als Bildungslehre nach ihren Beziehungen zur Sozialforschung und zur Geschichte der Bildung. Bd. 1. In: ders.: Sämtliche Werke. Bd. 5. Aalen.

Willmann, O., 1899/1982a: Zur Charakteristik des 19. Jahrhunderts. In: ders.: Sämtliche Werke. Bd. 7. Aalen. S. 483-490.

Willmann, O., 1899/1982b: Die Volksschullehrer gegenüber dem modernen Zeitgeiste. In: ders.: Sämtliche Werke. Bd. 7. Aalen. S. 469-476.

Willmann, O., 1900/1912: Zur Berichtigung des Schlagwortes „Sozialpädagogik". In: ders.: Aus Hörsaal und Schulstube. Gesammelte kleinere Schriften zur Erziehungs- und Unterrichtslehre. 2. Aufl. Freiburg i.Br. S. 314-321.

Willmann, O., 1901/1912: Die Zusammengehörigkeit des individualen und des sozialen Faktors der Erziehung. In: ders.: Aus Hörsaal und Schulstube. Gesammelte kleinere Schriften zur Erziehungs- und Unterrichtslehre. 2. Aufl. Freiburg i.Br. S. 309-314.

Willmann, O., 1903/1912: Pro aris et focis In: ders.: Aus Hörsaal und Schulstube. Gesammelte kleinere Schriften zur Erziehungs- und Unterrichtslehre. 2. Aufl. Freiburg i.Br. 417-421.

Willmann, O., 1918: Was ich bei Ziller fand. Erinnerung an T. Ziller. In: Pädagogische Studien. 39. Jg. („Zillerheft"). S. 102-105.

Wimmer, M., 1996: Zerfall des Allgemeinen — Wiederkehr des Singulären. In: A. Combe/W. Helsper (Hg.): Pädagogische Professionalität. Frankfurt a.M. S. 404-447.

Winkler, M., 1988: Eine Theorie der Sozialpädagogik. Über Erziehung als Rekonstruktion der Subjektivität. Stuttgart.

Winkler, M., 1993: Hat die Sozialpädagogik Klassiker? In: Neue Praxis. 23. Jg. S. 171-185.

Winkler, M., 1999: Reflexive Pädagogik. In: H. Sünker/H.-H. Krüger (Hg.): Kritische Erziehungswissenschaft am Neubeginn?! Frankfurt a.M. S. 270-300.

Winkler, M., 2001: Bildung und Erziehung. In: H.-U. Otto/H. Thiersch (Hg.): Handbuch Sozialarbeit/Sozialpädagogik. 2. Aufl. Neuwied/Kriftel. S. 169-182.

Winkler, M., 2002: Klaus Mollenhauer. Ein pädagogisches Porträt. Weinheim/Basel.

Winkler, M., 2003a: Theorie der Sozialpädagogik – eine Rekonstruktion. In: Zeitschrift für Sozialpädagogik. 1. Jg. S. 6-24.

Winkler, M., 2003b: Bildung, Subjektivität und Sozialpädagogik. In: Zeitschrift für Sozialpädagogik. 1. Jg. S. 271-295.

Winkler, 2003c: Geschlossene Unterbringung. In: W. Helsper/R. Hörster/J. Kade (Hg.): Ungewissheit. Pädagogische Felder im Modernisierungsprozess. Weilerswist. S. 227-250.

Winkler, M., 2004: Sozialpädagogik. In: D. Benner/J. Oelkers (Hg.): Historisches Wörterbuch der Pädagogik. Weinheim/Basel. S. 903-928.

Winkler, M., 2006a: Die ich rief, die Geister, werd ich nun nicht los. In: SozialExtra. 29. Jg. S. 51.

Winkler, M., 2006b: Bildung mag zwar die Antwort sein – das Problem aber ist Erziehung. In: Zeitschrift für Sozialpädagogik. 4. Jg. S. 182-201.

Wolff, M., 2002: Integrierte Hilfen vs. versäulte Erziehungshilfen. Sozialraumorientierung jenseits der Verwaltungslogik. In: R. Merten (Hg.): Sozialraumorientierung. Zwischen fachlicher Innovation und rechtlicher Machbarkeit. Weinheim/München. S. 41-52.

Wolffersdorff, C.v., 2000: Jugendkriminalität in Deutschland – Über den Umgang mit schwierigen Jugendlichen und das neue Bedürfnis nach „law and order". In: R. Bendit/W. Erler/S. Nieborg/H. Schäfer (Hg.): Kinder- und Jugendkriminalität. Opladen. S. 41-52.

Wolffersdorff, C.v., 2002: Einführung: Soziales Training mit benachteiligten jugendlichen – Chancen und Probleme einer aktivierenden Pädagogik. In: T. Gericke/T. Lex/G. Schaub/M. Schreiber-Kittl/H. Schröpfer (Hg.): Jugendliche fördern und fordern. Strategien und Methoden einer aktivierenden Jugendsozialarbeit. München. S. 23-36.

Woolgar, S./Ashmore, M., 1988: The Next Step: an Introduction to the Reflexive Project. In: S. Woolgar (Hg.): Knowledge and Reflexivity. London u.a. S. 1-11.

Ziegler, H., 2005: Soziale Arbeit als Garant für ‚das Soziale' in der Kontrolle? In: Kriminologisches Journal. 37. Jg. S. 163-182.

Ziegler, T., 1901: Allgemeine Pädagogik. Sechs Vorträge. Leipzig.

Zima, P.V., 2004: Was ist Theorie? Tübingen/Basel.

Zima, P.V., 2007: Theorie des Subjekts. Subjektivität und Identität zwischen Moderne und Postmoderne. 2. Aufl. Tübingen/Basel.

Züchner, I., 2007: Aufstieg im Schatten des Wohlfahrtsstaates. Expansion und aktuelle Lage der Sozialen Arbeit im internationalen Vergleich. Weinheim/München.

MIX
Papier aus verantwortungsvollen Quellen
Paper from responsible sources
FSC® C105338

If you have any concerns about our products,
you can contact us on
ProductSafety@springernature.com

In case Publisher is established outside the EU,
the EU authorized representative is:
Springer Nature Customer Service Center GmbH
Europaplatz 3, 69115 Heidelberg, Germany

Printed by Libri Plureos GmbH
in Hamburg, Germany